Hamm/Fütterer
Fahrpersonalrecht
Personenbeförderung auf Straße und Schiene
Basiskommentar

Hamm/Fütterer

Fahrpersonalrecht

Personenbeförderung auf Straße und Schiene

Basiskommentar

6., überarbeitete und aktualisierte Auflage

BUND
VERLAG

Bibliografische Information der Deutschen Nationalbibliothek
Die Deutsche Nationalbibliothek verzeichnet diese Publikation in der Deutschen Nationalbibliografie; detaillierte bibliografische Daten sind im Internet über *http://dnb.d-nb.de* abrufbar.

6., überarbeitete und aktualisierte Auflage 2025

Umschlag: Ute Weber, Geretsried
Satz: Dörlemann Satz, Lemförde
Druck: CPI books GmbH, Birkstr. 10, 25917 Leck

ISBN 978-3-7663-7405-9

kontakt@bund-verlag.de
www.bund-verlag.de

Vorwort

In diesem Basiskommentar werden die zahlreichen Gesetze und Verordnungen im Bereich der Personenbeförderung auf Straße und Schiene erläutert. Zwar gibt es Überschneidungen zum Güterverkehr, aber auch ausdrücklich eigenständige Regelungen nur für den Bereich der Personenbeförderung im Linienverkehr mit einer Linienlänge von bis zu 50 km.
Das Fahrpersonalrecht umfasst als Teil des öffentlichen Rechts internationales, europäisches und nationales Recht. Dieses gliedert sich in europäische Verordnungen und Richtlinien sowie in deutsche Gesetze und Verordnungen auf.
Das Kernstück sind dabei die Sozialvorschriften im Straßenverkehr, die sich mit den Arbeits- und Lenkzeiten, den Pausen, Fahrtunterbrechungen und Ruhezeiten des Fahrpersonals befassen. Diese Vorschriften haben eine doppelte Schutzrichtung. Zum einen sollen sie die Fahrer vor einer zu hohen Beanspruchung und damit verbundenen gesundheitlichen Risiken schützen. Zum anderen sollen die übrigen Verkehrsteilnehmer vor Gefahren geschützt werden, die von nicht ausreichend ausgeruhten und damit unkonzentriert fahrenden Kraftfahrern ausgehen. Das Zusammenspiel der Vorschriften ist dabei sehr komplex und teilweise unübersichtlich.
Der Basiskommentar ist in **drei Teile** gegliedert:
Im **ersten Teil** finden sich einleitende Artikel zu den Vorschriften, zur Ausgestaltung der Mitbestimmung, den tarifvertraglichen Arbeitszeitregelungen und zum System der Rechtsquellen. Wir verzichten in diesem Teil bewusst auf eine formale juristische Kommentierung und legen mehr Gewicht auf die Gestaltungsmöglichkeiten für Betriebs- und Personalräte. Denn eine erfolgreiche Vertretung der Intessen der Beschäftigten hängt eher von einer Verknüpfung der einzelnen Bereiche ab, als von einer formalen Rechtsumsetzung. Für den Betriebs- bzw. Personalrat ist dieses Vorgehen angemessen, schließlich hat der Gesetzgeber ihm ein erzwingbares Mitbestimmungsrecht an die Hand gegeben, um s seinem Handeln den entsprechenden Nachdruck zu verleihen.
Im **zweiten Teil** folgt die klassische, juristische Kommentierung der Rechtsquellen. Die einschlägigen Gesetze und Verordnungen werden ausführlich

dargestellt und erläutert. Neben der Kommentierung wurden auch praktische Hinweise für den Rechtsanwender aufgenommen.
Der **dritte Teil** enthält das Glossar, um die Praktikabilität des Basiskommentars zu erhöhen. Das Glossar ist behilflich, schnell zu einzelnen Stichworten, Paragrafen usw. eine Kommentierung zu finden. Gleichzeitig wird aber auch auf die einschlägigen einleitenden Artikel verwiesen, um auf den Zusammenhang zu verweisen.
Das Buch wendet sich insbesondere an die betrieblichen Praktiker, die vor dem Hintergrund dieses komplexen Regelwerkes Dienstpläne aufstellen bzw. als Betriebs- oder Personalräte über diese Dienstpläne mitzubestimmen haben. Aus diesem Grunde verzichten wir auf eine breite Darstellung der vielfältigen unterschiedlichen Meinungen in der juristischen Literatur.
Wir hoffen, mit diesem Basiskommentar einen Beitrag dazu zu leisten, Orientierung in dieses komplexe Rechtsgebiet zu geben und die einzelnen Regelungen und ihr Zusammenspiel durchschaubarer zu machen.
Rechtssicherheit in diesem Zusammenspiel können wir allerdings auch nicht versprechen, dazu sind die einzelnen Regelungen zu vielfältig und teilweise auch widersprüchlich. Praktisch kommt es nach unserer Einschätzung für die Interessenvertretungen darauf aber auch nicht an. Gestaltungsspielräume und -möglichkeiten ergeben sich zur Genüge innerhalb dieser Regelwerke. Damit können die erzwingbaren Mitbestimmungsrechte bei der Thematik sachgerecht und nachdrücklich genutzt werden.
Die Texte wurden im Wesentlichen von den einzelnen Autoren erstellt. Dr. Patrick Fütterer verfasste die Texte im ersten Teil zu A. 1, 2, 3 und im zweiten Teil zum FPersG, zur FPersV, VO/561/2006 sowie im dritten Teil das Glossar. Ingo Hamm verfasste die Texte im ersten Teil zu A.4. B., C. und D. und im zweiten Teil die Texte zum ArbZG und – basierend auf der Arbeit des früheren Mitautors Peter Grun – die Kommentierung der VO (EU) Nr. 165/2014 und des § 57a StVZO.
Die Darstellungen in diesem Basiskommentar geben die persönliche Auffassung der Autoren wieder.
Über Anregungen und Kritik zu diesem Basiskommentar freuen sich der Bund-Verlag wie auch die Autoren.

März 2025
Ingo Hamm, Dr. Patrick Fütterer

Inhaltsverzeichnis

Abkürzungsverzeichnis

a. a. O.	am angegebenen Ort
Abl.	Amtsblatt
Abs.	Absatz
AEG	Allgemeines Eisenbahngesetz
AETR	Europäisches Übereinkommen über die Arbeit des im internationalen Straßenverkehr beschäftigten Fahrpersonals
amtl.	amtlich
Anh.	Anhang
Anm.	Anmerkung
AP	Arbeitsrechtliche Praxis
ArbGG	Arbeitsgerichtsgesetz
ArbSchG	Gesetz über die Durchführung von Maßnahmen des Arbeitsschutzes zur Verbesserung der Sicherheit und des Gesundheitsschutzes der Beschäftigten bei der Arbeit
ArbZG	Arbeitszeitgesetz
ARGE	Arbeitsgemeinschaft
Art.	Artikel
AVN	Arbeitgebervereinigung öffentlicher Nahverkehrsbetriebe
BAG	Bundesarbeitsgericht
BAG	Bundesamt für Güterverkehr
BAGE	amtliche Entscheidungssammlung des BAG
BaWü	Baden-Württemberg
BayObLG	Bayerisches Oberstes Landesgericht
BDSG	Bundesdatenschutzgesetz
BetrVG	Betriebsverfassungsgesetz
BGB	Bürgerliches Gesetzbuch
BGBl.	Bundesgesetzblatt
BGH	Bundesgerichtshof
BMT-GII	Bundesmanteltarifvertrag für Arbeiter gemeindlicher Verwaltungen und Betriebe
BT-Drs.	Bundestagsdrucksache
Buchst.	Buchstabe

BVerfG	Bundesverfassungsgericht
BVerwG	Bundesverwaltungsgericht
bzw.	beziehungsweise
DA	Durchführungsanweisung
DB	Der Betrieb
DEKRA	Deutscher Kraftfahrzeug-Überwachungs-Verein e. V.
d. h.	das heißt
DVBl.	Deutsches Verwaltungsblatt
EG	Europäische Gemeinschaft
Einf.	Einführung
Erl.	Erläuterung
ETV	Tarifvertrag für Eisenbahn- und Kraftverkehrsbetriebe der nichtbundeseigenen Eisenbahnen
EU	Europäische Union
EuGH	Europäischer Gerichtshof
evtl.	eventuell
EWG	Europäische Wirtschaftsgemeinschaft
EWGV	Vertrag zur Gründung der Europäischen Wirtschaftsgemeinschaft
EWR	Abkommen über den Europäischen Wirtschaftsrau
f., ff.	folgend, folgende
FPersG	Gesetz über das Fahrpersonal im Straßenverkehr
FPersV	Verordnung zur Durchführung des Fahrpersonalgesetzes
Fr	Freitag
GAA	Gewerbeaufsichtsamt
GBl.	Gesetzblatt
gem.	gemäß
GG	Grundgesetz
ggf.	gegebenenfalls
GmbH	Gesellschaft mit beschränkter Haftung
GNSS	Global Navigation Satellite System (Globales Navigationssatellitensystem)
GüKG	Güterkraftverkehrsgesetz
GVBl.	Gesetz- und Verordnungsblatt
h	Stunde
HGB	Handelsgesetzbuch

i. d. F.	in der Fassung
i. H.	in Höhe
IntAbk	Internationales Abkommen über Kraftverkehr
IntVO	Internationale Verordnung über Internationalen Kraftfahrzeugverkehr
i. S.	im Sinne
i. S. d.	im Sinne des
i. S. v.	im Sinne von
i. V. m.	in Verbindung mit
IVS	Intelligente Verkehrssysteme
JArbSchG	Jugendarbeitsschutzgesetz
JGG	Jugendgerichtsgesetz
KBA	Kraftfahrt-Bundesamt
Kfz	Kraftfahrzeug
KG	Kammergericht
KOM	Kommission der Europäischen Gemeinschaft
LAG	Landesarbeitsgericht
LASI	Länderausschuss für Arbeitsschutz und Sicherheitstechnik
LBO	Landesverband Bayerischer Omnibusunternehmen e. V.
Lkw	Lastkraftwagen
max.	maximal
MDR	Monatsschrift für Deutsches Recht
mind.	Mindestens
Mio.	Million
Mo	Montag
NJW	Neue Juristische Wochenschrift
Nr.	Nummer
NVWZ	Neue Zeitschrift für Verwaltungsrecht
NZA	Neue Zeitschrift für Arbeitsrecht
o. Ä.	oder Ähnliches
ÖPNV	Öffentlicher Personennahverkehr
OHG	Offene Handelsgesellschaft
OLG	Oberlandesgericht
OVG	Oberverwaltungsgericht
OWiG	Gesetz über Ordnungswidrigkeiten

PBefG	Personenbeförderungsgesetz
Pkw	Personenkraftwagen
Prä.	Präambel
Rn.	Randnummer
RGBl.	Reichsgesetzblatt
RHB	Roh-, Hilfs- und Betriebsstoffe
S.	Seite
Sa	Samstag
So	Sonntag
s. o.	siehe oben
sog.	sogenannte
SGB	Sozialgesetzbuch
StGB	Strafgesetzbuch
StPO	Strafprozessordnung
Std.	Stunden
StVG	Straßenverkehrsgesetz
StVO	Straßenverkehrsordnung
StVZO	Straßenverkehrs-Zulassungs-Ordnung
t	Tonne
TranspR	Transportrecht
TÖV	Technischer Überwachungsverein
TV	Tarifvertrag
TV-N	Spartentarifvertrag Nahverkehr
u. a.	unter andere
u. s. w.	und so weiter
UZwG	Gesetz über den unmittelbaren Zwang bei Ausübung öffentlicher Gewalt durch Vollzugsbeamte des Bundes
vgl.	vergleiche
VkBl.	Verkehrsblatt, Amtsblatt des Bundesministers für Verkehr
VO	Verordnung
VRS	Verkehrsrechtssammlung
VwGO	Verwaltungsgerichtsordnung
VwVfG	Verwaltungsverfahrensgesetz
VwVG	Verwaltungsvollstreckungsgesetz
WBO	Verband Baden-Württembergischer Omnibusunternehmer e. V.

z. B.	Zum Beispiel
z. T.	zum Teil
ZTR	Zeitschrift für Tarifrecht
zul.	zulässig

Erster Teil: Einleitende Artikel

A. Übersicht über die Vorschriften

1. Linienverkehr bis 50 km Länge

Der nichtschienengebundene Linienverkehr bis zu 50 km Linienlänge wird durch den Kraftomnibusverkehr der öffentlichen und privaten Nahverkehrsunternehmen erledigt. Linienverkehr ist dabei die regelmäßige Beförderung von Fahrgästen auf einer bestimmten Verkehrsverbindung, wobei Fahrgäste an vorher festgelegten Haltestellen aufgenommen oder abgesetzt werden können.

Für Busfahrer im Linienverkehr gelten die Vorschriften über Höchstarbeitszeiten und Ruhepausen sowie Nachtarbeit und den Sonn- und Feiertagsschutz nach dem ArbZG. Die Ruhezeitenregelung des ArbZG wird gem. § 1 Abs. 1 Satz 3 FPersG verdrängt. Darüber hinaus haben sie die Lenkzeiten, Fahrtunterbrechungen und Ruhezeiten der Verordnung (EG) Nr. 561/2006 einzuhalten, die über § 1 Abs. 1 FPersV Anwendung finden.

In Verkehrsbetrieben ist es gem. § 7 Abs. 1 Nr. 2 ArbZG möglich, die eigentlich im Block zu nehmende Ruhepause tarifvertraglich durch mehrere Kurzpausen zu ersetzen. Hiervon wurde in vielen einschlägigen Tarifverträgen auch Gebrauch gemacht.

Der § 1 Abs. 3 FPersV sieht bei der Fahrtunterbrechung je nach Haltestellenabstand eine Abweichungsmöglichkeit von den EG-Vorschriften vor, sodass die an sich vorgeschriebenen langen Blockpausen durch kürzere Arbeitsunterbrechungen (Sechstel-Regelung) ersetzt werden können. Diese können dann gleichzeitig mit den Kurzpausen gem. § 7 Abs. 1 Nr. 2 ArbZG genommen sein.

Auch die Wochenruhezeit muss in Abweichung von den EG-Vorschriften gem. § 1 Abs. 4 FPersV nicht nach sechs 24-Stunden-Zeiträumen genommen werden, sondern kann auf einen Zwei-Wochen-Zeitraum verteilt werden.

2. Linienverkehr über 50 km Länge

Linienbusverkehr über 50 km Linienlänge ist die regelmäßige Beförderung von Fahrgästen auf einer bestimmten Verkehrsverbindung, wobei Fahrgäste an vorher festgelegten Haltestellen aufgenommen oder abgesetzt werden können.
Für Busfahrer im Linienverkehr über 50 km Linienlänge gelten die Vorschriften über die Höchstarbeitszeiten, Ruhepausen, Nachtarbeit, Sonn- und Feiertagsschutz nach ArbZG. Dabei wird der allgemeine Arbeitszeitbegriff gem. § 21a Abs. 3 ArbZG für diese besondere Arbeitnehmergruppe modifiziert, indem bestimmte Bereitschaftszeiten nicht mehr berücksichtigt werden. Der Ausgleichszeitraum für eine Verlängerung der täglichen Arbeitszeit über 8 Stunden hinaus wird gem. § 21a Abs. 4 ArbZG von sechs auf vier Kalendermonate verkürzt.
Darüber hinaus müssen Busfahrer die Lenkzeiten, Fahrtunterbrechungen und Ruhezeiten der Verordnung (EG) Nr. 561/2006 unmittelbar einhalten. Gemäß § 21a Abs. 5 ArbZG wird die Ruhezeitenregelung des ArbZG durch die der EU-Verordnung verdrängt.
Kurze Arbeitsunterbrechungen sind nicht ausreichend, sondern es müssen stets Blockpausen als Fahrtunterbrechungen genommen werden. Auch ist die Wochenruhezeit zwingend spätestens nach sechs 24-Stunden-Zeiträumen zu nehmen. Davon kann unter bestimmten Bedingungen auf einen Zeitraum von bis zu zwölf 24-Stunden-Zeiträumen abgewichen werden.

3. Reise- und Gelegenheitsverkehr

Der Reise- und Gelegenheitsverkehr ist nicht liniengebunden. Bei ihm werden auf Initiative eines Auftraggebers vorab gebildete Fahrgastgruppen zu einem Ziel befördert. Häufig betreiben ihn auch Nahverkehrsunternehmen, sodass beispielsweise am Wochenende auch noch Reisegruppen befördert werden. In solchen Mischbetrieben ist die jeweils verbrachte Arbeitszeit wechselseitig auf beide Einsatzformen – Nahverkehr und Reiseverkehr – anzurechnen.
Die Reisebusfahrer haben als Arbeitnehmer neben der Arbeitszeit und den Ruhepausen nach ArbZG ab dem ersten Kilometer die Lenkzeiten, Fahrtunterbrechungen und Ruhezeiten der Verordnung (EG) Nr. 561/2006 einzuhalten. Gemäß § 21a ArbZG gelten bestimmte Bereitschaftszeiten nicht als Arbeitszeit und der Ausgleichszeitraum ist verkürzt. Die Ruhezeit richtet sich ausschließlich nach § 21a ArbZG bzw. der Verordnung (EG) Nr. 561/2006, der § 5 ArbZG wird verdrängt.

Bei Reisen, die teilweise durch einen europäischen Staat verlaufen, der weder Mitglied der Europäischen Union noch des Europäischen Wirtschaftsraums ist, hat der Fahrer die Lenkzeit-, Fahrtunterbrechungs- und Ruhezeitenvorschriften des AETR zu beachten.

4. Schienenverkehr (Straßenbahnen, U- und Stadtbahnen, Schienenpersonennahverkehr)

Die Besonderheiten des Fahrpersonalrechts gelten nicht für die Beschäftigung von Arbeitnehmern im Schienenverkehr. Zum Schienenverkehr gehören alle im Nahverkehr eingesetzten schienengebundenen Fahrzeuge, also Straßenbahnen, U- und Stadtbahnen und der Schienenpersonennahverkehr. In diesen Bereichen gelten ausschließlich die Regelungen des ArbZG hinsichtlich Höchstarbeitszeiten, Ruhezeiten, Pausen usw. Für den Bereich der Straßenbahnen ist das durch das BAG letztinstanzlich so entschieden worden (BAG v. 18.11.2008 – 9 AZR 737/07).

Der Schienenpersonennahverkehr wird in § 2 Abs. 5 AEG beschrieben als »die allgemein zugängliche Beförderung von Personen in Zügen, die überwiegend dazu bestimmt sind, die Verkehrsnachfrage im Stadt-, Vorort- oder Regionalverkehr zu befriedigen.« In Zweifelsfällen erfolgt die Bestimmung danach, ob die Reisen mit diesen Zügen in der Mehrzahl weniger als eine Stunde dauern oder über eine Entfernung von weniger als fünfzig Kilometer gehen.

Das AEG enthält die Befugnis für den Verkehrsminister, eine Verordnung ähnlich wie die FPersV zu erlassen, um die Arbeitszeit des Fahrpersonals in solchen Nahverkehrszügen zu regeln. Da von dieser Ermächtigung bislang kein Gebrauch gemacht worden ist und die FPersV für diesen Personenkreis nicht gilt, richtet sich deren Arbeitszeitrecht ausschließlich nach dem ArbZG.

Übersicht über die Vorschriften

Straßenverkehr			
	Linienverkehr bis 50 km Länge	**Linienverkehr über 50 km Länge**	**Reisebus- und Gelegenheitsverkehr**
Tägl. Höchstarbeitszeit 10 Std. gem. § 3 ArbZG	Ja (bei reiner Lenkzeit max. zwei Mal pro Woche)	Ja (bei reiner Lenkzeit max. zwei Mal pro Woche)	Ja (bei reiner Lenkzeit max. zwei Mal pro Woche)
Pause gem. § 4 ArbZG	Ja (Verkürzung auf Kurzpausen wenn durch Tarifvertrag erlaubt)	Ja (Verkürzung auf Kurzpausen wenn durch Tarifvertrag erlaubt)	Ja (Verkürzung auf Kurzpausen wenn durch Tarifvertrag erlaubt)
Ruhezeit gem. § 5 ArbZG	Nein (die Ruhezeit nach der FPersV geht vor!)	Nein (die Ruhezeit nach der Verordnung [EG] Nr. 561/2006 geht vor!)	Nein (die Ruhezeit nach der Verordnung [EG] Nr. 561/2006 geht vor!)
Nachtarbeit gem. § 6 ArbZG	Ja	Ja	Ja
Tägl. Höchstlenkzeit gem. § 1 FPersV Abs. 1/ Art. 6 Verordnung (EG) Nr. 561/2006	Ja	Ja	Ja
Dauer und Lage Fahrtunterbrechung gem. § 1 FPersV Abs. 1/ Art. 7 Verordnung (EG) Nr. 561/2006	Ja	Ja	Ja
Dauer und Lage Fahrtunterbrechung (z. B. Sechstel-Regelung) gem. § 1 Abs. 3 FPersV	Ja	Nein	Nein
Mind. 11 Std. Dauer der Tagesruhezeit gem. § 1 FPersV/Art. 8 Verordnung (EG) Nr. 561/2006	Ja	Ja	Ja

Straßenverkehr			
	Linienverkehr bis 50 km Länge	**Linienverkehr über 50 km Länge**	**Reisebus- und Gelegenheitsverkehr**
Dauer der Wochenruhezeit gem. § 1 FPersV/ Art. 8 Verordnung (EG) Nr. 561/2006	Ja	Ja	Ja
Verteilung der Wochenruhezeit gem. § 1 FPersV/ Art. 8 Verordnung (EG) Nr. 561/2006	Nein	Ja	Ja
Verteilung der Wochenruhezeit gem. § 1 Abs. 4 FPersV	Ja	Nein	Nein

Schienenverkehr			
	Straßenbahnen		**Schienenpersonennahverkehr**
	Straßenbahn im öffentlichen Verkehr	Straßenbahn mit eigenem Bahnkörper, U-Bahn, Schwebebahn etc.	
Tägl. Höchstarbeitszeit 10 Std. gem. § 3 ArbZG	Ja	Ja	Ja
Pause gem. § 4 ArbZG	Ja (Verkürzung auf Kurzpausen wenn durch Tarifvertrag erlaubt)	Ja (Verkürzung auf Kurzpausen wenn durch Tarifvertrag erlaubt)	Ja (Verkürzung auf Kurzpausen wenn durch Tarifvertrag erlaubt)
Ruhezeit gem. § 5 ArbZG	Ja	Ja	Ja
Nachtarbeit gem. § 6 ArbZG	Ja	Ja	Ja

Übersicht über die Vorschriften

Schienenverkehr			
	Straßenbahnen		**Schienenpersonennahverkehr**
Tägl. Höchstlenkzeit gem. § 1 FPersV Abs. 1/ Art. 6 Verordnung (EG) Nr. 561/2006	Nein	Nein	Nein
Dauer und Lage Fahrtunterbrechung gem. § 1 FPersV Abs. 1/ Art. 7 Verordnung (EG) Nr. 561/2006	Nein	Nein	Nein
Dauer und Lage Fahrtunterbrechung (z. B. Sechstel-Regelung) gem. § 1 Abs. 3 FPersV	Nein	Nein	Nein
Mind. 11 Std. Dauer der Tagesruhezeit gem. § 1 FPersV/Art. 8 Verordnung (EG) Nr. 561/2006	Nein	Nein	Nein
Dauer der Wochenruhezeit gem. § 1 FPersV/ Art. 8 Verordnung (EG) Nr. 561/2006	Nein	Nein	Nein
Verteilung der Wochenruhezeit gem. § 1 FPersV/ Art. 8 Verordnung (EG) Nr. 561/2006	Nein	Nein	Nein
Verteilung der Wochenruhezeit gem. § 1 Abs. 4 FPersV	Nein	Nein	Nein

B. Ausgestaltung der Mitbestimmung

Die Mitbestimmung bei der Arbeitszeitgestaltung ist eine Kernkompetenz des Betriebsrates. In § 87 BetrVG, also dort, wo die stärksten Mitbestimmungsrechte beschrieben werden, steht sie an zweiter Stelle, direkt hinter der generellen Gestaltung der betrieblichen Ordnung. Dieser Aufgabe eine solch hohe Bedeutung beizumessen, ist sachgerecht, denn Entscheidungen über die Arbeitszeit sind im wahrsten Sinne des Wortes lebenswichtig. Wichtig nämlich dafür, wie viel Zeit fürs Leben außerhalb der Arbeit noch bleibt.

Dabei steht der Betriebsrat nicht allein: Gesetzgeber und Tarifvertragsparteien haben eine Vielzahl von Regelungen geschaffen, etwa die Begrenzung der täglichen und wöchentlichen Höchstarbeitszeit, der Gesamtdauer der Schichtzeit, der Mindestdauer der Ruhezeit usw. Die Einhaltung dieser Mindestbedingungen zu überwachen, ist eine weitere Aufgabe des Betriebsrates gem. § 80 Abs. BetrVG. Aber: das ist eine andere Aufgabe, mit anderen Inhalten und schwächeren Rechten als die Gestaltung der Arbeitszeit gem. § 87 Abs. 1 Nr. 2 BetrVG.

Die Regeln geben den Rahmen vor, innerhalb dessen sich Betriebsrat und Arbeitgeber bei der Gestaltung der Arbeitszeit bewegen können. Alles, was sich darin abspielt, ist von Gesetzes wegen erlaubt. Bildlich gesprochen handelt es sich um ein Gelände, auf dem sich die Betriebsparteien bewegen dürfen, das Spielfeld also. Außerhalb des Rahmens dagegen ist alles verboten, hier ist die Sperrzone. Wenn das Gesetz vorschreibt, dass die Höchstarbeitszeit an einem Werktag maximal 10 Stunden betragen darf, gibt es ab der zehnten Stunde keinen Entscheidungsspielraum im Betrieb mehr. Die Grenze würde überschritten.

Die Betriebsparteien haben also zwei Entscheidungen zu fällen:

1. Soll der Spielraum bis zur Grenze ausgeschöpft werden, also z. B. die 10 Stunden auch betrieblich erlaubt sein?
2. Wie wird die Arbeitszeit konkret auf dem Spielfeld verteilt?

Das zweite Thema ist der eigentlich spannende Teil, der nicht darauf reduziert werden darf, nur den Rahmen des ersten zu ermitteln, also zu überprüfen, ob die Verbotsgrenze überschritten wird. Das zeigt sich auch in der Formulierung des § 87 Abs. 1 BetrVG selber: in dessen Eingangssatz heißt es, dass dort, wo Tarifvertrag oder Gesetze Regelungen treffen, überhaupt keine Mitbestimmungsrechte mehr bestehen. Wenn also die Überschreitung der 10 Stunden ohnehin verboten ist, dann gibt es dabei auch keine Mitbestimmung. (Allerdings: Wie immer in diesem Rechtsgebiet ist die Überschreitung der 10 Stunden doch manchmal erlaubt. Das sind in der Regel aber keine Katastrophen, deshalb besteht bei diesen Verlängerungen das ganz normale Mitbestimmungsrecht des Betriebsrats. Das bedeutet: Sie sind nur zulässig, wenn der Betriebsrat ihnen zugestimmt hat.)

Dass Arbeitgeber sich bemühen, die Grenzen immer neu auszuloten, um damit mehr Gestaltungsmöglichkeiten für einen noch effizienteren Einsatz der Beschäftigten zu bekommen, ist verständlich und nicht grundsätzlich verwerflich. Schlecht ist es, wenn auch der Betriebsrat sich darauf beschränkt, nur noch diese Grenze des Erlaubten zu suchen, um dann alles zuzulassen, was nicht verboten ist – eben weil es nicht verboten ist.

Um es nicht zu theoretisch zu machen, hier ein gängiges Beispiel:

Die Dienstplanung des Arbeitgebers sieht vor, dass ein Dienst morgens mit einem 20-minütigen Einsatz beginnt, woran sich eine Unterbrechung von 30 Minuten anschließt, dann wiederum ein kurzer Dienst von 15 Minuten gefolgt von einer Unterbrechung von 40 Minuten. Danach werden 8 Stunden durchgefahren, wobei 1/6 der Zeit auf Wendezeiten etc. entfällt.

Der Fahrer auf dieser Strecke hat am Abend knapp 7,5 Stunden Arbeitszeit erbracht, also weniger als 1/5 seiner Regelarbeitszeit, dafür war er aber insgesamt 9 Stunden und 45 Minuten unterwegs bzw. an den Arbeitsplatz gebunden. Alle Pausen und vorgeschriebenen Lenkzeitunterbrechungen wurden eingehalten. Der Betriebsrat, der sich darauf beschränkt, die Rechtmäßigkeit der Vorlage des Arbeitgebers zu überprüfen, wird einem solchen Dienst zustimmen. Er findet keine Gründe, sich anders zu verhalten. Aber dem Fahrer wird das nicht gefallen. Um es klar zu sagen: Ein Betriebsrat, der sich auf eine solche Tätigkeit beschränkt, macht seinen Job schlecht. Er nimmt die Rolle des betrieblichen Tugendwächters an, statt den Arbeitgeber auf die Suche nach Alternativen und verträglicheren Dienstplänen zu schicken. Als Tugendwächter wird er immer auf verlorenem Posten stehen, denn was Tugend ist, definieren andere, mal der Gesetzgeber, häufiger der Arbeitgeber und seine Verbandsjuristen, die auf diese Weise versuchen, die Grenzen zwischen »verboten« und »erlaubt« weiter zu verschieben. Selbst wenn das nicht so wäre: Der Betriebsrat würde mit diesem Vorgehen nur das verhindern, was gemeinhin als so unerträglich gilt, dass es sowieso verboten ist. Damit wäre aber noch kein Schritt in Richtung Verbesserung der Situation gemacht.

Betriebsräte, die in der Vergangenheit so agiert und keine eigene Vorstellung entwickelt haben, wie Arbeitszeit bzw. Dienste gestaltet werden können, merken mit zunehmendem Kostendruck und Effizienzdenken, dass ihnen die Argumente verlorengehen, wenn die Arbeitgeber die Schraube wieder ein bisschen weiterdrehen.

Bei der Ausübung der Mitbestimmung nur auf die Einhaltung der Vorschriften zu achten, ist die Konsequenz einer Überbewertung der bereits genannten Vorschrift im BetrVG, die den Betriebsrat verpflichtet, im Rahmen seiner allgemeinen Aufgaben auf die Einhaltung der Gesetze und Tarifverträge zu achten. Dieses im § 80 BetrVG enthaltene Wächteramt vereinfacht

das Verhältnis zwischen Arbeitgeber und Betriebsrat auf das Wechselspiel zwischen Gut und Böse, wobei der Arbeitgeber bzw. sein Dienstplaner der Böse ist, der die Vorschriften missachtet und der Betriebsrat der Gute, der für Recht und Ordnung sorgt. Allerdings ist das nicht nur eine höchst romantische Vorstellung der betrieblichen Wirklichkeit, vor allem macht sie den Betriebsrat zu einem »preußischen Schutzmann« und nimmt ihm die Stellung eines Interessenvertreters seiner Wählerinnen und Wähler. Außerdem ist sie unvollständig, denn im Gegensatz zu dem Schutzmann hat der Betriebsrat keinerlei wirksame Mittel, um Verstöße zu verhindern. Er soll zwar aufpassen, dass nichts passiert, aber wenn es dann doch dazu kommt, dann darf er nur den Arbeitgeber darauf aufmerksam machen; den Arbeitgeber, der das im Zweifel sowieso weiß, weil er ja selber den Verstoß begeht. Wirksame Instrumente über dieses »Meckern« hinaus gibt ihm der § 80 BetrVG nicht. Der Betriebsrat ist hat also bestenfalls die Rolle des »Schutzmanns« in einer Operette, seine »Waffe« ist eine Schreckschusspistole.
Das BAG (v. 16.7.1985 – 1 ABR 9/83) hat dies so beschrieben:

»Nach dieser Vorschrift (gemeint ist § 80 Abs. 1 BetrVG) hat der Betriebsrat darüber zu wachen, dass die zu Gunsten der Arbeitnehmer geltenden Gesetze, VO, Unfallverhütungsvorschriften, Tarifverträge und Betriebsvereinbarungen durchgeführt werden. Aus dieser Überwachungsaufgabe folgt aber noch kein eigener Anspruch des Betriebsrates darauf, dass der Arbeitgeber die genannten Rechtsvorschriften gegenüber seinen Arbeitnehmern auch einhält und durchführt. Der Betriebsrat kann nicht gerichtlich feststellen lassen, welche einzelvertraglichen Ansprüche der Arbeitnehmer etwa nach einem Tarifvertrag hat. Er ist vielmehr darauf beschränkt, eine Nichtbeachtung oder fehlerhafte Durchführung der genannten Rechtsvorschriften beim Arbeitgeber zu beanstanden und auf Abhilfe zu drängen, wobei das BetrVG davon ausgeht, dass der Arbeitgeber einer berechtigten Beanstandung in aller Regel auch Rechnung tragen wird. Das entspricht allgemeiner Meinung im Schrifttum.«

Leider entspricht es aber nicht der Erfahrung der meisten Betriebsräte: Verstöße, auch wenn sie noch so offenkundig sind, werden mit windigen Argumenten gerechtfertigt, im Anwendungsbereich des ArbZG bleibt als letzte Ausflucht immer noch die große Ausnahmevorschrift des § 14 ArbZG, mit der sich scheinbar alles rechtfertigen lässt.
Die Wahrnehmung des Wächteramtes nach § 80 Abs. 1 BetrVG stellt den Betriebsrat also auf einen verlorenen Posten. Selbst wenn er hier erfolgreich ist, drängt er den Arbeitgeber allenfalls an den Rand des gerade noch Erlaubten zurück. Das ist unbefriedigend, weil der Arbeitgeber sowieso zur Einhaltung dieser Vorschriften verpflichtet ist. Der Betriebsrat sollte sich dagegen innerhalb der Grenzen des Erlaubten auf die Suche nach der für die Beschäftigten besten Lösung machen.

Eine rechtmäßige Lösung ist – wie wir oben gesehen haben – nicht automatisch die beste für die Beschäftigten. Sie steht aber auch nie allein, selbst wenn der Dienstplaner noch so sicher ist, die einzig denkbare Verteilung der Dienste gefunden zu haben. Für den Betriebsrat stellt sich die Aufgabe, Alternativen zu für die Beschäftigten unverträglichen Vorstellungen des Arbeitgebers zu entwickeln. Alles andere kann er getrost passieren lassen. Nur wenn er so handelt, nutzt er die starke Stellung, die ihm § 87 BetrVG einräumt.
Im Rahmen des Wächteramtes dagegen kann der Betriebsrat nur auf Verstöße aufmerksam machen, die der Arbeitgeber im Zweifel sowieso kennt. Wenn es aber mehrere – legale – Möglichkeiten der Gestaltung gibt, wirkt das erzwingbare Mitbestimmungsrecht des § 87 BetrVG und der Betriebsrat kann seine Vorstellungen auch mit dem entsprechenden Nachdruck vertreten. Diese starke Stellung resultiert aus der Konstruktion der Mitbestimmung im erzwingbaren Bereich. Hier ist der Arbeitgeber darauf angewiesen, dass der Betriebsrat seinen Vorstellungen zustimmt, andernfalls darf er die Dienste so nicht anordnen. Solange also der Arbeitgeber sich mit dem Betriebsrat über seine Vorstellung der Arbeitszeitgestaltung nicht einig geworden ist, gibt es keine legale Arbeitszeit. Ordnet der Arbeitgeber trotzdem an, die Dienste so wie von ihm vorgesehen zu fahren, kann der Betriebsrat das sogar arbeitsgerichtlich unterbinden lassen.
Der Arbeitgeber steht also unter einem Einigungszwang, wenn es um mehr geht als nur darum, die Rechtmäßigkeit einer bestimmten Arbeitszeitgestaltung zu beurteilen. Dann reicht es nicht mehr, auf unterschiedlichen Standpunkten zu beharren, es ist sogar völlig egal, ob sich Arbeitgeber und Betriebsrat in dieser Frage einig werden. Entscheidend ist, dass der Arbeitgeber die Vorschläge des Betriebsrates nicht einfach zurückweisen kann. Einigen sich beide nicht, gibt es als Vermittlungsinstrument die Einigungsstelle und keine einseitige Anordnung durch den Arbeitgeber. Und diese Einigungsstelle ist, wie das BAG in einer Entscheidung am 9.7.2013 (1 ABR 19/12) entschieden hat, durchaus begrenzt in ihren Möglichkeiten, die Wünsche des Arbeitgebers zu erfüllen. Der Betriebsrat ist damit nicht mehr der »zahme Operettenschutzmann« mit Schreckschusspistole, sondern durchsetzungsfähig.
Dafür muss er allerdings wissen, was er will. Er benötigt Alternativen, damit die Einigungsstelle tatsächlich auch einen Gegenstand hat, über den sie verhandeln und entscheiden kann. Andernfalls werden sich nur die Vorschläge des Arbeitgebers durchsetzen können. An dieser Entwicklung von Alternativen kann sich der Betriebsrat leicht verheben. Es ist allerdings überhaupt nicht seine Aufgabe, hier ein ausgefeiltes Gegenmodell abzuliefern. Wichtiger ist es, dass sich der Betriebsrat über die wesentlichen Parameter, also den Maßstab im Klaren ist, den er an die Vorschläge des Arbeitgebers anlegen will. Das könnte zum Beispiel der Ausschluss von geteilten Diensten und

Kurzeinsätzen sein. Dem Arbeitgeber muss er dann nur noch vermitteln, dass Dienstpläne, die diese Bedingungen nicht erfüllen, keine Zustimmung mehr bekommen. Selbst wenn er sich für kompetent genug hält, sollte der Betriebsrat davon Abstand nehmen, eigene Dienstpläne zu entwickeln. Die werden genauso wenig wie die des Arbeitgebers 100 %ig zufrieden stellend sein können. Der Betriebsrat würde damit eine Verantwortung für Unverträglichkeiten übernehmen, die er nach der Rollenverteilung im Betrieb nicht tragen muss.

Funktionieren wird dieser Weg zu besseren Dienstplänen, wenn der Betriebsrat tatsächlich auch einmal die Ablehnung eines Dienstplanes durchexerziert, also verhindert, dass er gefahren wird, selbst wenn dies natürlich wirtschaftlich nicht sinnvoll ist. Er verleiht seinen Forderungen damit aber den entsprechenden Nachdruck und signalisiert auch einer Einigungsstelle, dass es ihm ernst ist mit seiner Verhandlung eines anderen Dienstplanes. In der Einigungsstelle selber zählen dann weniger die rechtlichen Argumente, die nur die Grenze zur verbotenen Dienstplanung kennzeichnen. Hier geht es fast ausschließlich um praktische Erwägungen und Argumente, die die Interessen der Beschäftigten und des Arbeitgebers miteinander in Einklang bringen sollen. Dabei wird sich der Betriebsrat natürlich nicht immer durchsetzen. Aber Einigungsstellen sind auch nicht die Felder, in denen Siege oder Niederlagen ausgefochten werden, sondern Orte, an denen moderiert über Kompromisse verhandelt wird. Jeder Kompromiss ist in der Regel bei der Dienstplangestaltung besser als ein solcher Dienst mit Kurzeinsätzen, wie der oben beschriebene. Erst wenn der Betriebsrat alle Möglichkeiten ausgeschöpft hat, einen solchen zu verhindern – und dazu zählt immer auch der Versuch der Vermittlung durch die Einigungsstelle –, darf er überhaupt daran denken, einer solchen unverträglichen Arbeitszeit zuzustimmen.

C. Tarifvertragliche Arbeitszeitregelungen

Für den größten Teil der Beschäftigten im Nahverkehr gelten die Spartentarifverträge Nahverkehr (TV-N) mit den kommunalen Arbeitgeberverbänden der jeweiligen Bundesländer. Mit dem Tarifvertrag für Eisenbahn- und Kraftverkehrsbetriebe der nichtbundeseigenen Eisenbahnen (ETV) gibt es einen bundesweiten Tarifvertrag, der sowohl im Schienenverkehr als auch in Bus- und Mischbetrieben angewandt wird.
Die Vielzahl der tariflichen Regelungen und die Dynamik der Veränderungen macht es unmöglich, in Rahmen dieses Buches jederzeit aktuelle Aussagen zu allen Regelungen zu treffen. Allerdings gibt es in den Tarifverträgen zur Gestaltung der Arbeitszeit und den speziell für das Fahrpersonal geltenden Regelungen zur Lenkzeit, zu Fahrtunterbrechungen, zur Dienstschichtlänge und zu den Ruhezeiten einige Konstanten, die hier in einer knappen Übersicht für die Spartentarifverträge TV-N, den ETV und für einige Flächentarifverträge im privaten Omnibusgewerbe mit Stand zum Zeitpunkt der Drucklegung dargestellt werden.

Wöchentliche und tägliche Arbeitszeit

Die Tarifverträge enthalten Angaben zur durchschnittlichen wöchentlichen Arbeitszeit sowie zur täglichen dienstplanmäßigen Arbeitszeit. Bei der Anwendung muss sorgfältig unterschieden werden, ob sich eine Vorschrift auf die Bezahlung oder auf die Gestaltung der Arbeitszeit bezieht. So ist etwa die häufig anzutreffende Bestimmung zur Bewertung von Wendezeiten als Bereitschaftsdienst nur eine Bezahlungsregelung. Solche Zeiten können im Sinne des ArbZG sowohl Arbeitszeit als auch Pause sein, je nachdem, wie sie ausgestaltet werden. Regelungen zur Bezahlung der Arbeitszeit und zu deren Definition sind nicht in jedem Fall deckungsgleich. Es ist daher unerlässlich, bei der Dienstplanprüfung und -gestaltung jede Minute im Dienstplan genau zuzuordnen: Handelt es sich um eine Fahrtunterbrechung? Liegt auch eine Arbeitsunterbrechung vor? Sind die Bedingungen für eine Pause gegeben? Enthält der Tarifvertrag keine eigene Definition z. B. des Begriffs »Arbeitszeit«, gelten bei Unklarheiten die Definitionen des ArbZG.
Für die Dauer der täglichen Arbeitszeit sind Obergrenzen in den Tarifverträgen definiert, die nicht überschritten werden dürfen. Sie bewegen sich meist zwischen 8,5 und 9,5 Stunden. In einigen Tarifverträgen gibt es zusätzlich eine begrenzte Zahl von Arbeitstagen mit einer Dauer von bis zu zehn Stunden. Die regelmäßige wöchentliche Arbeitszeit dagegen muss nur durchschnittlich erreicht werden, sie kann also jederzeit unter- oder überschritten werden. Verlangt wird zur Herstellung des Durchschnitts lediglich der Aus-

gleich innerhalb eines im Tarifvertrag festgelegten Ausgleichszeitraums. Die konkrete Festlegung von Lage und vorübergehender Veränderung der Regelarbeitszeit sowie auch Regelungen zum Ausgleich von Überstunden und die Einführung von Arbeitszeitkonten unterliegen der Mitbestimmung des Betriebsrates.

Regelungen zur Länge der Dienstschicht

Zur maximal zulässigen Länge einer täglichen Dienstschicht enthalten die Tarifverträge feste Obergrenzen. Die Dienstschicht bezeichnet den gesamten Zeitraum vom Zeitpunkt der Aufnahme des Dienstes bis zu seinem Ende; sie beinhaltet folglich sowohl Arbeitszeit als auch Pausen und andere Zeiten wie z. B. Wendezeiten und Arbeitsunterbrechungen. Auch bei geteilten Diensten müssen diese Grenzen eingehalten werden, sofern es keine Sonderregelung gibt.

Der Standard in den Tarifverträgen ist die Begrenzung der Lange der Dienstschicht auf 12 Stunden, wobei in Ausnahmefällen auch bis zu 14 Stunden erreicht werden können.

Die maximal zulässige Ausweitung der täglichen Dienstschicht auf 14 Stunden ist tarifvertraglich zumeist auf »betriebsnotwendige Fälle« und »Ausnahmen« beschränkt; sie darf also nicht regelmäßig oder gar dauerhaft auftreten. Zudem ist in jedem Fall zu prüfen, ob Maßnahmen zu ihrer Vermeidung ergriffen werden können. Was »regelmäßig« oder »dauerhaft« ist und was nicht, wird im Mitbestimmungsprozess bei der Dienstplangestaltung entschieden. Eine einseitige Definition durch den Arbeitgeber ist nicht möglich. (Hierzu mehr im Ersten Teil, Kapitel B: »Ausgestaltung der Mitbestimmung«)

Der Betriebsrat kann im Übrigen bei jeder Änderung der Arbeitsabläufe im Hinblick auf arbeitswissenschaftliche Erkenntnisse und besondere Belastungen Maßnahmen zur Abwendung und Entlastung der betroffenen Beschäftigten durchsetzen. Dabei kann er insbesondere von dem Instrument der Gefährdungsbeurteilung Gebrauch machen, die ihm weitere Möglichkeiten der erzwingbaren Mitbestimmung verschafft (BAG v. 28.3.2017 – 1 ABR 25/15).

Regelungen zu Fahrtunterbrechungen und Pausen

In Tarifverträgen kann gem. § 1 Abs. 3 Nr. 2 FPersV die Möglichkeit von verkürzten Fahrtunterbrechungen vereinbart werden, sofern sie ein Sechstel der Dienstschicht und mindestens die tariflich vereinbarte Länge von 8 bzw. 10 Minuten haben.

In einer so organsierten Schicht müssen die Dienstteile mit ununterbrochener Lenkzeit allerdings kürzer als 4,5 Stunden sein, denn nach einer un-

unterbrochenen Lenkzeit von 4,5 Stunden muss grundsätzlich sofort eine Fahrtunterbrechung von 45 Minuten eingelegt werden. Ein solcher Dienst ist dann kein 1/6-Dienst mehr.
Eine Fahrtunterbrechung muss frei von Arbeit sein, als Ruhepause kann sie jedoch nur dann betrachtet werden, wenn sie auch deren weitere Merkmale erfüllt.
Nach ständiger Rechtsprechung des Bundesarbeitsgerichts (BAG v. 25.2.2015 – 1 AZR 642/13; BAG v. 13.10.2009 – 9 AZR 139/08; BAG v. 17.7.2008 – 6 AZR 602/07, BAG v. 29.10.2002 – 1 AZR 603/01) sind Ruhepausen i. S. d. ArbZG Unterbrechungen der Arbeitszeit von bestimmter Dauer,

1. die der Erholung dienen,
2. deren Lage, also der Beginn im Voraus, d.h. bei Arbeitsbeginn Unterbrechungen der Arbeitszeit feststeht und
3. deren Dauer spätestens bei Beginn der Pause feststeht.

Außerdem darf für die Arbeitnehmer in dieser Zeit keine Verpflichtung bestehen, Arbeit zu leisten oder sich dafür bereitzuhalten. Diese müssen selbst frei darüber entscheiden können, wo und wie sie diese Zeit verbringen.

Regelungen zur täglichen und wöchentlichen Ruhezeit

In den Tarifverträgen sind Regelungen zur täglichen Ruhezeit enthalten. Für die Mindestdauer der wöchentlichen Ruhezeit enthalten die Tarifverträge keine Regelungen, sie ergibt sich aus der FPersV.
Die FPersV enthält (über den Verweis auf die VO 561/2006) für die tägliche Ruhezeit auch die Bestimmung, dass sie zwischen zwei wöchentlichen Ruhezeiten auf mindestens neun Stunden verkürzt werden darf. Die Tarifverträge ziehen hier eine andere Untergrenze ein, i. d. R. müssen mindestens 10 Stunden Ruhezeit zwischen den Schichten liegen. Gibt es diese Begrenzung, bleibt eine Unterschreitung der 10 Stunden auch dann unzulässig, wenn der Arbeitgeber sich auf die Regelung in der FPersV beruft.
Einige Tarifverträge – z.B. der ETV oder der TV-N Hessen – legen eine Mindestruhezeit von 10 Stunden fest. Die Ruhezeit darf im Geltungsbereich dieser Tarifverträge daher auch dann nicht auf 9 Stunden verkürzt werden, wenn das nach der FPersV zulässig wäre.

D. Das System der Rechtsquellen

Die Arbeitszeitgestaltung des Fahrpersonals im öffentlichen Personennahverkehr unterliegt einer Vielzahl von gesetzlichen und tariflichen Vorschriften. Die Bezüge dieser »Rechtsquellen« genannten Regelungskataloge sind untereinander so vielfältig, dass auch Fachleute schnell den Überblick verlieren. Dennoch liegt dem Ganzen ein System zu Grunde, mit dem sich arbeiten lässt – wenn man es denn im konkreten Fall präsent hat.
Zunächst muss man sich klar machen, dass die Rechtsquellen aus unterschiedlichen Federn stammen und je nach Ursprung unterschiedlich wirken. Drei Ebenen müssen dabei unterschieden werden:

1. Das europäische Gemeinschaftsrecht
2. Das deutsche Gesetzesrecht
3. Tarifvertragliche Regelungen

In die falsche Richtung denkt, wer dabei sofort ein Dreieck vor Augen hat, bei dem ganz oben das Europarecht und ganz unten – in unserem Fall – das Tarifrecht angesiedelt ist. Die Bezüge der drei Ebenen untereinander sind nicht hierarchisch. Wie unterschiedlich die Vorschriften auf der einen oder anderen Ebene wirken, zeigt sich, wenn ein Beschäftigter ein Anliegen bzw. ein Recht (etwa das auf Einhaltung seiner Ruhezeit) gegen den Arbeitgeber im ÖPNV durchsetzen will. Er kann sich dabei allein auf das Bundesrecht oder den Tarifvertrag stützen, denn nur das verschafft ihm unmittelbar wirksame Rechte gegen seinen Vertragspartner. Das Gemeinschaftsrecht hat in der Regel eine andere Funktion: Es richtet sich nur an die Mitgliedstaaten bzw. deren Gesetzgeber, die dadurch verpflichtet werden, bestimmte Regelungen – wie etwa die zur Ruhezeit – zu erlassen. Angestrebt wird damit eine Harmonisierung dieser Regelungen auf europäischer Ebene und nur mittelbar eine Veränderung der Rechtsstellung des Einzelnen. Mittelbar, weil erst die nationale Regelung, das Gesetz, erlassen werden muss.

Umsetzung des Gemeinschaftsrechts

Folgen die Staaten diesen Vorgaben der Europäischen Union nicht, gibt es wenige Möglichkeiten, dieses durch die staatliche Aufsicht durchzusetzen, weil der deutsche Arbeitgeber nur verpflichtet ist, das auf nationaler Ebene zustande gekommene Gesetz zu befolgen. Wenn dieses die gemeinschaftsrechtliche Vorgabe nicht vollständig umsetzt, ist zwar der Staat »Bundesrepublik Deutschland« gegenüber der Europäischen Union vertragsbrüchig geworden – daraus kann aber niemand Rechte herleiten (wie üblich gibt es auch Ausnahmen, in denen es doch möglich ist, sich unmittelbar auf das Europäische Recht zu berufen. Die interessieren uns hier aber noch nicht.) Blei-

ben wir beim Beispiel der Ruhezeit. Dazu bestimmt etwa § 5 Abs. 2 ArbZG, dass diese in Verkehrsbetrieben auf 10 Stunden verkürzt werden darf, wenn diese Verkürzung durch eine entsprechend längere Ruhezeit innerhalb von vier Wochen ausgeglichen wird. Anders die EU-Richtlinie Nr. 2003/88 zur Arbeitszeitvereinheitlichung in Europa. Die verlangt diesen Ausgleich vor Beginn der nächsten Schicht (EuGH v. 11.9.2003 – C 151/02 Rz. 97). Die deutsche Regelung setzt also nicht richtig um, was auf europäischer Ebene verlangt wird. Dennoch gilt in Deutschland im Verhältnis Staat – Arbeitgeber nur die Regelung des ArbZG. Ein Arbeitgeber, der für den Ausgleich lediglich innerhalb von vier Wochen sorgt, handelt rechtmäßig, solange das ArbZG nicht an die europäische Vorgabe angepasst wird. Nur die Bundesrepublik begeht einen Rechtsverstoß gegenüber der EU, nicht aber der einzelne Arbeitgeber. Die Sanktion hierfür kann allenfalls ein Vertragsverletzungsverfahren der Europäischen Union gegenüber der Bundesrepublik Deutschland mit entsprechenden Strafzahlungen sein.
Die Beschäftigten dagegen haben Möglichkeiten, ihren Arbeitgeber unmittelbar auf die Einhaltung des EU-Rechts zu verpflichten. Im Bereich Arbeitszeit bewirkt dies insbesondere die EU-Grundrechtscharta, die solche Ansprüche einräumt. Damit kann auch der Betriebsrat arbeiten, indem er Konflikte in die Einigungsstelle trägt. Die darf die EU-Regeln auch nicht einfach ignorieren.
Anders ist das im Anwendungsbereich der Verordnung (EG) Nr. 561/2006, weil diese unmittelbar Recht in den Mitgliedstaaten setzt, ohne dass es einer Umsetzung durch nationale Gesetze bedarf. Allerdings gilt diese Verordnung im Bereich des ÖPNV nicht unmittelbar.

Vertragsverstoß

Gänzlich anders ist das Verhältnis zwischen ArbZG und Tarifrecht. Dabei muss man sich allerdings klar machen, dass die meisten Regelungen zur Arbeitszeit im Tarifvertrag in Wirklichkeit gar nichts mit der tatsächlichen Arbeitszeit, sondern nur mit der Vergütung der Arbeitszeit zu tun haben. Auch hierzu ein Beispiel: Der Spartentarifvertrag für den Nahverkehr in NRW legt als wöchentliche Regelarbeitszeit 39 Stunden fest. Es ist aber auch ohne Weiteres möglich, dauerhaft z. B. 42 Stunden zu arbeiten, ohne gegen den Tarifvertrag zu verstoßen. Je nachdem gibt es für die zusätzlichen Stunden irgendwann einmal Freizeit oder zusätzliches Geld, mal mit, mal ohne Zuschläge. Die 39 Stunden sind aber deshalb kein unverbindlicher Richtwert, sondern der exakte Gegenwert für die Regelvergütung eines Vollzeitbeschäftigten, die sich aus dem entsprechenden Vergütungstarifvertrag ergibt. Sie müssen aber nicht tatsächlich gearbeitet werden. Mehr und sogar dauerhaft weniger Stunden sind möglich, dann gibt es aber weniger Geld, wie jeder Teilzeitbeschäftigte weiß.

Daneben enthalten Tarifverträge noch weitere Vorschriften zur Arbeitszeit, die eine andere Funktion haben: Sie füllen bestimmte Spielräume aus, die das ArbZG den Tarifvertragsparteien zur Ausgestaltung der von ihm selbst geschaffenen Regelungen eingeräumt hat. So ist es etwa gem. § 7 Abs. 2 Nr. 1 ArbZG möglich, durch Tarifvertrag zuzulassen, dass die Ruhezeit durch Einsätze in der Rufbereitschaft unterbrochen werden kann, ohne damit die Pflicht zu begründen, sofort im Anschluss an die Unterbrechung eine erneute Ruhezeit von 11 Stunden einzuhalten. Die Verkürzungen durch solche Unterbrechungen müssen nur später wieder ausgeglichen werden. Der Spartentarifvertrag für Brandenburg greift diese Möglichkeit (wie alle anderen Spartentarifverträge auch) in § 8 Abs. 2 auf und lässt entsprechende Unterbrechungen bei Störungen, Revisionen und außergewöhnlichen Reparaturen zu. Damit dürften alle denkbaren Einsätze in der Rufbereitschaft erfasst sein.
Der Tarifvertrag ist damit praktisch »das Scharnier«, das für die Öffnung der ansonsten starren Grenzen des Gesetzes sorgt. Wenn der Tarifvertrag hierbei allerdings über das Ziel hinausschießt, dann ist eine solche Erweiterung gegenüber dem Gesetz unwirksam. Hier ist es also anders als im Verhältnis zwischen Europäischer Union und Bundesrepublik Deutschland: Die Tarifvertragsparteien können kein eigenes, autonomes Recht schaffen, sondern sich nur im durch das ArbZG abgesteckten Rahmen bewegen. Eine tarifliche Regelung etwa, die die Erweiterung der täglichen Höchstarbeitszeit auf 12 Stunden ohne weitere Voraussetzungen zuließe, wäre von vornherein unwirksam, weil hierfür keine Ermächtigung im Gesetz enthalten ist.

Gesetzesverstoß

Im Zentrum des Interesses unserer drei Regelungsebenen steht daher zunächst der staatliche Gesetzgeber. Der hat zur Arbeitszeitgestaltung im öffentlichen Personennahverkehr mehrere Vorschriften erlassen:

- Arbeitszeitgesetz (ArbZG)
- Fahrpersonalgesetz (FPersG)
- Fahrpersonalverordnung (FPersV)

Dabei enthält allerdings das Fahrpersonalgesetz keine eigenen Regelungen zur Arbeitszeit, sondern nur die Befugnis für den Verkehrsminister, durch die FPersV teilweise vom ArbZG abweichende Regelungen zu schaffen. Wir müssen also nur auf ArbZG und FPersV schauen.
Thematisch überschneiden sich die Vorschriften in beiden Regelungskatalogen teilweise, was aber kein großes Problem ist, weil immer klar ist, welche Regelung jeweils den Vorrang hat.

Übersicht: Regelungsthemen

Arbeitszeitgesetz	Fahrpersonalverordnung
Tägliche Höchstarbeitszeit	Höchstdauer der Lenkzeit
Wöchentliche Höchstarbeitszeit	Höchstdauer wöchentlichen Lenkzeit
Ruhepause	Fahrtunterbrechung
Ruhezeit	Ruhezeit
Nacht- und Wechselschicht	
Sonn- und Feiertagsarbeit	

Wirklich identisch ist damit nur das Thema »Ruhezeit«, weil hier FPersV und ArbZG dasselbe meinen. Dabei ist aber klar, dass nur die Regelung in der FPersV gilt, die ist spezieller als das ArbZG und deren Vorrang ist in § 1 FPersG ausdrücklich bestimmt. Die Themenkreise »tägliche Höchstarbeitszeit« und »Lenkzeit« sowie »Ruhepause« und »Fahrtzeitunterbrechung« haben zwar vielfältige Bezüge untereinander, sind aber nicht deckungsgleich. Das zeigt sich bei einem Mitarbeiter, der sowohl in der Werkstatt, als auch im Fahrdienst tätig ist. An einem Tag fährt er morgens für 4 Stunden mehrere Strecken mit dem Bus. Danach macht er eine Pause und geht in die Werkstatt, um für weitere 4 Stunden Wartungsarbeiten an den Fahrzeugen vorzunehmen. Damit hat er einerseits 4 Stunden Arbeitszeit, die mit Lenkzeit gefüllt war, andererseits 4 Stunden Arbeitszeit, die eine andere Tätigkeit beinhaltet hat, absolviert.

Deshalb müssen hier sowohl die Vorschriften des ArbZG, als auch die der FPersV nebeneinander beachtet werden. Das ArbZG regelt die Bedingungen für die gesamte Arbeitszeit, das Fahrpersonalrecht nur für die Arbeitszeit, die mit Lenktätigkeit gefüllt ist. Dieses Nebeneinander führt aber etwa beim Thema »Pause« keineswegs zu einer Verdopplung etwa der Unterbrechungen. Wenn das ArbZG bei einer Arbeitszeit über 6 Stunden 30 Minuten Pause verlangt und die Fahrpersonalverordnung Fahrtunterbrechungen von 45 Minuten nach 4,5 Stunden Lenkzeit, dann sind 30 dieser 45 Minuten in der Regel gleichzeitig eine Pause, weil auch die Fahrtunterbrechung frei von Arbeit sein muss. Pause und Fahrtunterbrechung haben zwar zum Teil unterschiedliche Funktionen – beide dienen dem Schutz der Beschäftigten vor Überlastung, die Fahrtunterbrechung dient aber gleichzeitig noch der Sicherheit im Straßenverkehr – sind aber als Phänomen identisch, sie unterbrechen die mit Arbeit gefüllte Zeit. Bei der Pause nach dem ArbZG wird lediglich zusätzlich verlangt, dass sie hinsichtlich der Lage und Dauer bereits bei der Arbeitsaufnahme in etwa feststeht, die Fahrtzeitunterbrechung dagegen kann sich auch zufällig einstellen, etwa durch einen Motorschaden am Fahrzeug. Selbst wenn in dieser Situation der Fahrer tatsächlich völlig

frei von jeglicher Aufgabe ist und auch nicht an seinem Fahrzeug auf einen Reparaturdienst oder ähnliches warten muss, dann wäre die Fahrtzeitunterbrechung dennoch nicht gleichzeitig eine Pause, weil ja nicht geplant.
Solche Fälle kommen vor, haben aber für die Planung der Arbeitszeit, der Pause und der Fahrtzeitunterbrechung im ÖPNV keine Relevanz – eben weil es um Planung geht, um die Gestaltung der Arbeitszeit und nicht um die nachträgliche Bewertung, welche Zufälle zu welchen Reaktionen geführt haben, die dann vielleicht nicht mehr mit dem Gesetz übereinstimmen.
Ein wenig schwieriger ist das Verhältnis zwischen den Vorschriften, wenn die Fahrtzeitunterbrechung gestückelt werden darf, wie bei der 1/6-Regelung. Aber auch in diesen Fällen lassen sich Pause und Fahrtzeitunterbrechung in Deckung bringen, damit die Schichten nicht über Gebühr verlängert werden. Beschrieben ist dies in der Kommentierung zu § 4 ArbZG.

Zweiter Teil: Kommentierung

A. Arbeitszeitgesetz (ArbZG)

vom 6. Juni 1994 (BGBl. I S. 1170), zuletzt geändert durch Artikel 52 des Gesetzes vom 23.10.2024 (BGBl I Nr. 323)

Erster Abschnitt
Allgemeine Vorschriften

§ 1 Zweck des Gesetzes

Zweck des Gesetzes ist es,

1. **die Sicherheit und den Gesundheitsschutz der Arbeitnehmer in der Bundesrepublik Deutschland und in der ausschließlichen Wirtschaftszone bei der Arbeitszeitgestaltung zu gewährleisten und die Rahmenbedingungen für flexible Arbeitszeiten zu verbessern sowie**
2. **den Sonntag und die staatlich anerkannten Feiertage als Tage der Arbeitsruhe und der seelischen Erhebung der Arbeitnehmer zu schützen.**

Einbettung in das System des Arbeitsschutzes

Die erste Vorschrift des ArbZG ist ein allgemeiner Programmsatz ohne eigenständige rechtliche Folgen. Die drei genannten Ziele – Gewährleistung des Gesundheitsschutzes, Verbesserung der Bedingungen für flexible Arbeitszeiten und Schutz der Sonn- und Feiertagsruhe – realisieren sich ausschließlich durch die Anwendung der nachfolgenden Vorschriften. Bedeutsam ist allerdings die Einordnung des Arbeitszeitrechts in das System des Arbeitsschutzes. Damit unterstellt der Gesetzgeber das ArbZG den grundlegenden Vorgaben zum Arbeitsschutz im ArbSchG. Dieses ist quasi das Grundgesetz für den staatlich geregelten Arbeitsschutz. 1

2 Ein wesentlicher Bestandteil des ArbSchG, der somit auch bei der Arbeitszeitgestaltung zu beachten ist, ist die in § 4 ArbSchG enthaltene Hierarchie der Schutzmaßnahmen. Hier steht an oberster Stelle die Vermeidung von Gefahren und Belastungen. Wenn also klar ist, dass eine Form der Arbeitszeitgestaltung wegen der davon ausgehenden Belastungen Maßnahmen des Arbeitsschutzes erfordert, muss zunächst ermittelt werden, wie diese Belastungen durch Umgestaltung der Arbeitszeit vermieden oder abgestellt werden können. Nur wenn dies ausgeschlossen ist, kann über eine andere Form der Entlastung nachgedacht werden.

3 Anerkannt ist etwa für die Nachtarbeit, dass diese auf Dauer für die Gesundheit gefährlich ist (BVerfG v. 28.1.1992 – 1 BvR 1025/82). Soweit Nachtarbeit also vermeidbar ist, muss darauf verzichtet werden, was aber zumindest im Bereich des öffentlichen Personennahverkehrs nicht vollständig möglich ist. Deshalb können hier auch andere Maßnahmen zum Zuge kommen, insbesondere ein Ausgleich, der aber der Entlastung dienen und so gesundheitlich wirksam werden muss. Dies kann etwa in Form der Erleichterung der Arbeitsaufgabe während der Nachtarbeit oder aber durch Ausgleichszeiten im unmittelbaren Anschluss daran geschehen. Kein gesundheitlicher Ausgleich ist dagegen eine zusätzliche Bezahlung dieser besonderen Belastung, obwohl § 6 Abs. 5 ArbZG dies unter Verstoß gegen die Grundregel des ArbSchG noch zulässt.

4 Die gesetzlichen Regelungen zum Arbeitsschutz gehen mittlerweile davon aus, dass die wesentlichen Festlegungen autonom innerhalb der Betriebe getroffen werden und nicht mehr hoheitlich durch Eingreifen überlasteter Arbeitsschutzbehörden gewährleistet werden können. Daher ist im ArbSchG das Instrument der Gefährdungsanalyse geschaffen worden, bei deren Durchführung und Ausgestaltung der Betriebsrat ein erzwingbares Mitbestimmungsrecht gem. § 87 Abs. 1 Nr. 7 BetrVG hat (BAG v. 8.6.2004 – 1 ABR 13/03). Das Mitbestimmungsrecht besteht auch dann, wenn ein Dritter mit der Ausführung der Gefährdungsbeurteilung beauftragt ist (BAG v. 30.9.2014 – 1 ABR 106/12). Diese Gefährdungsbeurteilung muss sich gem. § 5 Abs. 3 Nr. 4 ArbSchG ausdrücklich auch darauf beziehen, welchen Einfluss die Arbeitszeit auf die Belastung der Beschäftigten hat. Ergebnis dieser Gefährdungsanalyse können Maßnahmen des Arbeitsschutzes sein, die das ArbZG noch nicht ausdrücklich vorsieht – etwa die Verlängerung der Ruhezeit über 11 Stunden hinaus – im Einzelfall aber gleichwohl erforderlich und damit einzuhalten sind.

5 Arbeitsschutz im Sinne des ArbSchG und damit auch im Sinne des ArbZG geht über den reinen Gesundheitsschutz hinaus. Dies ergibt sich insbesondere aus § 2 und § 4 Nr. 4 ArbSchG. Danach sind Maßnahmen des Arbeitsschutzes auch solche, die der menschengerechten Gestaltung der Arbeit dienen. Solche Maßnahmen sind mit dem Ziel zu planen, Technik, Arbeitsorganisation, sonstige Arbeitsbedingungen, soziale Beziehungen und

Einfluss der Umwelt auf den Arbeitsplatz sachgerecht zu verknüpfen. Unter dem Gesichtspunkt des Arbeitsschutzes ist es also von Bedeutung, ob die Arbeitszeitgestaltung noch eine Teilnahme am sozialen Leben zulässt oder nicht. Auf diesem Weg kann dann auch der in der Verkehrsbranche aufgehobene Schutz von Sonn- und Feiertagen zumindest in Ansätzen realisiert werden. Obwohl das ArbZG diese Branche in § 10 Abs. 1 Nr. 10 grundsätzlich vom Sonntagsschutz ausnimmt, sind diese Tage dennoch – eigentlich sogar die gesamten Wochenenden – als Zeiten des sozialen Umgangs nach wie vor von erheblicher Bedeutung. Entsprechende Freiräume können nur durch konsequente Wahrnehmung der Mitbestimmungsrechte diesseits der gesetzlichen Erlaubnis der Sonntagsarbeit geschaffen werden.

Vollzug des ArbZG

Obwohl die wesentlichen Weichenstellungen zur Realisierung des Arbeits- 6
schutzes im Betrieb erfolgen, ist das ArbZG staatliches Ordnungsrecht. Es verpflichtet den einzelnen Arbeitgeber gegenüber der Allgemeinheit. Die Einhaltung dieser Verpflichtung wird durch die entsprechenden Stellen – Ämter für Arbeitsschutz bzw. Gewerbeaufsicht – kontrolliert. Der Arbeitgeber kann diese Aufgabe allerdings auf geeignetes Personal weiter delegieren. Wenn die entsprechenden Kompetenzen mit übertragen werden, sind also auch unmittelbare Vorgesetzte Verpflichtete aus dem ArbZG. Das ist insbesondere von Bedeutung in Hinsicht auf die Sanktionen, die das Gesetz vorsieht: Bußgelder können gem. § 20 auch gegen diejenigen verhängt werden, die als Abteilungsleiter, Meister oder Dienstplaner zu lange Arbeitszeiten anordnen oder zulassen. Keine Verpflichtung in diesem Sinne trifft dagegen die Beschäftigten selber, die ja durch das Gesetz geschützt werden sollen. Das gilt auch dann, wenn eine Betriebsvereinbarung oder der Arbeitsvertrag ihnen eine entsprechende Verantwortung zuweist. Zumindest können sie nicht wegen Verstoßes gegen ihre eigenen Interessen bußgeldpflichtig werden.

Flexible Arbeitszeiten

Das weitere genannte Ziel in der Vorschrift, die Rahmenbedingungen für 7
flexible Arbeitszeiten zu verbessern, ist aus der Entwicklung der Gesetzgebung zu verstehen. Das alte in der Arbeitszeitordnung enthaltene Recht hatte zwar ähnliche Beschränkungen wie das ArbZG, ließ aber weniger Ausnahmen hiervon zu. Allerdings enthält dieses Ziel keinen Auftrag des Gesetzgebers an die Betriebe, flexibel zu arbeiten. Er wollte lediglich mit dem ArbZG den Rahmen hierfür erweitern. Ob dieser genutzt oder ausgefüllt wird, sollen die Betriebe selber entscheiden – aber nur unter Beteiligung des Betriebsrates.

§ 2 Begriffsbestimmungen

(1) Arbeitszeit im Sinne dieses Gesetzes ist die Zeit vom Beginn bis zum Ende der Arbeit ohne die Ruhepausen; Arbeitszeiten bei mehreren Arbeitgebern sind zusammenzurechnen. Im Bergbau unter Tage zählen die Ruhepausen zur Arbeitszeit.

(2) Arbeitnehmer im Sinne dieses Gesetzes sind Arbeiter und Angestellte sowie die zu ihrer Berufsbildung Beschäftigten.

(3) Nachtzeit im Sinne dieses Gesetzes ist die Zeit von 23 bis 6 Uhr, in Bäckereien und Konditoreien die Zeit von 22 bis 5 Uhr.

(4) Nachtarbeit im Sinne dieses Gesetzes ist jede Arbeit, die mehr als zwei Stunden der Nachtzeit umfasst.

(5) Nachtarbeitnehmer im Sinne dieses Gesetzes sind Arbeitnehmer, die

1. auf Grund ihrer Arbeitszeitgestaltung normalerweise Nachtarbeit in Wechselschicht zu leisten haben oder

2. Nachtarbeit an mindestens 48 Tagen im Kalenderjahr leisten.

1 Die Vorschrift legt fest, wie bestimmte im ArbZG verwendete Begriffe zu verstehen sind. Diese Festlegung ist allerdings nur für die Anwendung des ArbZG verbindlich. Werden dieselben Begriffe im Tarifvertrag oder in der Betriebsvereinbarung verwendet, kann hiermit durchaus etwas anderes gemeint sein. Dies zeigt sich etwa am Beispiel der Nachtarbeit, die in § 2 als die Phase zwischen 23:00 und 6:00 Uhr definiert ist. Anders im TV-N NW: Hiernach beginnt die Nachtarbeit bereits um 21:00 Uhr. Das ist jedoch kein Widerspruch, weil diese Festlegung im Tarifvertrag nur für die Vergütung von Bedeutung ist, die im ArbZG dagegen bestimmt, wer als Nachtarbeitnehmer durch die besonderen Vorschriften in § 6 geschützt ist. Das sind unterschiedliche Sachverhalte. Nachtarbeit, die diese besonderen Schutzrechte auslöst, beginnt daher auch dann um 23:00 Uhr, wenn der Tarifvertrag bereits ab 21:00 Uhr Nachtzuschläge vorsieht.

2 Die gesetzlichen Definitionen und die nicht in § 2 enthaltenen, aber von der Rechtsprechung zusätzlich entwickelten Definitionen sind nur dann für das Verständnis derselben in Tarifverträgen und Betriebsvereinbarungen verwendeten Begriffe relevant, wenn sich nicht eindeutig klären lässt, was die Parteien damit jeweils gemeint haben. In diesem Fall geht die Rechtsprechung davon aus, dass bei Wortgleichheit auch der Inhalt mit übernommen werden sollte (BAG v. 11.11.1998 – 5 AZR 63/98).

3 Soweit das Gesetz selber definiert, was in seinem Anwendungsbereich – also beim Arbeitsschutz – Inhalt eines Begriffes sein soll, können die Tarifvertragsparteien hiervon nicht abweichen. Es ist daher nicht zulässig, eine eigenständige Definition dessen zu schaffen, was Arbeitszeit ist. Welche Befugnisse Tarifvertragsparteien – und dem folgend die Betriebsparteien – hier

haben, ergibt sich abschließend aus § 7 bzw. für die Sonntags- und Feiertagsarbeit aus § 12. Die Änderung der Begriffsinhalte zählt nicht hierzu.
Die Begriffe im Einzelnen:

Arbeitszeit

Die Bestimmung dessen, was Arbeitszeit ist, hat für das ArbZG in zweierlei Hinsicht Bedeutung. Zum einen für die Feststellung, ob die höchstzulässige Dauer der wöchentlichen bzw. täglichen Arbeitszeit eingehalten oder überschritten wurde, zum anderen für die Abgrenzung zu zwei anderen zentralen Begriffen, der Ruhezeit und der Pause. Alle drei Phänomene, die damit beschrieben werden, schließen sich gegenseitig aus: Entweder befindet sich ein Arbeitnehmer in der Arbeitszeit, in der Ruhezeit oder in einer Pause. Daneben gibt es nichts, wenn man von dem in § 21a als Ausnahme geregelten Bereich absieht. 4

Die Sondervorschrift des § 21a Abs. 3a, die das Bereithalten für die Arbeit am Arbeitsplatz aus der Arbeitszeit herausnimmt, gilt nur für Fahrpersonal, das der Verordnung (EG) Nr. 561/2006 unmittelbar unterfällt, also nicht für im ÖPNV tätige Fahrerinnen und Fahrer. Für die ist diese gemeinhin als Bereitschaftsdienst oder Arbeitsbereitschaft bezeichnete Form des Wartens Arbeitszeit. Diese Definition der Arbeitszeit in § 21a ArbZG ermöglicht eine entsprechende Arbeitszeitgestaltung nur im Fernverkehr. Für Fahrpersonal im ÖPNV gelten solche Bereitschaften als »andere Arbeiten«, dürfen also nicht in Zeiten der Fahrunterbrechung liegen. So lange Beschäftigte dagegen im Reisebusverkehr tätig sind, gibt es die vierte Kategorie, in der zwar eine Bindung an den Arbeitsplatz besteht, diese aber nicht als Arbeitszeit gewertet wird. 5

Arbeitszeit ist die gesamte Phase zwischen zwei Fixpunkten, der Arbeitsaufnahme und dem Arbeitsende. Abzuziehen hiervon sind lediglich Pausen, also Unterbrechungen, die gem. § 4 im Voraus, also bei Beginn der Arbeitsaufnahme hinsichtlich Lage und Dauer feststehen. Das Gesetz verlangt nicht, dass in der Arbeitszeit auch tatsächlich gearbeitet wird. Deshalb zählen Arbeitsbereitschaft und Bereitschaftsdienst (mit der kleinen Ausnahme des oben beschriebenen § 21a) auch dann in voller Länge zur Arbeitszeit, wenn es zu keinem Arbeitsabruf kommt. Bei Arbeitsleistungen in Randbereichen – also vor Beginn oder nach dem Ende der geplanten Arbeitszeit kommt es für die Zuordnung zur Arbeitszeit darauf an, ob diese Tätigkeit ausschließlich fremdnützig oder zumindest auch eigennützig ist. Deshalb ist der Weg zum Fahrzeug in Dienstkleidung und mit Arbeitsmitteln wie etwa der Barkasse, Fahrzeugschlüssel usw. dann keine Arbeitszeit, wenn er von der Wohnung aus aufgenommen wird, der Arbeitgeber aber die Möglichkeit zur Verfügung stellt, sich am Arbeitsplatz umzuziehen und die Gerätschaften aufzunehmen. Der Weg von diesem Ort – in der Regel der Betriebshof – 6 zum Fahrzeug ist dann aber nur noch fremdnützig und deshalb Arbeitszeit nach dem ArbZG und unterliegt der Mitbestimmung des Betriebsrats (BAG v. 17.11.2015 – 1 ABR 76/13).

7 Unerheblich für die Feststellung, ob eine Phase zur Arbeitszeit zählt, ist die dafür gezahlte Vergütung. Das ArbZG soll auch dann vor Überlastungen schützen, wenn Beschäftigte nichts dafür bekommen, dass sie für den Arbeitgeber tätig sind. Umgekehrt zählen deshalb aber auch nicht automatisch alle vergüteten Zeiten zur Arbeitszeit. Ersteres kann Wege- und Reisezeiten betreffen, letzteres Rufbereitschaften ohne Arbeitsabruf. In Zweifelsfällen hilft die in Art. 2 Abs. 1 der EU-Richtlinie 2003/88 für die Arbeitszeit verwendete Definition weiter. Danach ist »jede Zeitspanne, während der ein Arbeitnehmer gemäß den einzelstaatlichen Rechtsvorschriften und/oder Gepflogenheiten arbeitet, dem Arbeitgeber zur Verfügung steht und seine Tätigkeit ausübt oder Aufgaben wahrnimmt« Arbeitszeit. Daraus folgt, dass Arbeitszeit nur am dafür bestimmten Platz beginnen kann, denn nur dort kann der Arbeitnehmer seine Arbeitskraft zur Verfügung stellen. Mit dem Verlassen dieses Ortes endet dann auch die Arbeitszeit. Dabei kann es sich auch um mehrere Plätze handeln, etwa in einem Fall den Betriebshof und am nächsten Tag einen bestimmten Übernahmepunkt für einen Bus. Der Einsatzort kann auch innerhalb der Arbeitsphase eines Tages wechseln, ohne dass dies jedes Mal eine neue Arbeitsaufnahme ist. Das betrifft etwa Wegezeiten zum Übergabepunkt, die deshalb bei der Ermittlung, ob die Höchstarbeitszeit eingehalten wird, berücksichtigt werden müssen. Ob es dafür auch die volle Vergütung gibt, ist ein anderes, durch Tarifvertrag zu regelndes Thema (BAG v. 21.12.2006 – 6 AZR 341/06).

8 Entscheidend ist, wo sich der Arbeitnehmer vertragsgemäß aufhält und ob der Arbeitgeber auf die Arbeitskraft zugreifen kann. Zur Arbeitszeit gehören daher auch alle Vor- und Nachbereitungsarbeiten, die der Arbeitnehmer vertragsgemäß zu erbringen hat, also etwa die Kontrolle des Fahrzeugs auf Fahrtüchtigkeit und Sauberkeit. Sind Beschäftigte verpflichtet, sich am Arbeitsplatz eine bestimmte Uniform anzuziehen, die nicht privat genutzt werden darf, gehört auch dies zur Arbeitszeit. Anders verhält es sich mit dem Weg von und zur Arbeit: In welcher Zeit und auf welche Weise der Arbeitnehmer diesen zurücklegt, entscheidet er selber und nicht der Arbeitgeber, deshalb zählt er auch nicht zur Arbeitszeit. Eine Ausnahme gilt hier allerdings für den Fall der Übernahme eines Reisebusses an einem Ort, der nicht der Wohnsitz des Fahrers oder der Betriebssitz ist. Der Weg dorthin muss bei der Berechnung der Lenkzeit berücksichtigt werden, wenn der Arbeitnehmer das Fahrzeug, mit dem er dort hingelangt, selber steuert, auch wenn es der eigene Pkw ist. Die Verordnung bezeichnet diese Tätigkeit als »andere Arbeiten«, damit ist diese Zeit zwangsläufig auch Arbeitszeit im Sinne des ArbZG. Diese Festlegung in Art. 9 der Verordnung (EG) Nr. 561/2006 gilt zwar grundsätzlich auch im ÖPNV, weil § 1 FPersV verlangt, dass die

Regelungen des Art. 9 der EU-VO 561/20 eingehalten werden, hat hier aber keinen Anwendungsbereich, weil sich die Fahrzeuge dort praktisch immer am Betriebssitz befinden. Betriebssitz darf dabei nicht als der Betriebshof verstanden werden, sondern die Region, innerhalb derer die Strecken bedient werden.

Reisezeiten zählen nach neuerer Rechtsprechung zur gesetzlichen Arbeitszeit, wenn sie zur Erledigung von Dienstgeschäften anfallen (BAG v. 15. 11. 2018 – 6 AZR 294/1). Das kann eine klassische Dienstreise sein, bei der die Arbeit an einem anderen Ort als am Dienstsitz verrichtet wird, aber auch der Weg zu einer auswärtigen Fortbildungsveranstaltung. Es kommt dabei nicht darauf an, ob der Arbeitnehmer auch tatsächlich Arbeitsleistung erbringt, also sich z. B. auf eine Konferenz vorbereitet oder selbst das Steuer eines Autos in der Hand hält. Die gängigen juristischen Kommentare haben sich auf diese neue Entwicklung noch nicht eingestellt und versuchen weiterhin, diese allein im Interesse des Arbeitgebers aufgewendete Zeit aus der Arbeitszeit heraus zu definieren. **9**

Der wesentliche Grund für diese Anstrengungen ist in der Befürchtung zu sehen, dass für diese Zeit dann auch Entgelt geschuldet wird. Das kann tatsächlich so sein, dann muss aber ein Tarifvertrag das ausdrücklich regeln – oder zumindest das BAG meinen, dass so etwas im Tarifvertrag steht (BAG v. 21. 12. 2006 – 6 AZR 341/06). In jedem Fall aber zählen diese Zeiten bei der Feststellung mit, ob Höchstarbeitszeit und Ruhezeit eingehalten und ob ausreichend Pausen gewährt werden. **10**

Bereitschaftsdienst und Arbeitsbereitschaft sind, da sie nach der von der Rechtsprechung verwendeten Definition am Arbeitsplatz oder einem vom Arbeitgeber festgelegten Ort verbracht werden müssen, auch dann Arbeitszeit, wenn kein Arbeitseinsatz erfolgt (EuGH v. 3. 10. 2000 – C 303/98). Anders verhält es sich mit der Rufbereitschaft: Hier kann der Arbeitnehmer in der Theorie der Rechtsprechung seinen Aufenthaltsort frei wählen, deshalb zählen dabei nur die tatsächlichen Arbeitsabrufe zur Arbeitszeit, der Rest ist Ruhezeit. Die Konsequenz aus diesem Unterschied wird in § 7 gezogen. Tarifverträge dürfen nur bei Arbeitsbereitschaft bzw. Bereitschaftsdienst eine Verlängerung der täglichen Arbeitszeit über 10 Stunden hinaus zulassen, nicht aber bei Rufbereitschaft. Hier ist es dagegen möglich, die Ruhezeit aufzuspalten, wenn ein Tarifvertrag dies zulässt, was wiederum bei Arbeitsbereitschaft und Bereitschaftsdienst ausgeschlossen ist. **11**

Zur Arbeitsbereitschaft wird eine Phase nicht deshalb, weil der Tarifvertrag sie hierzu erklärt. Die Vorschrift etwa in § 4 Abs. 1 der Anlage 3 zum TV-N NW, die Wendezeiten über 1 Stunde täglich pauschal zur Arbeitsbereitschaft erklärt, ist eine eigenständige Vergütungsregel, die auch dann gilt, wenn Beschäftigte in diesen Wendezeiten arbeiten müssen, so etwa Kunden beraten oder den Bus säubern. Diese Vergütung erfolgt dann zwar als Arbeitsbereitschaft, tatsächlich handelt es sich aber um Arbeitszeit, bei die bei der **12**

Berechnung der täglichen Höchstarbeitszeit von 10 Stunden berücksichtigt werden muss.

13 Da die Arbeitszeiten, die bei verschiedenen Arbeitgebern erbracht werden, zusammengezählt werden müssen, hat der Arbeitgeber einen Auskunftsanspruch gegen seine Arbeitnehmer. Diese müssen ihn über weitere Arbeitsverhältnisse informieren, damit die Überschreitung der täglichen Höchstarbeitszeit verhindert werden kann.

14 Der Begriff »Lenkzeit« spielt im ArbZG keine eigenständige Rolle, die für diese spezielle Form der Beschäftigung zu beachtenden Grenzen sind in der FPersV bzw. der Verordnung (EG) Nr. 561/2006 geregelt.

Arbeitnehmer

15 Das ArbZG verpflichtet den Arbeitgeber, beim Einsatz von Personal, bestimmte Regeln einzuhalten. Da Arbeitgeber jedoch Personal in unterschiedlichen Rechtsformen einsetzen können – als Arbeitnehmer oder Freiberufler, als Subunternehmer usw. – muss das Gesetz festlegen, wen es aus dieser unüberschaubaren Gruppe schützen will. Es verwendet dafür den Oberbegriff »Arbeitnehmer«, der aber für sich genommen auch nicht wirklich klar ist. Entweder stehen Beschäftigte in einem sozialversicherungspflichtigen Arbeitsverhältnis, dann können keine Zweifel an dem Status als Arbeitnehmer aufkommen, oder aber es werden andere Formen bemüht, die regelmäßig die Frage aufwerfen, ob es sich hierbei um Scheinselbstständige, also in Wirklichkeit doch um Arbeitnehmer handelt, für die dann wieder die im ArbZG gezogenen Grenzen gelten.

16 Bei der Entscheidung, ob jemand selbstständig oder abhängig beschäftigt, also Arbeitnehmer ist, hilft die Definition in dieser Vorschrift nicht weiter, weil sie nur den einen unklaren Begriff »Arbeitnehmer« durch zwei andere »Arbeiter und Angestellte« austauscht, die zum einen überholt sind, zum anderen aber auch keinen weiteren Erkenntniswert besitzen. Klar ist lediglich, dass das Gesetz für diejenigen gilt, die sich in der Berufsausbildung befinden – es sei denn, sie sind Jugendliche, also unter 18 Jahre alt. Dann gilt statt des ArbZG das JArbSchG. Auch dort finden sich Regelungen zur Dauer der Arbeitszeit etc.

17 Ebenso wenig wie die Vorschrift hilft die durch die Rechtsprechung verwendete Definition des Arbeitnehmers bei Streitfragen weiter. Danach ist Arbeitnehmer, wer in persönlicher Abhängigkeit fremdbestimmt arbeitet (so z.B. BAG v. 20.7.1994 – 5 AZR 627/93). Einfacher als in solchen nach allen Seiten offenen allgemeinen Beschreibungen erschließt sich der Anwendungsbereich des ArbZG über dessen Zweck. Der besteht darin, den Arbeitgeber gegenüber der Allgemeinheit zu verpflichten, bei der Arbeitsorganisation bestimmte Grenzen einzuhalten. Nur deshalb ist es gerechtfertigt, die Einhaltung des Gesetzes staatlich zu kontrollieren (§ 17) und

Verstöße bis hin zur Freiheitsstrafe zu ahnden (§§ 22, 23). Das funktioniert aber nur dann, wenn der Arbeitgeber auch rechtlichen Einfluss auf Dauer und Lage der Arbeitszeit hat. Dieser Einfluss besteht im regulären Arbeitsverhältnis, weil der Arbeitgeber hier ein Direktionsrecht hat, eingeschränkt allerdings durch die Mitbestimmungsrechte des Betriebsrates. Auch wenn Beschäftigten durch Betriebsvereinbarung Freiräume bei der Arbeitszeitgestaltung eröffnet werden, bleibt dieses Direktionsrecht im Hintergrund immer erhalten, also auch die Bindung an die Vorgaben des ArbZG. Dieselben Befugnisse hat der Arbeitgeber gegenüber im eigenen Betrieb eingesetzten Leiharbeitnehmern, unabhängig davon, ob diese gewerblich, also von professionellen Arbeitnehmerüberlassern, oder von einem Schwesterunternehmen im selben Konzern eingesetzt werden und nur aushelfen sollen. Auch die Arbeitszeit dieser Personen unterliegt wegen des vom Arbeitgeber auszuübenden Direktionsrechts den Grenzen des ArbZG. Der Arbeitgeber, der sie in seinem Betrieb einsetzt, ist damit für die Einhaltung des ArbZG verantwortlich, obwohl er selber keinen Arbeitsvertrag mit diesen Beschäftigten geschlossen hat.

Keinen Einfluss dagegen hat der Arbeitgeber auf die Dauer von Betriebsrats- **18**
sitzungen, deshalb ist es auch kein Verstoß gegen das ArbZG, wenn durch die Betriebsratsarbeit die Ruhezeit verkürzt wird. Allerdings sind Betriebsratsmitglieder nicht verpflichtet, über diese Grenzen hinaus zu arbeiten, sie tragen vielmehr selber die Verantwortung dafür, dass sie sich nicht überfordern und können sich entsprechend von der sonstigen Arbeit freistellen.

Wer sich dagegen als Selbstständiger auf den Markt begibt, für den gelten die **19**
Vorgaben des ArbZG nicht, auch wenn er mangels Größe kaum durchsetzungsfähig gegenüber den Wünschen seiner Auftraggeber ist. Nur in extremen Fällen wird hier eingegriffen und der Selbstständige doch wieder zum Arbeitnehmer »umgewidmet«. Der Busfahrer, der mit seinem eigenen Bus immer dieselbe Tour für immer dasselbe Verkehrsunternehmen fährt, bleibt so auch dann »Unternehmer«, wenn er von diesem Auftraggeber vollständig abhängig ist. Er hat zumindest die theoretische Möglichkeit, mit eigenen Beschäftigten zu arbeiten und weitere Fahrzeuge bei anderen Auftraggebern einzusetzen.

Anders sieht es aus, wenn auch der Bus dem Verkehrsunternehmen gehört **20**
und dieses den Fahrer, der als Selbstständiger auftritt, nach eigenen Vorstellungen auch mal auf anderen Linien und zu anderen Zeiten einsetzen kann. Hier wird man von einem Arbeitsverhältnis ausgehen müssen, das dann wiederum an die Grenzen des ArbZG gebunden ist. Erst recht trifft das für Gestaltungsformen zu, bei denen eigene Beschäftigte am Wochenende zu Unternehmern werden und als Selbstständige die Ausflugstouren ihres eigenen Arbeitgebers fahren.

21 Für zwei Gruppen von Arbeitnehmern ist durch § 18 die Anwendung des ArbZG ausgeschlossen. Es sind dies die bereits erwähnten Jugendlichen und die leitenden Angestellten gem. § 5 Abs. 3 BetrVG.

Nachtzeit/Nachtarbeit/Nachtarbeitnehmer

22 In der Vorschrift wird mit großem Aufwand definiert, wer Nachtarbeitnehmer ist. Dem großen Aufwand steht eine kleine Wirkung gegenüber, denn die Folgen, die § 6 an den Status als Nachtarbeitnehmer knüpft, sind überschaubar.

23 Die Absätze 3 bis 5 sind am besten verständlich, wenn man sie rückwärts liest. Nach Abs. 5 ist Nachtarbeitnehmer, wer in einem bestimmten Umfang Nachtarbeit leistet, Abs. 4 beschreibt, was Nachtarbeit ist und Abs. 3 schließlich, wann die Nacht beginnt und endet.

24 Unabhängig von der Anzahl der entsprechenden Einsätze ist gem. Abs. 4 jede Arbeit Nachtarbeit, die mindestens 2 Stunden in die gesetzlich festgelegte Phase der Nachtzeit hineinragt. Die Anzahl der derartigen Einsätze ist nur für den Status als Nachtarbeitnehmer gem. Abs. 5 wichtig.

25 Die Dauer der gesetzlichen Nachtzeit beträgt nach Gesetz immer 7 Stunden, ihr Beginn – und damit auch ihr Ende – kann gem. § 7 Abs. 1 Nr. 5 um bis zu 1 Stunde nach vorne oder hinten verlegt werden. Die Dauer darf sich hierdurch nicht verändern. Die Nachtzeit beginnt damit, wenn nichts Abweichendes tariflich geregelt ist, im Verkehrsbetrieb immer um 23:00 Uhr und endet um 6:00 Uhr. Sollte es tarifliche Regelungen geben, könnten diese den Beginn auf frühestens 22:00 Uhr vor- bzw. 24:00 Uhr zurückverlegen. Die Dauer von 7 Stunden darf sich hierdurch nicht verändern. Die meisten Tarifverträge, die eine Aussage zur Lage der Nachtarbeit treffen, regeln etwas anderes, nämlich für welche Stunden Nachtzuschläge gezahlt werden müssen (vgl. oben Rn. 1). Die Definition der Nachtzeit für das ArbZG bemisst sich daher ausschließlich nach § 2 Abs. 3, wenn nicht ausdrücklich im Rahmen der durch § 7 eingeräumten Kompetenzen die Nachtarbeitsphase verschoben wurde.

26 Zum Nachtarbeitnehmer kann man nach Abs. 5 auf zweierlei Weise werden: Entweder sieht die Gestaltung der Arbeitszeit generell Wechselschicht vor, die regelmäßig auch mindestens 2 Stunden in die gesetzliche Nachtzeit hineinragt. Die Alternative ist, dass jemand an mindestens 48 Tagen im Jahr mindestens 2 Stunden in der Nachtzeit arbeitet.

27 In der ersten Alternative ist keine Mindestzahl von Nachtarbeitseinsätzen vorgesehen. Nachtarbeitnehmer ist daher auch, wer nur einmal im Monat im Rahmen von Wechselschichten in die gesetzliche Nachtzeit hinein arbeitet. Der Einsatz muss nur im normalen Rhythmus der Arbeitszeitgestaltung liegen und darf nicht lediglich eine Ausnahme hiervon, etwa in Form einer Vertretung für einen ausgefallenen Kollegen, sein. Zu berücksichtigen

ist, dass auch der Begriff »Wechselschicht« nicht wirklich klar definiert ist. Von der ursprünglichen Definition, dass sich hier Arbeitnehmer auf einem Arbeitsplatz planmäßig ablösen (BAG v. 23.9.1960 – 1 AZR 567/59), ist angesichts der Weiterentwicklung von Arbeitszeitsystemen lediglich der ständig wechselnde Beginn von der individuellen Arbeitszeit geblieben (BAG v. 18.7.1970 – 4 AZR 295/89). Nur noch an diesen Wechsel knüpft z.B. die in § 10 TV-N NW enthaltene Definition der Wechselschichtarbeit an. Sie beschreibt sie als »Arbeit nach einem Schichtplan, der einen regelmäßigen Wechsel der täglichen Arbeitszeit in Wechselschichten vorsieht, bei denen der AN durchschnittlich längstens nach Ablauf eines Monats erneut zur Nachtschicht herangezogen wird.«

Dies ist auch sachgerecht, denn für die individuelle Belastung durch diesen 28
Wechsel ist es unbedeutend, ob ihm auch andere Beschäftigte ausgesetzt sind. Nachtarbeitnehmer ist nach dieser Vorschrift also jeder, dessen Arbeitszeit planmäßig wechselt und der im Rahmen dieses Wechsels in die Nachtzeit hinein arbeitet.

Die zweite Gruppe der Nachtarbeitnehmer ist nur einer der beiden Belas- 29
tungen ausgesetzt, sie muss zwar in der Nacht arbeiten, die Lage der Arbeitszeit ist aber stabiler. Hier sind nur diejenigen Nachtarbeitnehmer, die absehbar mindestens 48-mal im Jahr Nachtarbeit leisten werden, das dann aber ab dem ersten Arbeitstag und nicht erst, wenn die 48. Nachtschicht vorüber ist. Einzelne Stimmen in der Rechtsliteratur, die das früher anders gesehen haben, sind inzwischen verstummt.

Zweiter Abschnitt
Werktägliche Arbeitszeit und arbeitsfreie Zeiten

§ 3 Arbeitszeit der Arbeitnehmer

Die werktägliche Arbeitszeit der Arbeitnehmer darf acht Stunden nicht überschreiten. Sie kann auf bis zu zehn Stunden nur verlängert werden, wenn innerhalb von sechs Kalendermonaten oder innerhalb von 24 Wochen im Durchschnitt acht Stunden werktäglich nicht überschritten werden.

Die Vorschrift regelt zwei Grenzen der Arbeitszeitgestaltung: Erstens 1
die tägliche und zweitens die wöchentliche Höchstarbeitszeit, wobei letztere sich nur aus der in Satz 2 vorgesehenen Durchschnittsberechnung ergibt.

Tägliche Arbeitszeit

2 Die werktägliche Arbeitszeit darf bis zu 10 Stunden betragen. Diese Grenze ist fixiert, eine geplante Überschreitung mit Sanktionen bedroht. Sie gilt auch für Fahrpersonal und wird nicht durch die Sonderregelung des § 21a ArbZG verdrängt (BAG v. 19.5.2021 – 5 AS 2/21). Eine geplante Verlängerung ist nur im Rahmen der Ausnahmebestimmungen in §§ 7 und 12 erlaubt. Diese Ausnahmen sind Arbeitsbereitschaft und Bereitschaftsdienst sowie in vollkontinuierlichen Schichtbetrieben verlängerte Sonntagsarbeit, jeweils aber nur mit entsprechender tarifvertraglicher Ermächtigung. Dem gegenüber sieht das Gesetz für die Überschreitung der 8-Stunden-Grenze keine Sanktion vor. Anders ausgedrückt: § 3 erlaubt es, täglich länger als 8 Stunden zu arbeiten, wenn dabei die durchschnittliche wöchentliche Arbeitszeit nicht mehr als 48 Stunden beträgt. Diese Zahl »48« findet sich nicht ausdrücklich in der Vorschrift, ergibt sich aber aus der Multiplikation der Anzahl der kalendarischen Werktage pro Woche (nämlich sechs) mit der Stundenzahl »acht«. Eine Beschränkung der täglichen Arbeitszeit findet sich darüber hinaus in § 1 FPersV, der durch den Verweis auf die Verordnung (EG) Nr. 561/2006 bei reiner Lenktätigkeit die Überschreitung von 9 Stunden nur an zwei Tagen je Woche erlaubt.

3 Diese relativ weit gezogenen Grenzen hindern Betriebsräte nicht daran, sich innerbetrieblich im Rahmen der Mitbestimmung dafür einzusetzen, kürzere tägliche Arbeitszeiten zu verankern, also etwa in einer Betriebsvereinbarung die Arbeitszeit immer und nicht nur im Durchschnitt auf 8 Stunden täglich zu begrenzen.

Werktag

4 Der Begriff »werktägliche Arbeitszeit« in der Vorschrift verführt zu Fehlschlüssen, legt er doch nahe, dass die Arbeitszeit des einzelnen kalendarischen Werktags – also Montag, Dienstag usw. – gemeint ist. Das kann jedoch schon deshalb nicht sein, weil es dann möglich wäre, zwei volle Schichten in der Weise zu verbinden, dass die eine um 24:00 Uhr des ersten Kalendertags endet und die andere um 0:00 Uhr am folgenden Kalendertag beginnt. Selbst wenn beide nur 8 Stunden dauern, käme damit eine durchgehende Arbeitszeit von 16 Stunden zustande. Eine Verpflichtung, hier zu irgendeinem Zeitpunkt eine Ruhezeit einzulegen, besteht nach dem Gesetz nicht. Das verlangt in § 5 die Ruhezeit erst nach Beendigung der werktäglichen Arbeitszeit – was auf keinen Fall 24:00 Uhr sein kann, weil dann nirgendwo im 3-Schicht-Betrieb gearbeitet werden könnte.

5 Daher geht man davon aus, dass statt des kalendarischen ein individueller Werktag gemeint ist. So sehen es inzwischen wohl alle Kommentatoren des ArbZG (z.B. Buschmann/Ulber, § 3 Rn. 4; Anzinger/Koberski, § 3 Rn. 10;

ErfKo-Wank, § 3 Rn. 2), nicht aber alle Aufsichtsbehörden. Der Werktag beginnt mit der Arbeitsaufnahme und endet 24 Stunden später. So sieht es auch die EU-Richtlinie 2003/88 vor, deren nationale Umsetzung das ArbZG ist. Die Richtlinie muss daher zur Klärung herangezogen werden, wenn das ArbZG mehrdeutige Vorschriften enthält. Die Richtlinie begrenzt die tägliche Höchstarbeitszeit mittelbar über die elfstündige tägliche Ruhezeit, die vollständig innerhalb von 24 Stunden genommen werden muss. Dieser Zeitraum beginnt jeweils am Ende der vorangehenden Ruhezeit. Daraus ergibt sich nach der EU-Richtlinie eine zulässige tägliche Höchstarbeitszeit von 13 Stunden abzüglich der Pausen.

Das ArbZG sieht in diesem Punkt bessere Bedingungen vor als die EU- **6**
Richtlinie. Dieses erhöhte Schutzniveau würde sich in sein Gegenteil verkehren, wenn deshalb der 24-Stunden-Rhythmus nicht mehr beachtet werden müsste, weil damit sowohl die Überschreitung der täglichen wie auch die der wöchentlichen Höchstarbeitszeit nach deutschem Recht legal wäre. Von der vermeintlichen Besserstellung bliebe nur noch ein Verstoß gegen das Gemeinschaftsrecht übrig, wie die folgende Betrachtung zeigt.

Diese wöchentliche Höchstarbeitszeit von durchschnittlich 48 Stunden ist **7**
eine verbindliche Vorgabe aus der Arbeitszeitrichtlinie der EU, das ArbZG muss daher ein Instrument bereitstellen, um ihre Einhaltung zu gewährleisten. Das Instrument ist – wie schon beschrieben – in der Begrenzung der werktäglichen Arbeitszeit auf durchschnittlich 8 Stunden versteckt. Dass die Verkürzung der Höchstarbeitszeit je Werktag auf 10 Stunden gleichzeitig dazu führt, dass die Überschreitung der 48-Stunden-Grenze legalisiert wird, wenn man auf die Einteilung in 24-Stunden-Zeiträume als Werktagsdefinition verzichtet, erscheint zunächst paradox, ist aber logisch, wie eine einfache Rechnung zeigt: Eine Verkürzung des 24-Stunden-Zeitraums würde es erlauben, einen achtstündigen Arbeitstag zuzüglich 1 Stunde Pause und einer elfstündigen Ruhezeit unmittelbar durch den nächsten Arbeitstag mit derselben Kombination abzulösen. Die gesamte Arbeitszeit innerhalb von 24 Stunden wäre dann aber nicht acht oder zehn, sondern 12 Stunden. Die zusätzlichen 4 Stunden, die bei der Verkürzung des Werktags auf 20 Stunden entstehen, summieren sich innerhalb einer Woche auf einen siebten Werktag (was schon aus kulturellen Gründen nicht zulässig sein dürfte). Die gesamte wöchentliche Arbeitszeit dauert dann 60 Stunden – ohne dass dies ein Verstoß gegen § 3 wäre, denn an jedem der verkürzten Werktage beträgt sie ja nur 8 Stunden. Die Grenze »48« wäre damit »legal« überschritten.

Da ein solcher Bruch des Europarechts nicht sein darf, ist die Fixierung des **8**
individuellen Werktages auf 24 Stunden zwingend; innerhalb dieser Phase dürfen nach der Vorgabe des § 3 Satz 2 maximal 10 Stunden gearbeitet werden.

Obwohl die Richtigkeit dieser Sichtweise kaum in Frage steht, kommt die **9**
Verkürzung des Werktags in der Praxis ständig vor, nämlich bei rückwärts

rollierenden Schichtsystemen (spät – früh – Nacht). Wie gesehen ist dies auch dann unzulässig, wenn dabei die Ruhezeit von 11 Stunden eingehalten wird. Solche Schichtsysteme sind damit in aller Regel rechtswidrig, auch wenn sie von vielen Beschäftigten bevorzugt werden.

10 Liegen zwischen der Arbeitsaufnahme des einen und des folgenden Tages mehr als 24 Stunden, ist das hingegen unschädlich, der nächste individuelle Werktag beginnt dann später, dauert aber wieder 24 Stunden.

11 Wenn die Arbeitszeit nur aus Lenkzeiten besteht, ist zusätzlich Art. 4 k) der Verordnung (EG) Nr. 561/2006 zu beachten, entweder unmittelbar oder wegen der Verweisung in der FPersV. Danach ist die Tageslenkzeit die gesamte Lenkzeit zwischen dem Ende der einen und dem Beginn der nächsten Ruhezeit, gleich ob es sich um eine tägliche oder wöchentliche, gleich ob es sich um eine reduzierte oder nicht reduzierte Ruhezeit handelt.

Überschreitung der täglichen Höchstarbeitszeit

12 Die Begrenzung der täglichen Höchstarbeitszeit gilt immer, unabhängig davon, in welchem System gearbeitet wird, ob in Schichten, in Gleitzeit oder anderen Modellen. Eine Überschreitung der 10-Stunden-Grenze ist in Verkehrsbetrieben nur unter den folgenden, abschließend im Gesetz geregelten Fällen zulässig, wobei dies niemals eine Arbeitszeit sein kann, die ausschließlich in Lenktätigkeit besteht, denn diese ist immer und ohne Ausnahmen durch die spezielleren Vorschriften der FPersV und der Verordnung (EG) Nr. 561/2006 auf zehn bzw. 9 Stunden begrenzt. Allerdings kann die Verlängerung bei einer Kombination aus Lenkzeit und anderen Tätigkeiten erfolgen, wobei diese anderen Tätigkeiten den Lenkzeiten weder vorangestellt sein dürfen, noch diese unterbrechen dürfen. Dass solche anderen Tätigkeiten nur an deren Ende oder an von Lenktätigkeit freien Tagen liegen können, ergibt sich aus der Bestimmung in Art. 4d der EU-VO, wonach als Fahrtunterbrechung nur solche Zeiten gewertet werden dürfen, die frei von anderen Arbeiten sind (vgl. Verordnung [EG] Nr. 561/2006, Art. 7 Rn. 4).

13 Die gesetzlich zugelassenen Ausnahmen bei der Einhaltung der Höchstarbeitszeit sind nach

§ 7 Abs. 1: Verlängerung der täglichen Höchstarbeitszeit über 10 Stunden hinaus bei Arbeitsbereitschaft bzw. Bereitschaftsdienst, wenn ein Tarifvertrag dies zulässt. Diese Option ist bei reiner Fahrtätigkeit nicht zu ziehen wegen der Begrenzung der Lenkzeit, wohl aber wenn sich an die Fahrtätigkeit noch ein Werkstattdienst anschließt.

§ 12 Nr. 4: Verlängerung der täglichen Höchstarbeitszeit an Sonn- und Feiertagen, wenn ein Tarifvertrag dies zulässt und hierdurch zusätzliche freie Sonn- bzw. Feiertage erreicht werden

§ 14: außergewöhnliche Fälle, Notfälle etc.

(Erläuterungen finden sich jeweils bei den genannten Vorschriften.)

Wöchentliche Arbeitszeit

Durch Art. 6 der EU-Richtlinie 2003/88, mit der die Rechtsvorschriften zur Arbeitszeit in der Europäischen Union einander angeglichen werden sollen, ist Deutschland verpflichtet, »die erforderlichen Maßnahmen« zu treffen, dass die effektive Arbeitszeit – also einschließlich aller Arbeitsstunden, gleich wie sie bezeichnet werden, ob als Überstunde, als Bereitschaftsdienst usw. und gleich wie sie vergütet werden – im Sieben-Tages-Zeitraum maximal 48 Stunden beträgt. Das muss aber nicht in jeder einzelnen Woche passieren, sondern kann gem. Art. 16 der Richtlinie auch im Durchschnitt eines Zeitrahmens von maximal vier Monaten erreicht werden. 14

Die »erforderliche Maßnahme« ist das ArbZG, die einzige Vorschrift, die diese Vorgabe umsetzt, ist wie oben beschrieben die Durchschnittsberechnung in § 3 Satz 2. Die darin vorgesehene Verlängerung des Bezugszeitraumes auf sechs Monate statt der europarechtlich vorgesehenen vier Monate ist ein offenkundiger Verstoß gegen die Richtlinie. In der Privatwirtschaft kann aber diese längere Dauer zu Grunde gelegt werden, weil das nationale Recht hier vorgeht. 15

Die Höchstgrenze von 48 Stunden im Durchschnitt ergibt sich aus der Multiplikation der pro Tag vorgesehenen 8 Stunden mit der Anzahl der Werktage pro Woche, also sechs. Auch wenn Sonntagsarbeit in der Branche zulässig ist, ändert sich daran nichts, denn § 11 Abs. 2 bestimmt, dass hierdurch die Höchstgrenzen der Arbeitszeit nicht überschritten werden dürfen. Die maximale Arbeitszeit in einer Woche kann pro Arbeitstag einschließlich dem Sonntag 10 Stunden, also insgesamt 70 Stunden betragen, muss aber innerhalb der gesetzlichen Frist von sechs Monaten auf maximal 48 Stunden zurückgeführt werden. Mehr als diese 70 Stunden gehen nur unter Einschluss von Bereitschaftsdienst oder Arbeitsbereitschaft, wobei auch dann die Verpflichtung besteht, auf die durchschnittlichen 48 Stunden zurückzuführen. Diese Rückführung geschieht durch entsprechende Arbeitszeitverkürzung an einzelnen Tagen oder vollständig arbeitsfreie Tage, wobei hier jeder freie Werktag zum Ausgleich genutzt werden kann, der über den gesetzlichen Mindesturlaub von vier Wochen hinausgeht und an dem die Arbeit nicht wegen Arbeitsunfähigkeit ausfällt. Wochenfeiertage zählen ebenfalls nicht mit. 16

Diese weit gesteckten Grenzen sind allerdings nur bei Mischtätigkeiten relevant. Arbeitszeit, die ausschließlich mit Lenktätigkeiten gefüllt ist, ist durch § 1 FPersV i. V. m. Art. 6 Verordnung (EG) Nr. 561/2006 auf 56 Stunden pro Woche und 90 Stunden in der Doppelwoche begrenzt. 17

Überschreitung der wöchentlichen Höchstarbeitszeit

18 Durch Tarifvertrag kann gem. § 7 Abs. 1 Nr. 1 b) ein längerer Ausgleichszeitraum als sechs Monate zugelassen werden. Die gleichfalls in der Vorschrift zugelassene tarifliche Öffnung für eine Verlängerung der wöchentlichen Höchstarbeitszeit von 48 Stunden im Durchschnitt ist lediglich in einem Sonderfall erlaubt, der beim Fahrpersonal keine Relevanz hat. Es handelt sich um die so genannte Opt-out-Regelung, die praktisch nur in Krankenhäusern eine Rolle spielt. Hier kann bei Arbeitsbereitschaft, tarifvertraglicher Regelung und entsprechender Individualvereinbarung auch eine längere Höchstarbeitszeit als 48 Stunden pro Woche vorgesehen werden.

19 Die insbesondere in den Spartentarifverträgen vorgesehenen Ausgleichszeiträume von 52 Wochen sind allerdings keine Verlängerung des gesetzlichen Ausgleichszeitraums von sechs Monaten, sie beziehen sich auf die Verteilung der tarifvertraglichen Regelarbeitszeit von deutlich weniger als 48 Stunden und bestimmen nur, in welcher Zeit dieses niedrigere Niveau erreicht werden soll. Gleichzeitig lassen sie aber auch eine Überschreitung zu und bestimmen, was mit Arbeitsstunden passieren soll, die am Ende des Ausgleichszeitraums diese Regelarbeitszeit übersteigen. Durch die mögliche Umbuchung in ein Arbeitszeitkonto bzw. Auszahlung wird die Existenz solcher Überschreitungen durch den Tarifvertrag akzeptiert.

20 Das wäre nicht zulässig, wenn der Ausgleichszeitraum auf die gesetzliche Höchstarbeitszeit pro Woche bezogen wäre, die ja mit solchen übersteigenden Stunden überschritten würde. Eine solche Überschreitung ist nicht zulässig und kann auch nicht durch Tarifvertrag legalisiert werden.

21 Bei Nacht- und Schichtarbeit gilt gem. § 6 Abs. 2 ein verkürzter Ausgleichszeitraum von vier Wochen bzw. einem Monat.

§ 4 Ruhepausen

Die Arbeit ist durch im Voraus feststehende Ruhepausen von mindestens 30 Minuten bei einer Arbeitszeit von mehr als sechs bis zu neun Stunden und 45 Minuten bei einer Arbeitszeit von mehr als neun Stunden insgesamt zu unterbrechen. Die Ruhepausen nach Satz 1 können in Zeitabschnitte von jeweils mindestens 15 Minuten aufgeteilt werden. Länger als sechs Stunden hintereinander dürfen Arbeitnehmer nicht ohne Ruhepause beschäftigt werden.

1 Die Vorschrift legt fest, wann spätestens eine Pause zu machen ist und welchen Umfang sie haben muss. Was eine Pause ist, hat die Rechtsprechung definiert:

2 Eine Pause ist eine im Voraus feststehende Arbeitsunterbrechung, die frei von anderen Verpflichtungen ist. Im Voraus feststehend bedeutet, dass Be-

schäftigte spätestens bei Arbeitsaufnahme wissen müssen, wann und bei Beginn der Pause in welchem Umfang ihre Arbeit unterbrochen wird (BAG v. 29.10.2002 – 1 AZR 603/01). Dabei ist es ausreichend, wenn die Lage durch einen zeitlichen Rahmen bestimmt wird, also etwa die Pause zwischen 12:00 Uhr und 14:00 Uhr genommen werden kann (BAG v. 13.10.2009 – 9 AZR 139/08).

Frei von Verpflichtungen ist eine Arbeitsunterbrechung dann, wenn wäh- 3
rend der Pause weder Arbeiten verrichtet werden, noch auf eventuelle anfallende Arbeit gewartet werden muss. Damit ist eine Kombination von Bereitschaftsdienst und Pause nicht möglich. Sollen Fahrer während ihrer Pause darauf achten, ob Fahrgäste Anfragen haben oder zusteigen wollen, oder muss der Bus in der Wendezeit vorgezogen werden, ist dies keine Pause. Im Gegenteil muss sogar der Bereitschaftsdienst durch Pausen unterbrochen werden (BAG v. 16.12.2009 – 5 AZR 157/09). Gemeint ist damit echter Bereitschaftsdienst, also nicht Phasen, die lediglich wie Bereitschaftsdienst vergütet werden, ohne tatsächlich Bereitschaftsdienst zu sein.

Fällt während der Pause Arbeitsleistung an oder muss der Fahrer sich hierfür bereithalten, handelt es sich um Arbeitszeit und nicht um eine Pause. Diese muss normal vergütet werden, die Pause ist danach noch zu nehmen (BAG v. 19.11.2009 – 6 AZR 374/08).

Wird die Pause nicht oder nicht im erforderlichen Umfang gewährt und hat 4
der Arbeitgeber dies zu vertreten, entsteht ein Anspruch auf Bezahlung für die zusätzliche Arbeitszeit. Durch eine solche Bezahlung darf aber der Pausenanspruch nicht generell abgegolten werden.

Zwischen der Pause und der Fahrtunterbrechung nach der Fahrpersonal- 5
verordnung bestehen sowohl Überschneidungen als auch Unterschiede. Die Überschneidung ist darin zu sehen, dass sowohl die Pause als auch die Fahrtunterbrechung frei von sonstigen Arbeiten sein müssen, weil sie andernfalls ihren Zweck, der Erholung zu dienen, nicht erfüllen können. Lediglich theoretisch ist denkbar, dass während der Fahrtunterbrechung eine Bereitschaft eingerichtet wird. Theoretisch deshalb, weil zum einen dann gem. Art. 3b EU-VO 2002/15 keine Verpflichtung bestehen darf, beim Fahrzeug zu bleiben, zum anderen aber jeder Einsatz während dieser Bereitschaft sofort dazu führt, dass die Fahrtunterbrechung nicht eingehalten wird und deshalb der gesamte Dienst rechtswidrig wird.

Im Unterschied zur Fahrtunterbrechung muss die Pause im Vorhinein fest- 6
stehen. Die Fahrtunterbrechung kann auch im Laufe der Fahrtätigkeit je nach Möglichkeiten eingelegt werden. Nur wenn die Möglichkeit der Sechstel-Unterbrechungen gem. § 1 Abs. 3 Nr. 2 FPersV genutzt wird, müssen diese Unterbrechungen bereits im Dienstplan enthalten sein, also ebenfalls vorher feststehen. Erfüllt die Fahrtunterbrechung gleichzeitig auch die zweite Bedingung für die Pause, steht sie also bei Arbeitsbeginn hinsichtlich Lage und Dauer fest und ist sie frei von jeder Verpflichtung zu arbeiten oder sich

dafür bereit zu halten, dann kann eine Unterbrechung der Arbeit sowohl Pause als auch Fahrtunterbrechung sein. Besteht diese Identität dagegen nicht, muss zur Fahrtunterbrechung zusätzlich noch die Pause nach dem ArbZG eingehalten werden.

7 Die gesetzliche Verpflichtung wird auch bei der Fahrtunterbrechung nur erfüllt, wenn diese tatsächlich genommen wird. Insofern ist sie wiederum identisch mit der Pause.

8 Bis zur Dauer von 6 Stunden muss nach dem Gesetz keine Pause genommen werden, ab sechs bis 9 Stunden Arbeitszeit muss die Pause 30 Minuten und über 9 Stunden 45 Minuten dauern. Dabei handelt es sich um Mindestlängen. Die Pause kann allerdings ohne Weiteres in Abschnitte von 15 Minuten aufgeteilt werden; mit entsprechender tarifvertraglicher Ermächtigung auch in kürzere Abschnitte. Die tatsächliche Pausendauer kann also länger sein. Selbst eine mehrstündige Unterbrechung – bei geteilten Diensten – ist so noch als Pause zu sehen. Wenn sie ordnungsgemäß unter Beteiligung des Betriebsrates bzw. durch Entscheidung der Einigungsstelle in den Dienstplan eingebaut wurde, ist sie für den Beschäftigten verbindlich – auch dann, wenn der einen solchen Dienst für unzumutbar hält (BAG v. 25.2.1015 – 1 AZR 642/13). Begrenzt ist diese Möglichkeit nur dadurch, dass zum einen Tarifverträge maximale Längen der Dienstschichten einschließlich Arbeitszeit und Pause vorschreiben und dass andererseits eine Mindestruhezeit eingehalten werden muss, die innerhalb von 24 Stunden seit Arbeitsbeginn liegen muss. Wenn also eine Planung vorsieht, dass zwischen zwei 4-stündigen Schichtteilen eine sechsstündige Arbeitsunterbrechung liegt, dann bleiben noch 9 Stunden Ruhezeit, was nach § 5 ArbZG und den tariflichen Vorschriften in den TV-N zur Ruhezeit nicht zulässig ist. Bei reiner Lenktätigkeit ohne Tarifbindung allerdings ist dies sehr wohl möglich, weil dann die Regelungen der FPersV zur Ruhezeit vorgehen, die durch die Verweisung auf die EU-VO 561/2006 bis zu drei Mal pro Woche eine Verkürzung der Ruhezeit auf 9 Stunden zulässt (vgl. FPersV, § 1 Rn. 18 ff.).

9 Praktisch keine Vorgaben enthält das ArbZG zur Lage einer in 15-minütige Abschnitte geteilten Pause. Nicht nur unsachgemäß, sondern auch dem Erholungszweck der Pause zuwiderlaufend wäre es, nach 6 Stunden Arbeitszeit die erste 15-minütige und nach weiteren 2 Stunden die zweite 15-minütige Pause folgen zu lassen. Das ArbZG geht in § 4 erkennbar davon aus, dass die 30-minütige Pause der Normalfall ist und diese spätestens – das ist der längste, gerade noch zulässige Zeitraum – nach 6 Stunden Arbeitszeit genommen werden muss. Wenn entgegen dieser Mindestvorgabe die Pausendauer noch unterteilt werden darf, kann das nicht einhergehen mit einer weiteren Belastung, nämlich der Verlängerung der Arbeitsphase ohne die gesetzlich vorgesehene Mindestpause – die ja 30 Minuten beträgt. Daher kann man § 4 ArbZG nur so verstehen, dass bei einer Unterteilung der Pause in 15-Minuten-Abschnitte auch diese vollständig spätestens nach 6 Stun-

den genommen werden müssen, der erste Abschnitt also innerhalb dieser 6 Stunden Arbeitszeit zu liegen hat.

Bei reiner Lenktätigkeit außerhalb des ÖPNV dagegen muss spätestens nach 4,5 Stunden die 45-minütige Fahrtunterbrechung eingelegt werden. Das ergibt sich aus der Verordnung (EG) Nr. 561/2006. Wird diese Unterbrechung zusammenhängend realisiert und steht ihre Lage bei Arbeitsbeginn fest, sind die Verpflichtungen hinsichtlich Pause und Fahrtunterbrechung gleichzeitig gewahrt. Sollen dagegen kürzere Pausenblöcke eingeschoben werden, muss darauf geachtet werden, dass die EU-VO hier sowohl eine Reihenfolge als auch eine Mindestdauer vorsieht. Danach muss die erste Fahrtunterbrechung 15 und zweite 30 Minuten betragen. Die zweite Fahrtunterbrechung muss spätestens nach 4,5 Stunden Lenkzeit genommen werden. Werden diese Bedingungen eingehalten und steht die Lage der Unterbrechungen bei Arbeitsaufnahme fest, haben sie sowohl die Funktion einer Pause als auch einer Fahrtunterbrechung. Ist das nicht so, muss die Pause nach dem ArbZG zusätzlich gemacht werden, spätestens nach 6 Stunden. 10

Beispiel: 11

Der Dienstplan sieht eine Unterbrechung von 15 Minuten nach 2 Stunden Arbeitszeit und eine von 30 Minuten nach weiteren 1,5 Stunden Arbeitszeit vor. Beide stehen bei Arbeitsbeginn fest, sind also sowohl Pausen im Sinne des ArbZG als auch Unterbrechungen im Sinne der FPersV. Liegt dagegen nur der Zeitpunkt der ersten Unterbrechung fest und ist die Lage der zweiten in das Belieben des Fahrers gestellt, ist das keine Erfüllung der Verpflichtung, eine hinsichtlich der Lage vorher feststehende Pause zu gewähren. Hier muss also – auch wenn der Fahrer die halbstündige Unterbrechung vorher eingehalten hat – noch eine weitere 15-minütige Unterbrechung eingeplant werden, die spätestens 6 Stunden und 15 Minuten nach Arbeitsaufnahme zu nehmen ist, wobei die 15 Minuten für die erste 15-minütige Unterbrechung hinzugerechnet werden müssen, weil ja auch Pause war. Die 30-minütige Unterbrechung hingegen zählt zur Arbeitszeit, darf also nicht abgezogen werden.

Die Fahrtunterbrechung kann im Bereich des ÖPNV gem. § 1 Abs. 3 FPersV auch anders aufgespalten werden: Die erste Variante sind mindestens 10-minütige Fahrtunterbrechungen, wenn diese sich auf insgesamt mindestens 1/6 der gesamten Lenkzeit des Tages summieren. Auch diese kurzen Unterbrechungen können die Funktion der Pause erfüllen, aber nur, wenn sie im Tarifvertrag als Kurzpause ausdrücklich zugelassen sind. Ohne eine solche Regelung im Tarifvertrag kann mit der 1/6-Regelung nur der Verpflichtung nachgekommen werden, die Lenkzeit zu unterbrechen. Die Pause nach dem ArbZG muss dann noch hinzukommen. Die zweite Variante ist die sogenannte Blockpause gem. § 1 Abs. 3 Nr. 1 FPersV, die entweder 30 Minuten, zweimal 20 Minuten oder dreimal 15 Minuten betragen muss. Bei einem Haltestellenabstand von durchschnittlich mehr als drei Kilometern ist nur diese Variante zulässig, bei einem solchen unter drei Kilometern sind beide 12

Varianten möglich (BAG v. 6.5.2014 – 9 AZR 575/12). Allerdings muss das dann auch funktionieren, andernfalls wird nach 4,5 Stunden ununterbrochener Lenkahrzeit hier eine 45-minütige Unterbrechung fällig.

Abweichungen

13 Durch Tarifvertrag kann gem. § 7 Abs. 1 Nr. 2 ArbZG zugelassen werden, die Ruhepause auf Kurzpausen von angemessener Dauer aufzuteilen. Auch solche Kurzpausen müssen die Anforderungen einer Pause erfüllen, also im Vorhinein feststehen, von Arbeit frei sein und der Erholung dienen. Sie sind dann keine Arbeitszeit (BAG v. 13.10.2009 – 9 AZR 139/08). Lässt der Tarifvertrag solche Kurzpausen zu, hat die nach der FPersV zulässige aufgeteilte Fahrtunterbrechung dann gleichzeitig die Qualität einer Pause nach dem ArbZG, wenn sie bei Arbeitsbeginn feststeht und tatsächlich genommen wird. Die TV-N enthalten die Option zur Einrichtung solcher Kurzpausen. Sie gehen teilweise sogar noch weiter und lassen Unterbrechungen von 8 Minuten Dauer als Kurzpause zu. Wenn dabei keine Regelung getroffen wird, wie die Erholung des Fahrers gleichwohl sichergestellt wird, verstößt die Regelung gegen § 1 Abs. 3 Nr. FPersV und ist damit rechtswidrig. Der Ausgleich kann – wie z.B. im TV-N NW durch Verlängerung der Gesamtdauer der Unterbrechungen auf insgesamt 1/5 der gesamten Lenkzeit erfolgen. Das BAG hält die Dauer von 8 Minuten für ausreichend. (BAG v. 13.10.2009 – 9 AZR 139/08). Dies ist als Ausnahme sowohl nach dem ArbZG, als auch nach der FPersV zulässig. Alle Kurzunterbrechungen müssen aber im Dienstplan ausgewiesen sein, sonst finden sie nach den Tarifverträgen keine Anerkennung als Pausen- bzw. Fahrtunterbrechungsersatz.

14 **Beispiel:**
Der Dienstplan enthält insgesamt acht Unterbrechungen mit einer Dauer zwischen acht und 12 Minuten. Insgesamt summieren sie sich auf ein Fünftel der Lenkzeit. Da das Unternehmen an einen TV-N gebunden ist, ist die Verkürzung der Pause nach dem ArbZG auch zulässig. Die Tochterfirma, die ohne Tarifbindung einen Teil der Strecken bedient, muss dagegen zusätzlich zu den Kurzpausen die Pause nach den ArbZG in mindestens 15-minütigen Abschnitten gewähren. Auch zählen bei ihr die achtminütigen Unterbrechungen nicht als Fahrtunterbrechung nach dem FPersV, weil dies nur mit einer entsprechenden tariflichen Regelung zulässig ist. Die gemeinsame Bedienung gleicher Strecken mit identischen Dienstplänen durch zwei Unternehmen ist also nur möglich, wenn entweder auf die 1/6-Regelung verzichtet wird oder beide Unternehmen an denselben Tarifvertrag gebunden sind.

Pausenort

Das ArbZG enthält keine Bestimmung über den Ort der Pause. Auch die früher in der Arbeitsstättenverordnung enthaltene Vorschrift, wonach Pausenräume bei mindestens zehn Beschäftigten einzurichten sind, ist mittlerweile entfallen. Damit muss betrieblich geregelt werden, wo die Pause zu nehmen ist. Da bei einem mobilen Arbeitsplatz die Festlegung des Ortes der Pause gleichzeitig auch eine solche über deren zeitliche Lage ist, besteht hier ein erzwingbares Mitbestimmungsrecht des Betriebsrates gemäß § 87 Abs. 1 Nr. 2 BetrVG. Ist der Bus also um 16:30 Uhr an einem Ort, an dem eine Pause zwar in den Betriebsablauf passt, der den Beschäftigten jedoch mangels Aufenthaltsmöglichkeiten nichts bringt, kann auf diese Festlegung im Rahmen der Mitbestimmung Einfluss genommen werden. Solange dieses Verfahren nicht durchlaufen ist, ist der Arbeitgeber nicht berechtigt, die Pause so zu platzieren. 15

Bezahlung

Das Gesetz befasst sich nicht mit der Bezahlung von Pausen. Hierfür besteht eine ausschließliche Kompetenz der Tarifvertragsparteien. Die Tarifverträge sehen in der Regel die Bezahlung der Kurzpausen zumindest bis zu einem bestimmten Umfang vor. 16

§ 5 Ruhezeit

(1) Die Arbeitnehmer müssen nach Beendigung der täglichen Arbeitszeit eine ununterbrochene Ruhezeit von mindestens elf Stunden haben.

(2) Die Dauer der Ruhezeit des Absatzes 1 kann in Krankenhäusern und anderen Einrichtungen zur Behandlung, Pflege und Betreuung von Personen, in Gaststätten und anderen Einrichtungen zur Bewirtung und Beherbergung, in Verkehrsbetrieben, beim Rundfunk sowie in der Landwirtschaft und in der Tierhaltung um bis zu eine Stunde verkürzt werden, wenn jede Verkürzung der Ruhezeit innerhalb eines Kalendermonats oder innerhalb von vier Wochen durch Verlängerung einer anderen Ruhezeit auf mindestens zwölf Stunden ausgeglichen wird.

(3) Abweichend von Absatz 1 können in Krankenhäusern und anderen Einrichtungen zur Behandlung, Pflege und Betreuung von Personen Kürzungen der Ruhezeit durch Inanspruchnahmen während der Rufbereitschaft, die nicht mehr als die Hälfte der Ruhezeit betragen, zu anderen Zeiten ausgeglichen werden.

1 Das ArbZG verlangt die Gewährung von täglichen Ruhezeiten zwischen den Diensten. Eine wöchentliche Ruhezeit wie das EU-Recht kennt das ArbZG nicht, statt dessen gilt hier die Sonntagsruhe gem. § 9 ArbZG mit ihren Ausnahmen. Allerdings werden beim Fahrpersonal beide Regelungen gem. § 1 Abs. 1 FPersG vollständig durch die entsprechenden Bestimmungen der EU-VO 516/2006 verdrängt. Für Beschäftigte im öffentlichen Nahverkehr geschieht dies durch die Verweisung in § 1 FPersV (zum Verhältnis der Rechtsvorschriften vergleiche Kapitel D. »Das System der Rechtsquellen«). Sind Beschäftigte im Reise- oder Fernverkehr tätig, bestimmt § 21a Abs. 5, dass sich die Ruhezeit nach denselben EU-Vorschriften richtet. Damit es nicht zu übersichtlich wird: Im Nahverkehr müssen diese Regelungen den Vorgaben zusätzlich der EU-Richtlinie 2003/88 zur Arbeitszeit entsprechen, was Folgen für die Lage der täglichen Ruhezeit und deren Verbindung mit der wöchentlichen Ruhezeit hat (EuGH v. 2.3.2023 – C-477/21).

2 Auch wenn Beschäftigte zeitweise, also einzelne Tage oder Stunden andere Tätigkeiten verrichten, gelten sie immer noch als Fahrpersonal und unterliegen damit den besonderen Vorschriften für diese Gruppe. Wer allerdings ganze Wochen in der Werkstatt eingesetzt wird, dessen Ruhezeit richtet sich wieder nach § 5.

3 Während der Ruhezeit darf keinerlei Arbeitsverpflichtung bestehen. Nur wenn ein Tarifvertrag dies ausdrücklich zulässt, erlaubt § 7 Abs. 2 Nr. 1, dass die Ruhezeit während der Rufbereitschaft durch Arbeitsabrufe unterbrochen wird und das auch nur außerhalb der Fahrtätigkeit. Ohne gleichzeitige Rufbereitschaft ist die gesetzliche Verpflichtung, eine Ruhezeit zu gewährleisten nur dann erfüllt, wenn diese nicht unterbrochen wird.

4 Anders als das ArbZG lässt die FPersV keinerlei Unterbrechung der Ruhezeit zu, auch nicht bei Rufbereitschaft. Hier ist lediglich eine Aufteilung der Ruhezeit in zwei Blöcke oder eine Reduzierung auf mindestens 9 Stunden zulässig. Wird die Ruhezeit geteilt, muss gemäß Art. 4g Verordnung (EG) Nr. 561/2006 der erste Teil mindestens 3 und der zweite mindestens 9 Stunden betragen.

5 Zur Ruhezeit zählt alles, was außerhalb von Arbeitszeit und Pause liegt. Es kommt also nicht darauf an, ob während der Ruhezeit wirklich Ruhe herrscht – was etwa beim Weg zur Arbeit nicht der Fall ist, dennoch zählt dieser zur Ruhezeit –, sondern nur darauf, dass keine Verpflichtung zur Arbeit besteht.

6 Die Formulierung in Absatz 1, wonach die Ruhezeit im Anschluss an die tägliche Arbeitszeit liegen muss, ist missverständlich. Die europäische Rahmenregelung in der EU-Richtlinie 2003/88 ist präziser und muss bei der Auslegung von § 5 berücksichtigt werden. Danach besteht die Verpflichtung, dass jeder Arbeitnehmer pro 24-Stunden-Zeitraum eine Mindestruhezeit von 11 zusammenhängenden Stunden hat. Auch wenn die Verordnung (EG)

Nr. 561/2006 eine Reduzierung der Ruhezeit auf 9 Stunden erlaubt, muss diese innerhalb der Phase von 24 Stunden liegen.

Die in Absatz 2 vorgesehene Kürzungsmöglichkeit der Ruhezeit in den Verkehrsbetrieben ist für den Bereich des öffentlichen Personenverkehrs irrelevant, da hier ausschließlich die Sonderregelungen gelten. 7

Die Ruhezeiten nach der EU-VO sind zusammenhängend erläutert unter § 1 FPersV Rn. 18 ff.

§ 6 Nacht- und Schichtarbeit

(1) Die Arbeitszeit der Nacht- und Schichtarbeitnehmer ist nach den gesicherten arbeitswissenschaftlichen Erkenntnissen über die menschengerechte Gestaltung der Arbeit festzulegen.

(2) Die werktägliche Arbeitszeit der Nachtarbeitnehmer darf acht Stunden nicht überschreiten. Sie kann auf bis zu zehn Stunden nur verlängert werden, wenn abweichend von § 3 innerhalb von einem Kalendermonat oder innerhalb von vier Wochen im Durchschnitt acht Stunden werktäglich nicht überschritten werden. Für Zeiträume, in denen Nachtarbeitnehmer im Sinne des § 2 Abs. 5 Nr. 2 nicht zur Nachtarbeit herangezogen werden, findet § 3 Satz 2 Anwendung.

(3) Nachtarbeitnehmer sind berechtigt, sich vor Beginn der Beschäftigung und danach in regelmäßigen Zeitabständen von nicht weniger als drei Jahren arbeitsmedizinisch untersuchen zu lassen. Nach Vollendung des 50. Lebensjahres steht Nachtarbeitnehmern dieses Recht in Zeitabständen von einem Jahr zu. Die Kosten der Untersuchungen hat der Arbeitgeber zu tragen, sofern er die Untersuchungen den Nachtarbeitnehmern nicht kostenlos durch einen Betriebsarzt oder einen überbetrieblichen Dienst von Betriebsärzten anbietet.

(4) Der Arbeitgeber hat den Nachtarbeitnehmer auf dessen Verlangen auf einen für ihn geeigneten Tagesarbeitsplatz umzusetzen, wenn

a) nach arbeitsmedizinischer Feststellung die weitere Verrichtung von Nachtarbeit den Arbeitnehmer in seiner Gesundheit gefährdet oder

b) im Haushalt des Arbeitnehmers ein Kind unter zwölf Jahren lebt, das nicht von einer anderen im Haushalt lebenden Person betreut werden kann, oder

c) der Arbeitnehmer einen schwerpflegebedürftigen Angehörigen zu versorgen hat, der nicht von einem anderen im Haushalt lebenden Angehörigen versorgt werden kann,

sofern dem nicht dringende betriebliche Erfordernisse entgegenstehen. Stehen der Umsetzung des Nachtarbeitnehmers auf einen für ihn geeigneten Tagesarbeitsplatz nach Auffassung des Arbeitgebers dringende betriebliche Erfordernisse entgegen, so ist der Betriebs- oder Personalrat zu

hören. Der Betriebs- oder Personalrat kann dem Arbeitgeber Vorschläge für eine Umsetzung unterbreiten.

(5) Soweit keine tarifvertraglichen Ausgleichsregelungen bestehen, hat der Arbeitgeber dem Nachtarbeitnehmer für die während der Nachtzeit geleisteten Arbeitsstunden eine angemessene Zahl bezahlter freier Tage oder einen angemessenen Zuschlag auf das ihm hierfür zustehende Bruttoarbeitsentgelt zu gewähren.

(6) Es ist sicherzustellen, dass Nachtarbeitnehmer den gleichen Zugang zur betrieblichen Weiterbildung und zu aufstiegsfördernden Maßnahmen haben wie die übrigen Arbeitnehmer.

Höchstarbeitszeit

1 Die Vorschrift gibt Nacht- und Wechselschichtarbeitnehmern spezielle Rechte. Insbesondere verkürzt sie in Absatz 4 den Ausgleichszeitraum, innerhalb dessen die Wochenarbeitszeit auf durchschnittlich maximal 48 Stunden gebracht werden muss auf einen Monat bzw. vier Wochen. Dabei wird wie in § 3 diese Begrenzung der Wochenarbeitszeit in der Bestimmung des »Regelarbeitstages« von 8 Stunden versteckt (vgl. § 3 Rn. 14 ff.). Die tägliche Höchstarbeitszeit beträgt für Nacht- und Wechselschichtarbeit genauso wie bei der Arbeit am Tag 10 Stunden. Der Ausgleichszeitraum verkürzt sich auf vier Wochen bzw. einen Kalendermonat jedoch nur, solange auch wirklich die Nachtarbeitsphase dauert. Für Phasen ohne Nachtarbeit gilt dagegen wieder die normale Frist des § 3 von 6 Monaten bzw. 24 Wochen. Es kommt nicht darauf an, wie lange dieser Zeitraum, in dem keine Nachtarbeit stattfindet, ist. Vielmehr ist immer dann, wenn ein Nachteinsatz erfolgt, die verkürzte Ausgleichsfrist einzuhalten. Nach jedem Nachtarbeitseinsatz eines Nachtarbeitnehmers muss also der Ausgleich auf 48 Stunden wöchentlich innerhalb der Frist von vier Wochen bzw. einem Monat erfolgen, auch wenn danach nur noch in Tagschicht gearbeitet wird.

2 Wer Nachtarbeitnehmer ist, ergibt sich aus der in § 2 enthaltenen Definition (vgl. § 2 Rn. 22 ff.). Beschäftigte im ÖPNV werden in aller Regel hierzu zählen, sofern der Verkehr nicht in der Nacht eingestellt oder von anderen Unternehmen gefahren wird. Wenn alle Beschäftigten den gesamten Dienstplan-Rhythmus durchlaufen und darin auch nur ein einziger Einsatz zwischen 23:00 Uhr und 1:00 Uhr bzw. 4:00 Uhr und 6:00 Uhr enthalten ist, sind die Betroffenen Nachtarbeitnehmer.

Gesundheitsschutz

3 Die Vorschrift verlangt in Absatz 1, dass bei der Gestaltung von Nacht- und Schichtarbeitnehmern die gesicherten arbeitswissenschaftlichen Erkenntnisse beachtet werden. Diese Verpflichtung stellt jedoch keine Besonderheit

mehr dar, da der Arbeitgeber durch das ArbSchG ohnehin verpflichtet ist, diese arbeitswissenschaftlichen Erkenntnisse ohne Unterschied bei der Gestaltung der Arbeit aller Beschäftigten zu berücksichtigen. Bei der Nacht- und Schichtarbeit besteht lediglich die Besonderheit, dass umfangreiche wissenschaftliche Erkenntnisse zu den gesundheitlichen Auswirkungen dieser Arbeitsweise vorliegen. So ist bekannt, dass insbesondere das Herz-Kreislaufsystem und der Verdauungsapparat durch diese Arbeitsform besonders belastet werden. Auch existiert ein Katalog von Vorschlägen zur Gestaltung der Arbeitszeit von Nacht- und Schichtarbeitnehmern, um diese Auswirkungen zu begrenzen. Gesammelt sind sie bei der Bundesanstalt für Arbeitsschutz und Arbeitsmedizin und können dort sowohl als Broschüre als auch im Internet abgerufen werden (*www.baua.de*).

Das in Absatz 2 enthaltene Recht, sich arbeitsmedizinisch untersuchen zu 4
lassen, ist vor allem ein Anspruch des Beschäftigten gegen den Arbeitgeber, entweder selber diese Untersuchung durch eigene Arbeitsmediziner durchzuführen oder zumindest die Kosten hierfür zu übernehmen.

Unabhängig von der Zahl der Einsätze haben Nachtarbeitnehmer gemäß 5
Absatz 4 einen Anspruch auf Wechsel in die Tagschicht, wenn sie durch eines der in der Vorschrift genannten gravierenden Probleme – gesundheitliche Gefährdung, Betreuung eines Kindes unter 12 Jahren bzw. Pflege eines Angehörigen – belastet werden. Allerdings lässt sich dieser Anspruch nur sehr schwer realisieren, da der Arbeitgeber die Erfüllung wegen entgegenstehender betrieblicher Erfordernisse verweigern kann. Dabei ist er aber nicht allein der Herr des Verfahrens. Nach der Rechtsprechung des Bundesarbeitsgerichtes zählt zum Inhalt des erzwingbaren Mitbestimmungsrechtes gemäß § 87 Absatz 1 Nr. 2 BetrVG neben der Festlegung der Lage der Schichten, deren Anfang und Ende etc., auch die Zuordnung der Beschäftigten zu diesen Schichten (BAG v. 27.6.1989 – 1 ABR 33/88). Damit kann der Betriebsrat über sein Initiativrecht die Herausnahme einzelner Beschäftigter aus der Nachtschicht zum Gegenstand der Mitbestimmung und damit eines Einigungsstellenverfahrens machen.

Ausgleich

Die Vorschrift gibt in Abs. 5 Beschäftigten einen Anspruch auf finanziellen 6
oder zeitlichen Ausgleich für die Nachtarbeit, sofern dies nicht bereits in einem Tarifvertrag geregelt ist. In Unternehmen, die an einen Tarifvertrag gebunden sind, der Zuschläge für Nachtarbeit vorsieht, hat diese Vorschrift daher keine Bedeutung. In allen anderen Fällen ergibt sich der Anspruch auf Zuschläge bzw. zusätzliche Freizeit aus dem Gesetz. Ob dann im Einzelfall der Ausgleich durch Zuschläge oder Freizeitausgleich erfolgt, unterliegt der Mitbestimmung des Betriebsrates gemäß § 87 Abs. 1 Nr. 7, 10 BetrVG (BAG v. 26.8.1997 – 1 ABR 16/97).

Weiterbildung

7 Die Vorgabe in Absatz 6, dass Beschäftigte in Nacht- und Wechselschicht den gleichen Zugang zur Weiterbildung und aufstiegsfördernden Maßnahmen haben wie alle anderen Arbeitnehmer, lässt sich am einfachsten über die Wahrnehmung der Mitbestimmungsrechte in den §§ 96–98 BetrVG realisieren. Hier werden Betriebsräte darauf zu achten haben, dass Weiterbildung keine geschlossene Veranstaltung ist.

Ausnahmen

8 Durch Tarifvertrag kann gem. § 7 Abs. 1 Nr. 4 wie auch bei der Tagarbeit zugelassen werden, die Nachtarbeit bei Arbeitsbereitschaft und Bereitschaftsdienst über 10 Stunden hinaus zu verlängern, was aber bei reiner Fahrtätigkeit ausgeschlossen ist (vgl. § 3 Rn. 13), oder den Ausgleichszeitraum zu verlängern.

§ 7 Abweichende Regelungen

(1) In einem Tarifvertrag oder auf Grund eines Tarifvertrags in einer Betriebs- oder Dienstvereinbarung kann zugelassen werden,

1. abweichend von § 3
   a) die Arbeitszeit über zehn Stunden werktäglich zu verlängern, wenn in die Arbeitszeit regelmäßig und in erheblichem Umfang Arbeitsbereitschaft oder Bereitschaftsdienst fällt,
   b) einen anderen Ausgleichszeitraum festzulegen,
   c) (weggefallen)

2. abweichend von § 4 Satz 2 die Gesamtdauer der Ruhepausen in Schichtbetrieben und Verkehrsbetrieben auf Kurzpausen von angemessener Dauer aufzuteilen,

3. abweichend von § 5 Abs. 1 die Ruhezeit um bis zu zwei Stunden zu kürzen, wenn die Art der Arbeit dies erfordert und die Kürzung der Ruhezeit innerhalb eines festzulegenden Ausgleichszeitraums ausgeglichen wird,

4. abweichend von § 6 Abs. 2
   a) die Arbeitszeit über zehn Stunden werktäglich hinaus zu verlängern, wenn in die Arbeitszeit regelmäßig und in erheblichem Umfang Arbeitsbereitschaft oder Bereitschaftsdienst fällt,
   b) einen anderen Ausgleichszeitraum festzulegen,

5. den Beginn des siebenstündigen Nachtzeitraums des § 2 Abs. 3 auf die Zeit zwischen 22 und 24 Uhr festzulegen.

(2) Sofern der Gesundheitsschutz der Arbeitnehmer durch einen entsprechenden Zeitausgleich gewährleistet wird, kann in einem Tarifver-

trag oder auf Grund eines Tarifvertrags in einer Betriebs- oder Dienstvereinbarung ferner zugelassen werden,

1. **abweichend von § 5 Abs. 1 die Ruhezeiten bei Rufbereitschaft den Besonderheiten dieses Dienstes anzupassen, insbesondere Kürzungen der Ruhezeit infolge von Inanspruchnahmen während dieses Dienstes zu anderen Zeiten auszugleichen,**
2. **die Regelungen der §§ 3, 5 Abs. 1 und § 6 Abs. 2 in der Landwirtschaft der Bestellungs- und Erntezeit sowie den Witterungseinflüssen anzupassen,**
3. **die Regelungen der §§ 3, 4, 5 Abs. 1 und § 6 Abs. 2 bei der Behandlung, Pflege und Betreuung von Personen der Eigenart dieser Tätigkeit und dem Wohl dieser Personen entsprechend anzupassen,**
4. **die Regelungen der §§ 3, 4, 5 Abs. 1 und § 6 Abs. 2 bei Verwaltungen und Betrieben des Bundes, der Länder, der Gemeinden und sonstigen Körperschaften, Anstalten und Stiftungen des öffentlichen Rechts sowie bei anderen Arbeitgebern, die der Tarifbindung eines für den öffentlichen Dienst geltenden oder eines im wesentlichen inhaltsgleichen Tarifvertrags unterliegen, der Eigenart der Tätigkeit bei diesen Stellen anzupassen.**

(2a) In einem Tarifvertrag oder auf Grund eines Tarifvertrags in einer Betriebs- oder Dienstvereinbarung kann abweichend von den §§ 3, 5 Abs. 1 und § 6 Abs. 2 zugelassen werden, die werktägliche Arbeitszeit auch ohne Ausgleich über acht Stunden zu verlängern, wenn in die Arbeitszeit regelmäßig und in erheblichem Umfang Arbeitsbereitschaft oder Bereitschaftsdienst fällt und durch besondere Regelungen sichergestellt wird, dass die Gesundheit der Arbeitnehmer nicht gefährdet wird.

(3) Im Geltungsbereich eines Tarifvertrags nach Absatz 1, 2 oder 2a können abweichende tarifvertragliche Regelungen im Betrieb eines nicht tarifgebundenen Arbeitgebers durch Betriebs- oder Dienstvereinbarung oder, wenn ein Betriebs- oder Personalrat nicht besteht, durch schriftliche Vereinbarung zwischen dem Arbeitgeber und dem Arbeitnehmer übernommen werden. Können auf Grund eines solchen Tarifvertrags abweichende Regelungen in einer Betriebs- oder Dienstvereinbarung getroffen werden, kann auch in Betrieben eines nicht tarifgebundenen Arbeitgebers davon Gebrauch gemacht werden. Eine nach Absatz 2 Nr. 4 getroffene abweichende tarifvertragliche Regelung hat zwischen nicht tarifgebundenen Arbeitgebern und Arbeitnehmern Geltung, wenn zwischen ihnen die Anwendung der für den öffentlichen Dienst geltenden tarifvertraglichen Bestimmungen vereinbart ist und die Arbeitgeber die Kosten des Betriebs überwiegend mit Zuwendungen im Sinne des Haushaltsrechts decken.

(4) Die Kirchen und die öffentlich-rechtlichen Religionsgesellschaften können die in Absatz 1, 2 oder 2a genannten Abweichungen in ihren Regelungen vorsehen.
(5) In einem Bereich, in dem Regelungen durch Tarifvertrag üblicherweise nicht getroffen werden, können Ausnahmen im Rahmen des Absatzes 1, 2 oder 2a durch die Aufsichtsbehörde bewilligt werden, wenn dies aus betrieblichen Gründen erforderlich ist und die Gesundheit der Arbeitnehmer nicht gefährdet wird.
(6) Die Bundesregierung kann durch Rechtsverordnung mit Zustimmung des Bundesrates Ausnahmen im Rahmen des Absatzes 1 oder 2 zulassen, sofern dies aus betrieblichen Gründen erforderlich ist und die Gesundheit der Arbeitnehmer nicht gefährdet wird.
(7) Auf Grund einer Regelung nach Absatz 2a oder den Absätzen 3 bis 5 jeweils in Verbindung mit Absatz 2a darf die Arbeitszeit nur verlängert werden, wenn der Arbeitnehmer schriftlich eingewilligt hat. Der Arbeitnehmer kann die Einwilligung mit einer Frist von sechs Monaten schriftlich widerrufen. Der Arbeitgeber darf einen Arbeitnehmer nicht benachteiligen, weil dieser die Einwilligung zur Verlängerung der Arbeitszeit nicht erklärt oder die Einwilligung widerrufen hat.
(8) Werden Regelungen nach Absatz 1 Nr. 1 und 4, Absatz 2 Nr. 2 bis 4 oder solche Regelungen auf Grund der Absätze 3 und 4 zugelassen, darf die Arbeitszeit 48 Stunden wöchentlich im Durchschnitt von zwölf Kalendermonaten nicht überschreiten. Erfolgt die Zulassung auf Grund des Absatzes 5, darf die Arbeitszeit 48 Stunden wöchentlich im Durchschnitt von sechs Kalendermonaten oder 24 Wochen nicht überschreiten.
(9) Wird die werktägliche Arbeitszeit über zwölf Stunden hinaus verlängert, muss im unmittelbaren Anschluss an die Beendigung der Arbeitszeit eine Ruhezeit von mindestens elf Stunden gewährt werden.

1 Die Vorschrift regelt abschließend, welche Abweichungen von den Mindestbedingungen zur Höchstarbeitszeit, täglichen Ruhezeit und Pause durch Tarifvertrag zugelassen werden können. Voraussetzung für die Inanspruchnahme dieser Ausnahmen im Rahmen der betrieblichen Tätigkeit ist die Bindung des Arbeitgebers an einen Tarifvertrag, in dem die jeweilige Ausnahme enthalten ist. Diese Bindung kann auf dreierlei Weise herbeigeführt werden: Entweder durch Mitgliedschaft in dem den Tarifvertrag abschließenden Arbeitgeberverband, durch eine Allgemeinverbindlichkeitserklärung des Tarifvertrages oder dadurch, dass der Arbeitgeber selber Partei eines Haustarifvertrages ist.

2 Arbeitgeber, die auf keine der drei beschriebenen Arten tarifgebunden sind, können gleichwohl gem. Abs. 3 mit Unterstützung des Betriebsrates entsprechende Ausnahmebestimmungen auf den eigenen Betrieb übertragen. Das geht aber nur, wenn zwei Bedingungen erfüllt sind: Das Unternehmen muss

in einer Branche arbeiten, in der ein Tarifvertrag gilt, der entsprechende Abweichungen zulässt und die Abweichung selber muss in einer Betriebsvereinbarung geregelt werden. Dabei müssen die im Tarifvertrag gesetzten Grenzen beachtet werden.

Beispiel: 3
Ein Busunternehmen ohne Tarifbindung in NRW will die 1/5-Regelung im TV-N für sich anwenden, die besagt, dass auch Unterbrechungen bis zu 8 Minuten Dauer die mindestens 30-minütige Pause gem. § 4 ArbZG ersetzen können, wenn diese Kurzpausen insgesamt die Dauer von einem Fünftel der gesamten Lenkzeit in der Schicht erreichen. Obwohl das Unternehmen an diesen Tarifvertrag nicht gebunden ist, kann durch Betriebsvereinbarung die Pausenregelung auf den eigenen Betrieb übertragen werden, weil der für die eigene Branche abgeschlossen wurde. Allerdings können dann auch nur Kurzpausen in diesem Umfang, also mindestens einem Fünftel der Lenkzeit eingeplant werden, eine Unterschreitung dieses Umfangs wäre mit dem Tarifvertrag nicht zu vereinbaren.

Eine Betriebsvereinbarung, mit der eine tarifvertraglich zulässige Absenkung des Schutzniveaus auf den Betrieb übertragen wird, ist nicht erzwingbar, da es sich hierbei nicht um eine Regelung der Lage der Arbeitszeit, sondern um eine Gestaltung der rechtlichen Verhältnisse im Betrieb handelt. 4

Auch wenn der Arbeitgeber tarifgebunden ist, muss sich der Betriebsrat nicht darauf einlassen, die Bedingungen auch tatsächlich im durch den Tarifvertrag ermöglichten Umfang im eigenen Betrieb zu verschlechtern. Der Tarifvertrag erlaubt dies lediglich. Ob es umgesetzt wird, ist eine autonom im Rahmen des Mitbestimmungsverfahrens zu treffende Entscheidung. Auch im tarifgebundenen Betrieb können diese Entscheidungen nur begrenzt durch die Einigungsstelle beschlossen werden. 5

In Abs. 8 wird zusätzlich ausdrücklich darauf verwiesen, dass auch bei Inanspruchnahme der Ausnahmen niemals eine Arbeitszeit von mehr als 48 Stunden im Durchschnitt von zwölf Kalendermonaten herauskommen darf. Dies ist die absolute Obergrenze. 6

Dass ein Tarifvertrag sämtliche durch Gesetz ermöglichten Abweichungen erlaubt, darf niemals ohne genaue Prüfung vorausgesetzt werden. Keine Öffnung etwa für die Verlängerung der täglichen Arbeitszeit enthält der Manteltarifvertrag für das private Omnibusgewerbe in Bayern. Eine überholte, zum heutigen ArbZG nicht mehr passende Öffnung, findet sich im Manteltarifvertrag für das private Omnibusgewerbe in Baden-Württemberg, die deshalb betrieblich nicht mehr angewendet werden darf. 7

Nicht alle durch § 7 ermöglichten Ausnahmen sind bei der Arbeitszeitgestaltung des Fahrpersonals von Bedeutung, da hier teilweise die Sonderregeln der FPersV bzw. der Verordnung (EG) Nr. 561/2006 entgegenstehen. Die folgende Darstellung beschränkt sich daher auf die denkbaren Ausnahmen. 8

Verlängerung der täglichen Arbeitszeit

9 Die in Abs. 1 Nr. 1a enthaltene Option, die Arbeitszeit bei Arbeitsbereitschaft oder Bereitschaftsdienst über 10 Stunden werktäglich hinaus zu verlängern, ist bei reiner Lenktätigkeit nicht anzuwenden, da diese immer auf maximal 10 Stunden begrenzt ist. Nur dann, wenn der Fahrer nach Beendigung der Lenktätigkeit noch einen Bereitschaftsdienst für andere Tätigkeiten übernimmt, kommt diese Ausnahme zum Tragen. In den Spartentarifverträgen ist diese Ausweitung teilweise an weitere Voraussetzungen geknüpft. So verlangt etwa der TV-N NRW, dass es sich um Fälle wie Störungen, Revisionen oder außergewöhnliche Reparaturen bzw. Großereignisse handeln muss, die die Verlängerung der Arbeitszeit im Rahmen von Bereitschaftsdienst bzw. Arbeitsbereitschaft erfordern.

10 Die werktägliche Arbeitszeit der Nachtarbeitnehmer kann gem. Abs. 1 Nr. 4a unter denselben Voraussetzungen bzw. Bedingungen wie die der Tagarbeitnehmer verlängert werden.

Ausgleichszeitraum

11 Gem. Abs. 1 Nr. 1d und Nr. 4b kann der Ausgleichszeitraum, innerhalb dessen die Höchstarbeitszeit von 48 Stunden pro Woche im Durchschnitt erreicht werden muss, durch Tarifvertrag auf maximal zwölf Monate ausgeweitet werden. Auch dies ist bei Lenktätigkeit nur in Kombination mit anderen Tätigkeiten zulässig. Bei reiner Lenktätigkeit ist die Arbeitszeit auf 90 Stunden in der Doppelwoche durch Artikel 6 Abs. 3 Verordnung (EG) Nr. 561/2006 begrenzt, der Ausgleichszeitraum des ArbZG also bereits verbindlich auf zwei Wochen verkürzt.

12 Soweit ersichtlich hat kein Tarifvertrag von der Option, den Ausgleichszeitraum zu verlängern, Gebrauch gemacht. Die üblicherweise im Tarifvertrag enthaltenen Ausgleichszeiträume von 52 Wochen beziehen sich ausschließlich auf das Erreichen der tariflichen Regelarbeitszeit, lassen also zusätzlich bezahlte Arbeitszeiten wie insbesondere Mehrarbeit außer Betracht. Diese müssen aber bei der Berechnung der Höchstarbeitszeit gem. ArbZG mit einbezogen werden. Deshalb dürfen diese tariflichen Ausgleichszeiträume nicht auf die gesetzliche Höchstarbeitszeit angewendet werden. Andernfalls wäre durch sie die Grenze »48 Stunden« aufgehoben.

Ruhepausen

13 In Abs. 1 Nr. 2 ist die Grundlage geschaffen, um im Verkehrsbetrieb die gesetzlichen Ruhepausen von zusammenhängend mindestens 15 Minuten auf Kurzpausen aufzuteilen. Viele Tarifverträge haben hiervon im Rahmen der 1/6- bzw. 1/5-Regelung Gebrauch gemacht. Nur wenn eine Tarifbindung

besteht und dieser Tarifvertrag eine entsprechende Kürzung der Ruhepause zulässt, kann die 1/6-Regelung zur Aufteilung der Fahrtunterbrechung nach der FPersV auch für die Pause genutzt werden. Andernfalls muss die gesetzliche Ruhepause gem. § 4 auch bei Anwendung der 1/6-Regelung zusätzlich gewährt werden.

Ruhezeit

Keine Bedeutung hat die in Abs. 1 Nr. 3 enthaltene Möglichkeit, die Ruhezeit zu verkürzen. Für Fahrpersonal ist die Regelung in Artikel 4g der Verordnung (EG) Nr. 561/2006 – ggf. über die Verweisung in § 1 FPersV – vorrangig (vgl. die Erläuterungen dort bzw. unter § 5). 14

Nachtzeitraum

Schließlich darf im Tarifvertrag gem. Abs. 1 Nr. 5 der Nachtzeitraum anders als in § 2 Abs. 3 bestimmt werden. Mit dieser Definition des Nachtzeitraums wird bestimmt, wer Nachtarbeitnehmer ist. Auch bei einer Neubestimmung durch Tarifvertrag muss er immer 7 Stunden betragen, der Beginn – und damit natürlich auch das Ende – kann aber zwischen 22:00 und 24:00 Uhr frei festgelegt werden. In aller Regel haben die tariflichen Vorschriften zu Beginn und Ende der Nachtzeit aber nichts mit dieser Vorschrift zu tun, sondern legen nur fest, wann es Nachtzuschläge gibt. 15

Die weitergehenden Möglichkeiten zur Abweichung von den gesetzlichen Grundregelungen gem. In § 7 sind im Bereich der Fahrtätigkeit irrelevant. 16

§ 8 Gefährliche Arbeiten

Die Bundesregierung kann durch Rechtsverordnung mit Zustimmung des Bundesrates für einzelne Beschäftigungsbereiche, für bestimmte Arbeiten oder für bestimmte Arbeitnehmergruppen, bei denen besondere Gefahren für die Gesundheit der Arbeitnehmer zu erwarten sind, die Arbeitszeit über § 3 hinaus beschränken, die Ruhepausen und Ruhezeiten über die §§ 4 und 5 hinaus ausdehnen, die Regelungen zum Schutz der Nacht- und Schichtarbeitnehmer in § 6 erweitern und die Abweichungsmöglichkeiten nach § 7 beschränken, soweit dies zum Schutz der Gesundheit der Arbeitnehmer erforderlich ist. Satz 1 gilt nicht für Beschäftigungsbereiche und Arbeiten in Betrieben, die der Bergaufsicht unterliegen.

Die Befugnis, weitere Einschränkungen durch Rechtsverordnung gegenüber den Regelungen im ArbZG vorzunehmen, hat für das Fahrpersonalrecht keine Bedeutung, da keine derartige Verordnung erlassen worden ist.

Dritter Abschnitt
Sonn- und Feiertagsruhe

§ 9 Sonn- und Feiertagsruhe

(1) Arbeitnehmer dürfen an Sonn- und gesetzlichen Feiertagen von 0 bis 24 Uhr nicht beschäftigt werden.
(2) In mehrschichtigen Betrieben mit regelmäßiger Tag- und Nachtschicht kann Beginn oder Ende der Sonn- und Feiertagsruhe um bis zu sechs Stunden vor- oder zurückverlegt werden, wenn für die auf den Beginn der Ruhezeit folgenden 24 Stunden der Betrieb ruht.
(3) Für Kraftfahrer und Beifahrer kann der Beginn der 24-stündigen Sonn- und Feiertagsruhe um bis zu zwei Stunden vorverlegt werden.

§ 10 Sonn- und Feiertagsbeschäftigung

(1) Sofern die Arbeiten nicht an Werktagen vorgenommen werden können, dürfen Arbeitnehmer an Sonn- und Feiertagen abweichend von § 9 beschäftigt werden

1. in Not- und Rettungsdiensten sowie bei der Feuerwehr,
2. zur Aufrechterhaltung der öffentlichen Sicherheit und Ordnung sowie der Funktionsfähigkeit von Gerichten und Behörden und für Zwecke der Verteidigung,
3. in Krankenhäusern und anderen Einrichtungen zur Behandlung, Pflege und Betreuung von Personen,
4. in Gaststätten und anderen Einrichtungen zur Bewirtung und Beherbergung sowie im Haushalt,
5. bei Musikaufführungen, Theatervorstellungen, Filmvorführungen, Schaustellungen, Darbietungen und anderen ähnlichen Veranstaltungen,
6. bei nichtgewerblichen Aktionen und Veranstaltungen der Kirchen, Religionsgesellschaften, Verbände, Vereine, Parteien und anderer ähnlicher Vereinigungen,
7. beim Sport und in Freizeit-, Erholungs- und Vergnügungseinrichtungen, beim Fremdenverkehr sowie in Museen und wissenschaftlichen Präsenzbibliotheken,
8. beim Rundfunk, bei der Tages- und Sportpresse, bei Nachrichtenagenturen sowie bei den der Tagesaktualität dienenden Tätigkeiten für andere Presseerzeugnisse einschließlich des Austragens, bei der Herstellung von Satz, Filmen und Druckformen für tagesaktuelle Nachrichten und Bilder, bei tagesaktuellen Aufnahmen auf Ton- und Bildträger sowie beim Transport und Kommissionieren von Pres-

seerzeugnissen, deren Ersterscheinungstag am Montag oder am Tag nach einem Feiertag liegt,

9. bei Messen, Ausstellungen und Märkten im Sinne des Titels IV der Gewerbeordnung sowie bei Volksfesten,

10. in Verkehrsbetrieben sowie beim Transport und Kommissionieren von leichtverderblichen Waren im Sinne des § 30 Abs. 3 Nr. 2 der Straßenverkehrsordnung,

11. in den Energie- und Wasserversorgungsbetrieben sowie in Abfall- und Abwasserentsorgungsbetrieben,

12. in der Landwirtschaft und in der Tierhaltung sowie in Einrichtungen zur Behandlung und Pflege von Tieren,

13. im Bewachungsgewerbe und bei der Bewachung von Betriebsanlagen,

14. bei der Reinigung und Instandhaltung von Betriebseinrichtungen, soweit hierdurch der regelmäßige Fortgang des eigenen oder eines fremden Betriebs bedingt ist, bei der Vorbereitung der Wiederaufnahme des vollen werktägigen Betriebs sowie bei der Aufrechterhaltung der Funktionsfähigkeit von Datennetzen und Rechnersystemen,

15. zur Verhütung des Verderbens von Naturerzeugnissen oder Rohstoffen oder des Mißlingens von Arbeitsergebnissen sowie bei kontinuierlich durchzuführenden Forschungsarbeiten,

16. zur Vermeidung einer Zerstörung oder erheblichen Beschädigung der Produktionseinrichtungen.

(2) Abweichend von § 9 dürfen Arbeitnehmer an Sonn- und Feiertagen mit den Produktionsarbeiten beschäftigt werden, wenn die infolge der Unterbrechung der Produktion nach Absatz 1 Nr. 14 zulässigen Arbeiten den Einsatz von mehr Arbeitnehmern als bei durchgehender Produktion erfordern.

(3) Abweichend von § 9 dürfen Arbeitnehmer an Sonn- und Feiertagen in Bäckereien und Konditoreien für bis zu drei Stunden mit der Herstellung und dem Austragen oder Ausfahren von Konditorwaren und an diesem Tag zum Verkauf kommenden Bäckerwaren beschäftigt werden.

(4) Sofern die Arbeiten nicht an Werktagen vorgenommen werden können, dürfen Arbeitnehmer zur Durchführung des Eil- und Großbetragszahlungsverkehrs und des Geld-, Devisen-, Wertpapier- und Derivatehandels abweichend von § 9 Abs. 1 an den auf einen Werktag fallenden Feiertagen beschäftigt werden, die nicht in allen Mitgliedstaaten der Europäischen Union Feiertage sind.

Während das europäische Rahmenrecht sowohl für die Arbeitszeitgestaltung als auch im Bereich des Fahrpersonalrechts nur einen Ruhetag bzw. eine Wochenruhezeit vorsieht und deren Mindestdauer vorschreibt, legt das 1

ArbZG Wert darauf, dass dieser Ruhetag grundsätzlich ein Sonntag sein soll. Deshalb ist in § 9 die Arbeit am Sonntag grundsätzlich verboten.

2 Da jedoch viele Wirtschaftszweige ohne Sonntagsarbeit nicht auskommen, hebt § 10 dieses Verbot wieder auf und erlaubt Sonntagsarbeit für verschiedene Branchen, unter anderem in § 10 Abs. 1 Nr. 10 für Verkehrsbetriebe. Damit ist jede Form der Personenbeförderung im Nah- wie auch Fernbereich erfasst. Alle Arbeiten, die am Sonntag ausgeführt werden müssen (nur die, keine allgemeine Verwaltungstätigkeit), bedürfen damit keiner vorherigen Erlaubnis durch die Aufsichtsbehörde, sondern sind gesetzlich erlaubt. Dies sind sowohl die reine Fahrtätigkeit als auch Reparaturarbeiten, die erforderlich werden, weil die Fahrzeuge andernfalls nicht eingesetzt werden können. Gerade bei den Werkstattarbeiten ist aber zu beachten, dass diese nur dann am Sonntag erlaubt sind, wenn sie nicht auch in der darauffolgenden Woche erledigt werden können. Dies betrifft zum Beispiel alle Wartungsarbeiten.

3 Die Zulassung der Sonntagsarbeit in Verkehrsbetrieben durch das ArbZG umfasst auch die Arbeit an Feiertagen, wobei aber auch hier die in Rn. 2 genannten Beschränkungen hinsichtlich der Verschiebbarkeit der Arbeiten auf einen Werktag bestehen.

4 Geregelt ist die Lage der wöchentlichen Ruhezeit eigenständig in der FPersV, wodurch die Vorschriften zur Sonntagsruhe für das Fahrpersonal verdrängt werden. Allerdings bleiben die Vorgaben der EU-Richtlinie 2003/88 zur Arbeitszeitgestaltung verbindlich, deshalb muss die wöchentliche Ruhezeit immer mit einer täglichen Ruhezeit verbunden sein (EuGH v. 2.3.2023 – C-477/21).

§ 11 Ausgleich für Sonn- und Feiertagsbeschäftigung

(1) Mindestens 15 Sonntage im Jahr müssen beschäftigungsfrei bleiben.

(2) Für die Beschäftigung an Sonn- und Feiertagen gelten die §§ 3 bis 8 entsprechend, jedoch dürfen durch die Arbeitszeit an Sonn- und Feiertagen die in den §§ 3, 6 Abs. 2, §§ 7 und 21a Abs. 4 bestimmten Höchstarbeitszeiten und Ausgleichszeiträume nicht überschritten werden.

(3) Werden Arbeitnehmer an einem Sonntag beschäftigt, müssen sie einen Ersatzruhetag haben, der innerhalb eines den Beschäftigungstag einschließenden Zeitraums von zwei Wochen zu gewähren ist. Werden Arbeitnehmer an einem auf einen Werktag fallenden Feiertag beschäftigt, müssen sie einen Ersatzruhetag haben, der innerhalb eines den Beschäftigungstag einschließenden Zeitraums von acht Wochen zu gewähren ist.

(4) Die Sonn- oder Feiertagsruhe des § 9 oder der Ersatzruhetag des Absatzes 3 ist den Arbeitnehmern unmittelbar in Verbindung mit einer

Ruhezeit nach § 5 zu gewähren, soweit dem technische oder arbeitsorganisatorische Gründe nicht entgegenstehen.

Mit der Vorschrift wird gewährleistet, dass die europarechtliche Vorgabe erfüllt wird, wonach je 7-Tages-Zeitraum mindestens eine 24-stündige Ruhephase eingelegt wird. Da im Verkehrsbetrieb die Sonntagsarbeit für das Fahrpersonal generell durch § 10 erlaubt ist, übernimmt der in § 11 Abs. 3 vorgeschriebene Ersatzruhetag für die Beschäftigung am Sonntag diese Aufgabe. Der ganze Ersatzruhetag muss unabhängig davon gewährt werden, wie lange der Einsatz am Sonn-/Feiertag gedauert hat. 1

Zu berücksichtigen ist dabei allerdings weiterhin, dass durch den Verweis der FPersV auf die Verordnung (EG) Nr. 561/2006 bereits auf anderem Wege die Einhaltung regelmäßiger Wochenruhezeiten vorgeschrieben ist (vgl. Art. 8 Verordnung [EG] Nr. 561/2006 Rn. 7 ff.): Danach müssen innerhalb von 2 Wochen 2 Wochenruhezeiten eingelegt werden, die aber gem. § 1 Abs. 4 FPersV so verteilt werden können, dass spätestens nach 13 Arbeitstagen eine Wochenruhezeit einzulegen ist. Innerhalb von jeweils 14 Tagen muss mindestens eine Ruhezeit mindestens ununterbrochen 45 Stunden dauern. Die zweite Ruhezeit kann verkürzt werden. Damit geht diese Regelung über den Ersatzruhetag im ArbZG hinaus, der – genauso wie die Sonntagsruhe – lediglich 35 Stunden dauern muss, wobei dies sogar noch ohne Einschränkung und ohne Ausgleich auf 24 Stunden verkürzt werden darf. 2

Eine solche Verkürzung auf mindestens 24 Stunden zusammenhängend ist bei jeder zweiten Ruhezeit nach der FPersV zulässig (allerdings nicht zweimal hintereinander), die ebenfalls innerhalb des 14-Tage-Zeitraums gewonnen werden muss. Allerdings gilt dies dann als reduzierte Wochenruhezeit, die Differenz zu den regulären 45 Stunden muss – wiederum zusammenhängend – in den folgenden drei Wochen ausgeglichen werden, zusammen mit einer Tages- oder Wochenruhezeit. 3

Mindestens 15 Sonntage im Jahr müssen von Beschäftigung vollständig frei bleiben, dürfen also auch nicht mit Bereitschaftsdienst belegt werden. Aus welchem Grund diese Sonntage beschäftigungsfrei sind, ist dabei unbedeutend. Damit kommen auch solche Sonntage zur Erfüllung der gesetzlichen Anforderung in Betracht, an denen aufgrund Urlaubs ohnehin nicht gearbeitet würde. 4

Da das ArbZG seine Schutzregeln wie Höchstarbeitszeit, Mindestruhezeit usw. nur auf Werktage bezieht, bedarf es in Absatz 2 der Klarstellung, dass auch die Arbeit an Sonn- und Feiertagen diesen Begrenzungen unterliegt. Am Sonntag darf also – von den ausdrücklich geregelten Ausnahmen abgesehen – nicht mehr als 10 Stunden gearbeitet werden. Die am Sonntag gearbeitete Zeit muss in vollem Umfang bei der Feststellung berücksichtigt werden, ob innerhalb der Ausgleichszeiträume des § 3 (sechs Monate) bzw. 5

des § 6 (ein Monat bei Nacht-/Schichtarbeit) die durchschnittliche wöchentliche Arbeitszeit höchstens 48 Stunden betragen hat.

6 Der Sonntag wie auch der Ersatzruhetag müssen im Grundsatz mit einer Tagesruhezeit von 11 Stunden verbunden sein, die Gesamtdauer der Ruhe also 35 Stunden betragen. Allerdings ist diese Verknüpfung nach Absatz 4 nicht zwingend. Wenn technische oder arbeitsorganisatorische Gründen entgegenstehen, kann hierauf auch verzichtet werden. Allerdings führt diese Verkürzung zur Kollision mit den beschriebenen Wochenruhezeiten nach Fahrpersonalrecht und ist damit beim Fahrpersonal nur begrenzt möglich.

7 Ebenso wie für den Sonntag muss auch ein Ersatzruhetag für einen Einsatz am Wochenfeiertag gewährt werden. Allerdings steht für diesen Ausgleich ein längerer Zeitraum zur Verfügung: Hierfür beträgt die Frist acht Wochen.

Ausnahmen

8 Durch Tarifvertrag kann gem. § 12 die Verpflichtung beseitigt werden, für einen Einsatz am Wochenfeiertag einen Ersatzruhetag zu gewähren.

§ 12 Abweichende Regelungen

In einem Tarifvertrag oder auf Grund eines Tarifvertrags in einer Betriebs- oder Dienstvereinbarung kann zugelassen werden,

1. **abweichend von § 11 Abs. 1 die Anzahl der beschäftigungsfreien Sonntage in den Einrichtungen des § 10 Abs. 1 Nr. 2, 3, 4 und 10 auf mindestens zehn Sonntage, im Rundfunk, in Theaterbetrieben, Orchestern sowie bei Schaustellungen auf mindestens acht Sonntage, in Filmtheatern und in der Tierhaltung auf mindestens sechs Sonntage im Jahr zu verringern,**
2. **abweichend von § 11 Abs. 3 den Wegfall von Ersatzruhetagen für auf Werktage fallende Feiertage zu vereinbaren oder Arbeitnehmer innerhalb eines festzulegenden Ausgleichszeitraums beschäftigungsfrei zu stellen,**
3. **abweichend von § 11 Abs. 1 bis 3 in der Seeschiffahrt die den Arbeitnehmern nach diesen Vorschriften zustehenden freien Tage zusammenhängend zu geben,**
4. **abweichend von § 11 Abs. 2 die Arbeitszeit in vollkontinuierlichen Schichtbetrieben an Sonn- und Feiertagen auf bis zu zwölf Stunden zu verlängern, wenn dadurch zusätzliche freie Schichten an Sonn- und Feiertagen erreicht werden.**

§ 7 Abs. 3 bis 6 findet Anwendung.

Die Vorschrift regelt die Ausnahmen von den gesetzlichen Festlegungen zur Sonn- und Feiertagsarbeit, die durch Tarifvertrag zugelassen werden können. 1

Im Verkehrsbereich kommt dabei nur die Ziffer 2 in Betracht, also die Anordnung des Wegfalls von Ersatzruhetagen für auf Werktage fallende Feiertage. Die anderen Ausnahmevorschriften betreffen entweder andere Branchen oder sind wegen der europarechtlichen Begrenzung bei der Gestaltung der Arbeitszeit des Fahrpersonals unbedeutend. 2

Soweit tarifliche Regelungen den Fortfall des Ersatzruhetages für die Arbeit am Wochenfeiertag bzw. die Änderung der Ausgleichsfrist vorsehen, kann hiervon aus betrieblichen Gründen Gebrauch gemacht werden. Allerdings ist eine solche Option im Tarifvertrag noch keine Verpflichtung, dies auch umzusetzen. 3

§ 13 Ermächtigung, Anordnung, Bewilligung

(1) Die Bundesregierung kann durch Rechtsverordnung mit Zustimmung des Bundesrates zur Vermeidung erheblicher Schäden unter Berücksichtigung des Schutzes der Arbeitnehmer und der Sonn- und Feiertagsruhe

1. die Bereiche mit Sonn- und Feiertagsbeschäftigung nach § 10 sowie die dort zugelassenen Arbeiten näher bestimmen,

2. über die Ausnahmen nach § 10 hinaus weitere Ausnahmen abweichend von § 9

a) für Betriebe, in denen die Beschäftigung von Arbeitnehmern an Sonn- oder Feiertagen zur Befriedigung täglicher oder an diesen Tagen besonders hervortretender Bedürfnisse der Bevölkerung erforderlich ist,

b) für Betriebe, in denen Arbeiten vorkommen, deren Unterbrechung oder Aufschub

aa) nach dem Stand der Technik ihrer Art nach nicht oder nur mit erheblichen Schwierigkeiten möglich ist,

bb) besondere Gefahren für Leben oder Gesundheit der Arbeitnehmer zur Folge hätte,

cc) zu erheblichen Belastungen der Umwelt oder der Energie- oder Wasserversorgung führen würde,

c) aus Gründen des Gemeinwohls, insbesondere auch zur Sicherung der Beschäftigung,

zulassen und die zum Schutz der Arbeitnehmer und der Sonn- und Feiertagsruhe notwendigen Bedingungen bestimmen.

(2) Soweit die Bundesregierung von der Ermächtigung des Absatzes 1 Nr. 2 Buchstabe a keinen Gebrauch gemacht hat, können die Landesregierungen durch Rechtsverordnung entsprechende Bestimmungen

erlassen. Die Landesregierungen können diese Ermächtigung durch Rechtsverordnung auf oberste Landesbehörden übertragen.

(3) Die Aufsichtsbehörde kann

1. feststellen, ob eine Beschäftigung nach § 10 zulässig ist,

2. abweichend von § 9 bewilligen, Arbeitnehmer zu beschäftigen

   a) im Handelsgewerbe an bis zu zehn Sonn- und Feiertagen im Jahr, an denen besondere Verhältnisse einen erweiterten Geschäftsverkehr erforderlich machen,

   b) an bis zu fünf Sonn- und Feiertagen im Jahr, wenn besondere Verhältnisse zur Verhütung eines unverhältnismäßigen Schadens dies erfordern,

   c) an einem Sonntag im Jahr zur Durchführung einer gesetzlich vorgeschriebenen Inventur,

und Anordnungen über die Beschäftigungszeit unter Berücksichtigung der für den öffentlichen Gottesdienst bestimmten Zeit treffen.

(4) Die Aufsichtsbehörde soll abweichend von § 9 bewilligen, daß Arbeitnehmer an Sonn- und Feiertagen mit Arbeiten beschäftigt werden, die aus chemischen, biologischen, technischen oder physikalischen Gründen einen ununterbrochenen Fortgang auch an Sonn- und Feiertagen erfordern.

(5) Die Aufsichtsbehörde hat abweichend von § 9 die Beschäftigung von Arbeitnehmern an Sonn- und Feiertagen zu bewilligen, wenn bei einer weitgehenden Ausnutzung der gesetzlich zulässigen wöchentlichen Betriebszeiten und bei längeren Betriebszeiten im Ausland die Konkurrenzfähigkeit unzumutbar beeinträchtigt ist und durch die Genehmigung von Sonn- und Feiertagsarbeit die Beschäftigung gesichert werden kann.

Die Vorschrift ermöglicht weitergehende Abweichungen vom Verbot der Sonntagsarbeit. Diese sind ohne Bedeutung für Verkehrsbetriebe, da hier Sonntagsarbeit ohnehin erlaubt ist.

Vierter Abschnitt
Ausnahmen in besonderen Fällen

§ 14 Außergewöhnliche Fälle

(1) Von den §§ 3 bis 5, 6 Abs. 2, §§ 7, 9 bis 11 darf abgewichen werden bei vorübergehenden Arbeiten in Notfällen und in außergewöhnlichen Fällen, die unabhängig vom Willen der Betroffenen eintreten und deren Folgen nicht auf andere Weise zu beseitigen sind, besonders wenn Roh-

stoffe oder Lebensmittel zu verderben oder Arbeitsergebnisse zu misslingen drohen.

(2) Von den §§ 3 bis 5, 6 Abs. 2, §§ 7, 11 Abs. 1 bis 3 und § 12 darf ferner abgewichen werden,

1. wenn eine verhältnismäßig geringe Zahl von Arbeitnehmern vorübergehend mit Arbeiten beschäftigt wird, deren Nichterledigung das Ergebnis der Arbeiten gefährden oder einen unverhältnismäßigen Schaden zur Folge haben würden,

2. bei Forschung und Lehre, bei unaufschiebbaren Vor- und Abschlussarbeiten sowie bei unaufschiebbaren Arbeiten zur Behandlung, Pflege und Betreuung von Personen oder zur Behandlung und Pflege von Tieren an einzelnen Tagen, wenn dem Arbeitgeber andere Vorkehrungen nicht zugemutet werden können.

(3) Wird von den Befugnissen nach Absatz 1 oder 2 Gebrauch gemacht, darf die Arbeitszeit 48 Stunden wöchentlich im Durchschnitt von sechs Kalendermonaten oder 24 Wochen nicht überschreiten.

Die Vorschrift regelt, unter welchen Voraussetzungen Verletzungen der 1
durch das ArbZG gezogenen Grenzen straffrei bleiben können. Das sind Verstöße, die sich entweder durch äußere Zwänge ergeben oder die so geringfügig sind, dass eine Ahndung unverhältnismäßig wäre. Die Ausnahmebestimmung regelt ausschließlich das Verhältnis zwischen Arbeitgeber und Aufsichtsbehörde, nicht aber zwischen Betriebsrat und Arbeitgeber. Der Betriebsrat muss also keineswegs im Rahmen der Mitbestimmung allen Abweichungen zustimmen, nur weil sie von der Aufsichtsbehörde nicht verfolgt werden.

Um was für Fälle es sich dabei handelt, beschreibt das Gesetz anhand unbe- 2
stimmter Rechtsbegriffe wie »Notfall« und »außergewöhnlicher Fall«, die sich einer genaueren Bestimmung im Vorhinein entziehen. Präziser ist dagegen die zweite Voraussetzung dafür, dass die Verstöße straffrei bleiben: Es darf kein anderes Mittel geben, um die andernfalls zu erwartenden negativen Folgen wie etwa das Misslingen von Arbeitsergebnissen zu vermeiden. Damit ist es praktisch ausgeschlossen, solche Verstöße einzuplanen, denn im Rahmen einer Planung lassen sich immer Alternativen finden – und sei es durch eine Erhöhung der Beschäftigtenzahl.

Die Verkehrssituation ist ein typischer Fall, der sich unter die Ausnahme- 3
vorschrift fassen lässt, weil sie aufgrund von Staus, Baustellen usw. immer wieder die Einhaltung der geplanten Arbeitszeit behindert. Sowohl Abs. 1, der die Abweichungen dann zulässt, wenn Arbeitsergebnisse zu misslingen drohen, als auch Abs. 2 Nr. 1, der die Gefährdung des Ergebnisses der Arbeit zum Ansatzpunkt für die Zulässigkeit der Überschreitung der gesetzlichen Grenzen macht, würden damit solche Verstöße rechtfertigen. Da jedoch solche Entwicklungen im Straßenverkehr eher die Regel als die Ausnahme sind,

müssen sie im Rahmen einer Planung der Arbeitszeit berücksichtigt werden. Die Planung kann also nicht an die Grenze des Erlaubten gehen in der Erwartung, der Verkehr werde störungsfrei fließen. Darauf beruhende Verzögerungen sind dann nicht mehr durch äußere Einwirkungen verursacht, sondern durch falsche Planung. Die denkbare Alternative besteht dann in der Einplanung solcher zu erwartenden Widrigkeiten.

4 Die Vorschrift ist kein Maßstab für die Ausübung der Mitbestimmungsrechte des Betriebsrates. Die Beurteilung, ob es sich bei einem Vorgang um einen Notfall im Sinne der Vorschrift handelt, obliegt nicht den Betriebsparteien, sondern ausschließlich der Aufsichtsbehörde bzw. im Fall einer rechtlichen Auseinandersetzung den Gerichten. Ob der Betriebsrat einer bestimmten Maßnahme seine Zustimmung gibt oder nicht, hängt also nicht davon ab, ob diese nach Gesetz erlaubt ist oder nicht, sondern lediglich davon, ob er sie für zweckmäßig hält. Der Betriebsrat sollte daher nicht versuchen, seine Entscheidungen von einer »objektiven« Beurteilung der Rechtslage abhängig machen, sondern danach, was ihm zweckmäßig erscheint, um Arbeitszeiten im Rahmen zu halten.

5 Bei Vorliegen der Voraussetzungen des § 14 kann von jeder Vorschrift im ArbZG abgewichen werden, also der Begrenzung der täglichen und wöchentlichen Arbeitszeit ebenso wie von den Mindestbedingungen hinsichtlich Pause und Ruhezeit. Insbesondere in Bezug auf die Lenkzeiten ist dabei aber immer zusätzlich die Verordnung (EG) Nr. 561/2006 zu berücksichtigen. Hier sind die Grenzen weitaus strenger. Ausnahmebestimmungen wie im ArbZG finden sich dort nicht, die Planung muss also immer gewährleisten, dass die Grenzen der Lenkzeit eingehalten werden und Fahrtunterbrechungen tatsächlich stattfinden.

§ 15 Bewilligung, Ermächtigung

(1) Die Aufsichtsbehörde kann

1. eine von den §§ 3, 6 Abs. 2 und § 11 Abs. 2 abweichende längere tägliche Arbeitszeit bewilligen

a) für kontinuierliche Schichtbetriebe zur Erreichung zusätzlicher Freischichten,

b) für Bau- und Montagestellen,

2. eine von den §§ 3, 6 Abs. 2 und § 11 Abs. 2 abweichende längere tägliche Arbeitszeit für Saison- und Kampagnebetriebe für die Zeit der Saison oder Kampagne bewilligen, wenn die Verlängerung der Arbeitszeit über acht Stunden werktäglich durch eine entsprechende Verkürzung der Arbeitszeit zu anderen Zeiten ausgeglichen wird,

3. eine von den §§ 5 und 11 Abs. 2 abweichende Dauer und Lage der Ruhezeit bei Arbeitsbereitschaft, Bereitschaftsdienst und Rufbereit-

schaft den Besonderheiten dieser Inanspruchnahmen im öffentlichen Dienst entsprechend bewilligen,

4. eine von den §§ 5 und 11 Abs. 2 abweichende Ruhezeit zur Herbeiführung eines regelmäßigen wöchentlichen Schichtwechsels zweimal innerhalb eines Zeitraums von drei Wochen bewilligen.

(2) Die Aufsichtsbehörde kann über die in diesem Gesetz vorgesehenen Ausnahmen hinaus weitergehende Ausnahmen zulassen, soweit sie im öffentlichen Interesse dringend nötig werden.

(2a) Die Bundesregierung kann durch Rechtsverordnung mit Zustimmung des Bundesrates

1. Ausnahmen von den §§ 3, 4, 5 und 6 Absatz 2 sowie von den §§ 9 und 11 für Arbeitnehmer, die besondere Tätigkeiten zur Errichtung, zur Änderung oder zum Betrieb von Bauwerken, künstlichen Inseln oder sonstigen Anlagen auf See (Offshore-Tätigkeiten) durchführen, zulassen und

2. die zum Schutz der in Nummer 1 genannten Arbeitnehmer sowie der Sonn- und Feiertagsruhe notwendigen Bedingungen bestimmen.

(3) Das Bundesministerium der Verteidigung kann in seinem Geschäftsbereich durch Rechtsverordnung mit Zustimmung des Bundesministeriums für Wirtschaft und Arbeit aus zwingenden Gründen der Verteidigung Arbeitnehmer verpflichten, über die in diesem Gesetz und in den auf Grund dieses Gesetzes erlassenen Rechtsverordnungen und Tarifverträgen festgelegten Arbeitszeitgrenzen und -beschränkungen hinaus Arbeit zu leisten.

(3a) Das Bundesministerium der Verteidigung kann in seinem Geschäftsbereich durch Rechtsverordnung im Einvernehmen mit dem Bundesministerium für Arbeit und Soziales für besondere Tätigkeiten der Arbeitnehmer bei den Streitkräften Abweichungen von in diesem Gesetz sowie von in den auf Grund dieses Gesetzes erlassenen Rechtsverordnungen bestimmten Arbeitszeitgrenzen und -beschränkungen zulassen, soweit die Abweichungen aus zwingenden Gründen erforderlich sind und die größtmögliche Sicherheit und der bestmögliche Gesundheitsschutz der Arbeitnehmer gewährleistet werden.

(4) Werden Ausnahmen nach Absatz 1 oder 2 zugelassen, darf die Arbeitszeit 48 Stunden wöchentlich im Durchschnitt von sechs Kalendermonaten oder 24 Wochen nicht überschreiten.

Die Vorschrift enthält eine Ermächtigung für die Aufsichtsbehörden, Ausnahmen zuzulassen, die das Gesetz noch nicht enthält. Wenn dies im Einzelfall passiert, wird in der Regel der Betriebsrat vorher beteiligt. Selbst wenn die Genehmigung erteilt wurde, ist dies keine Verpflichtung für den Betriebsrat, einer entsprechenden Ausweitung der Arbeitszeit auch zuzustimmen.

Fünfter Abschnitt
Durchführung des Gesetzes

§ 16 Aushang und Arbeitszeitnachweise

(1) Der Arbeitgeber ist verpflichtet, eine Kopie dieses Gesetzes, der auf Grund dieses Gesetzes erlassenen, für den Betrieb geltenden Rechtsverordnungen und der für den Betrieb geltenden Tarifverträge und Betriebs- oder Dienstvereinbarungen im Sinne des § 7 Absatz 1 bis 3 und der §§ 12 und 21a Absatz 6 den Arbeitnehmern über die im Betrieb oder in der Dienststelle übliche Informations- und Kommunikationstechnik zur Verfügung zu stellen oder an geeigneter Stelle im Betrieb oder in der Dienststelle zur Einsichtnahme auszulegen oder auszuhängen.
(2) Der Arbeitgeber ist verpflichtet, die über die werktägliche Arbeitszeit des § 3 Satz 1 hinausgehende Arbeitszeit der Arbeitnehmer aufzuzeichnen und ein Verzeichnis der Arbeitnehmer zu führen, die in eine Verlängerung der Arbeitszeit gemäß § 7 Abs. 7 eingewilligt haben. Die Nachweise sind mindestens zwei Jahre aufzubewahren.

1 Die Vorschrift regelt einerseits die Verpflichtung des Arbeitgebers, den Beschäftigten den Text des ArbZG zugängig zu machen. Es ist daher Bestandteil der üblichen Sammlungen »aushangpflichtiger Gesetze«, die sich an einer allgemein zugänglichen Stelle im Betrieb befinden müssen.

2 Andererseits ist der Arbeitgeber verpflichtet, werktägliche Arbeitszeiten von mehr als 8 Stunden und die Arbeitszeit an Sonn- und Feiertagen aufzuzeichnen. Dabei sind alle Zeiten zu berücksichtigen, also der tatsächliche Aufwand für pauschal bezahlte Rüstzeiten, geringfügige unbezahlte Überschreitungen der Tagesarbeitszeit usw. Diese Aufzeichnungen sollen es der Aufsichtsbehörde ermöglichen, zu kontrollieren, ob die Höchstarbeitszeit von 48 Stunden pro Woche eingehalten wurde. Dafür ist es aber erforderlich, nicht nur die Arbeitszeit über 8 Stunden, sondern auch deren Unterschreitungen bzw. freie Tage zu dokumentieren. Ob diese Verpflichtung ohne weiteres gegenüber der deutschen Aufsichtsbehörde besteht, ist umstritten. Der EuGH hat sich hier inzwischen eindeutig geäußert: Die Zeiterfassung muss vollständig sein, weil anders die Einhaltung arbeitszeitrechtlichen Schutzsystems nicht zu gewährleisten ist (EuGH v. 14.5.2019 – c-55/18). Der Betriebsrat kann selbst dafür sorgen, dass der Arbeitgeber sich hieran auch hält, denn unabhängig davon, ob das ArbZG die Erfassung verlangt, hat er ein umfassendes Informationsrecht hinsichtlich der tatsächlichen Arbeitszeiten gegenüber dem Arbeitgeber, der ihm damit nicht nur vorhandene Erfassungsbögen, Zeitkarten oder EDV-Ausdrucke überlassen muss. Er ist auch zur Erstellung kompletter Aufzeichnungen verpflichtet, wenn der Be-

triebsrat diese zur Erfüllung seiner Überwachungsaufgabe benötigt (BAG v. 6.5.2003 – 1 ABR 13/02).

Der Arbeitgeber darf nicht darauf verzichten, Arbeitszeiten gem. Abs. 2 aufzuzeichnen. Lediglich die Form der Aufzeichnung kann betrieblich geregelt werden. Bei der Auswahl, ob sie mittels elektronischer Zeiterfassung, individueller Handaufzeichnung o.ä. erfolgt, besteht ein Mitbestimmungsrecht des Betriebsrates gem. § 87 Abs. 1 BetrVG. 3

Wenn sich – etwa im Gelegenheitsverkehr – die Arbeitszeit für Fahrpersonal ausschließlich nach § 21a ArbZG richtet, besteht eine erweiterte Aufzeichnungspflicht: Gemäß § 21a Abs. 7 ArbZG müssen alle Arbeitszeiten aufgezeichnet werden, also nicht nur die Zeiten oberhalb der 8 Stunde werktäglich.

§ 17 Aufsichtsbehörde

(1) Die Einhaltung dieses Gesetzes und der auf Grund dieses Gesetzes erlassenen Rechtsverordnungen wird von den nach Landesrecht zuständigen Behörden (Aufsichtsbehörden) überwacht.

(2) Die Aufsichtsbehörde kann die erforderlichen Maßnahmen anordnen, die der Arbeitgeber zur Erfüllung der sich aus diesem Gesetz und den auf Grund dieses Gesetzes erlassenen Rechtsverordnungen ergebenden Pflichten zu treffen hat.

(3) Für den öffentlichen Dienst des Bundes sowie für die bundesunmittelbaren Körperschaften, Anstalten und Stiftungen des öffentlichen Rechts werden die Aufgaben und Befugnisse der Aufsichtsbehörde vom zuständigen Bundesministerium oder den von ihm bestimmten Stellen wahrgenommen; das gleiche gilt für die Befugnisse nach § 15 Abs. 1 und 2.

(4) Die Aufsichtsbehörde kann vom Arbeitgeber die für die Durchführung dieses Gesetzes und der auf Grund dieses Gesetzes erlassenen Rechtsverordnungen erforderlichen Auskünfte verlangen. Sie kann ferner vom Arbeitgeber verlangen, die Arbeitszeitnachweise und Tarifverträge oder Betriebs- oder Dienstvereinbarungen im Sinne des § 7 Abs. 1 bis 3, §§ 12 und 21a Abs. 6 sowie andere Arbeitszeitnachweise oder Geschäftsunterlagen, die mittelbar oder unmittelbar Auskunft über die Einhaltung des Arbeitszeitgesetzes geben, vorzulegen oder zur Einsicht einzusenden.

(5) Die Beauftragen der Aufsichtsbehörde sind berechtigt, die Arbeitsstätten während der Betriebs- und Arbeitszeit zu betreten und zu besichtigen; außerhalb dieser Zeit oder wenn sich die Arbeitsstätten in einer Wohnung befinden, dürfen sie ohne Einverständnis des Inhabers nur zur Verhütung von dringenden Gefahren für die öffentliche Sicherheit und Ordnung betreten und besichtigt werden. Der Arbeitgeber hat das Be-

treten und Besichtigen der Arbeitsstätten zu gestatten. Das Grundrecht der Unverletzlichkeit der Wohnung (Artikel 13 des Grundgesetzes) wird insoweit eingeschränkt.

(6) Der zur Auskunft Verpflichtete kann die Auskunft auf solche Fragen verweigern, deren Beantwortung ihn selbst oder einen der in § 383 Abs. 1 Nr. 1 bis 3 der Zivilprozessordnung bezeichneten Angehörigen der Gefahr strafgerichtlicher Verfolgung oder eines Verfahrens nach dem Gesetz über Ordnungswidrigkeiten aussetzen würde.

1 Die Vorschrift enthält die Bestimmung, dass für den Vollzug und die Kontrolle des ArbZG der Staat zuständig ist (vgl. hierzu § 1 Rn. 6). Je nach landesgesetzlicher Festlegung übernimmt diese Aufgabe im Einzelfall das Gewerbeaufsichtsamt, das Amt für Arbeitsschutz oder eine andere Behörde.

2 Die Einordnung des ArbZG in das staatlich zu vollziehende Arbeitsschutzrecht hat für den Betriebsrat die Konsequenz, dass er selber nicht befugt ist, aus eigener Kompetenz einzugreifen, wenn es zu Verstößen kommt. Er ist darauf beschränkt, Verstöße zu kritisieren und evtl. die Aufsichtsbehörde zu informieren. (BAG v. 16.7.1985 – 1 ABR 9/83). Eigene Vollzugsrechte hat er nur, wenn gleichzeitig gegen seine Mitbestimmungsrechte verstoßen oder eine Betriebsvereinbarung verletzt wird.

Sechster Abschnitt
Sonderregelungen

§ 18 Nichtanwendung des Gesetzes

(1) Dieses Gesetz ist nicht anzuwenden auf

1. leitende Angestellte im Sinne des § 5 Abs. 3 des Betriebsverfassungsgesetzes sowie Chefärzte,

2. Leiter von öffentlichen Dienststellen und deren Vertreter sowie Arbeitnehmer im öffentlichen Dienst, die zu selbständigen Entscheidungen in Personalangelegenheiten befugt sind,

3. Arbeitnehmer, die in häuslicher Gemeinschaft mit den ihnen anvertrauten Personen zusammenleben und sie eigenverantwortlich erziehen, pflegen oder betreuen,

4. den liturgischen Bereich der Kirchen und der Religionsgemeinschaften.

(2) Für die Beschäftigung von Personen unter 18 Jahren gilt anstelle dieses Gesetzes das Jugendarbeitsschutzgesetz.

(3) Für die Beschäftigung von Arbeitnehmern als Besatzungsmitglieder auf Kauffahrteischiffen im Sinne des § 3 des Seearbeitsgesetzes gilt anstelle dieses Gesetzes das Seearbeitsgesetz.

Die Vorschrift schließt die Anwendung des ArbZG für bestimmte Gruppen von Arbeitnehmern aus. Da die Fahrertätigkeit in aller Regel weder von leitenden Angestellten noch von Leitern öffentlicher Dienststellen ausgeübt wird und Jugendliche diese Tätigkeit schon wegen ihres Alters nicht ausüben können, ist die Regelung im Bereich der Personenbeförderung ohne Bedeutung.

§ 19 Beschäftigung im öffentlichen Dienst

Bei der Wahrnehmung hoheitlicher Aufgaben im öffentlichen Dienst können, soweit keine tarifvertragliche Regelung besteht, durch die zuständige Dienstbehörde die für Beamte geltenden Bestimmungen über die Arbeitszeit auf die Arbeitnehmer übertragen werden; insoweit finden die §§ 3 bis 13 keine Anwendung.

Die Vorschrift ist im Bereich der Personenbeförderung ohne Belang, da es sich hierbei nicht um hoheitliche Aufgaben handelt.

§ 20 Beschäftigung in der Luftfahrt

(nicht abgedruckt)

§ 21 Beschäftigung in der Binnenschifffahrt

(nicht abgedruckt)

§ 21a Beschäftigung im Straßentransport

(1) Für die Beschäftigung von Arbeitnehmern als Fahrer oder Beifahrer bei Straßenverkehrstätigkeiten im Sinne der Verordnung (EG) Nr. 561/2006 des Rates vom 20. Dezember 1985 über die Harmonisierung bestimmter Sozialvorschriften im Straßenverkehr (ABl. EG Nr. L 370 S. 1, 1986 Nr. L 206 S. 36) oder des Europäischen Übereinkommens über die Arbeit des im internationalen Straßenverkehr beschäftigten Fahrpersonals (AETR) vom 1. Juli 1970 (BGBl. II 1974 S. 1473) in ihren jeweiligen Fassungen gelten die Vorschriften dieses Gesetzes, soweit nicht die folgenden Absätze abweichende Regelungen enthalten. Die Vorschriften der Verordnung (EG) Nr. 561/2006 und des AETR bleiben unberührt.

(2) Eine Woche im Sinne dieser Vorschriften ist der Zeitraum von Montag 0 Uhr bis Sonntag 24 Uhr.

(3) Abweichend von § 2 Abs. 1 ist keine Arbeitszeit:

1. die Zeit, während derer sich ein Arbeitnehmer am Arbeitsplatz bereithalten muss, um seine Tätigkeit aufzunehmen,
2. die Zeit, während derer sich ein Arbeitnehmer bereithalten muss, um seine Tätigkeit auf Anweisung aufnehmen zu können, ohne sich an seinem Arbeitsplatz aufhalten zu müssen;
3. für Arbeitnehmer, die sich beim Fahren abwechseln, die während der Fahrt neben dem Fahrer oder in einer Schlafkabine verbrachte Zeit.

Für die Zeiten nach Satz 1 Nr. 1 und 2 gilt dies nur, wenn der Zeitraum und dessen voraussichtliche Dauer im Voraus, spätestens unmittelbar vor Beginn des betreffenden Zeitraums bekannt ist. Die in Satz 1 genannten Zeiten sind keine Ruhezeiten. Die in Satz 1 Nr. 1 und 2 genannten Zeiten sind keine Ruhepausen.

(4) Die Arbeitszeit darf 48 Stunden wöchentlich nicht überschreiten. Sie kann auf bis zu 60 Stunden verlängert werden, wenn innerhalb von vier Kalendermonaten oder 16 Wochen im Durchschnitt 48 Stunden wöchentlich nicht überschritten werden.

(5) Die Ruhezeiten bestimmen sich nach den Vorschriften der Europäischen Gemeinschaften für Kraftfahrer und Beifahrer sowie nach dem AETR. Dies gilt auch für Auszubildende und Praktikanten.

(6) In einem Tarifvertrag oder auf Grund eines Tarifvertrags in einer Betriebs- oder Dienstvereinbarung kann zugelassen werden,

1. nähere Einzelheiten zu den in Absatz 3 Satz 1 Nr. 1, 2 und Satz 2 genannten Voraussetzungen zu regeln,
2. abweichend von Absatz 4 sowie den §§ 3 und 6 Abs. 2 die Arbeitszeit festzulegen, wenn objektive, technische oder arbeitszeitorganisatorische Gründe vorliegen. Dabei darf die Arbeitszeit 48 Stunden wöchentlich im Durchschnitt von sechs Kalendermonaten nicht überschreiten.

§ 7 Abs. 1 Nr. 2 und Abs. 2a gilt nicht. § 7 Abs. 3 gilt entsprechend.

(7) Der Arbeitgeber ist verpflichtet, die Arbeitszeit der Arbeitnehmer aufzuzeichnen. Die Aufzeichnungen sind mindestens zwei Jahre aufzubewahren. Der Arbeitgeber hat dem Arbeitnehmer auf Verlangen eine Kopie der Aufzeichnungen seiner Arbeitszeit auszuhändigen.

(8) Zur Berechnung der Arbeitszeit fordert der Arbeitgeber den Arbeitnehmer schriftlich auf, ihm eine Aufstellung der bei einem anderen Arbeitgeber geleisteten Arbeitszeit vorzulegen. Der Arbeitnehmer legt diese Angaben schriftlich vor.

Die Vorschrift enthält Sonderregelungen für Fahrpersonal, das außerhalb des ÖPNV etwa im Bereich des Reisebusverkehrs tätig wird. Für diese Personen wird eine besondere Arbeitszeitdefinition geschaffen, die Bereitschaftszeiten, während derer auf Arbeit gewartet wird, aus der Arbeitszeit ausnimmt. Dasselbe gilt für die Zeit, die der Fahrer als Beifahrer verbringt. Allerdings gilt die Ausnahme nur dann, wenn Lage und Dauer der Bereitschaftszeit vorher feststehen. Ob und in welchem Umfang solche Zeiten bezahlt werden, ergibt sich nicht aus dem Gesetz, sondern aus Tarifvertrag oder Arbeitsvertrag. 1

Damit ist es möglich, Lenkzeiten und Bereitschaftszeiten in der Weise zu kombinieren, dass eine weitaus längere Inanspruchnahme als 60 Stunden pro Woche entsteht. Ob dies passiert, unterliegt der Mitbestimmung, da die Bereitschaftszeiten im Voraus zu planen sind. 2

Die reinen Arbeitszeiten hingegen, die auch die Lenkzeiten umfassen, müssen weiterhin auf einen Durchschnitt von 48 Stunden wöchentlich in einem Zeitraum von vier Kalendermonaten zurückgeführt werden. Auch die Grenze der täglichen Höchstarbeitszeit von zehn Stunden gem. § 3 ArbZG bleibt erhalten (BAG v. 19.5.2021 – 5 AS 2/21). 3

Für die Arbeitszeit des Fahrpersonals, für das der § 21a ArbZG gilt, besteht eine besondere Aufzeichnungspflicht: Hier muss die gesamte Arbeitszeit erfasst werden, unabhängig davon, wie viele Stunden am Tag gearbeitet werden. 4

Im Übrigen enthält die Vorschrift keine Abweichungen von den sonstigen Regelungen des Arbeitszeitgesetzes bzw. der Verordnung (EG) Nr. 561/2006. 5

Soweit Arbeitnehmer für mehrere Arbeitgeber tätig sind, besteht gemäß Absatz 8 die Verpflichtung, diese anderen Arbeitszeiten gegenüber den Arbeitgebern schriftlich zu dokumentieren. 6

Siebter Abschnitt
Straf- und Bußgeldvorschriften

§ 22 Bußgeldvorschriften

(1) Ordnungswidrig handelt, wer als Arbeitgeber vorsätzlich oder fahrlässig

1. **entgegen §§ 3, 6 Abs. 2 oder § 21a Abs. 4, jeweils auch in Verbindung mit § 11 Abs. 2, einen Arbeitnehmer über die Grenzen der Arbeitszeit hinaus beschäftigt,**
2. **entgegen § 4 Ruhepausen nicht, nicht mit der vorgeschriebenen Mindestdauer oder nicht rechtzeitig gewährt,**

3. **entgegen § 5 Abs. 1 die Mindestruhezeit nicht gewährt oder entgegen § 5 Abs. 2 die Verkürzung der Ruhezeit durch Verlängerung einer anderen Ruhezeit nicht oder nicht rechtzeitig ausgleicht,**
4. **einer Rechtsverordnung nach § 8 Satz 1, § 13 Abs. 1 oder 2, § 15 Absatz 2a Nummer 2 oder § 24 zuwiderhandelt, soweit sie für einen bestimmten Tatbestand auf diese Bußgeldvorschrift verweist,**
5. **entgegen § 9 Abs. 1 einen Arbeitnehmer an Sonn- oder Feiertagen beschäftigt,**
6. **entgegen § 11 Abs. 1 einen Arbeitnehmer an allen Sonntagen beschäftigt oder entgegen § 11 Abs. 3 einen Ersatzruhetag nicht oder nicht rechtzeitig gewährt,**
7. **einer vollziehbaren Anordnung nach § 13 Abs. 3 Nr. 2 zuwiderhandelt,**
8. **entgegen § 16 Abs. 1 die dort bezeichnete Auslage oder den dort bezeichneten Aushang nicht vornimmt,**
9. **entgegen § 16 Abs. 2 oder § 21a Abs. 7 Aufzeichnungen nicht oder nicht richtig erstellt oder nicht für die vorgeschriebene Dauer aufbewahrt oder**
10. **entgegen § 17 Abs. 4 eine Auskunft nicht, nicht richtig oder nicht vollständig erteilt, Unterlagen nicht oder nicht vollständig vorlegt oder nicht einsendet oder entgegen § 17 Abs. 5 Satz 2 eine Maßnahme nicht gestattet.**

(2) Die Ordnungswidrigkeit kann in den Fällen des Absatzes 1 Nr. 1 bis 7, 9 und 10 mit einer Geldbuße bis zu dreißigtausend Euro, in den Fällen des Absatzes 1 Nr. 8 mit einer Geldbuße bis zu fünftausend Euro geahndet werden.

§ 23 Strafvorschriften

(1) Wer eine der in § 22 Abs. 1 Nr. 1 bis 3, 5 bis 7 bezeichneten Handlungen

1. **vorsätzlich begeht und dadurch Gesundheit oder Arbeitskraft eines Arbeitnehmers gefährdet oder**
2. **beharrlich wiederholt,**

wird mit Freiheitsstrafe bis zu einem Jahr oder mit Geldstrafe bestraft.

(2) Wer in den Fällen des Absatzes 1 Nr. 1 die Gefahr fahrlässig verursacht, wird mit Freiheitsstrafe bis zu sechs Monaten oder mit Geldstrafe bis zu 180 Tagessätzen bestraft.

1 Das ArbZG verpflichtet den Arbeitgeber gegenüber der Öffentlichkeit, Arbeitnehmer nicht über Gebühr in Anspruch zu nehmen. Diese Verpflichtung wird in der Weise durchgesetzt, dass Verstöße mit Strafen bedroht sind. Hierzu enthält § 22 eine Liste derjenigen Verstöße, die mit einem Bußgeld

geahndet werden können sowie die Bestimmung von dessen Höhe. Bei beharrlicher Wiederholung bzw. akuter Gesundheitsgefährdung durch die Verstöße sieht § 23 sogar Geld- und Freiheitsstrafen vor.

Im Fahrpersonalbereich können folgende Verstöße relevant werden: 2

- Überschreitung der täglichen oder wöchentlichen Höchstarbeitszeit (§ 22 Abs. 1 Nr. 1),
- Unterschreitung der Mindestpausen (§ 22 Abs. 1 Nr. 2),
- Beschäftigung von Arbeitnehmern an allen Sonntagen des Jahres oder Nichtgewährung eines Ersatzruhetages bzw. nicht rechtzeitige Gewährung eines Ersatzruhetages (§ 22 Abs. 1 Nr. 5, 6),
- Unterlassen der Dokumentation der Arbeitszeit (§ 22 Abs. 1 Nr. 9),
- Verweigerung der Zusammenarbeit mit der Aufsichtsbehörde (§ 22 Abs. 1 Nr. 10).

In diesen Fällen kann die Geldbuße bis zu 30 000 EUR betragen. Preiswerter ist es, das ArbZG nicht im Betrieb bekannt zu machen (§ 22 Abs. 1 Nr. 8). In diesem Fall beträgt die Geldbuße bis zu 5000 EUR.

Zu Geld- oder Freiheitsstrafen können vor allem die ständige Wiederholung 3 der Überschreitung der täglichen Höchstarbeitszeit oder der Nichtgewährung der Ruhepausen führen. Theoretisch ist eine Freiheitsstrafe von bis zu zwölf Monaten möglich – dass sie schon einmal verhängt wurde, ist nicht bekannt. Allerdings ist allein die Konfrontation mit dem staatsanwaltlichen Ermittlungsverfahren für viele Verantwortliche so unangenehm, dass die Strafanzeige auch so ihre Wirkung haben kann.

Verantwortlich für die Einhaltung der Vorschriften und damit bußgeld- 4 pflichtig bzw. von Strafe bedroht, ist zunächst der Arbeitgeber als Unternehmen bzw. – da das Unternehmen nicht in Haft genommen werden kann – dessen Organe, also Geschäftsführer und Vorstände. In der Regel ist es jedoch so, dass innerhalb der betrieblichen Hierarchie die Verantwortung weiter delegiert wird. Diese Delegation ist dann auch bei der Verhängung von Sanktionen zu berücksichtigen.

Ist also letztlich der Dienstplaner derjenige, der die Verstöße durch seine 5 Tätigkeit verursacht hat und hat er innerbetrieblich die Kompetenz, diese zu vermeiden, kann die Strafe ihn persönlich treffen.

Achter Abschnitt
Schlußvorschriften

§ 24 Umsetzung von zwischenstaatlichen Vereinbarungen und Rechtsakten der EU

(nicht abgedruckt)

§ 25 Übergangsvorschriften für Tarifverträge

Vom Abdruck wird abgesehen, da die Vorschriften bedeutungslos für den Bereich des Fahrpersonals sind.

B. Fahrpersonalgesetz (FPersG)

Gesetz über das Fahrpersonal von Kraftfahrzeugen und Straßenbahnen (Fahrpersonalgesetz – FPersG) in der Fassung der Bekanntmachung vom 19. Februar 1987 (BGBl. I S. 640), das zuletzt durch Artikel 19 des Gesetzes vom 2. März 2023 (BGBl I Nr. 56) geändert wurde.

§ 1 Anwendungsbereich

(1) Dieses Gesetz gilt für die Beschäftigung und für die Tätigkeit des Fahrpersonals von Kraftfahrzeugen sowie von Straßenbahnen, soweit sie am Verkehr auf öffentlichen Straßen teilnehmen. Mitglieder des Fahrpersonals sind Fahrer, Beifahrer und Schaffner. Sofern dieses Gesetz und die auf der Grundlage von § 2 Nr. 3 erlassenen Rechtsverordnungen Regelungen zur Arbeitszeitgestaltung treffen, gehen diese dem Arbeitszeitgesetz vor.

(2) Dieses Gesetz gilt nicht für die Mitglieder des Fahrpersonals

1. **von Dienstfahrzeugen der Bundeswehr, der Feuerwehr und der anderen Einheiten und Einrichtungen des Katastrophenschutzes, der Polizei und des Zolldienstes,**
2. **von Kraftfahrzeugen mit einem zulässigen Gesamtgewicht, einschließlich Anhänger oder Sattelanhänger, bis zu 2,8 t, es sei denn, daß sie als Fahrpersonal in einem unter den Geltungsbereich des Arbeitszeitgesetzes fallenden Arbeitsverhältnis stehen.**

Zielsetzung der Sozialvorschriften ist neben der Sicherheit im Straßenverkehr und der Harmonisierung der Wettbewerbsbedingungen vor allem der Schutz des Fahrpersonals vor übermäßigen Belastungen. 1

Im Gegensatz zu der Verordnung (EG) Nr. 561/2006, der FPersV und dem AETR, die Fahrzeuge zur Güterbeförderung bis zu einer bestimmten Höchstmasse oder auch bestimmte Fahrzeuge zur Personenbeförderung nicht einbeziehen, erstreckt sich der Anwendungsbereich des FPersG grundsätzlich auf alle Fahrzeuge. Auf Fahrzeuge zur Güterbeförderung mit einer zulässigen Höchstmasse einschließlich Anhänger oder Sattelanhänger von bis zu 2,8 t finden die Vorschriften des Gesetzes jedoch nur Anwendung, wenn das Fahrpersonal in einem unter das ArbZG fallenden Arbeitsverhältnis steht.

Abs. 1 regelt den Anwendungsbereich des FPersG sowohl hinsichtlich des 2
räumlichen als auch des persönlichen Geltungsbereiches. Dabei gilt zu berücksichtigen, dass die Anwendungsbereiche der einzelnen Vorschriften, auf

die im FPersG Bezug genommen wird, z. T. recht unterschiedlich sind. So werden vom Geltungsbereich der Verordnungen (EG) Nr. 561/2006, (EU) Nr. 165/2014 und (EWG) Nr. 3821/85 Fahrzeuge zur Güterbeförderung erfasst, deren zulässige Höchstmasse einschließlich Anhänger oder Sattelanhänger mehr als 3,5 t beträgt (Art. 2 VO (EG) Nr. 561/2006), während die vorgenannten Fahrzeuge mit einer zulässigen Höchstmasse von mehr als 2,8 t und nicht mehr als 3,5 t grundsätzlich vom Geltungsbereich der FPersV erfasst sind.

3 Der **räumliche Geltungsbereich** des Gesetzes erstreckt sich auf den Verkehr auf öffentlichen Straßen innerhalb der Bundesrepublik Deutschland. Das FPersG erfasst alle Personen, die dem persönlichen Geltungsbereich unterfallen, ohne Rücksicht auf die Staatsangehörigkeit. Auch auf die Tätigkeit des ausländischen Fahrpersonals in der Bundesrepublik Deutschland finden die Vorschriften des FPersG Anwendung.

Durch die gleichzeitige Verwendung der Begriffe Beschäftigung und Tätigkeit wird klargestellt, dass sich der **persönliche Geltungsbereich** sowohl auf Unternehmer in ihrer Eigenschaft als Arbeitgeber (Beschäftigung des Fahrpersonals), als auch auf Arbeitnehmer in ihrer Tätigkeit als Fahrer erstreckt. Hinsichtlich des Begriffes »Mitglieder des Fahrpersonals« ist es, soweit es dabei um Belange der Verkehrssicherheit geht, grundsätzlich unerheblich, ob das Fahrpersonal als Arbeitnehmer in einem abhängigen Beschäftigungsverhältnis steht oder ob es sich dabei um selbst fahrende Unternehmer handelt.

Unternehmer i. S. dieser Vorschrift sind die Personen, die den Verkehr im eigenen Namen, unter eigener Verantwortung und für eigene Rechnung betreiben. **Arbeitnehmer** sind Personen, die in einem persönlichen Abhängigkeitsverhältnis zu einem Dritten, dem Arbeitgeber, in einem Betrieb oder einer Verwaltung tätig werden.

4 Im Zusammenhang mit der Vergabe von Aufträgen im Straßengüterverkehr an Subunternehmen haben sich in den letzten Jahren immer wieder Zweifel aufgetan, ob der Frachtführer ein selbstständiges Gewerbe ausübt oder nicht. Diese Zweifel haben sich insbesondere immer dann ergeben, wenn ein zur Güterbeförderung bestimmtes Kraftfahrzeug (ggf. zusammen mit erteilter Erlaubnis für den gewerblichen Güterverkehr) verkauft, verpachtet bzw. vermietet wurde. Ein Frachtführer übt auch dann ein selbstständiges Gewerbe aus, wenn er als Einzelperson ohne weitere Mitarbeiter nur für einen Spediteur tätig ist und beim Transport ein mit den Farben und dem Firmenzeichen des Spediteurs ausgestattetes eigenes Fahrzeug einsetzt. Wird die Tätigkeit des Transporteurs jedoch stärker eingeschränkt, als es aufgrund gesetzlicher Regelungen oder wegen versicherungsrechtlicher Obliegenheiten geboten ist, so kann das Rechtsverhältnis als Arbeitsverhältnis anzusehen sein (BAG v. 19. 11. 1997 – 5 AZR 653/96).

Ein Frachtführer, der nur für einen Auftraggeber fährt, ist nicht Arbeitnehmer, wenn weder Dauer noch Beginn und Ende der täglichen Arbeitszeit vorgeschrieben sind und er die – nicht nur theoretische – Möglichkeit hat, auch Transporte für eigene Kunden auf eigene Rechnung durchzuführen. Ob er diese Möglichkeit tatsächlich nutzt, ist nicht entscheidend (BAG v. 30. 9. 1998 – 5 AZR 563/97). Entscheidend für die Abgrenzung zwischen selbstständiger und abhängiger Tätigkeit sind also die einzelnen Aspekte der Vertragsgestaltung und deren praktische Durchführung. 5

Vom Geltungsbereich des FPersG wird das Fahrpersonal von Straßenbahnen nur insoweit erfasst, als eine Leistungsvergütung i. S. v. § 3 FPersG ausgeschlossen ist. Dies ergibt sich aus der Entscheidung des BAG v. 18. 11. 2008 – 9 AZR 737/07, wonach das Fahrpersonal von Straßenbahnen keine Fahrer i. S. v. § 1 Abs. 1 Nr. 2 FPersV sind. Da solche Leistungsvergütungen jedoch in diesem Bereich nicht denkbar sind, hat das FPersG für Straßenbahnfahrer keine Bedeutung. 6

Abs. 2 regelt die gesetzlichen Ausnahmen vom Anwendungsbereich des FPersG. Ausgenommen sind die Mitglieder des Fahrpersonals von Dienstfahrzeugen der Bundeswehr, der Feuerwehr und anderer Einheiten und Einrichtungen des Katastrophenschutzes, des Zolldienstes und der Polizei des Bundes und der Länder. 7

Vom Anwendungsbereich des Gesetzes ausgenommen sind auch die nicht unter den Geltungsbereich des ArbZG fallenden Mitglieder des Fahrpersonals von Kraftfahrzeugen mit einem zulässigen Gesamtgewicht einschließlich Anhänger oder Sattelanhänger bis 2,8 t. Das ArbZG ist nicht anzuwenden auf leitende Angestellte i. S. d. § 5 Abs. 3 BetrVG, Chefärzte, Leiter von öffentlichen Dienststellen und deren Vertreter sowie Arbeitnehmer im öffentlichen Dienst, die zu selbstständigen Entscheidungen in Personenangelegenheiten befugt sind. Ferner ist das Gesetz nicht anzuwenden auf Arbeitnehmer, die in häuslicher Gemeinschaft mit den ihnen anvertrauten Personen zusammenleben und sie eigenverantwortlich erziehen, pflegen oder betreuen. Ebenso nicht auf den liturgischen Bereich der Kirchen und der Religionsgemeinschaften. 8

§ 2 Rechtsverordnungen

Das Bundesministerium für Verkehr und digitale Infrastruktur wird ermächtigt, im Einvernehmen mit dem Bundesministerium für Arbeit und Soziales mit Zustimmung des Bundesrates

1. **zur Durchführung der Verordnung (EG) Nr. 2135/98 des Rates vom 24. September 1998 zur Änderung der Verordnung (EWG) Nr. 3821/85 und der Richtlinie 88/599/EWG (ABl. EG Nr. L 274 S. 1), der Verordnung (EG) Nr. 561/2006 des Europäischen Parlaments und des Rates vom 15. März 2006 zur Harmonisierung bestimmter**

Sozialvorschriften im Straßenverkehr und zur Änderung der Verordnungen (EWG) Nr. 3821/85 und (EG) Nr. 2135/98 des Rates sowie zur Aufhebung der Verordnung (EWG) Nr. 3820/85 des Rates (ABl. EU Nr. L 102 S. 1), der Verordnung (EU) Nr. 165/2014 des Europäischen Parlaments und des Rates vom 4. Februar 2014 über Fahrtenschreiber im Straßenverkehr, zur Aufhebung der Verordnung (EWG) Nr. 3821/85 des Rates über das Kontrollgerät im Straßenverkehr und zur Änderung der Verordnung (EG) Nr. 561/2006 des Europäischen Parlaments und des Rates zur Harmonisierung bestimmter Sozialvorschriften im Straßenverkehr (ABl. L 60 vom 28. 2. 2014, S. 1) sowie der Richtlinie 2006/22/EG des Europäischen Parlaments und des Rates vom 15. März 2006 über Mindestbedingungen für die Durchführung der Verordnungen (EWG) Nr. 3820/85 und (EWG) Nr. 3821/85 des Rates über Sozialvorschriften für Tätigkeiten im Kraftverkehr sowie zur Aufhebung der Richtlinie 88/599/EWG des Rates (ABl. EU Nr. L 102 S. 35), in der jeweils geltenden Fassung, Rechtsverordnungen

a) über die Organisation, das Verfahren und die Mittel der Überwachung der Durchführung dieser Verordnungen,
b) über die Gestaltung und Behandlung der Tätigkeitsnachweise und Fahrtenschreiber,
c) über Ausnahmen von den Mindestaltersgrenzen für das Fahrpersonal sowie Ausnahmen von den Vorschriften über die ununterbrochene Lenkzeit, Fahrtunterbrechungen und Ruhezeiten,
d) über die Benutzung von Fahrzeugen und,
e) soweit es zur Durchsetzung der Rechtsakte der Europäischen Gemeinschaft oder der Europäischen Union erforderlich ist, zur Bezeichnung der Tatbestände, die als Ordnungswidrigkeiten nach § 8 Abs. 1 Nr. 1 Buchstabe b, Nr. 2 Buchstabe b und Nr. 4 Buchstabe b geahndet werden können,

zu erlassen, soweit der Bundesrepublik Deutschland eine Regelung in den Artikeln 5, 6, 7, 8, 10, 11, 12, 13, 14, 15, 16, 17, 18, 19, 21 und 22 der Verordnung (EG) Nr. 561/2006, in den Artikeln 3, 21 bis 24, 26, 27, 29 und 32 bis 41 der Verordnung (EU) Nr. 165/2014 und in deren Anhängen anheimgestellt oder auferlegt wird,

1a. (weggefallen)

2. zur Durchführung des Europäischen Übereinkommens vom 1. Juli 1970 über die Arbeit des im internationalen Straßenverkehr beschäftigten Fahrpersonals (AETR) (BGBl. 1974 II S. 1473), in der jeweils geltenden Fassung, Rechtsverordnungen

a) über die Organisation, das Verfahren und die Mittel der Überwachung der Durchführung dieses Abkommens,

b) über die Ausrüstung mit Fahrtenschreibern und ihre Benutzung sowie über die Gestaltung und Behandlung der Tätigkeitsnachweise,
c) über Ausnahmen von den Mindestaltersgrenzen für das Fahrpersonal,
d) über die Nichtanwendung des AETR und anderweitige Vereinbarungen und,
e) soweit es zur Durchsetzung des AETR erforderlich ist, zur Bezeichnung der Tatbestände, die als Ordnungswidrigkeiten nach § 8 Abs. 1 Nr. 1 Buchstabe b, Nr. 2 Buchstabe b und Nr. 4 Buchstabe b geahndet werden können,

zu erlassen, soweit der Bundesrepublik Deutschland eine Regelung in Artikel 2 Abs. 2, Artikel 3, 4 und 10 Abs. 1 sowie Artikel 12 Abs. 1 des AETR und in dessen Anhängen anheimgestellt oder auferlegt wird,

3. zur Gewährleistung der Sicherheit im Straßenverkehr oder zum Schutz von Leben und Gesundheit der Mitglieder des Fahrpersonals, Rechtsverordnungen
   a) über Arbeitszeiten, Lenkzeiten, Fahrtunterbrechungen und Schichtzeiten,
   b) über Ruhezeiten und Ruhepausen,
   c) über die Ausrüstung mit Kontrollgeräten und ihre Benutzung sowie über die Gestaltung und Behandlung der Tätigkeitsnachweise und
   d) über die Organisation, das Verfahren und die Mittel der Überwachung der Durchführung dieser Rechtsverordnungen,
   e) über die Zulässigkeit tarifvertraglicher Regelungen über Arbeits-, Lenk-, Schicht- und Ruhezeiten sowie Ruhepausen und Fahrtunterbrechungen,
4. zur Führung eines zentralen Registers zum Nachweis der ausgestellten, abhanden gekommenen und beschädigten Fahrer-, Werkstatt-, Unternehmens- und Kontrollkarten (Zentrales Fahrtenschreiberkartenregister) eine Rechtsverordnung zu erlassen über
   a) die Speicherung der Identifizierungsdaten der Fahrer, Techniker, Unternehmen und Behörden, denen Fahrer-, Werkstatt-, Unternehmens- oder Kontrollkarten ausgestellt worden sind, und die Speicherung der Identifizierungsdaten der ausgestellten, verlorenen und defekten Fahrer-, Werkstatt-, Unternehmens- und Kontrollkarten,
   b) die Übermittlung der Identifizierungsdaten, mit Ausnahme biometrischer Daten, an die öffentlichen Stellen, die für Verwaltungsmaßnahmen auf Grund der Verordnung (EU) Nr. 165/2014

oder darauf beruhender Rechtsvorschriften oder für die Verfolgung von Straftaten oder Ordnungswidrigkeiten zuständig sind,

c) den automatisierten Abruf der Identifizierungsdaten, mit Ausnahme biometrischer Daten, durch die vorgenannten Stellen und zur Gewährleistung des Datenschutzes, insbesondere einer Kontrolle der Zulässigkeit der Abrufe, und der Datensicherheit,

d) die Löschung der Daten spätestens fünf Jahre nach Ablauf der Gültigkeit der jeweiligen Karte,

zu erlassen.

1 Die Vorschrift ermächtigt das Bundesministerium für Verkehr, Bau und Stadtentwicklung (heute: Bundesministerium für Verkehr und digitale Infrastruktur) zum Erlass von **Rechtsverordnungen** zur Durchführung bestimmter internationaler Rechtsvorschriften. Die Rechtsetzungsbefugnis erstreckt sich auf die in § 2 Nr. 1 und 2 im Einzelnen aufgeführten Gebieten zur Durchführung

- der Verordnung **(EG) Nr. 561/2006** des Europäischen Parlaments und des Rates vom 15. März 2006 zur Harmonisierung bestimmter Sozialvorschriften im Straßenverkehr und zur Änderung der Verordnungen (EWG) Nr. 3821/85 und (EG) Nr. 2135/98 sowie zur Aufhebung der Verordnung (EWG) Nr. 3820/85,
- der Verordnung **(EWG) Nr. 3821/85** des Rates vom 20. Dezember 1985 über das Kontrollgerät im Straßenverkehr, soweit nicht abgelöst durch die Verordnung **(EU) Nr. 165/2014**
- der Verordnung **(EG) Nr. 2135/98** des Rates vom 24. September 1998 zur Änderung der Verordnung (EWG) Nr. 3821/85 und der Richtlinie 88/599/EWG,
- der Verordnung **(EU) Nr. 165/2014** des Europäischen Parlaments und des Rates vom 4. Februar 2014 über Fahrtenschreiber,
- der Richtlinie **2006/22/EG** des Europäischen Parlaments und des Rates vom 15. März 2006 über Mindestbedingungen für die Durchführung der Verordnungen (EWG) Nr. 3820/85 und Nr. 3821/85,
- des **Europäischen Übereinkommens** über die Arbeit des im internationalen Straßenverkehr beschäftigten Fahrpersonals (**AETR**) vom 1. Juli 1970.

2 Die in den Nummern 1 und 2 beschriebene Regelungskompetenz entspricht den Forderungen des Art. 80 Abs. 1 Satz 2 GG, wonach eine Ermächtigung zum Erlass einer Rechtsverordnung in einem Gesetz nach Inhalt, Zweck und Ausmaß genau bestimmt sein muss.
Die sich aus der Nr. 3 ergebende Rechtsetzungsbefugnis erstreckt sich auf den Erlass von Rechtsverordnungen zur **Gewährleistung der Sicherheit im Straßenverkehr oder zum Schutz von Leben und Gesundheit der Mitglieder des Fahrpersonals** im nationalen Bereich.

Die Schaffung einer Rechtsetzungsbefugnis zum Erlass von Rechtsverordnungen zur Führung eines zentralen Kontrollgerätkartenregisters wurde mit der Einführung des digitalen Kontrollgerätes erforderlich und mit der Nr. 4 in das FPersG aufgenommen.

Vor dem Hintergrund, dass von der Rechtsetzungsbefugnis nach § 2 Belange 3
des sozialen Arbeitsschutzes berührt werden, hat der Gesetzgeber den Erlass von Rechtsverordnungen vom Einvernehmen mit dem Bundesministerium für Arbeit und Soziales abhängig gemacht.

Die Rechtsetzungsbefugnis nach Nr. 3 ist ausgerichtet auf die Gewährleis- 4
tung der Sicherheit im Straßenverkehr oder auf den Schutz von Leben und Gesundheit der Mitglieder des Fahrpersonals. Es ist hinreichend, wenn eine Rechtsverordnung einem dieser beiden vorgenannten Ziele zu dienen bestimmt ist.

Das Bundesministerium für Verkehr und digitale Infrastruktur hat mit der Verordnung zur Durchführung des Fahrpersonalgesetzes **(Fahrpersonalverordnung – FPersV)** von der Ermächtigung zum Erlass von Rechtsverordnungen auf der Grundlage des § 2 Gebrauch gemacht.

Die Richtlinie **2006/22/EG** des Europäischen Parlaments und des Rates vom 15. März 2006 über die Mindestbedingungen für die Durchführung der Verordnungen (EWG) Nr. 3820/85 und (EWG) Nr. 3821/85 des Rates über Sozialvorschriften für Tätigkeiten im Kraftverkehr sowie zur Aufhebung der Richtlinie 88/599/EWG des Rates (ABl. EG Nr. L 102, S. 35), zuletzt geändert durch die Richtlinie 2009/5/EG vom 30. Januar 2009 (ABl. EU Nr. L 29, S. 45) wurde in der Bundesrepublik Deutschland nicht durch Rechtsverordnung, sondern durch Bekanntmachung des Bundesministeriums für Verkehr, Bau und Stadtentwicklung umgesetzt. Die Veröffentlichung erfolgte im Verkehrsblatt Heft 4 – 2007, S. 73, die der letzten Änderung im Heft 22 – 2009, S. 720.

§ 3 Verbot bestimmter Akkordlöhne, Prämien und Zuschläge

Mitglieder des Fahrpersonals dürfen als Arbeitnehmer nicht nach den zurückgelegten Fahrstrecken oder der Menge der beförderten Güter entlohnt werden, auch nicht in Form von Prämien oder Zuschlägen für diese Fahrstrecken oder Gütermengen. Ausgenommen sind Vergütungen, die nicht geeignet sind, die Sicherheit im Straßenverkehr zu beeinträchtigen.

Der Vorschrift über das Verbot bestimmter Akkordlöhne, Prämien und 1
Zulagen ist sowohl aus Gründen des Arbeitsschutzes der Fahrer, als auch aus Gründen der Verkehrssicherheit eine große Bedeutung beizumessen. Mit der Begrenzung der täglichen und der wöchentlichen Lenkzeit und der summierten Gesamtlenkzeit während zweier aufeinander folgender Wochen

gemäß Art. 6 VO (EG) Nr. 561/2006 und den entsprechenden Regelungen im Geltungsbereich des AETR und der FPersV bestand der begründete Verdacht, dass sich möglicherweise die Zahlung von Löhnen, Prämien und Zulagen an der Zahl der **zurückgelegten Kilometer** und/oder an der **Menge der beförderten Güter** orientieren könnte. Lohn-, Prämien- oder Zuschlagszahlungen, die darauf ausgerichtet sind, die Fahrer zur Erhöhung der Kilometerleistung, insbesondere durch unzulässige Erhöhung der Fahrtgeschwindigkeit zu animieren, könnten einen Anreiz schaffen, gegen Schutzvorschriften für das Fahrpersonal zu verstoßen und darüber hinaus zu einer Erhöhung des Unfallrisikos führen.

2 Die Vorschriften des Art. 10 Abs. 1 VO (EG) Nr. 561/2006 und des Art. 11 Abs. 3 AETR enthalten gleichlautende Verbote der Zahlung bestimmter Arten des Entgelts für **Fahrer im Lohnverhältnis**. Die Bundesregierung bestand in Übereinstimmung mit dem Bundesrat darauf, das grundsätzliche Verbot der Zahlung bestimmter Akkordlöhne, Prämien und Zuschläge im Fahrpersonalgesetz aufzunehmen. Die Vorschrift des § 3 enthält keinerlei Einschränkungen. Sie findet somit auch Anwendung auf Mitglieder des Fahrpersonals, das nicht den Vorschriften der VO (EG) Nr. 561/2006 und dem AETR unterliegt. Das Verbot der Zahlung bestimmter Akkordlöhne, Prämien und Zuschläge erstreckt sich auf die Entlohnung von Arbeitnehmern. Selbst fahrende Unternehmer unterliegen nicht dem Verbot, sich eine Transportleistung nach der Menge der beförderten Güter oder nach der zurückgelegten Fahrstrecke vom Auftraggeber vergüten zu lassen. Ergibt sich aus der Vertragsgestaltung, dass ein Subunternehmer durch die vertragliche Bindung stärker eingeschränkt ist, als es nach den gesetzlichen Regelungen oder wegen versicherungsrechtlicher Obliegenheiten geboten ist, so kann im Einzelfall davon ausgegangen werden, dass der Subunternehmervertrag als Arbeitsvertrag zu werten ist (vgl. § 1 FPersG Rn. 4). Die Vergütung nach der beförderten Gütermenge bzw. nach der zurückgelegten Wegstrecke ist in diesem Fall unzulässig.

3 Unter das Verbot des § 3 fallen nicht nur die Vergütungen, die unmittelbar nach den zurückgelegten Fahrstrecken oder der Menge der beförderten Güter berechnet werden. Prämien oder Zulagen, die in ihren Höhen durch den Wert der beförderten Güter bestimmt werden, könnten für das Fahrpersonal ebenfalls Anreiz sein, möglichst schnell und möglichst lange zu fahren und dabei die Lenk- und Ruhezeitvorschriften zu missachten. Auch die Zahlung derartiger **Prämien und Zulagen** fällt unter das Verbot dieser Vorschrift.

4 Ausgenommen von dem Verbot sind solche Entgelte, die nicht geeignet sind, die **Sicherheit im Straßenverkehr** zu beeinträchtigen und/oder das Fahrpersonal zu Verstößen gegen die Verordnung (EG) Nr. 561/2006 ermutigen. So fällt die Zahlung von Prämien für den guten Wartungszustand eines Kraftfahrzeuges, auch wenn sich dabei z. T. an den gefahrenen Kilometern orientiert wird, nicht unter das Verbot. Zulässig sind beispielsweise auch

Prämien für unfallfreies Fahren, für gute Fahrzeugpflege oder unter bestimmten Umständen auch für die Verkürzung von Standzeiten.
Erschwerniszulagen, die nicht in Abhängigkeit von der zurückgelegten Strecke oder den beförderten Gütermengen gezahlt werden, fallen dann nicht unter das Verbot des § 3 Abs. 1 FPersG, wenn keine Anreize für die Fahrer zur Erhöhung ihrer Beförderungs- oder Fahrleistungen geschaffen werden (LAG Rheinland-Pfalz v. 5. 1. 2012 – 3 Sa 333/11).
Vom Geltungsbereich des FPersG ist auch das Fahrpersonal von Kraftfahrzeugen zur Güterbeförderung mit einem zulässigen Gesamtgewicht einschließlich Anhänger bis zu 2,8 t erfasst, sofern sie in einem unter den Geltungsbereich des ArbZG fallenden Arbeitsvertrag stehen. Damit findet § 3 auch für diese Personengruppe Anwendung. So ist z. B. auch die Bezahlung eines mit einem **Pkw** zum Einsatz kommenden Arbeitnehmers, der als Kurierfahrer beschäftigt wird, nach der zurückgelegten Fahrstrecke unzulässig.

§ 4 Aufsicht

(1) Die Aufsicht über die Ausführung der Verordnungen (EG) Nr. 561/2006, (EU) Nr. 165/2014 und der Verordnung (EG) Nr. 2135/98, des AETR sowie dieses Gesetzes und der auf Grund dieses Gesetzes erlassenen Rechtsverordnungen obliegt den von den Landesregierungen bestimmten Behörden (Aufsichtsbehörden), soweit in diesem Gesetz nichts anderes bestimmt ist.
(1a) Die Aufsichtsbehörde kann die erforderlichen Maßnahmen anordnen, die der Arbeitgeber, der Verlader, der Spediteur, der Reiseveranstalter, der Hauptauftragnehmer, der Unterauftragnehmer und die Fahrervermittlungsagentur zur Erfüllung der sich aus diesem Gesetz und den auf Grund dieses Gesetzes erlassenen Rechtsverordnungen ergebenden Pflichten zu treffen haben.
(2) Unberührt bleibt die Zuständigkeit des Bundesamtes für Logistik und Mobilität nach § 9 Abs. 2 dieses Gesetzes und nach § 11 Abs. 2 Nr. 3 Buchstabe a, § 12 Abs. 6 des Güterkraftverkehrsgesetzes.
(3) Der Unternehmer, der Fahrzeughalter und die Mitglieder des Fahrpersonals sind verpflichtet, der zuständigen Behörde innerhalb einer von ihr festzusetzenden Frist
1. **die Auskünfte, die zur Ausführung der in Absatz 1 genannten Vorschriften erforderlich sind, wahrheitsgemäß und vollständig zu erteilen,**
2. **die Unterlagen, die sich auf diese Angaben beziehen oder aus denen die Lohn- oder Gehaltszahlungen ersichtlich sind, zur Prüfung auszuhändigen oder einzusenden; werden die Unterlagen automatisiert gespeichert, sind sie den zuständigen Behörden auf deren Verlangen**

nach Maßgabe von Satz 12 durch Datenfernübertragung oder auf einem von der jeweiligen Behörde zu bestimmenden Datenträger nach Satz 11 zur Verfügung zu stellen.

Mitglieder des Fahrpersonals haben die Schaublätter und andere Tätigkeitsnachweise der Vortage, die nicht mehr mitzuführen sind, unverzüglich dem Unternehmer auszuhändigen. Bei Einsatz eines digitalen Fahrtenschreibers nach der Verordnung (EU) Nr. 165/2014 hat der Unternehmer die auf der Fahrerkarte gespeicherten Daten in regelmäßigen Abständen zu kopieren. Hierzu haben ihm die Mitglieder des Fahrpersonals die jeweiligen Fahrerkarten zur Verfügung zu stellen. Der Unternehmer hat ferner die im Massenspeicher des Fahrtenschreibers gespeicherten Daten in regelmäßigen Abständen zu kopieren. Der Unternehmer hat die von den Fahrerkarten und den Massenspeichern kopierten Daten unter Berücksichtigung der Grundsätze des Satzes 12 ein Jahr ab dem Zeitpunkt des Kopierens zu speichern. Der Unternehmer hat die Schaublätter im Sinne des Artikels 33 Absatz 2 der Verordnung (EU) Nr. 165/2014 und die gemäß Artikel 35 Absatz 2 und Artikel 37 Abs. 2 2 der Verordnung (EU) Nr. 165/2014 sowie § 2 Abs. 3 Satz 1 und 2 der Fahrpersonalverordnung zu fertigenden Ausdrucke und handschriftlichen Aufzeichnungen ein Jahr nach dem Ablauf der Mitführpflicht nach Artikel 36 Absatz 1 und Absatz 2 der Verordnung (EU) Nr. 165/2014 aufzubewahren. Danach sind bis zum 31. März des auf das Kalenderjahr, in dem die Aufbewahrungsfrist endet, folgenden Kalenderjahres die Daten zu löschen und die Schaublätter und die gemäß Artikel 35 Absatz 2 und Artikel 37 Absatz 2 der Verordnung (EU) Nr. 165/2014 und § 2 Abs. 3 Satz 1 und 2 der Fahrpersonalverordnung zu fertigenden Ausdrucke und handschriftlichen Aufzeichnungen zu vernichten, soweit sie nicht zur Erfüllung der Aufbewahrungspflichten nach § 16 Abs. 2 und § 21a Abs. 7 des Arbeitszeitgesetzes, § 147 Abs. 1 Nr. 5 in Verbindung mit Abs. 3 der Abgabenordnung, § 28f Abs. 1 Satz 1 des Vierten Buches Sozialgesetzbuch, nach § 17 Absatz 2 des Gesetzes zur Regelung eines allgemeinen Mindestlohns, nach § 19 Absatz 2 des Arbeitnehmer-Entsendegesetzes oder nach § 17c Absatz 2 des Arbeitnehmerüberlassungsgesetzes benötigt werden. Der Unternehmer hat dabei dafür Sorge zu tragen, dass eine lückenlose Dokumentation der Lenk- und Ruhezeiten gewährleistet ist und die Daten sowie die Schaublätter und die gemäß Artikel 35 Absatz 2, Artikel 37 Absatz 2 der Verordnung (EU) Nr. 165/2014 und § 2 Abs. 3 Satz 1 und 2 der Fahrpersonalverordnung zu fertigenden Ausdrucke und handschriftlichen Aufzeichnungen gegen Verlust und Beschädigung zu sichern. Er stellt den Mitgliedern des Fahrpersonals auf Verlangen eine Kopie der von ihrer Fahrerkarte kopierten Daten zur Verfügung. Artikel 10 Abs. 2 der Verordnung (EG) Nr. 561/2006 bleibt unberührt. Im Falle der Datenfernübertragung sind die erforderlichen technischen

und organisatorischen Maßnahmen nach den Artikeln 24, 25 und 32 der Verordnung (EU) 2016/679 des Europäischen Parlaments und des Rates vom 27. April 2016 zum Schutz natürlicher Personen bei der Verarbeitung personenbezogener Daten, zum freien Datenverkehr und zur Aufhebung der Richtlinie 95/46/EG (Datenschutz-Grundverordnung) (ABl. L 119 vom 4.5.2016, S. 1; L 314 vom 22.11.2016, S. 72; L 127 vom 23.5.2018, S. 2) in der jeweils geltenden Fassung zur Sicherstellung des Datenschutzes und der Datensicherheit zu treffen.

(4) Der zur Auskunft Verpflichtete kann die Auskunft auf solche Fragen verweigern, deren Beantwortung ihn selbst oder einen der in § 383 Abs. 1 Nr. 1 bis 3 der Zivilprozeßordnung bezeichneten Angehörigen der Gefahr strafgerichtlicher Verfolgung oder eines Verfahrens nach dem Gesetz über Ordnungswidrigkeiten aussetzen würde.

(5) Während der Betriebs- und Arbeitszeit ist den Beauftragten der Aufsichtsbehörden, soweit dies zur Wahrnehmung ihrer Aufgaben erforderlich ist, das Betreten und Besichtigen der Grundstücke, Betriebsanlagen, Geschäftsräume und Beförderungsmittel gestattet. Das Betreten und Besichtigen außerhalb dieser Zeit oder wenn die Betriebsanlagen oder Geschäftsräume sich in einer Wohnung befinden, ist ohne Einverständnis nur zur Verhütung von dringenden Gefahren für die öffentliche Sicherheit und Ordnung zulässig. Das Grundrecht der Unverletzlichkeit der Wohnung (Artikel 13 des Grundgesetzes) wird insoweit eingeschränkt. Soweit dies zur Erfüllung der Aufgaben der Beauftragten der Aufsichtsbehörden erforderlich ist, können Prüfungen und Untersuchungen durchgeführt und die Einsicht in geschäftliche Unterlagen des Auskunftspflichtigen vorgenommen werden. Die Maßnahmen nach den Sätzen 1, 2 und 4 sind von den zu überwachenden Unternehmen und ihren Angestellten, einschließlich der Fahrer, zu dulden.

(6) (weggefallen)

(7) Zuständige Behörde im Sinne des Artikels 4 des Anhangs zum AETR und der Artikel 15, 22 Absatz 3 und Artikel 24 Absatz 5 der Verordnung (EU) Nr. 165/2014 ist das Kraftfahrt-Bundesamt.

Die Vorschrift regelt die Aufsicht über die Ausführung der Verordnungen (EG) Nr. 561/2006, (EU) Nr. 165/2014, (EG) Nr. 2135/98, des AETR, des FPersG und der aufgrund des FPersG erlassenen Rechtsverordnungen. Mit dieser Vorschrift wurde u.a. den Forderungen des Art. 18 VO (EG) Nr. 561/2006 und des Art. 19 Abs. 1 VO (EWG) Nr. 3821/85, wonach die Mitgliedstaaten die zur Durchführung der beiden Verordnungen notwendigen Rechts- und Verwaltungsvorschriften zu erlassen haben, in der Bundesrepublik Deutschland entsprochen. 1

Abs. 1 regelt die Aufsicht über die Ausführung der Verordnungen (EG) Nr. 561/2006, (EU) Nr. 165/2014 und (EG) Nr. 2135/98, des AETR sowie des 2

FPersG und der aufgrund des FPersG erlassenen Rechtsverordnungen nicht unmittelbar, sondern überträgt diese Befugnisse, abgesehen von den in den Abs. 2 und 7 geregelten Zuständigkeiten des Bundesamtes für Güterverkehr und des Kraftfahrt-Bundesamtes, den Landesregierungen.

Die Landesregierungen haben auf der Grundlage dieser Vorschrift entsprechende **Zuständigkeitsverordnungen** erlassen und die Aufsichtsbehörden in den Bundesländern benannt.

Für Betriebe, die der Aufsicht der **Bergbehörde** unterliegen, wurde in einigen Bundesländern die Aufsicht über die Ausführung der in Abs. 1 aufgeführten Vorschriften den Bergämtern übertragen.

Den Behörden und Beamten des **Polizei**dienstes obliegt aus Gründen der Verkehrssicherheit vorwiegend oder ausschließlich die Aufsicht über die Ausführung der Sozialvorschriften auf der Straße. Sie haben im Rahmen des pflichtgemäßen Ermessens nach § 53 Abs. 1 OWiG Ordnungswidrigkeiten zu ermitteln. Ergänzend gelten die Vorschriften des allgemeinen Polizeirechtes des Bundes und der Länder, insbesondere die in den Polizeigesetzen der Länder geregelten Maßnahmen zur Gefahrenabwehr. In einzelnen Zuständigkeitsverordnungen der Länder zum FPersG wurde nochmals ausdrücklich geregelt, dass die Polizeibehörden zuständige Aufsichtsbehörden i. S. des Abs. 1 im Rahmen der Verkehrsüberwachung sind. Die von den Landesregierungen benannten Aufsichtsbehörden sind in aller Regel für die Aufsicht über die Ausführung der Sozialvorschriften im Straßenverkehr in den Unternehmen zuständig. Für den Eingriff in den fließenden Verkehr auf der Straße fehlt ihnen in der Regel die Befugnis, da ihnen kein Anhalterecht von Fahrzeugen eingeräumt wurde.

3 Die Aufsichtsbehörden der Länder sind häufig auch sachlich zuständig für die **Verfolgung und Ahndung von Ordnungswidrigkeiten** i. S. v. § 36 OWiG. In einigen Bundesländern wurden hierfür zentrale Bußgeldstellen eingerichtet.

Nach § 46 Abs. 2 OWiG haben die Verfolgungsbehörden dieselben Rechte und Pflichten wie die Staatsanwaltschaft bei der Verfolgung von Straftaten. Die Beamten des Polizeidienstes, die zu Hilfsbeamten der Staatsanwaltschaft bestellt sind, können gem. § 53 Abs. 2 OWiG nach den für sie geltenden Vorschriften der StPO Beschlagnahmen, Durchsuchungen, Untersuchungen und sonstige Maßnahmen anordnen.

4 Stellen Beamte des Polizeidienstes bei **Straßenkontrollen** Verstöße gegen die Verordnungen (EG) Nr. 561/2006 oder (EU) Nr. 165/2014, dem AETR, gegen das FPersG oder gegen eine aufgrund des FPersG erlassene Rechtsverordnung fest, erstellen sie im Regelfall eine Ordnungswidrigkeitenanzeige bzw. einen Kontrollbericht und leiten diese/diesen der örtlich und sachlich zuständigen Verwaltungsbehörde zu. Bei geringfügigen Ordnungswidrigkeiten können die Betroffenen durch die Beamten des Polizeidienstes,

ggf. auch unter Erhebung eines Verwarnungsgeldes in Höhe von 5,00 bis 55,00 EUR, verwarnt werden (§§ 56 und 57 Abs. 2 OWiG).

Einzelheiten zu Art und **Umfang der durchzuführenden Kontrollen** ergeben sich aus der Richtlinie 2006/22/EG des Europäischen Parlaments und des Rates vom 15. März 2006 über Mindestbedingungen für die Durchführung der Verordnungen (EWG) Nr. 3820/85 und (EWG) Nr. 3821/85 des Rates über Sozialvorschriften für Tätigkeiten im Kraftverkehr sowie zur Aufhebung des Richtlinie 88/599/EWG (ABl. EG Nr. L 102, S. 35). Die Bekanntmachung der Umsetzung dieser Richtlinie in der Bundesrepublik Deutschland erfolgte im Verkehrsblatt, Heft 4 – 2007, S. 73. 5

Diese Bekanntgabe wurde im Zuge der Überführung der:

a) Richtlinie 2009/4/EG vom 23. Januar 2009 über Gegenmaßnahmen zur Verhinderung und Aufdeckung der Manipulationen von Fahrtenschreiberaufzeichnungen (ABl. EU Nr. L 21, S. 39) und der
b) Richtlinie 2009/5/EG zur Änderung von Anhang III (ABl. EU Nr. L 29, S. 29)

in das deutsche Recht am 5. 11. 2009 geändert. Die Änderungen wurden am 30. November 2009 im Verkehrsblatt Heft 22 – 2009, S. 720 veröffentlicht.

Abs. 1a ermächtigt die nach § 4 Abs. 1 FPersG benannten Aufsichtsbehörden, gegenüber dem Arbeitgeber, dem Verlader, dem Spediteur, dem Reiseveranstalter, dem Hauptauftragnehmer, dem Unterauftragnehmer sowie gegenüber der Fahrervermittlungsagentur Maßnahmen zur Durchsetzung der sich aus dem FPersG und der FPersV ergebenden Pflichten anzuordnen. Die Anordnungsbefugnis nach dieser Vorschrift ersteckte sich bis zur Gesetzesänderung im Jahr 2015 ausschließlich auf den Arbeitgeber. In der Gesetzesbegründung heißt es zur Erweiterung des Personenkreises: »Im Jahr 2008 wurde die Fahrpersonalverordnung um § 20a ergänzt. Nach dessen Absätzen 2 und 3 sind neben den Verkehrsunternehmen auch andere an der Beförderungskette Beteiligte für die Einhaltung der Sozialvorschriften im Straßenverkehr verantwortlich. Dazu gehören auch Unternehmen, die kein eigenes Fahrpersonal beschäftigen.« Weiter heißt es in der Begründung: »Um gegen Beteiligte in der Beförderungskette aufsichtlich tätig werden zu können, die ihre Mitverantwortung nach § 20a nicht wahrnehmen wollen oder die der Aufsichtsbehörde Auskünfte, Unterlagen oder den Zutritt verweigern, ist diese Änderung erforderlich.« (BT-Drs. 18/3254 S. 8) 6

Abs. 2 weist auf die Befugnisse des **Bundesamtes für Güterverkehr** hin. Über die in Abs. 1 geregelte Aufsicht hinaus obliegt es dieser Behörde im Rahmen ihrer Befugnisse nach den §§ 11 und 12 GüKG die Einhaltung der Sozialvorschriften im Straßenverkehr zu überprüfen. Zu diesem Zweck sind die Beauftragten des Bundesamtes für Güterverkehr berechtigt, zur Güterbeförderung dienende Fahrzeuge anzuhalten. Auf Antrag eines Landes können die Beauftragten des Bundesamtes für Güterverkehr zur Überwachung von Rechtsvorschriften über die Beschäftigung und die Tätigkeit 7

des Fahrpersonals auf Kraftfahrzeugen auch **Kraftomnibusse** anhalten (§ 12 Abs. 2 GüKG). Entsprechende Anträge haben inzwischen alle Bundesländer gestellt, sodass die Kontrolleure des Bundesamtes für Güterverkehr befugt sind, bundesweit Kraftomnibusse anzuhalten und zu kontrollieren.
Die Aufsichtsbefugnisse des Bundesamtes für Güterverkehr werden von Beauftragten (Kontrolleuren) wahrgenommen, die insoweit dieselben Rechte und Pflichten wie die Beamten des Polizeidienstes nach den Vorschriften der StPO und des OWiG haben. Geringfügige Ordnungswidrigkeiten können die Kontrolleure des Bundesamtes für Güterverkehr gegenüber den inländischen Betroffenen durch Verwarnungen, ggf. unter Erhebung eines Verwarnungsgeldes in Höhe von 5,00 bis 55,00 EUR, selbst ahnden. In den Fällen, in denen der Betroffene sich mit der ausgesprochenen Verwarnung nicht einverstanden erklärt, wird der örtlich und sachlich zuständigen Verwaltungsbehörde ein Kontrollbericht zugeleitet. In den Fällen, in denen die festgestellten Zuwiderhandlungen gegen die Sozialvorschriften im Straßenverkehr durch Bußgeld zu ahnden sind, übersenden die Beauftragten des Bundesamtes für Güterverkehr, abgesehen von den in § 9 Abs. 2 FPersG aufgeführten Fällen, einen Kontrollbericht an die zuständige Verfolgungs- und Ahndungsbehörde. Wird ein Verstoß in einem Unternehmen begangen, das im Geltungsbereich des FPersG weder Sitz noch geschäftliche Niederlassung hat, und auch der Betroffene keinen Wohnsitz im Geltungsbereich des Gesetzes hat, so ist das Bundesamt für Güterverkehr selbst für die Verfolgung und Ahndung der festgestellten Zuwiderhandlung zuständig.

8 **Abs. 3** regelt die Auskunftspflicht und die Pflicht zur Aushändigung von Unterlagen. Zuständige Behörden i. S. dieser Vorschrift sind die von den Landesregierungen benannten **Aufsichtsbehörden**, die Behörden und Beamten des **Polizeidienstes** (vgl. Rn. 2) und das **Bundesamt für Güterverkehr** (vgl. Rn. 7).
Auskunftspflichtig sind neben den Unternehmern und den Mitgliedern des Fahrpersonals auch die Halter der Fahrzeuge. Die Auskünfte sind wahrheitsgemäß und vollständig zu erteilen.
Auszuhändigende bzw. einzusendende Unterlagen i. S. v. Nr. 2 sind neben den genannten Lohn- und Gehaltsunterlagen vor allem:

1. Schaublätter aus den Kontrollgeräten nach Anhang I der Verordnung (EWG) Nr. 3821/85,
2. Kopien der Datensätze aus den Massenspeichern der Kontrollgeräte nach Anhang IB der Verordnung (EWG) Nr. 3821/85,
3. Kopien der Datensätze von den Fahrerkarten,
4. durch das Fahrpersonal erstellte handschriftliche Aufzeichnungen und Ausdrucke aus digitalen Kontrollgeräten, die gemäß den Verordnungen (EWG) Nr. 3821/85 und (EG) Nr. 561/2006 vorgeschrieben sind,
5. Arbeitszeit- und Linienfahrpläne nach Art. 16 der Verordnung (EG) Nr. 561/2006 und nach § 1 Abs. 8 FPersV,

6. Arbeitszeitnachweise nach § 16 Abs. 2 und § 21a Abs. 7 ArbZG,
7. Bescheinigungen nach § 20 FPersV und
8. Bescheinigungen gemäß dem Beschluss 2009/959/EU der Kommission vom 14. Dezember 2009 zur Änderung der Entscheidung 2007/230/EG über ein Formblatt betreffend die Sozialvorschriften für Tätigkeiten im Kraftverkehr.

Die Aufsichtsbehörden sind ferner befugt, Auskünfte im Zusammenhang mit der Umsetzung der sich aus Kapitel III der Verordnung (EG) Nr. 561/2006 (Haftung von Verkehrsunternehmen) ergebenden Pflichten einzuholen und sich die entsprechenden Unterlagen vorlegen zu lassen. Zuwiderhandlungen gegen behördliche Anordnungen auf Erteilung von Auskünften oder zur Herausgabe von Unterlagen nach § 4 Abs. 3 i. V. m. Abs. 1 FPersG können als Ordnungswidrigkeit nach § 8 Abs. 1 Nr. 1 Buchstabe d FPersG dann geahndet werden, wenn das entsprechende Ersuchen der Behörde für den Betroffenen verbindlich geworden ist (OLG Bamberg v. 4. 12. 2007 – 2 Ss OWi 1256/07).

Die Verpflichtung zur Vorlage der in Art. 15 Abs. 7 VO (EWG) Nr. 3821/85 9
aufgeführten Unterlagen durch das Fahrpersonal besteht für den dort aufgeführten Zeitraum (Kontrolltag und die jeweils vorausgegangenen 28 Tage). Schaublätter und Tätigkeitsnachweise der Vortage, die nicht mehr mitzuführen sind, haben die Mitglieder des Fahrpersonals unverzüglich dem Unternehmer auszuhändigen. Den Fahrer trifft hierbei eine Bringschuld mit dem Inhalt, dass die Tätigkeitsnachweise in den unmittelbaren Besitz des Unternehmers und in dessen unmittelbare Verfügungsgewalt gelangen (OLG Hamm v. 21. 3. 2006 – 3 Ss OWi 707/05). Eine, ggf. auch auf Weisung des Unternehmers erfolgte Ablage nicht mehr mitführungspflichtiger Schaublätter z. B. im Handschuhfach des Fahrzeuges, stellt keine »unverzügliche Aushändigung« i. S. v. § 4 Abs. 3 Satz 2 FPersG dar, so das OLG Hamm.

Beschäftigt der Unternehmer sogenannte **Aushilfsfahrer**, ist er auf Verlangen der Aufsichtsbehörde auch verpflichtet, mitzuteilen, ob und ggf. mit welchem weiteren Arbeitgeber diese Fahrer Beschäftigungsverhältnisse eingegangen sind. Im Geltungsbereich der Verordnung (EG) Nr. 561/2006 haben Arbeitnehmer nach schriftlicher Aufforderung durch den Arbeitgeber entsprechende Aufstellungen über die bei anderen Arbeitgebern geleisteten Arbeitszeiten vorzulegen (vgl. § 21a Abs. 8 ArbZG).

Hinsichtlich der in Abs. 3 definierten einjährigen Aufbewahrungsfrist und 10
der Vorschrift zur Löschung von Daten und dem Vernichten der Schaublätter und Ausdrucke gilt zu berücksichtigen, dass sich aus anderen Rechtsvorschriften (Arbeitszeitgesetz, Abgabenordnung und dem Vierten Buch Sozialgesetzbuch) z. T. längere Nachweiszeiten ergeben. Zur Erfüllung dieser Nachweispflichten ist eine über die einjährige Aufbewahrung der Daten und Unterlagen hinausgehende Aufbewahrung zulässig. Entsprechend ist die Bußgeldvorschrift in § 8 Abs. 1 Buchstabe g FPersG auszulegen.

11 **Abs. 4** räumt den Auskunftspflichtigen ein Auskunftsverweigerungsrecht ein. Von dem **Auskunftsverweigerungsrecht** kann der zur Auskunft Verpflichtete jedoch nur dann Gebrauch machen, wenn er sich mit der Beantwortung der aufgeworfenen Fragen selbst, die Verlobte/den Verlobten, den Ehegatten (auch wenn die Ehe nicht mehr besteht) bzw. eine in gerader Linie verwandte oder verschwägerte oder in der Seitenlinie bis zum dritten Grad verwandte oder bis zum zweiten Grad verschwägerte Person der Gefahr der strafrechtlichen Verfolgung oder eines Verfahrens nach dem Gesetz über Ordnungswidrigkeiten aussetzen würde.

12 Die den zuständigen Behörden auf der Grundlage des § 4 Abs. 1 FPersG übertragene Aufsicht über die Ausführung der Verordnungen (EG) Nr. 561/2006, (EU) Nr. 165/2014, (EWG) Nr. 3821/85 und (EG) Nr. 2135/98, dem AETR, dem FPersG und der FPersV könnte jedoch nicht wahrgenommen werden, wenn diese Vorschrift eine differenzierte Betrachtung nicht zulassen würde. So wäre z. B. die Verletzung der Planungs- und Überwachungspflichten des Unternehmens nach Art. 10 Abs. 2 der Verordnung (EG) Nr. 561/2006 nicht feststellbar, wenn Unternehmer/Disponenten unter Berufung auf § 4 Abs. 4 FPersG die Herausgabe der Dienst- und Einsatzpläne sowie Auskünfte über Art und Weise der Disposition verweigern könnten. Entsprechende Auskünfte könnten auch regelmäßig nicht bei den Fahrern eingeholt werden, weil diese befürchten müssten, wegen möglicher Verstöße gegen die Sozialvorschriften im Straßenverkehr selbst in ein Ordnungswidrigkeitenverfahren hineingezogen zu werden. Eine Zuordnung der Verantwortlichkeit für Zuwiderhandlungen gegen fahrpersonalrechtliche Vorschriften zwischen Unternehmer und Arbeitnehmer wäre nicht mehr möglich und der Vollzug der Rechtsvorschriften wegen nicht gerichtsfester Beweisführung in Frage gestellt. Das Auskunftsverweigerungsrecht bezieht sich ausschließlich auf § 4 Abs. 3 Nr. 1 FPersG. Die Aushändigung von Unterlagen nach § 4 Abs. 3 Nr. 2 FPersG kann unter Bezugnahme auf Abs. 4 nicht verweigert werden. Diese Rechtsauslegung hat das Bundesverwaltungsgericht mit Urteil vom 9. 8. 1983 – 1 C 7/82 bestätigt. Das Gericht führte dazu aus, dass aufgrund des klaren Wortlauts des Abs. 4, welcher den in Abs. 3 Nr. 1 verwendeten Begriff der Auskunft aufgreift, dieser nur dann von der Beantwortung befreit, wenn die Antwort den zur Auskunft Verpflichteten belasten würde. Das Bundesverfassungsgericht hat mit Beschluss vom 7. 9. 1984 – 2 BvR 159/84 festgestellt, dass es aufgrund der Verfassung nicht zu beanstanden sei, wenn die Verweigerung einer Auskunft oder Nichtvorlage von Unterlagen nach § 4 Abs. 3 Satz 1 durch § 7 (jetzt §§ 8 und 8 a) FPersG als Ordnungswidrigkeit eingestuft werden. Der verfassungsrechtlich gebotene Schutz vor der Verpflichtung zur Selbstbezichtigung könne nicht so weit gehen, dass nur noch der zur Auskunft und zur Vorlage verpflichtet ist, der garantiert sich nichts hat zu Schulden kommen lassen.

Auskunftsverweigerung i. S. dieser Vorschrift bedeutet das Verweigern der Antworten auf bestimmte Fragen, deren Beantwortung den vorgenannten Personenkreis der Gefahr der strafrechtlichen Verfolgung oder eines Verfahrens nach dem Gesetz über Ordnungswidrigkeiten aussetzen würde, nicht jedoch das Zurückhalten von Unterlagen, deren Aufbewahrung vorgeschrieben ist (OLG Koblenz v. 24. 6. 1980 – 1 Ss 276/80). Das Auskunftsverweigerungsrecht lässt somit die Pflicht zur Vorlage von Schaublättern und das Bereitstellen von Datensätzen unberührt. 13

Abs. 5 ermächtigt die Beauftragten der Aufsichtsbehörden, während der Betriebs- und Arbeitszeit **Grundstücke, Betriebsanlagen, Geschäftsräume und Beförderungsmittel** zu betreten. Das Grundrecht der Unverletzlichkeit der Wohnung (Art. 13 GG) findet auch auf Betriebsanlagen und Geschäftsräume, die sich in einer Wohnung befinden, Anwendung. Das Betreten und Besichtigen von **Wohnungen** in den vorgenannten Fällen ist ohne Einverständnis nur zur Verhütung dringender Gefahren für die öffentliche Sicherheit und Ordnung zulässig. Außerhalb der Betriebs- und Arbeitszeit ist es den Beauftragten der Aufsichtsbehörden zur Wahrnehmung der ihnen nach dem FPersG obliegenden Aufgaben nur gestattet, Grundstücke, Betriebsanlagen, Geschäftsräume und Beförderungsmittel ohne Einverständnis zu betreten und zu besichtigen, wenn es zur Gefahrenabwehr für die öffentliche Sicherheit und Ordnung erforderlich ist. 14

Abs. 7 bestimmt das **Kraftfahrt-Bundesamt** (KBA) als zuständige Behörde i. S. des Art. 4 des Anhangs zum AETR und der Art. 7 und 12 Abs. 2 und 3 der Verordnung (EWG) Nr. 3821/85. Das KBA ist somit zuständig für das Führen eines Verzeichnisses über besondere Zeichen, mit denen die zugelassenen Installateure und Werkstätten die durchzuführenden Plombierungen zu versehen haben. 15

§ 4a Zuständigkeiten

Anträge auf Erteilung von Fahrer-, Werkstatt- oder Unternehmenskarten sind an die nach Landesrecht zuständigen Behörden oder Stellen zu richten. Die Länder können Dritte mit dieser Aufgabe betrauen.

Kontrollgerätkarten sind Chipkarten zur Verwendung mit dem digitalen Kontrollgerät nach Anhang I Verordnung (EU) Nr. 165/2014 des Europäischen Parlaments und des Rates vom 4. Februar 2014 über Fahrtenschreiber. Sie ermöglichen dem Kontrollgerät die Feststellung der Identität (oder Identitätsgruppe) des Karteninhabers und gestatten die Übertragung und Speicherung von Daten. Es gibt folgende Arten von Kontrollgerätkarten: 1

1. Fahrerkarte – die von den Behörden eines Mitgliedstaates an die Fahrer ausgegebene Kontrollgerätkarte. Die Fahrerkarte enthält die Daten zur Identität des Fahrers und ermöglicht die Speicherung von Tätigkeitsdaten;

2. Kontrollkarte – eine Kontrollgerätkarte, die einer zuständigen Kontrollbehörde von den Behörden eines Mitgliedstaates ausgestellt worden ist. Die Kontrollkarte weist die Kontrollbehörde und möglicherweise den Kontrollbeamten aus und ermöglicht das Lesen, Ausdrucken und/oder Herunterladen der im Massenspeicher oder auf Fahrerkarten gespeicherten Daten;
3. Werkstattkarte – eine Kontrollgerätkarte, die an eine(n) in einem Mitgliedstaat zugelassene(n) Kontrollgerätheresteller, Installateur, Fahrzeughersteller oder Werkstatt von den Behörden dieses Mitgliedstaates ausgegeben wurde und die
4. Unternehmenskarte – eine Kontrollgerätkarte, die dem Eigentümer von Fahrzeugen, in die das Kontrollgerät eingebaut ist, von den Behörden der Mitgliedstaaten zugeteilt wird; Die Unternehmenskarte weist das Unternehmen aus und ermöglicht die Anzeige, das Herunterladen und den Ausdruck der Daten, die in dem Kontrollgerät gespeichert sind. Die Karte ist anderen Unternehmen gegenüber gesperrt.

2 Führen die Länder die Bundesgesetze als eigene Angelegenheit (so auch das FPersG) aus, so regeln sie die Einrichtung der Behörden und das Verwaltungsverfahren (Art. 84 Abs. 1 Satz 1 GG). Die Vorschrift des § 4a FPersG hat daher mehr deklaratorischen Charakter. Sie stellt klar, dass die Länder auch Dritte mit der Kartenausgabe (z. B. durch Beleihung) betrauen können. Von dieser Möglichkeit haben z. B. die Länder Bayern, Baden-Württemberg, Sachsen und Sachsen-Anhalt Gebrauch gemacht und diese Aufgabe auf TÜV oder DEKRA übertragen. In Hessen ist der TÜH für die Wahrnehmung dieser Aufgabe zuständig. In den übrigen Bundesländern sind in der Regel die Fahrerlaubnisbehörden für die Entgegennahme und Bearbeitung der Anträge auf Erteilung der Fahrerkarten und die Arbeitsschutzbehörden, in einigen Ländern auch die Kreis-/Stadtverwaltungen für die Bearbeitung der Anträge auf Erteilung der Werkstatt- und Unternehmenskarten zuständig. Auf der Homepage des Kraftfahrt-Bundesamtes (*www.kba.de) wurde ein Verzeichnis aller Ausgabestellen für Kontrollgerätkarten eingestellt.*

Welche Personen für die Erteilung der einzelnen Kontrollgerätkarten in Betracht kommen und welche Erteilungsvoraussetzungen zu erfüllen sind, ergibt sich aus den Vorschriften in Abschnitt 3 der Fahrpersonalverordnung.

Das Bundesarbeitsgericht hat im Jahr 2007 entschieden, dass die Fahrerkarte weder ein vom Arbeitgeber zu beschaffendes Betriebsmittel darstellt, noch ein Anspruch nach § 670 BGB auf Ersatz der Kosten, die im Zusammenhang mit der Beschaffung der Fahrerkarte entstehen, geltend gemacht werden können (BAG v. 16.10.2007 – 9 AZR 170/07).

Für die Unternehmenskarte sind Unternehmen antragsberechtigt, deren Fahrpersonal Beförderungen durchführt, die unter die Verordnung (EG) Nr. 561/2006 fallen, oder das Lenk- und Ruhezeiten nach § 1 FPersV einzuhalten hat. Es ist grundsätzlich möglich, mehrere Unternehmenskarten für ein Unternehmen zu beantragen, die mit gleichen Kontrollgerätkartennummern (sie unterscheiden sich lediglich durch die unterschiedliche Belegung des sogenannten Konsekutivindexes) einen flexiblen Einsatz in den Unternehmen ermöglichen. Werden jedoch mehr als 62 Unternehmenskarten für ein Unternehmen benötigt, gilt es einige Besonderheiten zu berücksichtigen, da aufgrund des einstelligen Konsekutivindexes der 63. Unternehmenskarte eine neue Kartennummer zugeteilt werden muss. Auskünfte hierzu erteilen die Antrag bearbeitenden Stellen. Der Unternehmer ist gem. § 9 Abs. 2 FPersV verpflichtet, für die ordnungsgemäße Verwendung der Unternehmenskarte(n) zu sorgen.

§ 4b Fahrerlaubnisrechtliche Auskünfte

Durch Abruf im automatisierten Verfahren dürfen aus dem Zentralen Fahrerlaubnisregister die nach § 49 Absatz 1 Nummer 1 bis 3, 7 bis 13 und 17 der Fahrerlaubnis-Verordnung gespeicherten Daten für Maßnahmen im Zusammenhang mit der Ausgabe und Kontrolle von Fahrerkarten nach der Verordnung (EU) Nr. 165/2014 an die hierfür zuständigen Stellen im Inland sowie in einem Mitgliedstaat der Europäischen Union oder einem Vertragsstaat des Abkommens über den Europäischen Wirtschaftsraum übermittelt werden. Die Verantwortung für die Zulässigkeit des einzelnen Abrufs trägt die Stelle, an die die Daten übermittelt werden.

Voraussetzung für die Erteilung einer Fahrerkarte ist für inländische Antragsteller der Besitz einer gültigen Fahrerlaubnis in einer entsprechenden Klasse nach dem Muster 1 der Anlage 8 der Fahrerlaubnis-Verordnung. Diese Fahrerlaubnis ist bei der Beantragung der Fahrerkarte grundsätzlich vorzulegen (vgl. § 5 Abs. 1 Nr. 1 Buchstabe a) FPersV).
Die für die Bearbeitung der Anträge auf Erteilung von Fahrerkarten zuständigen Behörden oder Stellen haben mit der Vorschrift des § 4b FPersG die Zugriffsrechte erhalten, durch Abruf im automatisierten Verfahren in dem beim Kraftfahrt-Bundesamt geführten zentralen Fahrerlaubnisregister, die Gültigkeit der Fahrerlaubnis überprüfen zu können.
Auch die für die Überprüfung von Fahrerkarten zuständigen Kontrollbehörden haben auf der Grundlage dieser Vorschrift die Befugnis, im automatisierten Verfahren die nach § 49 Abs. 1 Nummer 1 bis 3, 7 bis 13 und 17 der Fahrerlaubnis-Verordnung gespeicherten Daten abzurufen. Hintergrund ist, dass die Übereinstimmung der Nummer auf dem Führerschein und auf der Fahrerkarte zum Zeitpunkt der Erteilung der Fahrerkarte gewährleistet sein muss (vgl. Abschnitt IV, Ziffer 1 im Anhang I B der Verordnung (EWG) Nr. 3821/85). Nach einer Neuerteilung der Fahrerlaubnis können diese Angaben, da Fahrerkarten grundsätzlich für die Dauer von fünf Jahren erteilt

werden, mitunter nicht mehr übereinstimmen. Durch Abfrage im zentralen Fahrerlaubnisregister lassen sich die Gründe für Abweichungen abklären. Zu den Daten, die im automatisierten Verfahren abgerufen werden können, gehören gem. § 49 Abs. 1 Nummer 1 bis 3, 7 bis 13 und 17 der Fahrerlaubnis-Verordnung folgende Angaben:

- Familiennamen, Geburtsnamen, sonstige frühere Namen, soweit dazu eine Eintragung vorliegt, Vornamen, Ordens- oder Künstlernamen, Doktorgrad, Geschlecht, Tag und Ort der Geburt sowie Hinweise auf Zweifel an der Identität gem. § 59 Abs. 1 Satz 5 des Straßenverkehrsgesetzes,
- die Klassen der erteilten Fahrerlaubnis,
- der Tag der Erteilung und des Löschens der jeweiligen Fahrerlaubnisklasse sowie die zuständige Behörde,
- der Tag des Beginns und des Ablaufs der Probezeit nach § 2a des Straßenverkehrsgesetzes
- die Dauer der Probezeit einschließlich der Restdauer nach vorzeitiger Beendigung der Probezeit und den Beginn und das Ende einer Hemmung der Probezeit
- der Tag des Ablaufs der Gültigkeit befristet erteilter Fahrerlaubnisse, der Tag der Verlängerung sowie die Behörde, die die Fahrerlaubnis verlängert hat,
- Auflagen, Beschränkungen und Zusatzangaben zur Fahrerlaubnis oder einzelner Klassen gemäß Anlage 9 der Fahrerlaubnis-Verordnung,
- die Nummer der Fahrerlaubnis, bestehend aus dem vom Kraftfahrt-Bundesamt zugeteilten Behördenschlüssel der Fahrerlaubnisbehörde und einer fortlaufenden Nummer für die Erteilung einer Fahrerlaubnis durch diese Behörde und einer Prüfnummer (Fahrerlaubnisnummer),
- die Nummer des Führerscheins, bestehend aus der Fahrerlaubnisnummer und der fortlaufenden Nummer des über die Fahrerlaubnis ausgestellten Führerscheins (Führerscheinnummer) oder die Nummer der befristeten Prüfbescheinigung, bestehend aus der Fahrerlaubnisnummer und einer angefügten Null,
- die Behörde, die den Führerschein, den Ersatzführerschein oder die Prüfbescheinigung (§ 22 Abs. 4 Satz 7 Fahrerlaubnis-Verordnung) ausgestellt hat,
- die Nummer und der Tag der Ausstellung eines internationalen Führerscheins, die Geltungsdauer und die Behörde, die den Führerschein ausgestellt hat.

§ 4c Auskünfte aus dem Fahrtenschreiberkartenregister

(1) Durch Abruf im automatisierten Verfahren dürfen aus dem Fahrtenschreiberkartenregister die nach § 12 der Fahrpersonalverordnung gespeicherten Daten für Maßnahmen im Zusammenhang mit der Ausgabe

und Kontrolle von Fahrerkarten nach der Verordnung (EU) Nr. 165/2014 an die hierfür zuständigen Behörden und Stellen im Inland, in einem Mitgliedstaat der Europäischen Union, in einem Vertragsstaat des Abkommens über den Europäischen Wirtschaftsraum und in der Schweiz übermittelt werden.

(2) Die zuständigen Behörden und Stellen dürfen die nach § 12 der Fahrpersonalverordnung gespeicherten Daten im automatisierten Verfahren abrufen, soweit die Kenntnis dieser Daten für Maßnahmen im Zusammenhang mit der Ausgabe und Kontrolle von Fahrerkarten nach der Verordnung (EU) Nr. 165/2014 erforderlich ist. Die Daten dürfen nur für diese Zwecke verarbeitet werden.

(3) Die Verantwortung für die Zulässigkeit des einzelnen Abrufs tragen die Behörden und Stellen, an die die Daten übermittelt werden. Die für das Fahrtenschreiberkartenregister zuständige Stelle prüft die Zulässigkeit der Abrufe nur, wenn dazu Anlass besteht. Die für das Fahrtenschreiberkartenregister zuständige Stelle hat zu gewährleisten, dass die Übermittlung personenbezogener Daten zumindest durch geeignete Stichprobenverfahren festgestellt und überprüft werden kann.

Mit der Vorschrift des § 4c wurde die Rechtsgrundlage für den Abruf von Daten aus dem Kontrollgerätkartenregister im automatisierten Verfahren durch die zuständigen Behörden und Stellen für Maßnahmen im Zusammenhang mit der Ausgabe und Kontrolle von Fahrerkarten nach der Verordnung (EU) Nr. 516/2014 geschaffen. **1**

Abs. 1 regelt nicht nur, dass Daten aus dem beim Kraftfahrt-Bundesamt eingerichteten zentralen Kontrollgerätkartenregister durch die in der Bundesrepublik Deutschland für Maßnahmen im Zusammenhang mit der Ausgabe und Kontrolle von Fahrerkarten zuständigen Behörden und Stellen abgerufen werden können. Das Kraftfahrt-Bundesamt fungiert auch als sogenannte nationale Kopfstelle in einem Netz der Kontrollgerätkartenregister, über das die zuständigen Behörden und Stellen auch Auskünfte aus den Registern der übrigen Mitgliedstaaten der Europäischen Union, der Vertragsstaaten des Abkommens über den Europäischen Wirtschaftsraum und der Schweiz abrufen können. Hierdurch wird sichergestellt, dass innerhalb des räumlichen Geltungsbereiches der Verordnung (EU) Nr. 561/2014 geprüft werden kann, ob und wie viele Kontrollgerätkarten einer Person bereits ausgestellt wurden. **2**

Abs. 2 ermächtigt die für die Bearbeitung der Anträge auf Erteilung der Kontrollgerätkarten zuständigen Behörden und Stellen und die zuständigen Kontrollbehörden, die gem. § 12 FPersV in dem zentralen Kontrollgerätkartenregister gespeicherten Daten für Maßnahmen im Zusammenhang mit der Ausgabe und der Überprüfung der Kontrollgerätkarten abzurufen und **3**

zu verwenden. Sind diese Daten zur Aufgabenwahrnehmung nicht mehr erforderlich, sind sie zu löschen.

4 **Abs. 3** verpflichtet das Kraftfahrt-Bundesamt als die für das Kontrollgerätkartenregister in der Bundesrepublik Deutschland zuständige Stelle, zumindest durch geeignete Stichprobenverfahren festzustellen und zu prüfen, dass die Daten tatsächlich nur für die unter Abs. 2 aufgeführten Zwecken abgerufen werden.

§ 5 Anordnungsbefugnis, Sicherungsmaßnahmen, Zurückweisung an der Grenze

(1) Werden bei einer Kontrolle auf Verlangen keine oder nicht vorschriftsmäßig geführte Tätigkeitsnachweise vorgelegt oder wird festgestellt, daß vorgeschriebene Unterbrechungen der Lenkzeit nicht eingelegt oder die höchstzulässige Tageslenkzeit überschritten oder einzuhaltende Mindestruhezeiten nicht genommen worden sind, können die zuständigen Behörden die Fortsetzung der Fahrt untersagen, bis die Voraussetzungen zur Weiterfahrt erfüllt sind. Tätigkeitsnachweise oder Fahrtenschreiber, aus denen sich der Regelverstoß ergibt oder mit denen er begangen wurde, können zur Beweissicherung eingezogen werden; die Fahrerkarte darf während ihrer Gültigkeitsdauer nicht entzogen oder ihre Gültigkeit ausgesetzt werden, es sei denn, es wird festgestellt, dass die Karte gefälscht worden ist, der Fahrer eine Karte verwendet, deren Inhaber er nicht ist, oder die Ausstellung der Karte auf der Grundlage falscher Erklärungen oder gefälschter Dokumente erwirkt wurde.
(1a) Ergeben sich bei einer Kontrolle konkrete Anhaltspunkte dafür, dass der Fahrtenschreiber nicht ordnungsgemäß funktioniert, kann die zuständige Behörde eine Prüfung des Fahrtenschreibers nach Maßgabe des § 57b Absatz 1 und 3 der Straßenverkehrs-Zulassungs-Ordnung anordnen. Abweichend von § 57b Absatz 1 Satz 1 der Straßenverkehrs-Zulassungs-Ordnung fallen dem Halter die Kosten der Prüfung nur zur Last, wenn festgestellt wird, dass Einbau, Zustand, Messgenauigkeit und Arbeitsweise des Fahrtenschreibers nicht vorschriftmäßig sind.
(2) Im grenzüberschreitenden Verkehr können Kraftfahrzeuge, die nicht in einem Mitgliedstaat der Europäischen Union oder einem anderen Vertragsstaat des Abkommens über den Europäischen Wirtschaftsraum zugelassen sind und in das Hoheitsgebiet der Bundesrepublik Deutschland einfahren wollen, in Fällen des Absatzes 1 an den Außengrenzen der Mitgliedstaaten der Europäischen Union zurückgewiesen werden.
(3) Rechtsbehelfe gegen Anordnungen nach den Absätzen 1, 1a und 2 sowie zur Durchsetzung der in § 4 Abs. 3 Satz 1 und Abs. 5 geregelten Pflichten haben keine aufschiebende Wirkung.

Bei der in § 5 geregelten Anordnungsbefugnis, den Sicherungsmaßnahmen 1
und der Möglichkeit, unter bestimmten Voraussetzungen einreisende Fahrzeuge an der Grenze zurückzuweisen, handelt es sich um Maßnahmen, die durch die zuständigen Behörden im Rahmen der **Gefahrenabwehr** zur Anwendung gebracht werden können. Ob bei festgestellten Verstößen Maßnahmen nach § 5 zur Anwendung kommen, entscheidet die zuständige Behörde nach dem Grundsatz der Verhältnismäßigkeit.

Abs. 1 gestattet die Untersagung der Weiterfahrt. Die in Abs. 1 vorgesehenen 2
Maßnahmen können nicht nur dann zur Anwendung gelangen, wenn der Fahrer bei einer Kontrolle auf Verlangen der Kontrollbeamten **keine Tätigkeitsnachweise** vorlegt. Auch bei Vorlage **nicht vorschriftsmäßig geführter Tätigkeitsnachweise** kann eine Fortsetzung der Weiterfahrt untersagt werden. Als Tätigkeitsnachweise i. S. dieser Vorschrift kommen, je nachdem, ob das betreffende Fahrzeug dem Geltungsbereich der Verordnung (EU) Nr. 156/2014, dem AETR oder der FPersV unterfällt, Schaublätter von Kontrollgeräten oder Fahrtenschreibern, Datensätze vom Massenspeicher digitaler Fahrtenschreiber bzw. von den Fahrerkarten (Art. 15 VO (EWG) Nr. 3821/85, Art. 10 AETR, § 57a StVZO), Auszüge aus Linienfahrplänen und Ausfertigungen von Arbeitszeitplänen (Art. 16 Abs. 2 VO (EG) Nr. 561/2006), Fahrpläne und Arbeitszeitpläne (§ 1 Abs. 8 FPersV) oder aber handschriftliche Aufzeichnungen (§ 1 Abs. 6 FPersV) in Betracht.

Darüber hinaus erstreckt sich das Recht zur Untersagung der Weiterfahrt bei Nichteinhaltung der vorgeschriebenen **Tageslenkzeit, der Fahrtunterbrechungen und der Ruhezeiten** auf alle Fahrer, die innerhalb der Bundesrepublik Deutschland ein Fahrzeug führen, welches dem Geltungsbereich der Verordnung (EG) Nr. 561/2006, dem AETR bzw. der FPersV unterliegt. Ein Verbot zur Fortsetzung der Fahrt kann an jedem Ort innerhalb der Bundesrepublik Deutschland ausgesprochen werden.

Abs. 1a gestattet der zuständigen Behörde bei konkreten Anhaltspunkten 3
dafür, dass der Fahrtenschreiber nicht ordnungsgemäß funktioniert, eine Prüfung des Fahrtenschreibers anzuordnen.

Zuständige Behörde i. S. dieser Vorschrift bedeutet, dass die Behörde für die 4
Überwachung der Sozialvorschriften im Straßenverkehr gem. § 4 FPersG zuständig sein muss. Die Bestimmung der zuständigen Behörde für die Untersagung der Fortsetzung der Fahrt obliegt den Ländern. In aller Regel sind immer dann die **Polizeibehörden** der Länder zuständig, wenn es sich bei der Untersagung der Fortsetzung der Fahrt um eine Maßnahme zur Gefahrenabwehr handelt. Den Kontrolleuren des **Bundesamtes für Güterverkehr** stehen ebenfalls Befugnisse zur Untersagung der Weiterfahrt zu (§ 13 GüKG). Soweit die **Arbeitsschutzbehörden** der Länder an Straßenkontrollen beteiligt sind, stehen ihnen ebenfalls die Befugnisse zur Durchsetzung der in Abs. 1 vorgesehenen Maßnahmen zu.

5 Die zuständigen Behörden können Tätigkeitsnachweise oder Kontrollgeräte, aus denen sich der Regelverstoß ergibt oder mit denen er begangen wurde, **zur Beweissicherung einziehen**. Die Einziehung eines Kontrollgerätes kann zur Beweissicherung bei offensichtlichen Manipulationen z. B. an den Schreibstiften und Datensätzen, fehlenden Plomben oder Funktionsstörungen am Gerät angeordnet werden. Mit dieser Vorschrift wurde die Möglichkeit geschaffen, Beweismittel nicht nur auf der Grundlage des § 98 Abs. 1 StPO und des § 46 Abs. 2 OWiG einzuziehen.

6 **Abs. 2** bildet die Rechtsgrundlage für die Zurückweisung von Fahrzeugen an den EU-Außengrenzen. Fahrer von Fahrzeugen, die nicht in einem Mitgliedstaat der Europäischen Union oder einem anderen Vertragsstaat des Abkommens über den Europäischen Wirtschaftsraum zugelassen sind und in die Bundesrepublik Deutschland einfahren wollen, können, wenn festgestellt wird, dass gegen Vorschriften über die Tageslenkzeit, die Lenkzeitunterbrechung oder die Ruhezeiten verstoßen wurde bzw. keine oder nicht vorschriftsmäßig geführte Tätigkeitsnachweise vorgelegt werden, an den **Außengrenzen der Mitgliedstaaten der EU zurückgewiesen** werden.
Diese Vorschrift ist für die innerstaatliche Personenbeförderung auf Linienstrecken bis 50 km bedeutungslos.

7 **Abs. 3** regelt, dass Rechtsbehelfe gegen folgende Anordnungen **keine aufschiebende Wirkung** haben:

1. Untersagung der Weiterfahrt (§ 5 Abs. 1 FPersG);
2. Zurückweisung an den EU-Außengrenzen (§ 5 Abs. 2 FPersG);
3. Aufforderung zur Auskunftserteilung bzw. zur Aushändigung oder Einsendung von Unterlagen gem. § 4 Abs. 3 Satz 1 FPersG oder
4. Betreten und Besichtigen der Grundstücke, Betriebsanlagen, Geschäftsräume und Beförderungsmittel durch Beauftragte der Aufsichtsbehörden während der üblichen Betriebs- und Arbeitszeit zur Durchführung der Überwachungsmaßnahmen (§ 4 Abs. 5 FPersG).

Für die Personenbeförderung auf Linienstrecken bis 50 km sind die Vorschriften des § 5 Abs. 1 und Abs. 2 FPersG bedeutungslos, sodass sich der Ausschluss der aufschiebenden Wirkung in der Praxis auf die Anordnungen zur Durchsetzung der Vorschriften des § 4 Abs. 3 Satz 1 und des § 4 Abs. 5 FPersG beschränkt.

§ 6 Allgemeine Verwaltungsvorschriften

Das Bundesministerium für Verkehr und digitale Infrastruktur kann im Einvernehmen mit dem Bundesministerium für Arbeit und Soziales mit Zustimmung des Bundesrates zur Durchführung der in § 2 genannten oder auf § 2 beruhenden Vorschriften allgemeine Verwaltungsvorschriften erlassen, insbesondere über die Erteilung einer Verwarnung (§§ 56, 58 Abs. 2 des Gesetzes über Ordnungswidrigkeiten) wegen einer Ord-

nungswidrigkeit nach § 8 und darüber, in welchen Fällen eine solche Verwarnung nicht erteilt werden soll.

Unter **Verwaltungsvorschriften** sind solche Regelungen zu verstehen, die innerhalb der Verwaltungsorganisation von übergeordneten Verwaltungsinstanzen oder Vorgesetzten an nachgeordnete Behörden oder Bedienstete ergehen und die dazu dienen, Organisation und Handeln der Verwaltung (z. B. Ermessensausübung, Verwaltungsverfahren) näher zu bestimmen und einen einheitlichen Gesetzesvollzug zu gewährleisten.
Die Ermächtigung zum Erlass von Verwaltungsvorschriften erstreckt sich auf die in § 2 FPersG genannten oder auf § 2 FPersG beruhende Vorschriften. Dort genannte Vorschriften sind die

- Verordnung (EG) Nr. 2135/98
- Verordnung (EG) Nr. 561/2006
- Verordnung (EU) Nr. 165/2014
- Richtlinie 2006/22/EU sowie das
- Europäische Übereinkommen über die Arbeit des im internationalen Straßenverkehr beschäftigten Fahrpersonals (AETR).

§ 7 Sicherheitsleistung

Wird eine angeordnete Sicherheitsleistung nicht sofort erbracht, so kann die zuständige Behörde die Weiterfahrt bis zur vollständigen Erbringung untersagen.

Mit der Änderung des FPersG im Jahr 1997 wurde die Vorschrift über die 1
Sicherheitsleistung in das Gesetz eingeführt. Diese Vorschrift geht auf die Strafprozessordnung zurück. Für das Bußgeldverfahren gelten, soweit das Ordnungswidrigkeitengesetz nichts anderes bestimmt, sinngemäß auch die Vorschriften der StPO.
Eine Sicherheitsleistung und die Bestellung eines Zustellungsbevollmächtigten kann nach § 132 StPO i. V. m. § 46 Abs. 1 OWiG angeordnet werden, um die Durchführung des Bußgeldverfahrens sicherzustellen. Voraussetzung ist, dass der einer Ordnungswidrigkeit dringend Verdächtigte in der Bundesrepublik Deutschland weder einen festen Wohnsitz noch einen Aufenthalt hat.
Zweck der Anordnung einer Sicherheitsleistung und der Bestellung eines 2
Zustellungsbevollmächtigten ist es,

1. das Verfahren trotz Abwesenheit des Betroffenen durchführen zu können (Zustellung des Bußgeldbescheides an den Zustellungsbevollmächtigten) und

2. die Vollstreckung des Bußgeldbescheides dadurch zu ermöglichen, dass die Geldbuße und die Kosten des Verfahrens mit der erbrachten Sicherheitsleistung verrechnet werden können.

3 Die Anordnung einer Sicherheitsleistung darf nur bei **Gefahr im Verzug** erfolgen. Die Frage, ob Gefahr im Verzug vorliegt, dürfte in aller Regel dann zu bejahen sein, wenn bei einer begangenen Ordnungswidrigkeit bei Anrufung des Richters die Maßnahme so spät käme, dass ihr Erfolg ernsthaft gefährdet wäre. Vor der Anordnung der Sicherheitsmaßnahme ist dem Betroffenen grundsätzlich Gelegenheit zur Äußerung zu geben. Die Anordnung kann mündlich getroffen werden. Sie sollte dann jedoch schriftlich bestätigt werden. Die Art und Höhe der Sicherheitsleistung bestimmt die Verwaltungsbehörde oder der zur Anordnung befugte Beamte. In erster Linie kommt die Hinterlegung eines Geldbetrages bei der jeweiligen Kasse der Verwaltungsbehörde in Betracht. Zulässig sind aber auch Euroschecks oder Reiseschecks. Die Höhe der Sicherheitsleistung hängt von der zu erwartenden Summe aus der Geldbuße und den Verfahrenskosten ab. An Gebühren sind 5 % des zu erwartenden Bußgeldbetrages, mindestens jedoch 25 EUR und höchstens 7500 EUR zu erheben (§ 107 Abs. 1 Satz 3 OWiG).

4 Die für die Anordnung von Sicherheitsleistungen zuständigen Behörden im Bereich der Sozialvorschriften im Straßenverkehr (Polizei, Bundesamt für Güterverkehr) können unter Berücksichtigung des Grundsatzes der Verhältnismäßigkeit die Fortsetzung der Fahrt untersagen, wenn die angeordnete Sicherheitsleistung nicht sofort erbracht wird. Mit einer solchen Maßnahme kann einem am Kontrollort zahlungsunfähigen Betroffenen die Gelegenheit gegeben werden, die geforderte Sicherheitsleistung zu beschaffen. Nach Entrichten der Sicherheitsleistung kann die Fahrt fortgesetzt werden. Von einer Untersagung der Weiterfahrt sollte in diesem Zusammenhang abgesehen werden, wenn diese Maßnahme, gemessen an der Höhe der zu entrichtenden Sicherheitsleistung, den Betroffenen in unverhältnismäßiger Weise belasten würde. Abzusehen von der Untersagung der Weiterfahrt wäre in Fällen, in denen z. B. eine größere Menge leichtverderblicher Waren der Vernichtung ausgeliefert würden, oder z. B. aus Gründen der Sicherheit von Fahrzeugen mit gefährlichen Ladungen (Gefahrguttransporte), die am Kontrollort nicht abgestellt werden können. In den Fällen, in denen Sicherheitsbedenken gegen eine Untersagung der Weiterfahrt am Kontrollort sprechen, kann das Abstellen des Fahrzeugs an einem geeigneten Ort, an dem diese Sicherheitsbedenken nicht bestehen, angeordnet werden.

§ 8 Bußgeldvorschriften

(1) Ordnungswidrig handelt, wer vorsätzlich oder fahrlässig

1. als Unternehmer
   a) einer Rechtsverordnung nach § 2 Nr. 2 Buchstabe b oder Nr. 3 oder einer vollziehbaren Anordnung auf Grund einer solchen Rechtsverordnung zuwiderhandelt, soweit die Rechtsverordnung für einen bestimmten Tatbestand auf diese Bußgeldvorschrift verweist,
   b) einer Vorschrift der Verordnung (EG) Nr. 2135/98, der Verordnung (EU) Nr. 165/2014 oder des AETR zuwiderhandelt, soweit eine Rechtsverordnung nach § 2 Nr. 1 Buchstabe e oder Nr. 2 Buchstabe e für einen bestimmten Tatbestand auf diese Bußgeldvorschrift verweist,
   c) entgegen § 3 Satz 1 ein Mitglied des Fahrpersonals nach der zurückgelegten Fahrstrecke oder der Menge der beförderten Güter entlohnt,
   d) entgegen § 4 Abs. 3 Satz 1 eine Auskunft nicht, nicht richtig, nicht vollständig oder nicht rechtzeitig erteilt oder eine Unterlage nicht oder nicht rechtzeitig aushändigt, nicht oder nicht rechtzeitig einsendet oder nicht oder nicht rechtzeitig zur Verfügung stellt,
   e) entgegen § 4 Abs. 3 Satz 6 dort genannte Daten nicht, nicht richtig oder nicht für die vorgeschriebene Dauer speichert,
   f) entgegen § 4 Abs. 3 Satz 7 ein Schaublatt oder einen Ausdruck nicht oder nicht für die vorgeschriebene Dauer aufbewahrt,
   g) entgegen § 4 Abs. 3 Satz 9 nicht dafür Sorge trägt, dass eine lückenlose Dokumentation oder Datensicherung erfolgt,
   h) entgegen § 4 Abs. 5 Satz 5 eine Maßnahme nicht duldet oder
   i) einer vollziehbaren Anordnung nach § 5 Absatz 1 Satz 1 oder Absatz 1a Satz 1 oder § 7 zuwiderhandelt,
2. als Fahrer
   a) einer Rechtsverordnung nach § 2 Nr. 2 Buchstabe b oder Nr. 3 oder einer vollziehbaren Anordnung auf Grund einer solchen Rechtsverordnung zuwiderhandelt, soweit die Rechtsverordnung für einen bestimmten Tatbestand auf diese Bußgeldvorschrift verweist,
   b) einer Vorschrift der Verordnung (EG) Nr. 2135/98, der Verordnung (EU) Nr. 165/2014 oder des AETR zuwiderhandelt, soweit eine Rechtsverordnung nach § 2 Nr. 1 Buchstabe e oder Nr. 2 Buchstabe e für einen bestimmten Tatbestand auf diese Bußgeldvorschrift verweist,

c) entgegen § 4 Abs. 3 Satz 1 eine Auskunft nicht, nicht richtig, nicht vollständig oder nicht rechtzeitig erteilt oder eine Unterlage nicht aushändigt,
d) entgegen § 4 Abs. 3 Satz 2 einen Tätigkeitsnachweis nicht oder nicht rechtzeitig aushändigt,
e) entgegen § 4 Abs. 3 Satz 4 die Fahrerkarte zum Kopieren nicht oder nicht rechtzeitig zur Verfügung stellt,
f) entgegen § 4 Abs. 5 Satz 5 eine Maßnahme nicht duldet oder
g) einer vollziehbaren Anordnung nach § 5 Abs. 1 Satz 1 oder § 7 zuwiderhandelt oder

3. als Fahrzeughalter entgegen § 4 Abs. 3 Satz 1 eine Auskunft nicht, nicht richtig, nicht vollständig oder nicht rechtzeitig erteilt oder eine Unterlage nicht oder nicht rechtzeitig aushändigt, nicht oder nicht rechtzeitig einsendet oder nicht oder nicht rechtzeitig zur Verfügung stellt oder

4. als Werkstattinhaber oder Installateur
a) einer Rechtsverordnung nach § 2 Nr. 2 Buchstabe b oder Nr. 3 Buchstabe c oder einer vollziehbaren Anordnung auf Grund einer solchen Rechtsverordnung zuwiderhandelt, soweit die Rechtsverordnung für einen bestimmten Tatbestand auf diese Bußgeldvorschrift verweist, oder
b) einer Vorschrift der Verordnung (EU) Nr. 165/2014 oder des AETR zuwiderhandelt, soweit eine Rechtsverordnung nach § 2 Nr. 1 Buchstabe e oder Nr. 2 Buchstabe e für einen bestimmten Tatbestand auf diese Bußgeldvorschrift verweist.

(2) Die Ordnungswidrigkeit kann in den Fällen des Absatzes 1 Nr. 1 und 3 mit einer Geldbuße bis zu dreißigtausend Euro, in den übrigen Fällen mit einer Geldbuße bis zu fünftausend Euro geahndet werden.

(3) Ordnungswidrigkeiten nach Absatz 1 Nummer 1 Buchstabe b, Nummer 2 Buchstabe b oder Nummer 4 Buchstabe b, die bis zum 1. März 2016 unter Geltung der Verordnung (EWG) Nr. 3821/85 begangen wurden, können abweichend von § 4 Absatz 3 des Gesetzes über Ordnungswidrigkeiten nach den zum Zeitpunkt der Tat geltenden Bestimmungen geahndet werden.

(4) In den Fällen des Absatzes 1 Nummer 1 Buchstabe b, Nummer 2 Buchstabe b und Nummer 4 Buchstabe b kann eine Ordnungswidrigkeit wegen einer Zuwiderhandlung gegen das AETR auch dann geahndet werden, wenn die Ordnungswidrigkeit nicht im Geltungsbereich dieses Gesetzes begangen wurde.

1 **Abs. 1** regelt die Ahndung vorsätzlich oder fahrlässig begangener Zuwiderhandlungen gegen Bestimmungen des FPersG, gegen Bestimmungen der aufgrund des FPersG erlassenen Rechtsverordnungen sowie gegen Bestim-

mungen der Verordnungen (EG) Nr. 2135/98, (EU) Nr. 165/2014 und dem AETR.

Eine **Ordnungswidrigkeit** ist gem. § 1 Abs. 1 OWiG eine rechtswidrige und vorwerfbare Handlung, die den Tatbestand eines Gesetzes verwirklicht, das die Ahndung mit Geldbuße zulässt. Normadressat ist in Nr. 1 der Unternehmer, in Nr. 2 der Fahrer, in Nr. 3 die Fahrzeughalter und in Nr. 4 die Inhaber von ermächtigten/anerkannten Werkstätten und die in solchen Werkstätten beschäftigten Installateure. In den Fällen, in denen der Unternehmer Normadressat ist (Nr. 1), ist im Einzelfall zu prüfen, ob dieser jemanden beauftragt hat, den Betrieb ganz oder teilweise zu leiten, oder jemanden ausdrücklich beauftragt hat, in eigener Verantwortung Aufgaben wahrzunehmen, die dem Inhaber eines Betriebes obliegen. Ggf. können die Bußgeldvorschriften auch auf Beauftragte Anwendung finden (§ 9 Abs. 2 OWiG). Hat eine solche Beauftragung stattgefunden, bleibt zu prüfen, ob der Inhaber des Betriebes oder des Unternehmens die Aufsichtsmaßnahmen unterlassen hat, die erforderlich sind, um Zuwiderhandlungen gegen Pflichten zu verhindern, die den Inhaber als solchen treffen und deren Verletzung mit Strafe oder Geldbuße bedroht ist. Zu den erforderlichen Aufsichtsmaßnahmen gehören gem. § 130 OWiG auch die Bestellung, sorgfältige Auswahl und Überwachung von Aufsichtspersonen. Das Ausmaß der Aufsichtspflicht hängt von den Umständen des Einzelfalls ab. Grundsätzlich ist der Unternehmer gehalten, durch gelegentliche Stichproben die Beachtung seiner Anweisungen bzw. die Tätigkeit der Aufsichtsperson, an die er seine eigenen Aufsichtspflichten delegiert hat, zu überwachen (OLG Köln v. 31.5.1983 – 1 Ss 157/83).

Soweit es zur Durchsetzung der Rechtsakte der Europäischen Gemeinschaft oder der Europäischen Union oder zur Durchsetzung des AETR erforderlich ist, wurde das Bundesministerium für Verkehr, Bau und Stadtentwicklung ermächtigt, im Einvernehmen mit dem Bundesministerium für Arbeit und Soziales und mit Zustimmung des Bundesrates u. a. Rechtsverordnungen zur Bezeichnung der Tatbestände, die als Ordnungswidrigkeit nach § 8 Abs. 1 Nr. 1 Buchst. b, Nr. 2 Buchst. b und Nr. 4 Buchst. b geahndet werden können, zu erlassen (§ 2 Nr. 1 Buchst. e und Nr. 2 Buchst. e FPersG). Unter Bezugnahme auf diese Vorschrift wurden in Abschnitt 8 der Fahrpersonalverordnung die Bußgeldvorschriften geregelt. Die Bezeichnung der Tatbestände, die als Zuwiderhandlungen gegen die Verordnung (EG) Nr. 561/2006 in der Bundesrepublik Deutschland als Ordnungswidrigkeiten verfolgt und geahndet werden können, sind in § 8a dieses Gesetzes definiert.

Das Verbot der Entlohnung des Fahrpersonals nach der Menge der beför- 2
derten Güter oder nach der zurückgelegten Fahrtstrecke richtet sich gegen den Unternehmer. Dies ergibt sich aus dem klaren Wortlaut des § 3 FPersG. Danach ist eine Entlohnung der Arbeitnehmer nach den vorgenannten Kriterien unzulässig (vgl. § 3 FPersG Rn. 1 bis 4). Fahrlässigkeit dürfte bei

Verstößen gegen die Vorschrift des § 3 Satz 1 FPersG grundsätzlich auszuschließen sein.

3 Gemäß § 4 Abs. 3 Satz 1 FPersG sind Unternehmer, Fahrzeughalter und die Mitglieder des Fahrpersonals verpflichtet, der zuständigen Behörde alle sachdienlichen **Auskünfte**, die im Rahmen der Aufsicht über die Ausführung der Verordnungen (EG) Nr. 561/2006, (EG) Nr. 2135/98, (EU) Nr. 165/2014, des AETR, des FPersG und der aufgrund des FPersG erlassenen Rechtsverordnungen abverlangt wurden, fristgemäß und vollständig zu erteilen. Auskunftspflicht i. S. dieser Vorschrift bedeutet nicht nur die Vorlage, sondern auch das Einsenden an die zuständige Behörde. Werden Auskünfte nicht, nicht richtig, nicht vollständig oder nicht rechtzeitig erteilt oder abgeforderte Unterlagen nicht oder nicht rechtzeitig ausgehändigt, eingesandt oder zur Verfügung gestellt, ist der Tatbestand einer Ordnungswidrigkeit als Verstoß gegen die Vorschrift des § 4 Abs. 3 verwirklicht.

4 Der Unternehmer hat sicherzustellen, dass alle Daten aus den Massenspeichern der digitalen Kontrollgeräte spätestens alle drei Monate, beginnend mit dem ersten Tag der Aufzeichnung, zur Speicherung im Betrieb kopiert werden. Er hat ferner sicherzustellen, dass alle Daten von den Fahrerkarten der in seinem Unternehmen tätigen Fahrer spätestens alle 28 Tage, beginnend mit dem ersten Tag der Aufzeichnung, kopiert und im Betrieb gespeichert werden. Der Unternehmer ist weiterhin dazu verpflichtet, von allen kopierten Daten unverzüglich Sicherheitskopien zu erstellen. Diese sind auf einem gesonderten Datenträger zu speichern.

Alle von den Massenspeichern der Kontrollgeräte und den Fahrerkarten kopierten Daten sind ein Jahr, gerechnet ab dem Zeitpunkt des Kopierens, zu speichern. Wer als Unternehmer entgegen § 4 Abs. 3 Satz 6 FPersG dort genannte Daten nicht, nicht richtig oder nicht für die vorgeschriebene Dauer speichert, begeht eine Ordnungswidrigkeit. Das Gesetz sieht für derartige Zuwiderhandlungen Geldbußen bis zu 30 000 EUR vor.

Gleiches trifft für die Nichtaufbewahrung von Schaublättern und für die bei Verlust, Diebstahl, Beschädigung oder Fehlfunktion der Fahrerkarte zu fertigenden Ausdrucke zu (vgl. Art. 16 Abs. 2 Satz 2 VO (EWG) Nr. 3821/85 bzw. § 2 Abs. 3 FPersV).

5 § 4 Abs. 3 Satz 8 FPersG regelt die Pflicht zur Löschung der von den Massenspeichern und den Fahrerkarten kopierten Daten und die Vernichtung der Schaublätter und Ausdrucke nach Ablauf der Aufbewahrungspflicht. Der Gesetzgeber hat Verstöße gegen die vorgenannte Vorschrift mit Bußgeld bedroht. Da das FPersG selbst Abweichungen von der einjährigen Aufbewahrungspflicht z. B. zur Erfüllung der Pflichten zur zweijährigen Aufbewahrung von Arbeitszeitnachweisen nach den Vorschriften des § 16 Abs. 2 und des § 21a Abs. 7 ArbZG vorsieht, könnte, sofern sich der Unternehmer darauf beruft, die Ahndungsvorschrift des § 8 Abs. 1 Nr. 1 Buchst. g

FPersG frühestens nach Ablauf von zwei Jahren von praktischer Bedeutung werden.

Für von Unternehmern begangene Verstöße gegen die Vorschrift des § 4 Abs. 3 Satz 9 zur lückenlosen Dokumentation und Datensicherung, des § 4 Abs. 5 Satz 5, das Betreten und Besichtigen von Grundstücken, Betriebsanlagen, Geschäftsräumen und Beförderungsmitteln zu gestatten, und des § 5 Abs. 1 Satz 1 oder des § 7 FPersG sieht das Gesetz Geldbußen von bis zu 30 000 EUR vor. 6

Soweit es zur Durchsetzung der Rechtsakte der Europäischen Gemeinschaft oder der Europäischen Union oder zur Durchsetzung des AETR erforderlich ist, wurde das Bundesministerium für Verkehr, Bau und Stadtentwicklung ermächtigt, im Einvernehmen mit dem Bundesministerium für Arbeit und Soziales und mit Zustimmung des Bundesrates u. a. Rechtsverordnungen zur Bezeichnung der Tatbestände, die als Ordnungswidrigkeit nach § 8 Abs. 1 Nr. 1 Buchst. b, Nr. 2 Buchst. b und Nr. 4 Buchst. b geahndet werden können, zu erlassen (§ 2 Nr. 1 Buchst. e und Nr. 2 Buchst. e FPersG). Unter Bezugnahme auf diese Vorschrift wurden in Abschnitt 8 der Fahrpersonalverordnung auch die durch Fahrer zu vertretenden Bußgeldtatbestände geregelt. 7

Auch die Fahrer sind verpflichtet, der zuständigen Behörde innerhalb einer von ihr festgesetzten Frist alle für die Wahrnehmung der Aufsicht über die Ausführung der Verordnungen (EG) Nr. 561/2006, (EG) Nr. 2135/98, (EU) Nr. 165/2014, des AETR sowie dieses Gesetzes und der aufgrund dieses Gesetzes erlassenen Rechtsverordnungen erforderlichen Auskünfte wahrheitsgemäß und vollständig zu erteilen und die entsprechenden Unterlagen, die sich auf diese Angaben beziehen oder aus denen die Lohn- oder Gehaltszahlungen ersichtlich sind, zur Prüfung auszuhändigen oder einzusenden. Fahrer, die gegen diese Pflicht verstoßen, handeln ordnungswidrig i. S. v. § 8 Abs. 1 Nr. 2 Buchst. c FPersG. Diese Ordnungswidrigkeit kann mit Geldbuße bis zu 5000 EUR geahndet werden. 8

Fahrer sind gem. § 4 Abs. 3 Satz 2 FPersG verpflichtet, die Schaublätter und Tätigkeitsnachweise der Vortage, die nicht mehr mitzuführen sind, unverzüglich dem Unternehmer auszuhändigen. Die Einhaltung dieser Vorschrift ist Voraussetzung dafür, dass der Unternehmer die ihm auferlegte Pflicht zur Aufbewahrung und Aushändigung bzw. Einsendung der Schaublätter und Tätigkeitsnachweise an die zuständige Aufsichtsbehörde nachkommen kann. Die Nichteinhaltung dieser Vorschrift erfüllt den Tatbestand einer Ordnungswidrigkeit, für die das Fahrpersonalgesetz Bußgeld von bis zu 5000 EUR vorsieht. 9

Bei Einsatz eines digitalen Kontrollgerätes nach dem Anhang I Verordnung (EU) Nr. 165/2014 hat der Unternehmer die auf der Fahrerkarte gespeicherten Daten spätestens alle 28 Tage, beginnend mit dem ersten Tag der Aufzeichnung, zu kopieren und im Unternehmen zu speichern (vgl. § 2 Abs. 5 FPersV). Hierzu haben ihm die Mitglieder des Fahrpersonals die 10

Fahrerkarte zur Verfügung zu stellen (vgl. § 4 Abs. 3 Satz 4 FPersG i. V. m. § 2 Abs. 5 FPersV). Fahrer, die dem Unternehmer ihre Fahrerkarte nicht oder nicht rechtzeitig zum Kopieren der Daten zur Verfügung stellen, handeln ordnungswidrig i. S. v. § 8 Abs. 1 Nr. 2 Buchst. e FPersG.

11 Während der Betriebs- und Arbeitszeit ist es den Beauftragten der Aufsichtsbehörden grundsätzlich gestattet, zur Wahrnehmung ihrer Aufgaben u. a. die Beförderungsmittel zu betreten und zu besichtigen. Dies ist von den Fahrern gem. § 4 Abs. 5 Satz 5 FPersG zu dulden. Für Verstöße gegen diese Vorschrift sieht das Fahrpersonalgesetz gem. § 8 Abs. 1 Nr. 2 Buchst. f in Verbindung mit Abs. 2 Geldbußen von bis zu 5000 EUR vor.

12 Werden bei einer Kontrolle auf Verlangen durch den Fahrer keine oder nicht vorschriftsmäßig geführte Tätigkeitsnachweise vorgelegt oder wird festgestellt, dass vorgeschriebene Unterbrechungen der Lenkzeit nicht eingelegt oder die höchstzulässige Tageslenkzeit überschritten oder einzuhaltende Mindestruhezeiten nicht genommen worden sind, können die zuständigen Behörden die Fortsetzung der Fahrt untersagen, bis die Voraussetzungen zur Weiterfahrt erfüllt sind. Verstößt ein Fahrer gegen eine solche Anordnung, sieht das Gesetz Geldbußen von bis zu 5000 EUR vor. Gleiches trifft für Verstöße gegen die untersagte Weiterfahrt nach § 7 FPersG zu.

13 Die Auskunftspflicht über die Ausführung der Verordnungen (EWG) Nr. 3820/85, (EG) Nr. 561/2006, (EG) Nr. 2135/98, des AETR und (EU) Nr. 165/2014, des FPersG und der aufgrund des FPersG erlassenen Rechtsverordnungen wurde auf die Fahrzeughalter erweitert. Durch Fahrzeughalter begangene Verstöße gegen die Vorschrift des § 4 Abs. 3 Satz 1 FPersG erfüllen ebenfalls den Tatbestand einer Ordnungswidrigkeit, für die das Gesetz einen Bußgeldrahmen von bis zu 30 000 EUR vorsieht.

Inhaber von anerkannten oder ermächtigten Werkstätten und auch die in diesen Werkstätten beschäftigten Installateure haben bei Arbeiten am Kontrollgerät u. a. die Vorschriften der FPersV, der Verordnung (EWG) Nr. 3821/85, des AETR und künftig auch der Verordnung (EU) Nr. 165/2014 zu beachten. Zu den einzelnen Bußgeldtatbeständen wird auf die Fahrpersonalverordnung verwiesen.

14 **Abs. 2** regelt die Höhe der zulässigen Geldbuße. Droht das Gesetz, wie im Falle des § 8, für vorsätzliches und fahrlässiges Handeln Geldbußen an, ohne im Höchstmaß zu unterscheiden, so kann fahrlässiges Handeln im Höchstmaß nur mit der Hälfte des angedrohten Höchstbetrages der Geldbuße geahndet werden (§ 17 Abs. 2 OWiG). Vorsätzlich begangene Ordnungswidrigkeiten können somit mit einer Geldbuße von bis zu 30 000 EUR geahndet werden. Bei Fahrlässigkeit beträgt das Höchstmaß 15 000 EUR.

Die Geldbuße soll aber grundsätzlich den wirtschaftlichen Vorteil, den der Täter aus der Ordnungswidrigkeit gezogen hat, übersteigen. Reicht das gesetzliche Höchstmaß hierzu nicht aus, kann dieses auch überschritten werden (§ 17 abs. 4 OWiG). Grundlage für die Zumessung der Geldbuße sind die Bedeutung der Ordnungswidrigkeit und der Vorwurf, der den Täter trifft (§ 17 Abs. 3 OWiG).

Art. 12 Abs. 2 des AETR verpflichtet die Vertragsstaaten, ihre Behörden zu ermächtigen, bei in ihrem Hoheitsgebiet festgestellten Verstößen gegen das AETR Sanktionen zu verhängen; dies gilt selbst dann, wenn die Verstöße im Hoheitsgebiet einer anderen Vertragspartei oder in einem Drittstaat begangen wurden. Aufgrund völkerrechtlicher Bindung war eine Ahndungsmöglichkeit für Auslandsstaaten zu schaffen (vgl. BT-Drs. 17/12856 S. 10). Mit der Ergänzung des § 8 FPersG durch Aufnahme des **Absatz 4** wurde dieser Verpflichtung in der Bundesrepublik Deutschland entsprochen. Für das Unionsrecht besteht mit § 8a Abs. 5 FPersG eine entsprechende Regelung. 15

§ 8a Bußgeldvorschriften

(1) Ordnungswidrig handelt, wer als Unternehmer gegen die Verordnung (EG) Nr. 561/2006 des Europäischen Parlaments und des Rates vom 15. März 2006 zur Harmonisierung bestimmter Sozialvorschriften im Straßenverkehr und zur Änderung der Verordnungen (EWG) Nr. 3821/85 und (EG) Nr. 2135/98 des Rates sowie zur Aufhebung der Verordnung (EWG) Nr. 3820/85 des Rates (ABl. EU Nr. L 102 S. 1), die zuletzt durch die Verordnung (EG) Nr. 1073/2009 (ABl. L 300 vom 14. 11. 2009, S. 88) geändert worden ist, verstößt, indem er vorsätzlich oder fahrlässig

1. einen Schaffner oder Beifahrer einsetzt, der das in Artikel 5 genannte Mindestalter nicht erreicht hat,

2. nicht dafür sorgt, dass die in Artikel 6 Abs. 1 Satz 1, Abs. 2 oder 3 genannten Lenkzeiten, die in Artikel 7 Satz 1 genannte Fahrtunterbrechung oder die in Artikel 8 Abs. 2 Satz 1, Abs. 4 bis 7 genannten Ruhezeiten vom Fahrer eingehalten werden,

3. entgegen Artikel 16 Abs. 2 Satz 1 in Verbindung mit Abs. 3 Buchstabe a Halbsatz 1 einen Fahrplan oder einen Arbeitszeitplan nicht, nicht richtig oder nicht vollständig erstellt oder

4. entgegen Artikel 16 Abs. 3 Buchstabe c einen Arbeitszeitplan nicht oder nicht mindestens ein Jahr aufbewahrt.

Im Fall von Satz 1 Nummer 2 sorgt der Unternehmer auch dann nicht dafür, dass die regelmäßige wöchentliche Ruhezeit nach Artikel 8 Absatz 6 eingehalten wird, wenn diese im Fahrzeug oder an einem Ort ohne geeignete Schlafmöglichkeit verbracht wird.

(2) Ordnungswidrig handelt, wer als Fahrer gegen die Verordnung (EG) Nr. 561/2006 verstößt, indem er vorsätzlich oder fahrlässig

1. eine in Artikel 6 Abs. 1 Satz 1, Abs. 2 oder 3 genannte Lenkzeit, die in Artikel 7 Satz 1 genannte Fahrtunterbrechung oder eine in Artikel 8

Abs. 2 Satz 1, Absatz 4, 5, 6, 6a Satz 1 oder Absatz 7 genannte Ruhezeit oder Ruhepause nicht einhält,

2. entgegen Artikel 6 Abs. 5 eine andere Arbeit oder eine Bereitschaftszeit nicht, nicht richtig oder nicht in der vorgeschriebenen Weise festhält,

3. entgegen Artikel 12 Satz 2 Art oder Grund einer Abweichung nicht, nicht richtig, nicht in der vorgeschriebenen Weise oder nicht rechtzeitig vermerkt oder

4. entgegen Artikel 16 Abs. 2 Unterabs. 2 einen Auszug auf dem Arbeitszeitplan oder eine Ausfertigung des Linienfahrplans nicht mit sich führt.

Im Fall von Satz 1 Nummer 1 wird die regelmäßige wöchentliche Ruhezeit nach Art. 8 Absatz 6 auch dann nicht eingehalten, wenn diese im Fahrzeug oder an einem Ort ohne geeignete Schlafmöglichkeit verbracht wird.

(3) Ordnungswidrig handelt, wer als Unternehmer, Verlader, Spediteur, Reiseveranstalter oder Fahrervermittler einen Beförderungszeitplan vertraglich vereinbart und nicht sicherstellt, dass dieser Beförderungszeitplan nicht gegen eine in Absatz 2 Nr. 1 genannte Vorschrift verstößt.

(4) Die Ordnungswidrigkeit kann in den Fällen der Absätze 1 und 3 mit einer Geldbuße bis zu dreißigtausend Euro, in den übrigen Fällen mit einer Geldbuße bis zu fünftausend Euro geahndet werden.

(5) In den Fällen der Absätze 1 und 2 kann die Ordnungswidrigkeit auch dann geahndet werden, wenn sie nicht im Geltungsbereich dieses Gesetzes begangen wurde.

1 § 8a FPersG regelt die Ahndung vorsätzlich oder fahrlässig begangener Zuwiderhandlungen gegen die Bestimmungen der Verordnung (EG) Nr. 561/2006. Normadressat in Abs. 1 sind die Unternehmer, in Abs. 2 die Fahrer und in Abs. 3 die Unternehmer, die Verlader, die Spediteure, die Reiseveranstalter und die Fahrervermittler.

2 Artikel 5 der Verordnung (EG) Nr. 561/2006 setzt das Mindestalter von Schaffnern und Beifahrern auf das vollendete 18. Lebensjahr fest. Von der den Mitgliedstaaten eingeräumten Möglichkeit, das Mindestalter für Beifahrer auf das vollendete 16. Lebensjahr herabzusetzen, wurde in der Bundesrepublik zum Zweck der Berufsausbildung für Beförderungen im Umkreis von 50 Kilometern vom Standort des Fahrzeugs Gebrauch gemacht. Der Einsatz von Beifahrern und Schaffnern, die das Mindestalter noch nicht erreicht haben, erfüllt den Tatbestand einer Ordnungswidrigkeit.

3 Die Vorschrift des 8a Abs. 1 Nr. 2 FPersG erfasst alle Zuwiderhandlungen gegen die Lenk- und Ruhezeitvorschriften nach Art. 6 und 8 VO (EG) Nr. 561/2006 und gegen die Vorschrift über Fahrtunterbrechungen nach Art. 7 VO (EG) Nr. 561/2006. Eine durch den Unternehmer begangene

Ordnungswidrigkeit i. S. dieser Vorschrift liegt dann vor, wenn dieser durch aktives Tun oder pflichtwidriges Unterlassen im Rahmen der ihm obliegenden Disposition der Fahrt die Nichteinhaltung der Lenkzeit-, Ruhezeit- und Fahrtunterbrechungsvorschrift verursacht hat. Ordnungswidrig kann danach insbesondere eine Anweisung sein, mit der der Unternehmer den Fahrer mit einer Fahrt beauftragt, die dieser unter Einhaltung der zulässigen Höchstgeschwindigkeit ohne Verstoß gegen die vorgeschriebenen Lenk- und Ruhezeiten von vornherein nicht bewältigen kann (OLG Düsseldorf v. 26. 6. 1984 – 5 Ss (Owi) 78/84 – 74/84 I). Den Fahrer entlastet dies grundsätzlich nicht, denn auch er ist verpflichtet, die Lenk- und Ruhezeitvorschriften für das Fahrpersonal einzuhalten.
Systematisch ungewöhnlich ist, dass in diesem Rahmen neuerdings Aussagen zum materiellen Inhalt der Ruhezeitvorschriften getroffen werden. Danach ist die regelmäßige wöchentliche Ruhezeit nicht eingehalten, wenn diese im Fahrzeug oder an einem Ort ohne geeignete Schlafmöglichkeit verbracht wird. Richtigerweise muss dies auch für die Einhaltung der verkürzten wöchentlichen Ruhezeit sowie für die tägliche Ruhezeit gelten.
In den Fällen, in denen eine Zuwiderhandlung des Unternehmers nicht festzustellen ist, weil er mit der Disposition eine andere Person beauftragt hat, bleibt zu prüfen, ob eine Verletzung der Aufsichtspflicht i. S. v. § 130 Abs. 1 OWiG vorliegt.

Hinweise für die Praxis: 4
Ordnungswidrig handelt, wer als Unternehmer entgegen Art. 16 Abs. 3 Buchstabe c der Verordnung (EG) Nr. 561/2006 einen Arbeitszeitplan nicht oder nicht mindestens ein Jahr aufbewahrt.

Zu weitergehenden Aufbewahrungspflichten von Arbeitszeitnachweisen wird auf die Vorschriften des § 16 Abs. 2 und des § 21a Abs. 7 ArbZG verwiesen. Verstöße gegen diese Vorschriften erfüllen ebenfalls den Tatbestand einer Ordnungswidrigkeit (§ 22 Abs. 1 Nr. 9 ArbZG).

Die Vorschrift des § 8a Abs. 2 Nr. 1 FPersG erfasst alle durch Fahrer zu ver- 5
tretenden Zuwiderhandlungen gegen die Lenk- und Ruhezeitvorschriften nach Art. 6 und 8 und gegen die Vorschrift über Fahrtunterbrechungen nach Art. 7 der Verordnung (EG) Nr. 561/2006. Zu den Begriffsbestimmungen wird auf Art. 4 der Verordnung (EG) Nr. 561/2006, zur Auslegung der Vorschriften über die Lenk- und Ruhezeiten und die zur Einlegung von Lenkzeitunterbrechungen auf die Ausführungen zu den Art. 6, 7 und 8 der Verordnung (EG) Nr. 561/2006 verwiesen.

Gemäß Art. 6 Abs. 5 der VO (EG) Nr. 561/2006 haben Fahrer die Zeiten, in 6
denen sie andere Arbeiten i. S. v. Art. 4 Buchstabe e VO (EG) Nr. 561/2006 verrichtet haben, Lenkzeiten in gewerblich genutzten Fahrzeugen außerhalb des Geltungsbereiches der VO (EG) Nr. 561/2006 und die seit der täglichen

oder der wöchentlichen Ruhezeit verbrachten Bereitschaftszeiten i. S. des Art. 15 Abs. 3 Buchstabe c VO (EWG) Nr. 3821/85 handschriftlich auf einem Schaublatt oder einem Ausdruck zu vermerken oder manuell in das digitale Kontrollgerät einzugeben.

Wer als Fahrer entgegen Art. 6 Abs. 5 VO (EG) Nr. 561/2006 eine Zeit anderer Arbeit oder der Bereitschaft nicht, nicht richtig oder nicht in der vorgeschriebenen Weise festhält, begeht eine Ordnungswidrigkeit, die mit Geldbuße bis zu 5000 EUR geahndet werden kann.

7 Art. 12 der VO (EG) Nr. 561/2006 soll es den Fahrern ermöglichen, zur Erreichung eines geeigneten Halteplatzes unter bestimmten Voraussetzungen von den Vorschriften der VO (EG) Nr. 561/2006 abzuweichen (vgl. Art. 12 VO (EG) Nr. 561/2006). Der Fahrer hat in diesen Fällen Art und Grund der Abweichung spätestens bei Erreichen des geeigneten Halteplatzes handschriftlich auf dem Schaublatt des Kontrollgerätes oder einem Ausdruck aus dem Kontrollgerät oder in einem Arbeitszeitplan zu vermerken. Fehlende Vermerke bei zulässigen Abweichungen erfüllen den Tatbestand einer Ordnungswidrigkeit nach § 8a Abs. 2 Nr. 3 FPersG.

8 **Abs. 3** regelt die erweiterte bußgeldrechtliche Haftung für den Fall unrealistischer Zeitvorgaben. Gemäß Art. 10 Abs. 4 der Verordnung (EG) Nr. 561/2006 haben Unternehmer, Verlader, Spediteure, Reiseveranstalter, Hauptauftraggeber, Unterauftragnehmer und Fahrervermittlungsagenturen sicher zu stellen, dass die Beförderungszeitpläne so auszurichten sind, dass das Fahrpersonal die Lenk- und Ruhezeitvorschriften der Verordnung (EG) Nr. 561/2006 einhalten kann.

Beim Abschluss von Beförderungsverträgen, in denen durch unrealistische Zeitvorgaben der Zielort zum vorgegebenen Zeitpunkt nur durch Überschreitung der zulässigen Lenkzeit oder durch Unterschreitung der Ruhezeitvorgaben erreicht werden kann, handeln auch die Vertrag schließenden Unternehmer, Verlader, Spediteure, Reiseveranstalter oder Fahrervermittler ordnungswidrig. Derartige Zuwiderhandlungen können mit Geldbuße bis zu 30 000 EUR geahndet werden.

9 **Abs. 4** regelt die Höhe der zulässigen Geldbuße. Droht das Gesetz wie in § 8a für vorsätzliches und für fahrlässiges Handeln Geldbußen an, ohne im Höchstmaß zu unterscheiden, so kann fahrlässiges Handeln im Höchstmaß nur mit der Hälfte des angedrohten Höchstbetrages der Geldbuße geahndet werden (§ 17 Abs. 2 OWiG). Sogenannte Unternehmerverstöße (Abs. 1) können demnach bei Vorsatz mit einer Geldbuße von bis zu 30 000 EUR, bei Fahrlässigkeit mit einer Geldbuße von bis zu 15 000 EUR geahndet werden.

Die Geldbuße soll jedoch grundsätzlich den wirtschaftlichen Vorteil, den der Täter aus der Ordnungswidrigkeit gezogen hat, übersteigen. Reicht das gesetzliche Höchstmaß hierzu nicht aus, so kann es überschritten werden (§ 17 Abs. 4 OWiG). Grundlage für die Zumessung der Geldbuße sind die

Bedeutung der Ordnungswidrigkeit und der Vorwurf, der den Täter trifft (§ 17 Abs. 3 OWiG).

Mit der Vorschrift des Art. 10 Abs. 3 VO (EG) Nr. 561/2006 wurde die Haf- **10**
tung des Verkehrsunternehmens auch auf Zuwiderhandlungen gegen die Bestimmungen der Verordnung (EG) Nr. 561/2006, die im Hoheitsgebiet eines anderen Mitgliedstaates oder eines Drittstaates begangen wurden, erweitert. § 8a Abs. 5 FPersG bildet für die Ahndungsbehörden in der Bundesrepublik Deutschland die Rechtsgrundlage, derartige Zuwiderhandlungen weiterzuverfolgen und ahnden zu können.

§ 9 Zuständigkeit für die Verfolgung und Ahndung von Ordnungswidrigkeiten

(1) Wird ein Verstoß in einem Unternehmen begangen, das im Geltungsbereich dieses Gesetzes seinen Sitz oder eine geschäftliche Niederlassung hat, ist nur die Verwaltungsbehörde örtlich zuständig, in deren Bezirk die geschäftliche Niederlassung oder der Hauptsitz des Betriebes liegt, bei dem der Betroffene tätig ist. Die §§ 38 und 39 des Gesetzes über Ordnungswidrigkeiten gelten entsprechend. Soweit nach Satz 1 oder Satz 2 eine Verwaltungsbehörde zuständig ist, die nicht auch für die Kontrolle der Bestimmungen dieses Gesetzes auf dem Betriebsgelände zuständig ist, unterrichtet diese Verwaltungsbehörde die für die Kontrollen der Bestimmungen dieses Gesetzes auf dem Betriebsgelände zuständige Behörde über begangene Ordnungswidrigkeiten.

(2) Wird ein Verstoß in einem Unternehmen begangen, das im Geltungsbereich des Gesetzes weder seinen Sitz noch eine geschäftliche Niederlassung hat, und hat auch der Betroffene im Geltungsbereich des Gesetzes keinen Wohnsitz, so ist Verwaltungsbehörde im Sinne des § 36 Abs. 1 Nr. 1 des Gesetzes über Ordnungswidrigkeiten das Bundesamt für Logistik und Mobilität.

(3) (weggefallen)

(4) (weggefallen)

Abs. 1 regelt die örtliche Zuständigkeit unter Bezugnahme auf den Sitz des **1**
Betriebes oder der geschäftlichen Niederlassung.

Artikel 6 der Richtlinie 2006/22/EG schreibt vor, dass bei Kontrollen auf dem Betriebsgelände die bisherigen Erfahrungen mit den verschiedenen Beförderungsarten und Unternehmenstypen zu berücksichtigen sind. Insbesondere sind Betriebskontrollen durchzuführen, wenn schwere Verstöße bei Straßenkontrollen festgestellt werden. Weiterhin haben die Mitgliedstaaten ein System zur Risikoeinstufung zu errichten. Um diesen Forderungen gerecht zu werden, muss sichergestellt sein, dass Informationen aus Betriebs- und Straßenkontrollen über begangene Ordnungswidrigkeiten bei der für den Betrieb zuständigen Behörde hinsichtlich der Risikoeinstufung verarbeitet werden können. Durch die Regelung der örtlichen Zuständigkeit in § 9 Abs. 1 Satz 1 FPersG wird sichergestellt, dass in der Mehrzahl der Fälle die Verfolgung der Ordnungswidrigkeiten jeweils durch die Behörde erfolgt, die auch für Betriebskontrollen zuständig ist. Die Formulierung »im Unternehmen« geht dabei vom Unternehmen im rechtlich-organisatorischen Sinne aus, sodass auch die Verstöße auf der Straße mit umfasst sind. § 9 Abs. 1 Satz 3 FPersG stellt sicher, dass die jeweils für die Betriebskontrollen zuständige Behörde die Ahndungsergebnisse auch dann erhält, wenn z. B. bei tateinheitlicher Begehung aufgrund der Notwendigkeit einer einheitlichen Ahndung die Verfolgung durch eine andere Verwaltungsbehörde erfolgt (Bundesratsdrucksache 159/10 vom 26. 3. 2010).

2 **Abs. 2** definiert die Zuständigkeit des Bundesamtes für Güterverkehr. Danach ist diese Behörde dann sachlich zuständig für die Verfolgung und Ahndung von Ordnungswidrigkeiten, wenn der Betroffene keinen Wohnsitz in der Bundesrepublik Deutschland hat und das Unternehmen, in dem er beschäftigt ist, weder Sitz noch geschäftliche Niederlassung im Geltungsbereich des FPersG unterhält. Die Zuständigkeit des Bundesamtes für Güterverkehr beschränkt sich in diesen Fällen nicht auf den gewerblichen Güterverkehr, sondern erfasst auch das Fahrpersonal von Kraftomnibussen und, soweit es sich um sogenannte Unternehmensverstöße handelt, auch die Verantwortlichen von Personenbeförderungsbetrieben.

§ 10 Datenschutzbestimmungen

(1) Die nach § 9 für die Durchführung von Bußgeldverfahren zuständigen Behörden dürfen folgende personenbezogene Daten über laufende und abgeschlossene Bußgeldverfahren wegen der in § 8 Absatz 1 und der in § 8a Absatz 1 bis 3 genannten Ordnungswidrigkeiten verarbeiten, soweit dies für die Erfüllung ihrer Aufgaben oder für Zwecke der Beurteilung der Zuverlässigkeit des Unternehmens, bei dem die betroffene Person angestellt ist, erforderlich ist:

1. **Name, Anschrift, Geburtsdatum und Geburtsort der betroffenen Personen, Name und Anschrift des Unternehmens,**
2. **Zeit und Ort der Begehung der Ordnungswidrigkeit,**
3. **die gesetzlichen Merkmale der Ordnungswidrigkeit,**
4. **Bußgeldbescheide mit dem Datum ihres Erlasses und dem Datum des Eintritts ihrer Rechtskraft sowie**
5. **die Höhe der Geldbuße und**
6. **das Datum der Verwarnung oder des Erlasses des Verwarnungsgeldes.**

(2) Die in Absatz 1 genannten Behörden übermitteln die Daten nach Absatz 1 für die dort genannten Zwecke

1. an öffentliche Stellen, soweit die Daten für die Entscheidung über den Zugang zum Beruf des Güter- und Personenkraftverkehrsunternehmers erforderlich sind,
2. auf Ersuchen an Gerichte und die Behörden, die in Bezug auf die Aufgaben nach diesem Gesetz Verwaltungsbehörde nach § 36 Abs. 1 Nr. 1 des Gesetzes über Ordnungswidrigkeiten sind oder
3. in den Fällen des § 9 Absatz 1 Satz 3 an die für die Kontrollen der Bestimmungen dieses Gesetzes auf dem Betriebsgelände zuständigen Verwaltungsbehörden.

(2a) Die in Absatz 1 genannten Behörden haben Zuwiderhandlungen, die Anlass geben, an der Zuverlässigkeit des Unternehmers und der Verkehrsleiter zu zweifeln, dem Unternehmen und der für das Unternehmen zuständigen Erlaubnisbehörde nach § 3 Abs. 7 des Güterkraftverkehrsgesetzes oder der Genehmigungsbehörde nach § 11 Abs. 1 des Personenbeförderungsgesetzes mitzuteilen. Zur Feststellung von Wiederholungsfällen haben sie die Zuwiderhandlungen der Angehörigen desselben Unternehmens zusammenzuführen.

(3) Eine Übermittlung unterbleibt, soweit hierdurch schutzwürdige Interessen der betroffenen Person beeinträchtigt würden und nicht das öffentliche Interesse das Geheimhaltungsinteresse der betroffenen Person überwiegt.

(4) Der Empfänger darf die nach Absatz 2 übermittelten Daten nur für den Zweck verarbeiten, zu dessen Erfüllung sie ihm übermittelt werden.

(5) Erweisen sich übermittelte Daten als unrichtig, so ist der Empfänger unverzüglich zu unterrichten, wenn dies zur Wahrung schutzwürdiger Interessen der betroffenen Person erforderlich ist.

(6) Die nach den Absätzen 1 und 2 gespeicherten Daten sind zwei Jahre nach dem Eintritt der Rechtskraft des Bußgeldbescheides zu löschen. Wurde das Bußgeld zwei Jahre nach Rechtskraft des Bußgeldbescheides noch nicht oder nicht vollständig gezahlt, so sind die nach den Absätzen 1 und 2 gespeicherten Daten erst bei Eintritt der Vollstreckungsverjährung zu löschen. Wurde die betroffene Person schriftlich verwarnt oder das Verfahren eingestellt, so sind die Daten zwei Jahre nach dem Erlaß der Verwarnungen zu löschen. Daten eingestellter Verfahren sind unverzüglich zu löschen.

(7) § 25 Absatz 1 Satz 1 in Verbindung mit § 23 Absatz 1 Nummer 3 und 4 des Bundesdatenschutzgesetzes sowie die entsprechenden Vorschriften der Landesdatenschutzgesetze bleiben unberührt.

Die Vorschrift des § 10 regelt die datenschutzrechtliche Behandlung personenbezogener Daten in Ordnungswidrigkeitenverfahren nach dem Fahrpersonalgesetz. Ohne die Möglichkeit der Speicherung, Veränderung und 1

Nutzung personenbezogener Daten wäre eine Überwachung der zur Durchführung der Verordnungen (EG) Nr. 561/2006 und (EWG) Nr. 3821/85, (EU) Nr. 165/2014, des AETR und der in Umsetzung der Vorgaben des Art. 9 der Richtlinie 2006/22/EG vorzunehmenden Risikoeinstufung in der Bundesrepublik Deutschland nicht oder nur in bedingtem Umfang möglich. Durch den Verweis auf § 9 FPersG (Zuständigkeit für die Verfolgung und Ahndung von Ordnungswidrigkeiten) werden die zuständigen Behörden der Länder in die Datenschutzbestimmungen mit einbezogen.

2 **Abs. 1** gestattet die Speicherung, Veränderung und Nutzung bestimmter personenbezogener Daten durch die Behörde. **Personenbezogene Daten** sind Einzelangaben über persönliche und sachliche Verhältnisse einer bestimmten oder bestimmbaren natürlichen Person (§ 3 Abs. 1 BDSG). Daten i. S. dieser Vorschrift, die durch die zuständige Behörde gespeichert, verändert und genutzt werden können, sind u. a. Angaben zu dem Betroffenen selbst, wie Name, Anschrift, Geburtsdatum und -ort, aber auch bestimmte Angaben über den Beschäftigungsbetrieb (Anschrift des Unternehmens). Die auf der Grundlage des Abs. 1 gespeicherten Daten dürfen nur von den für die Verfolgung und Ahndung von Ordnungswidrigkeiten nach dem FPersG zuständigen Behörden (Länderbehörden, Bundesamt für Güterverkehr) gespeichert und genutzt werden. Die zur Speicherung kommenden personenbezogenen Daten müssen aus noch laufenden bzw. bereits abgeschlossenen Bußgeldverfahren aufgrund festgestellter Ordnungswidrigkeiten nach den §§ 8 und 8a FPersG stammen. Die unter den Ziffern 1 bis 6 aufgeführte Aufzählung ist abschließend, d. h., dass die zuständige Bußgeldbehörde nur die dort aufgeführten Daten zur Erfüllung ihrer Aufgaben sowie für Zwecke der Beurteilung der Zuverlässigkeit des Unternehmens, bei dem der Betroffene angestellt ist, speichern, verändern oder nutzen darf.

- **Speichern** ist das Erfassen, Aufnehmen oder Aufbewahren personenbezogener Daten auf einem Datenträger zum Zweck ihrer weiteren Verarbeitung oder Nutzung (§ 3 Abs. 4 Nr. 1 BDSG).
- **Verändern** ist das inhaltliche Umgestalten gespeicherter personenbezogener Daten (§ 3 Abs. 4 Nr. 2 BDSG).
- **Nutzen** ist jede Verwendung personenbezogener Daten, soweit es sich nicht um Verarbeitung handelt (§ 3 Abs. 5 BDSG).

3 Ein Rückgriff auf personenbezogene Daten kann für die Bußgeldbehörde erforderlich werden, um festzustellen, ob der Betroffene in der Vergangenheit wegen gleicher Verstöße bereits in Erscheinung getreten ist. Dies könnte sich bei der Festsetzung der Geldbuße auf die Höhe auswirken. Außerdem benötigen die zuständigen Aufsichtsbehörden (die häufig auch Verfolgungs- und Ahndungsbehörden sind) solche Erkenntnisse, um die ihnen obliegenden Aufsichtsaufgaben effizient zu organisieren und durchzuführen.

4 **Abs. 2** erlaubt die Übermittlung der hier genannten Daten an öffentliche Stellen, Gerichte und Behörden. Die Behörden, die nach § 9 FPersG zustän-

dig für die Verfolgung und Ahndung von Ordnungswidrigkeiten sind, übermitteln die nach Abs. 1 zu speichernden Daten an die für die Entscheidung über den Zugang zum Beruf des Güter- und Kraftverkehrsunternehmers in Betracht kommenden Stellen und auf Ersuchen auch an Gerichte und zuständige Verwaltungsbehörden.

Soweit nach § 9 Abs. 1 Satz 3 FPersG in einem Ordnungswidrigkeitenverfahren eine Verwaltungsbehörde zuständig ist, die nicht auch für die Kontrolle der Bestimmungen dieses Gesetzes auf dem Betriebsgelände zuständig ist, sieht das FPersG in § 10 ebenfalls eine Informationspflicht an die für die Kontrollen der Bestimmungen dieses Gesetzes auf dem Betriebsgelände zuständige Behörde vor. Die Datenübermittlung dient in diesen Fällen der Erfassung aller einem Unternehmen zuzuordnenden Zuwiderhandlungen gegen die Sozialvorschriften im Straßenverkehr im Rahmen der Risikoeinstufung, die durch die für den Betriebssitz zuständige Aufsichtsbehörde vorzunehmen ist.

Übermitteln von Daten i. S. des BDSG bedeutet das Bekanntgeben gespeicherter oder durch Datenverarbeitung gewonnener personenbezogener Daten an einen Dritten in der Weise, dass:

- die Daten an den Dritten weitergegeben werden oder
- der Dritte zur Einsicht oder zum Abruf bereitgehaltene Daten einsieht oder abruft (§ 3 Abs. 4 Nr. 3 BDSG).

Die Weitergabe personenbezogener Daten in den genannten Berufszugangsverfahren trifft auf alle Verfahren zur Erteilung, Rücknahme und Widerruf von Genehmigungen nach dem Personenbeförderungsgesetz und Erlaubnissen nach dem Güterkraftverkehrsgesetz zu.

Absatz 2a regelt, dass die für die Durchführung von Bußgeldverfahren zuständigen Behörden Zuwiderhandlungen dem Unternehmen und der für das Unternehmen zuständigen Erlaubnisbehörde nach § 3 Abs. 7 GüKG oder der nach § 11 Abs. 1 PBefG zuständigen Genehmigungsbehörde mitzuteilen haben. Dies gilt für Zuwiderhandlungen, die Anlass geben, an der Zuverlässigkeit des Unternehmens und der zur Führung der Kraftverkehrsgeschäfte bestellten Personen zu zweifeln.

Abs. 3 bestimmt, in welchen Fällen eine Datenübermittlung unterbleiben 5
muss. Eine nach den Maßgaben des Abs. 2 zulässige Weitergabe personenbezogener Daten hat zu unterbleiben, soweit hierdurch schutzwürdige Interessen des Betroffenen beeinträchtigt würden und nicht das öffentliche Interesse das Geheimhaltungsinteresse des Betroffenen überwiegt.

Abs. 4 beschränkt den Nutzungszweck der Daten. Die übermittelten perso- 6
nenbezogenen Daten dürfen von den in Abs. 2 genannten Stellen ausschließlich für den Zweck verarbeitet oder genutzt werden, zu dessen Erfüllung sie von der Bußgeldbehörde an sie übersandt wurden.

Abs. 5 regelt die Verfahrensweise bei unrichtiger Datenübermittlung. Stellt 7
sich heraus, dass eine datenübermittelnde Stelle einem Empfänger (Abs. 2)

unrichtige Daten übermittelt hat, so ist der Empfänger, sofern dies zur Wahrung schutzwürdiger Interessen des Betroffenen erforderlich ist, hierüber unverzüglich zu unterrichten.

8 **Abs. 6** bestimmt die Löschfrist. Personenbezogene Daten aus Bußgeldbescheiden sind zwei Jahre nach dem Eintritt der **Rechtskraft** zu löschen, d.h. unkenntlich zu machen (§ 3 Abs. 4 Nr. 5 BDSG). Bußgeldbescheide werden infolge des (ungenutzten) Ablaufs der Rechtsbehelfsfrist oder aufgrund der Rücknahme, des Verzichts oder der Verwerfung des Rechtsbehelfs unanfechtbar und damit formell rechtskräftig. Hat der Betroffene zwei Jahre nach Rechtskraft des Bußgeldbescheides das Bußgeld noch nicht oder nicht vollständig bezahlt, so sind die Daten erst bei Eintritt der Vollstreckungsverjährung (§ 34 OWiG) zu löschen. In Fällen der Ahndung geringfügiger Ordnungswidrigkeiten durch Verwarnung des Betroffenen (§ 56 OWiG) sind die Daten zwei Jahre nach Erlass der Verwarnung zu löschen.

9 **Abs. 7** verweist auf weitergehende Regelungen des Bundesdatenschutzgesetzes und der Datenschutzgesetze der Länder. Die Vorschrift des § 10 Abs. 7 regelt die über die Datenschutzbestimmungen des § 10 FPersG hinausgehende und ergänzende Anwendbarkeit des § 15 Abs. 1 i. V. m. § 14 Abs. 2 Nr. 6 und 7 BDSG sowie der entsprechenden Vorschriften der Datenschutzgesetze der Länder.

Die Übermittlung personenbezogener Daten an öffentliche Stellen ist gem. § 15 Abs. 1 BDSG nur zulässig, wenn:

- sie zur Erfüllung der in der Zuständigkeit der übermittelnden Stellen oder des Dritten, an den die Daten übermittelt werden, liegenden Aufgaben erforderlich ist und
- die Voraussetzungen vorliegen, die eine Nutzung nach § 14 BDSG zulassen würden.

Ein Speichern, Verändern oder Nutzen personengebundener Daten für andere Zwecke ist nur zulässig, wenn dies

- zur Abwehr erheblicher Nachteile für das Gemeinwohl oder einer Gefahr für die öffentliche Sicherheit oder zur Wahrung erheblicher Belange des Gemeinwohls oder
- zur Verfolgung von Straftaten oder Ordnungswidrigkeiten, zur Vollstreckung oder zum Vollzug von Straftaten oder Maßnahmen i. S. des § 11 Abs. 1 und 8 StGB oder es von Erziehungsmaßregeln oder Zuchtmitteln i. S. des JGG oder zur Vollstreckung von Bußgeldbescheiden

erforderlich ist.

§ 11 Inkrafttreten

C. Verordnung zur Durchführung des Fahrpersonalgesetzes (Fahrpersonalverordnung – FPersV)

vom 27. Juni 2005 (BGBl. I S. 1882), zuletzt geändert durch Artikel 37 des Gesetzes vom 15. Juli 2024 (BGBl I Nr. 236) geändert wurde.

Abschnitt 1
Lenk- und Ruhezeiten im nationalen Bereich

§ 1 Lenk- und Ruhezeiten im Straßenverkehr

(1) Fahrer

1. von Fahrzeugen, die zur Güterbeförderung dienen und deren zulässige Höchstmasse einschließlich Anhänger oder Sattelanhänger mehr als 2,8 Tonnen und nicht mehr als 3,5 Tonnen beträgt, sowie

2. von Fahrzeugen, die zur Personenbeförderung dienen, nach ihrer Bauart und Ausstattung geeignet und dazu bestimmt sind, mehr als neun Personen einschließlich Fahrer zu befördern, und im Linienverkehr mit einer Linienlänge bis zu 50 Kilometern eingesetzt sind,

haben Lenkzeiten, Fahrtunterbrechungen und Ruhezeiten nach Maßgabe der Artikel 4, 6 bis 9 und 12 der Verordnung (EG) Nr. 561/2006 des Europäischen Parlaments und des Rates vom 15. März 2006 zur Harmonisierung bestimmter Sozialvorschriften im Straßenverkehr und zur Änderung der Verordnungen (EWG) Nr. 3821/85 und (EG) Nr. 2135/98 des Rates sowie zur Aufhebung der Verordnung (EWG) Nr. 3820/85 des Rates (ABl. EU Nr. L 102 S. 1) einzuhalten.

(2) Absatz 1 findet keine Anwendung auf

1. Fahrzeuge, die in § 18 genannt sind,

2. Fahrzeuge, die in Artikel 3 Buchstabe b bis i der Verordnung (EG) Nr. 561/2006 genannt sind,

3. Fahrzeuge, die zur Beförderung von Material, Ausrüstungen oder Maschinen, die der Fahrer zur Ausübung seiner beruflichen Tätigkeit benötigt, verwendet werden, soweit das Lenken des Fahrzeugs nicht die Haupttätigkeit des Fahrers darstellt,

3a. Fahrzeuge, die zur Beförderung von Gütern, die im Betrieb, dem der Fahrer angehört, in handwerklicher Fertigung oder Kleinserie hergestellt wurden oder deren Reparatur im Betrieb vorgesehen ist oder durchgeführt wurde, verwendet werden, soweit das Lenken des Fahrzeugs nicht die Haupttätigkeit des Fahrers darstellt,

4. Fahrzeuge, die als Verkaufswagen auf öffentlichen Märkten oder für den ambulanten Verkauf verwendet werden und für diese Zwecke besonders ausgestattet sind, soweit das Lenken des Fahrzeugs nicht die Haupttätigkeit des Fahrers darstellt, und
5. selbstfahrende Arbeitsmaschinen nach § 2 Nr. 17 der Fahrzeug-Zulassungsverordnung.

(3) Abweichend von Absatz 1 in Verbindung mit Artikel 7 der Verordnung (EG) Nr. 561/2006 haben Fahrer von Kraftomnibussen im Linienverkehr mit einer Linienlänge bis zu 50 Kilometern Fahrtunterbrechungen nach Maßgabe der folgenden Vorschriften einzuhalten:

1. Beträgt der durchschnittliche Haltestellenabstand mehr als drei Kilometer, so ist nach einer Lenkzeit von viereinhalb Stunden eine Fahrtunterbrechung von mindestens 30 zusammenhängenden Minuten einzulegen. Diese Fahrtunterbrechung kann durch zwei Teilunterbrechungen von jeweils mindestens 20 zusammenhängenden Minuten oder drei Teilunterbrechungen von jeweils mindestens 15 Minuten ersetzt werden. Die Teilunterbrechungen müssen innerhalb der Lenkzeit von höchstens viereinhalb Stunden oder teils innerhalb dieser Zeit und teils unmittelbar danach liegen.
2. Beträgt der durchschnittliche Haltestellenabstand nicht mehr als drei Kilometer, sind als Fahrtunterbrechungen auch Arbeitsunterbrechungen ausreichend, soweit diese nach den Dienst- und Fahrplänen in der Arbeitsschicht enthalten sind (z.B. Wendezeiten). Voraussetzung hierfür ist, dass die Gesamtdauer der Arbeitsunterbrechungen mindestens ein Sechstel der vorgesehenen Lenkzeit beträgt. Nach einer ununterbrochenen Lenkzeit von viereinhalb Stunden ist eine Fahrtunterbrechung von mindestens 45 Minuten erforderlich. Arbeitsunterbrechungen unter zehn Minuten werden bei der Berechnung der Gesamtdauer nicht berücksichtigt. Durch Tarifvertrag kann vereinbart werden, dass Arbeitsunterbrechungen von mindestens acht Minuten berücksichtigt werden können, wenn ein Ausgleich vorgesehen ist, der die ausreichende Erholung des Fahrers erwarten lässt. Für Fahrer, die nicht in einem Arbeitsverhältnis stehen, kann die nach Landesrecht zuständige Behörde entsprechende Abweichungen bewilligen.

(4) Abweichend von Absatz 1 in Verbindung mit Artikel 8 Abs. 6 der Verordnung (EG) Nr. 561/2006 sind Fahrer der in Absatz 1 Nr. 2 genannten Fahrzeuge nicht zur Einlegung einer wöchentlichen Ruhezeit nach höchstens sechs 24-Stunden-Zeiträumen verpflichtet. Sie können die wöchentlich einzuhaltenden Ruhezeiten auf einen Zweiwochenzeitraum verteilen.

(5) Der Unternehmer hat dafür zu sorgen, dass die Vorschriften über die Lenkzeiten, die Fahrtunterbrechungen und die Ruhezeiten gemäß den

Artikeln 4, 6 bis 9 und 12 der Verordnung (EG) Nr. 561/2006 eingehalten werden. Artikel 10 Abs. 2 der Verordnung (EG) Nr. 561/2006 findet entsprechende Anwendung.

(6) Der Fahrer eines in Absatz 1 Nr. 1 genannten Fahrzeugs hat, sofern dieses Fahrzeug nicht nach Absatz 2 ausgenommen ist, folgende Zeiten aufzuzeichnen:

1. Lenkzeiten,
2. alle sonstigen Arbeitszeiten einschließlich der Bereitschaftszeiten,
3. Fahrtunterbrechungen und
4. tägliche und wöchentliche Ruhezeiten.

Die Aufzeichnungen sind für jeden Tag getrennt zu fertigen und müssen folgende Angaben enthalten:

1. Vor- und Familienname,
2. Datum,
3. amtliche Kennzeichen der benutzten Fahrzeuge,
4. Ort des Fahrtbeginns,
5. Ort des Fahrtendes und
6. Kilometerstände der benutzten Fahrzeuge bei Fahrtbeginn und Fahrtende.

Der Fahrer hat alle Eintragungen jeweils unverzüglich zu Beginn und am Ende der Lenkzeiten, Fahrtunterbrechungen und Ruhezeiten vorzunehmen. Die Aufzeichnungen des laufenden Tages und der vorausgegangenen 28 Kalendertage sind vom Fahrer mitzuführen und den zuständigen Personen auf Verlangen zur Prüfung auszuhändigen. Hat der Fahrer während des in Satz 4 genannten Zeitraums ein Fahrzeug gelenkt, für das

1. die Verordnung (EU) Nr. 165/2014 des Europäischen Parlaments und des Rates vom 4. Februar 2014 über Fahrtenschreiber im Straßenverkehr, zur Aufhebung der Verordnung (EWG) Nr. 3821/85 des Rates über das Kontrollgerät im Straßenverkehr und zur Änderung der Verordnung (EG) Nr. 561/2006 des Europäischen Parlaments und des Rates zur Harmonisierung bestimmter Sozialvorschriften im Straßenverkehr (ABl. L 60 vom 28. 2. 2014, S. 1) in der jeweils geltenden Fassung oder
2. das Europäische Übereinkommen vom 1. Juli 1970 über die Arbeit des im internationalen Straßenverkehr beschäftigten Fahrpersonals (AETR) (BGBl. 1974 II S. 1473, 1475) in der jeweils geltenden Fassung

gilt, sind für dieses Fahrzeug Nachweise nach Maßgabe von Artikel 36 Absatz 1 und 2 der Verordnung (EU) Nr. 165/2014 oder von Artikel 12 Absatz 7 des Anhangs zum Europäischen Übereinkommen vom 1. Juli 1970 über die Arbeit des im internationalen Straßenverkehr beschäftigten Fahrpersonals (AETR) an Stelle der Aufzeichnungen mitzuführen.

Der Fahrer hat dem Unternehmer alle Aufzeichnungen unverzüglich nach Ablauf der Mitführungspflicht auszuhändigen. Der Unternehmer hat

1. dem Fahrer entsprechend dem Muster der Anlage 1 geeignete Vordrucke zur Fertigung der Aufzeichnungen in ausreichender Anzahl auszuhändigen,
2. die Aufzeichnungen unverzüglich nach Aushändigung durch den Fahrer zu prüfen und unverzüglich Maßnahmen zu ergreifen, die notwendig sind, um die Beachtung der Sätze 1 bis 5 zu gewährleisten,
3. die Aufzeichnungen ein Jahr lang nach Aushändigung durch den Fahrer in chronologischer Reihenfolge und in lesbarer Form außerhalb des Fahrzeugs aufzubewahren und den zuständigen Personen auf Verlangen vorzulegen und
4. die Aufzeichnungen nach Ablauf der Aufbewahrungsfrist bis zum 31. März des folgenden Kalenderjahres zu vernichten, soweit sie nicht zur Erfüllung der Aufbewahrungspflichten nach § 16 Abs. 2 und § 21a Abs. 7 des Arbeitszeitgesetzes, § 147 Abs. 1 Nr. 5 in Verbindung mit Abs. 3 der Abgabenordnung, § 28f Abs. 1 Satz 1 des Vierten Buches Sozialgesetzbuch, § 17 Absatz 2 des Mindestlohngesetzes, § 19 Absatz 2 des Arbeitnehmer-Entsendegesetzes oder § 17c Absatz 2 des Arbeitnehmerüberlassungsgesetzes benötigt werden.

(7) Ist das Fahrzeug mit einem analogen Fahrtenschreiber nach Artikel 2 Absatz 2 Buchstabe g der Verordnung (EU) Nr. 165/2014 oder einem digitalen Fahrtenschreiber nach Artikel 2 Absatz 2 Buchstabe h der Verordnung (EU) Nr. 165/2014 oder einem Fahrtschreiber nach § 57a Absatz 1 Satz 1 der Straßenverkehrs-Zulassungs-Ordnung ausgerüstet, haben Fahrer der in Absatz 1 Nummer 1 genannten Fahrzeuge diese entsprechend Artikel 27 Absatz 2, Artikel 32 Absatz 1 bis 4, Artikel 33 Absatz 1 Unterabsatz 3, Artikel 34 Absatz 1 bis 3 Unterabsatz 1, Absatz 4 bis 7, Artikel 35 Absatz 2 und Artikel 37 Absatz 2 der Verordnung (EU) Nr. 165/2014 oder § 57a Absatz 2 Satz 1 der Straßenverkehrs-Zulassungs-Ordnung zu betreiben. Im Falle der Verwendung eines Fahrtschreibers gemäß § 57a der Straßenverkehrs-Zulassungs-Ordnung hat der Fahrer die Schicht und die Pausen jeweils bei Beginn und Ende auf dem Schaublatt zu vermerken. Der Unternehmer hat bei Verwendung eines analogen Fahrtenschreibers oder eines Fahrtschreibers nach § 57a Absatz 1 Satz 1 der Straßenverkehrs-Zulassungs-Ordnung dem Fahrer vor Beginn der Fahrt die für das Gerät zugelassenen Schaublätter entsprechend Artikel 33 Absatz 1 Unterabsatz 2 der Verordnung (EU) Nr. 165/2014 in ausreichender Anzahl auszuhändigen, bei Verwendung eines digitalen Fahrtenschreibers dafür zu sorgen, dass entsprechend Artikel 33 Absatz 1 Unterabsatz 3 der Verordnung (EU) Nr. 165/2014 der Ausdruck von Daten

aus dem Fahrtenschreiber im Falle einer Nachprüfung ordnungsgemäß erfolgen kann und entsprechend Artikel 33 Absatz 1 Unterabsatz 1 der Verordnung (EU) Nr. 165/2014 dafür zu sorgen, dass der analoge oder digitale Fahrtenschreiber oder der Fahrtschreiber nach § 57a Absatz 1 Satz 1 der Straßenverkehrs-Zulassungs-Ordnung ordnungsgemäß benutzt wird; Absatz 6 Satz 4 bis 6 und 7 Nummer 2 bis 4 gilt entsprechend. Hat der Fahrer eines mit einem digitalen Fahrtenschreiber ausgerüsteten Fahrzeugs in dem in Absatz 6 Satz 4 genannten Zeitraum ein Fahrzeug gelenkt, das mit einem analogen Fahrtenschreiber ausgerüstet ist, hat er die Schaublätter dieses Fahrtenschreibers während der Fahrt ebenfalls mitzuführen und den zuständigen Personen auf Verlangen zur Prüfung auszuhändigen.

(8) Der Unternehmer, der Fahrer mit Fahrzeugen nach Absatz 1 Nummer 2 einsetzt, hat zum Nachweis der in Absatz 1 genannten Zeiten vor Fahrtantritt Fahrpläne und Arbeitszeitpläne nach Maßgabe des Artikels 16 Absatz 2 Satz 1 und Absatz 3 Buchstabe a und b der Verordnung (EG) Nr. 561/2006 aufzustellen und ein Jahr nach Ablauf des Gültigkeitszeitraums aufzubewahren. Fahrer von Fahrzeugen nach Absatz 1 Nummer 2 haben einen Auszug aus dem Arbeitszeitplan und eine Ausfertigung des Fahrplans, der die gerade durchgeführte Fahrt betrifft, mitzuführen.

(9) Absatz 8 gilt nicht, wenn das Fahrzeug mit einem Fahrtschreiber nach § 57a Absatz 1 der Straßenverkehrs-Zulassungs-Ordnung in der bis zum 31. Dezember 2012 geltenden Fassung ausgerüstet ist. In diesem Fall findet § 57a Absatz 2 und § 57b der Straßenverkehrs-Zulassungs-Ordnung Anwendung.

(10) Absatz 8 gilt nicht, wenn das Fahrzeug mit einem analogen oder digitalen Fahrtenschreiber ausgerüstet ist. In diesem Fall findet § 57a Absatz 3 der Straßenverkehrs-Zulassungs-Ordnung Anwendung.

Der öffentliche Personennahverkehr (ÖPNV) fällt ebenso wenig in den Anwendungsbereich der Verordnung (EG) Nr. 561/2006 zur Harmonisierung bestimmter Sozialvorschriften im Straßenverkehr wie bestimmte Arten des Güterverkehrs. 1

Denn Art. 3 Verordnung (EG) Nr. 561/2006 nimmt Personenbeförderungen im Linienverkehr mit einer Linienstrecke von nicht mehr als 50 km sowie Güterbeförderungen mit einem zulässigen Gesamtgewicht einschließlich Anhänger und Sattelanhänger von 2,8 bis 3,5 Tonnen ausdrücklich aus.

Um auch bei solchen Transporten die Sicherheit des Straßenverkehrs zu gewährleisten, wird in **Abs. 1** für Fahrer von der Personenbeförderung dienenden Fahrzeugen, die nach ihrer Bauart und Ausstattung geeignet und dazu bestimmt sind, mehr als neun Personen einschließlich des Fahrers zu befördern, sowie für Güterbeförderungen bei einer zulässigen Fahrzeughöchstmasse einschließlich Anhänger oder Sattelanhänger von mehr als 2

2,8 bis einschließlich 3,5 Tonnen teilweise in abgeschwächter Form auf die Lenkzeit-, Fahrtunterbrechungs- und Ruhezeitvorschriften der Verordnung (EG) Nr. 561/2006 verwiesen. Dies erfolgt unabhängig davon, ob der Fahrer als Arbeitnehmer oder als Selbstständiger tätig wird.

3 Der **Anwendungsbereich** ist auf Fahrzeuge beschränkt, die zumindest teilweise am Verkehr auf öffentlichen Straßen teilnehmen, was sich aus § 1 Abs. 1 FPersG und dem Verweis auf Art. 4 a) Verordnung (EG) Nr. 561/2006 ergibt. S-Bahnen und U-Bahnen mit ihrem eigenen Gleiskörper sind daher ebenso wenig erfasst wie Regionalzüge.

4 Das Fahrpersonal von Straßenbahnen soll nach dem Urteil des BAG v. 18.11.2008 – 9 AZR 737/07 ebenfalls nicht erfasst sein. Das Gericht bestätigt damit die Entscheidung des LAG Berlin-Brandenburg v. 18.7.2007 – 21 Sa 656/07.

In der Sache können die Entscheidungen nicht überzeugen. Das BAG bemüht den allgemeinen Sprachgebrauch des Begriffs »nach Maßgabe« und unterstellt eine bestimmte Regelungstechnik des Verordnungsgebers, um zu begründen, dass der Verweis auf Art. 4 Verordnung (EG) Nr. 561/2006 sämtliche darin enthaltenen Definitionen umfasst, also auch diejenige, wonach Schienenfahrzeuge nicht erfasst sind.

Der Wortlaut ist jedoch keineswegs so eindeutig, da nur die Lenkzeiten, Fahrtunterbrechungen und Ruhezeiten nach Maßgabe dieses Artikels eingehalten werden sollten. Der Artikel 4 Verordnung (EG) Nr. 561/2006 enthält nämlich nicht nur Definitionen zum Begriff des Fahrzeugs, sondern auch zu denen der Fahrtunterbrechung, der anderen Arbeiten, der Ruhepause, der täglichen und wöchentlichen Ruhezeit, der Woche, der Lenkzeit, der Tageslenkzeit und der Lenkdauer, die im Zusammenspiel mit den Artikeln 6 bis 9 und 12 die durch die Fahrer einzuhaltenden Lenkzeiten, Fahrtunterbrechungen und Ruhezeiten ergeben.

Diese Regelungstechnik macht auch verständlich, warum der Verordnungsgeber nicht nur auf einzelne Buchstaben des Art. 4 Verordnung (EG) Nr. 561/2006 verwiesen hat.

Auch die Ausnahmeregelung des Abs. 3 für Kraftomnibusse, lässt keinen zwingenden Schluss zu, dass Straßenbahnen nicht erfasst werden sollen.

Nachdem Wortlaut und Systematik der Verordnung kein eindeutiges Ergebnis erbracht haben, muss auf den erweiterten Regelungszusammenhang und den Schutzzweck der Norm abgestellt werden. So werden Straßenbahnen durch das der Fahrpersonalverordnung zugrundeliegende Fahrpersonalgesetz ausdrücklich erfasst, das bei einer Nichtregelung der Straßenbahnen durch die Verordnung weitgehend leerlaufen würde. Schließlich soll durch die Fahrpersonalverordnung die Straßenverkehrssicherheit geschützt werden, die durch am Straßenverkehr teilnehmende übermüdete Straßenbahnfahrer genauso stark gefährdet wird wie durch übermüdete Kraftomnibusfahrer.

Eine Bereichsausnahme enthält **Abs. 2 Nr. 1** zunächst für Fahrzeuge gem. § 18, die auch vom Anwendungsbereich der Verordnung (EWG) Nr. 561/2006 ausgenommen sind. 5

Abs. 2 Nr. 2 enthält eine Bereichsausnahme für Fahrzeuge gemäß Art. 3 b) bis i) Verordnung (EG) Nr. 561/2006. Hierzu zählen: 6

- Fahrzeuge mit einer zulässigen Höchstgeschwindigkeit von nicht mehr als 40 km/h,
- Fahrzeuge, die Eigentum der Streitkräfte, des Katastrophenschutzes, der Feuerwehr oder der für die Aufrechterhaltung der öffentlichen Ordnung zuständigen Kräfte sind oder von ihnen ohne Fahrer angemietet werden, sofern die Beförderung aufgrund der diesen Diensten zugewiesenen Aufgaben stattfindet und ihrer Aufsicht unterliegt,
- Fahrzeuge – einschließlich Fahrzeuge, die für nichtgewerbliche Transporte von für humanitäre Hilfe verwendet werden –, die in Notfällen oder bei Rettungsmaßnahmen verwendet werden,
- Spezialfahrzeuge für medizinische Zwecke,
- spezielle Pannenhilfefahrzeuge, die innerhalb eines Umkreises von 100 km um ihren Standort eingesetzt werden,
- Fahrzeuge, mit denen zum Zweck der technischen Entwicklung oder im Rahmen von Reparatur- und Wartungsarbeiten Probefahrten auf der Straße durchgeführt werden, sowie neue oder umgebaute Fahrzeuge, die noch nicht in Betrieb genommen worden sind,
- Fahrzeuge oder Fahrzeugkombinationen mit einer zulässigen Höchstmasse von nicht mehr als 7,5 t, die zur nichtgewerblichen Güterbeförderung verwendet werden,
- Nutzfahrzeuge, die nach den Rechtsvorschriften des Mitgliedstaats, in dem sie verwendet werden, als historisch eingestuft werden und die zur nichtgewerblichen Güter- oder Personenbeförderung verwendet werden.

Für weitere Einzelheiten wird auf die Kommentierung zu Art. 3 und Art. 4 Verordnung (EG) Nr. 561/2006 verwiesen.

Abs. 2 Nr. 3, 3a und 4 beinhalten weitere Ausnahmen, um dem Handwerk mehr Flexibilität zu ermöglichen und Bürokratie abzubauen. So sind Beförderungen von Material, Ausrüstungen oder Maschinen, die Fahrer zur Ausübung ihres Berufes benötigen, reine Auslieferungsfahrten von Handwerksbetrieben und Verkaufswagen von Markthändlern nicht erfasst. 7

Schließlich sind nach **Abs. 2 Nr. 5** selbstfahrende Arbeitsmaschinen gem. § 2 Nr. 17 der Fahrzeug-Zulassungsordnung nicht erfasst. Danach sind selbstfahrende Arbeitsmaschinen Kraftfahrtzeuge, die nach ihrer Bauart und ihrer besonderen, mit dem Fahrzeug fest verbundenen Einrichtungen zur Verrichtung von Arbeiten, jedoch nicht zur Beförderung von Personen oder Gütern bestimmt und geeignet sind. 8

Die Fahrer der ausgenommenen Fahrzeuge haben nur die allgemeinen Vorschriften des Straßenverkehrsrechts über die individuelle Fahrtauglichkeit 9 zu beachten. Bei abhängig beschäftigten Fahrern muss der Arbeitgeber zusätzlich noch das Arbeitszeitgesetz einhalten.

10 Hinsichtlich der **Lenkzeit** wird die Regelung der Verordnung (EG) Nr. 561/2006 vollständig übernommen. Eine nationale Abweichung ist durch den Verordnungsgeber ausdrücklich nicht beabsichtigt. Daher kann hier auf die Kommentierung zu Art. 6 Verordnung (EG) Nr. 561/2006 verwiesen werden.

11 Hinsichtlich der **Fahrtunterbrechung** ist zwischen Personenlinienverkehr und Güterbeförderung zu unterscheiden.

12 Bei der Güterbeförderung richtet sich die Fahrtunterbrechung nach der Verordnung (EG) Nr. 561/2006, sodass hier auf die Kommentierung zu Art. 7 Verordnung (EG) Nr. 561/2006 verwiesen werden kann.

13 Für den Personenlinienverkehr mit Kraftomnibussen enthält **Abs. 3** eine Sonderregelung.

14 Beträgt der durchschnittliche Haltestellenabstand mehr als drei Kilometer, so ist nach einer Lenkzeit von 4,5 Stunden eine Fahrtunterbrechung von mindestens 30 zusammenhängenden Minuten einzulegen. Diese Unterbrechung kann durch zwei Teilunterbrechungen von jeweils mindestens 20 zusammenhängenden Minuten oder drei Teilunterbrechungen von jeweils 15 Minuten ersetzt werden. Die Teilunterbrechungen müssen innerhalb der Lenkzeit von höchstens 4,5 Stunden oder teils innerhalb dieser Zeit und teils unmittelbar danach liegen.

15 Beträgt der durchschnittliche Haltestellenabstand nicht mehr als drei Kilometer, so können anstatt Fahrtunterbrechungen Arbeitsunterbrechungen eingelegt werden, soweit diese nach den Dienst- und Fahrplänen in der Arbeitsschicht enthalten sind. Im ÖPNV sind also sowohl Blockpausen nach Nr. 1 als auch kürzere Arbeitsunterbrechungen nach Nr. 2 möglich und ausreichend (so auch BAG v. 6. 5. 2014 – 9 AZR 575/12).

Dabei muss die Gesamtdauer der Arbeitsunterbrechungen mindestens ein Sechstel der vorgesehenen Lenkzeit betragen.

Die einzelnen Arbeitsunterbrechungen dürfen grundsätzlich 10 Minuten nicht unterschreiten. Für die abhängig beschäftigten Fahrer kann durch Tarifvertrag vereinbart werden, dass die Arbeitsunterbrechungen auch 8 Minuten betragen dürfen, wenn ein Ausgleich vorgesehen ist, der die ausreichende Erholung des Fahrers erwarten lässt. Für selbstständige Fahrer kann die nach Landesrecht zuständige Behörde entsprechende Ausnahmen bewilligen

Aufgrund der jüngsten Änderung der FPersV ist nach einer ununterbrochenen Lenkzeit von 4,5 Stunden eine Fahrtunterbrechung von mindestens 45 Minuten einzuhalten.

Diese Regelung ist unter dem Gesichtspunkt des Gesundheitsschutzes ausdrücklich zu begrüßen, schafft aber das durchaus paradoxe Ergebnis, dass bei der Blockpausenregelung nach 4,5 Stunden ununterbrochener Lenkzeit

30 Minuten Fahrtunterbrechungen ausreichend, im 1/6-Dienst hingegen 45 Minuten Fahrtunterbrechung erforderlich sind. Zudem muss der Fahrer im 1/6-Dienst für jede weitere Stunde Fahrtzeit noch einmal mindestens 10 bzw. 8 Minuten unterbrechen. Allerdings ist diese längere Blockpause nur dann einzuhalten, wenn innerhalb des Dienstes ein Abschnitt von 4,5 Stunden Lenkzeit ohne oder mit zu kurzen Fahrtunterbrechungen enthalten ist – was in einem 1/6-Dienst eher unwahrscheinlich ist. In der Praxis wird diese verschärfte Regelung daher nur selten einmal eingreifen.

Aus der beispielhaften Aufzählung der Wendezeiten wird man nicht folgern 16
müssen, dass während der Arbeitsunterbrechungen andere Arbeiten zulässig sind. Zwar legt das BAG im Tarifvertragsrecht den Begriff der Wendezeit entsprechend seiner natürlichen Wortbedeutung so aus, dass während dieser Zeit Vorbereitungsarbeiten für die Weiterfahrt zulässig sind (BAG v. 4.6.1969 – 3 AZR 180/68), zwingend sind andere Arbeiten in einer Wendezeit jedoch nicht. Sie kann vielmehr auch völlig frei von anderen Arbeiten sein. Der Schutzzweck der Norm spricht vielmehr dafür, dass jegliche andere Arbeiten unzulässig sind.

Praxistipp für den Betriebsrat: 17
Für die Betriebsratsarbeit ist der Streit, welche Arbeiten während der Arbeitsunterbrechungen zulässig sind, unerheblich. Regelmäßig werden sie nämlich mit den (Kurz-)pausen gem. §§ 4, 7 ArbZG zusammenfallen. Für diese gilt, dass sämtliche anderen Arbeiten unzulässig sind.

Hinsichtlich der Lage der Ruhepausen erweitert diese Regelung sogar den Verhandlungsspielraum des Betriebsrats, da sie nicht mehr erst nach 6 Stunden Arbeitszeit eingelegt werden müssen. Allerdings erhöht sie auch die Betriebsbindung der Fahrer.

Die Regelung der **täglichen und wöchentlichen Ruhezeit** wurde im We- 18
sentlichen aus der Verordnung (EG) Nr. 561/2006 übernommen, sodass hier weitgehend auf die Kommentierung der Art. 8 und 9 der Verordnung (EG) Nr. 561/2006 verwiesen werden kann.

Die wichtige **Ausnahme** hiervon bildet **Abs. 4.** Diese sieht für den Per- 19
sonenlinienverkehr vor, dass die wöchentliche Ruhezeit nicht spätestens nach sechs 24-Stunden-Zeiträumen genommen werden muss, sondern die wöchentlichen Ruhezeiten auf einen Zwei-Wochen-Zeitraum verteilt werden können. Dies gilt jedoch nur, wenn der Fahrer in diesem 2-Wochen-Zeitraum ausschließlich im Personenlinienverkehr oder im Gelegenheitsverkehr tätig gewesen ist und wenn dieser konkrete Gelegenheitsverkehr die Bedingungen erfüllt, die in Art. 8 Abs. 6a Verordnung (EG) Nr. 561/2006 ausgeführt sind.

Da die wöchentlichen Ruhezeiten gemäß Art. 8 Abs. 9 Verordnung (EG) 20
Nr. 561/2006 nicht vollständig innerhalb dieses Zwei-Wochen-Zeitraums

liegen müssen, können zwischen zwei wöchentlichen Ruhezeiten nahezu 14 24-Stunden-Zeiträume liegen. Es ist jedoch zu beachten, dass gemäß Art. 8 Abs. 4 Verordnung (EG) Nr. 561/2006 in diesem Zeitraum nur drei reduzierte tägliche Ruhezeiten liegen dürfen. Auch darf die wöchentliche Lenkzeit von 56 Stunden gemäß Art. 6 Abs. 2 Verordnung (EG) Nr. 561/2006 nicht überschritten werden. Mehr als sechs Tageslenkzeit sind daher nur bei kleinteiligen Diensten von unter 9 Stunden Lenkzeit möglich.

21 **Beispiel:**
Ein Busfahrer beendet seine wöchentliche Ruhezeit am Montag der 3. KW um 1:00 Uhr. Er kann von Montag der 3. KW bis einschließlich Sonntag der 4. KW jeden Kalendertag 8 Stunden Lenktätigkeit ausüben.

22 Die Regelung der Ruhezeit nach FPersV hat gem. § 1 Abs. 1 Satz 2 FPersG Vorrang gegenüber der Ruhezeitenregelung für Verkehrsbetriebe gem. § 5 Abs. 2 ArbZG. Dies führt dazu, dass in einem Verkehrsbetrieb für die abhängig beschäftigten Fahrer und die sonstigen Arbeitnehmer unterschiedliche Ruhezeitenregeln gelten.
Der nationale Verweis der FPersV auf die Ruhezeitenregelung des Art. 8 Verordnung (EG) Nr. 561/2006 kann dann zu Problemen führen, wenn diese von der Ruhezeitenregelung der Arbeitszeitrichtlinie 2003/88/EG abweicht. Die Arbeitszeitrichtlinie findet nämlich uneingeschränkt auf den Nahverkehr Anwendung und wird auf europäischer Ebene nicht durch die Verordnung (EG) Nr. 561/2006 verdrängt.
Durch die Entscheidungen des EuGH vom 2. März 2023 – C-477/21 und vom 9. September 2023 – C-151/05 sind innerhalb kurzer Zeit zwei derartige Probleme entstanden:
Nach der EuGH-Entscheidung vom 2. März 2023 ist die tägliche Ruhezeit von 11 Stunden gemäß Art. 3 Richtlinie 2003/88/EG nicht Teil der wöchentlichen Ruhezeit gemäß Art. 5 Richtlinie 2003/88/EG von mindestens 24 Stunden. Vielmehr muss innerhalb eines Siebentageszeitraum grundsätzlich eine ununterbrochene Ruhezeit von mindestens 35 Stunden (tägliche Ruhezeit von 11 Stunden zuzüglich einer im unmittelbaren Anschluss zu gewährenden wöchentlichen Ruhezeit von mindestens 24 Stunden) eingelegt werden. Dies gilt laut EuGH auch dann, wenn die wöchentliche Ruhezeit nach nationalem Recht länger als 35 Stunden, also günstiger, ist. Dies ist nach Art. 8 Abs. 1 und Art. 4 Buchstabe h Verordnung (EG) Nr. 561/2006, die im Geltungsbereich der FPersV als nationales Recht zur wöchentlichen Ruhezeit gelten, der Fall. Danach beträgt die regelmäßige wöchentliche Ruhezeit 45 Stunden. Ist also eine regelmäßige wöchentliche Ruhezeit von 45 Stunden, was allerdings nach FPersV nur alle zwei Wochen zwingend der Fall ist, einzulegen, muss eine Unterbrechung von insgesamt 56 Stunden (regelmäßige tägliche Ruhezeit von 11 Stunden und 45 Stunden regelmäßige

wöchentliche Ruhezeit) oder von insgesamt 54 Stunden (reduzierte tägliche Ruhezeit von 9 Stunden, soweit eine solche noch eingelegt werden darf, und 45 Stunden regelmäßige wöchentliche Ruhezeit) eingelegt werden.
Dem gegenüber wäre es bei isolierter Betrachtung der FPersV durchaus möglich die tägliche Ruhezeit mit der wöchentlichen Ruhezeit zu verrechnen. Nach Art. 8 Abs. 3 Verordnung (EG) Nr. 561/2006 kann nämlich eine tägliche Ruhezeit verlängert werden, sodass sich eine regelmäßige wöchentliche Ruhezeit oder eine reduzierte wöchentliche Ruhezeit ergibt. Die europarechtlich gebotene richtlinienkonforme Auslegung der FPersV erzwingt es jedoch diese Kannvorschrift weitgehend unangewendet zu lassen und auf die Fälle zu reduzieren, in denen auch nach Art. 5 Richtlinie 2003/88/EG auf die Gewährung der täglichen Ruhezeit verzichtet werden kann, namentlich objektive, technische oder arbeitsorganisatorische Umstände.
Nach der EuGH-Entscheidung vom 9. September 2023 ist eine Verkürzung der täglichen Ruhezeit von 11 Stunden gemäß Art. 3 und Art. 17 Abs. 2 und 3 Buchstabe c Richtlinie 2003/88/EG nur zulässig, wenn die entsprechend verlängerte Ausgleichsruhezeit im unmittelbaren Anschluss an die der verkürzten täglichen Ruhezeit folgenden Arbeitsperiode gewährt wird. Nach FPersV gibt es für die reduzierte Ruhezeit gemäß Art. 8 Abs. 4 Verordnung (EG) Nr. 561/2006 nur die Vorgabe, dass zwischen zwei wöchentlichen Ruhezeiten höchstens drei reduzierte tägliche Ruhezeiten eingelegt werden dürfen. Auch diese Regelung muss europarechtskonform einschränkend dahingehend ausgelegt werden, dass dies nur zulässig ist, wenn im unmittelbaren Anschluss an die der reduzierten täglichen Ruhezeit folgenden Arbeitsperiode eine entsprechend verlängerte Ausgleichsruhezeit gewährt wird.

Praxistipp für den Betriebsrat: 23
Die Flexibilität der Regelung eröffnet einen entsprechend weiten Gestaltungsspielraum für die Betriebsräte im Nahverkehr gem. § 87 Abs. 1 Nr. 2 BetrVG. Denkbar sind auch weiterhin wöchentliche Ruhezeiten alle sechs 24-Stunden-Zeiträume. Sie können aber auch entsprechend verschoben werden um den Preis einer geringeren täglichen Auslastung.
Die Einigungsstelle hat bei der Ausübung ihres Ermessens gemäß § 76 Abs. 5 Satz 3 BetrVG auch das Europarecht zu beachten, sodass im Einigungsstellenverfahren auf die europarechtliche Problematik hingewiesen werden sollte. Hinzu kommt, dass öffentliche Arbeitgeber die Richtlinie unmittelbar anwenden müssen.

Der **Abs. 5** regelt unter Bezugnahme auf Art. 10 Abs. 2 Verordnung (EG) 24
Nr. 561/2006 die Organisationspflichten des Unternehmers hinsichtlich der Einhaltung der Lenkzeit-, Fahrtunterbrechungs- und Ruhezeitenvorschriften. Für die Organisationspflichten im Einzelnen kann auf die Kommentierung zu Art. 10 Verordnung (EG) Nr. 561/2006 verwiesen werden.

25 Der **Abs. 6** regelt **Aufzeichnungs- und Aufbewahrungspflichten** der Fahrer im Güterverkehr hinsichtlich ihrer Lenk-, Fahrtunterbrechungs- und Ruhezeiten. Grundsätzlich sind diese Zeiten handschriftlich aufzuzeichnen, außer wenn das Fahrzeug mit einem EG-Kontrollgerät oder einem Fahrtenschreiber nach § 57a StVZO ausgerüstet ist.
Fahrer im Personenlinienverkehr treffen keinerlei Aufzeichnungspflichten.

Praxistipp für den Betriebsrat
Betriebsräte können bereits seit 2003 eine Aufzeichnung der Arbeitszeiten über ihren Auskunftsanspruch gemäß § 80 Abs. 1 Nr. 1, Abs. 2 Satz 1 BetrVG praktisch erzwingen (vgl. BAG v. 6. Mai 2003 – 1 ABR 13/02). Vor dem Hintergrund der Entscheidung des EuGH vom 14. Mai 2019 (Aktenzeichen C-55/15) kann mittlerweile zudem die Art und Weise der Arbeitszeiterfassung als Angelegenheit des Arbeits- und Gesundheitsschutz gemäß § 87 Abs. 1 Nr. 7 BetrVG mitbestimmt werden.
Bestehende Systeme der elektronischen Arbeitszeiterfassung können gemäß § 87 Abs. 1 Nr. 6 BetrVG mitbestimmt werden und insbesondere die Verwendung der Daten zu Leistungs- oder Verhaltenskontrollen untersagt werden.

26 Das EG-Kontrollgerät ist nach **Abs. 7** entsprechend den Vorgaben der Verordnung (EU) Nr. 165/2014 zu bedienen. Für Einzelheiten wird auf die Kommentierung zu Kapitel 6 der Verordnung (EU) Nr. 165/2014 verwiesen. Dabei kommt es nur darauf an, dass das Fahrzeug tatsächlich mit einem EG-Kontrollgerät ausgerüstet ist. Ob Fahrzeug und Beförderungsart den Verordnungen (EG) Nr. 561/2006 und (EU) Nr. 165/2014 unterliegen, ist dabei unerheblich.

27 Bei der Verwendung des Fahrtenschreibers gem. § 57a StVZO hat der Fahrer die Schicht und die Pausen jeweils bei Beginn und Ende auf dem Schaublatt zu vermerken.

28 Die Aufzeichnungen sowie die Schaublätter des analogen EG-Kontrollgeräts und des Fahrtenschreibers sind vom Fahrer mitzuführen und auf Verlangen an die Kontrollbehörden herauszugeben. Seit dem 31. Dezember 2007 muss dies für den laufenden Tag und die vorausgegangenen 28 Kalendertage erfolgen. Anschließend hat der Fahrer die Aufzeichnungen und Schaublätter dem Unternehmer zu übergeben.

29 Dieser hat sie ein Jahr lang in chronologischer Reihenfolge und in lesbarer Form außerhalb des Fahrzeugs aufzubewahren und den Kontrollbehörden auf Verlangen vorzulegen. Nach Ablauf der Aufbewahrungsfrist hat der Unternehmer die Unterlagen bis zum 31. März des folgenden Kalenderjahres zu vernichten, wenn sie nicht zur Erfüllung arbeitszeitrechtlicher, steuerrechtlicher oder sozialversicherungsrechtlicher Aufbewahrungspflichten benötigt werden.

Der Unternehmer hat die Aufzeichnungen und Schaublätter wöchentlich zu kontrollieren und sicherzustellen, dass die Aufzeichnung ordnungsgemäß erfolgt und die Geräte ordnungsgemäß bedient werden. 30

§ 2 Digitaler Fahrtenschreiber

(1) Ein Fahrer, der ein Fahrzeug lenkt, das in den Anwendungsbereich der Verordnung (EG) Nr. 561/2006 fällt, oder der Lenk- oder Ruhezeiten nach § 1 Absatz 1 und 3 einzuhalten hat und dabei einen digitalen Fahrtenschreiber betreibt, hat den Fahrtenschreiber entsprechend Artikel 27 Absatz 2, Artikel 32 Absatz 1 Satz 1 und Absatz 2 bis 4, Artikel 33 Absatz 1 Unterabsatz 3, Artikel 34 Absatz 1 bis 3 Unterabsatz 1, Absatz 4, 5 und 7, Artikel 35 Absatz 2 und Artikel 37 Absatz 2 der Verordnung (EU) Nr. 165/2014 zu bedienen und die Benutzerführung zu beachten.

(2) Die in Artikel 34 Absatz 5 Buchstabe b Ziffer ii bis iv der Verordnung (EU) Nr. 165/2014 genannten Zeiträume müssen bei Übernahme des Fahrzeugs auf der Fahrerkarte unter Benutzung der im Fahrtenschreiber vorgesehenen manuellen Eingabemöglichkeiten eingetragen werden, wenn der Fahrer vor Übernahme des Fahrzeugs solche Zeiten verbracht hat.

(3) Die nach Artikel 36 Absatz 2 der Verordnung (EU) Nr. 165/2014 vorgeschriebenen Ausdrucke hat der Fahrer den zuständigen Personen auf Verlangen vorzulegen. Der Unternehmer hat die Ausdrucke in chronologischer Reihenfolge und in lesbarer Form außerhalb des Fahrzeugs aufzubewahren und den zuständigen Personen auf Verlangen vorzulegen.

(4) Bei Einsatz von Mietfahrzeugen, deren Verwendung in den Anwendungsbereich der Verordnung (EG) Nr. 561/2006 oder dieser Verordnung fällt, hat der Unternehmer, der das Fahrzeug anmietet, zu Beginn und am Ende des Mietzeitraums durch Verwendung der Unternehmenskarte sicherzustellen, dass die Daten aus dem Massenspeicher des Fahrtenschreibers über die mit den Fahrzeugen durchgeführten Fahrten übertragen und bei ihm gespeichert werden. Ist dies in begründeten Ausnahmefällen oder bei einer Mietdauer von nicht mehr als 24 Stunden nicht möglich, ist zu Beginn und am Ende des Mietzeitraums ein Ausdruck wie bei Beschädigung oder Fehlfunktion der Fahrerkarte zu fertigen. Der Fahrer hat den Ausdruck unverzüglich nach Erhalt an den Unternehmer weiterzuleiten, der ihn ein Jahr aufzubewahren hat. Nach Ablauf der Aufbewahrungsfrist sind die Ausdrucke bis zum 31. März des folgenden Kalenderjahres zu vernichten, soweit sie nicht zur Erfüllung der Aufbewahrungspflichten nach § 16 Abs. 2 und § 21a Abs. 7 des Arbeitszeitgesetzes, § 147 Abs. 1 Nr. 5 in Verbindung mit Abs. 3 der Abgabenordnung, § 28f Abs. 1 Satz 1 des Vierten Buches Sozialgesetzbuch, § 17 Absatz 2 des Mindestlohngesetzes, § 19 Absatz 2 des Arbeitnehmer-Entsendegesetzes

oder § 17c Absatz 2 des Arbeitnehmerüberlassungsgesetzes benötigt werden.

(5) Der Unternehmer hat sicherzustellen, dass alle Daten aus dem Massenspeicher des Fahrtenschreibers spätestens 90 Tage nach Aufzeichnung eines Ereignisses zur Speicherung im Betrieb kopiert werden. Der Unternehmer hat sicherzustellen, dass die Daten der Fahrerkarten spätestens 28 Kalendertage nach Aufzeichnung eines Ereignisses zur Speicherung im Betrieb kopiert werden. Der Fahrer hat hierzu dem Unternehmen die Fahrerkarte und die Ausdrucke nach Absatz 3 zur Verfügung zu stellen. Der Unternehmer hat alle sowohl von den Fahrtenschreibern als auch von den Fahrerkarten kopierten Daten der zuständigen Behörde oder Stelle auf Verlangen entweder unmittelbar oder durch Datenfernübertragung oder auf einem durch die Behörde oder Stelle zu bestimmenden Datenträger zur Verfügung zu stellen. Der Unternehmer hat von allen kopierten Daten unverzüglich Sicherheitskopien zu erstellen, die auf einem gesonderten Datenträger zu speichern sind.

(6) Unternehmen, die Fahrzeuge vermieten, haben dem Mieter des Fahrzeugs diejenigen Daten aus dem Massenspeicher des Fahrtenschreibers, die sich auf die vom Mieter durchgeführten Beförderungen beziehen und auf die dieser nicht unmittelbar zugreifen kann,

1. **auf dessen Verlangen,**
2. **spätestens 90 Tage nach Beginn des Mietverhältnisses oder der letzten Datenübermittlung und**
3. **nach Beendigung des Mietverhältnisses**

zur Verfügung zu stellen. Dabei sind dem jeweiligen Stand der Technik entsprechende Maßnahmen zur Sicherstellung von Datenschutz und Datensicherheit zu treffen, die insbesondere die Vertraulichkeit, Unversehrtheit und Zurechenbarkeit der Daten gewährleisten; im Falle der Nutzung allgemein zugänglicher Netze sind dem jeweiligen Stand der Technik entsprechende Verschlüsselungsverfahren anzuwenden.

1 Bei Einsatz des digitalen Fahrtenschreibers~ haben Fahrer und Unternehmer neben den Vorschriften der Verordnung (EG) Nr. 561/2006 und des § 1 Abs. 7 zusätzlich diese Vorschrift einzuhalten.

2 Nach **Abs. 2** hat der Fahrer bei Übernahme eines Fahrzeugs die vorher verbrachten sonstigen Arbeiten, Bereitschaftszeiten, Arbeitsunterbrechungen und Tagesruhezeiten gemäß Art. 34 Abs. 5b Verordnung (EU) Nr. 165/2014 manuell in das Kontrollgerät einzugeben.

3 Nach **Abs. 4** muss der mietende Unternehmer das EG-Kontrollgerät mit seiner eigenen Unternehmenskarte bedienen. Daten, auf die der Mieter nicht unmittelbar zugreifen kann, hat der Vermieter ihm nach **Abs. 6** zur Verfügung zu stellen.

§ 2a Aufbewahrung von Kontrollunterlagen

Der Unternehmer bewahrt die ihm oder seinen Fahrern von den zuständigen Personen überlassenen Niederschriften, Ergebnisprotokolle und andere Unterlagen über bei ihm auf dem Gelände vorgenommene beziehungsweise bei seinen Fahrern auf der Straße vorgenommene Kontrollen ein Jahr lang auf. Die Unterlagen sind den zuständigen Personen auf Verlangen vorzulegen. Nach Ablauf der Aufbewahrungspflicht sind die Unterlagen bis zum 31. März des folgenden Kalenderjahres zu vernichten.

Abschnitt 2
Organisation

§ 3 Zertifizierungsinfrastruktur

Die Aufgaben der für die Umsetzung des Zertifizierungsverfahrens nach der Verordnung (EU) Nr. 165/2014 verantwortlichen Stellen ergeben sich aus der Anlage 2. Das Bundesministerium für Verkehr, Bau und Stadtentwicklung nimmt die Aufgaben der Aufsichtsbehörde des Mitgliedstaates (D-Member State Authority – D-MSA) wahr. Deutsche Zertifizierungsstelle (D-Certification Authority – D-CA) ist das Kraftfahrt-Bundesamt. Die für die Fahrtenschreiberausgabe zuständigen Behörden oder Stellen (D-Card Issueing Authorities – D-CIA's) werden von den Ländern bestimmt.

Abschnitt 3
Kontrollsystem nach EG-Verordnungen

§ 4 Allgemeines

(1) Die zum Betrieb des digitalen Fahrtenschreibers erforderlichen Fahrtenschreiberkarten (Fahrer-, Werkstatt-, Unternehmens- und Kontrollkarten) werden nach den Mustern nach Artikel 1 Absatz 3 der Durchführungsverordnung (EU) 2016/799 der Kommission vom 18. März 2016 zur Durchführung der Verordnung (EU) Nr. 165/2014 des Europäischen Parlaments und des Rates zur Festlegung der Vorschriften über Bauart, Prüfung, Einbau, Betrieb und Reparatur von Fahrtenschreibern und ihren Komponenten (ABl. L 139 vom 26. 5. 2016, S. 1) in Verbindung mit dem Anhang I B Abschnitt IV der Verordnung (EWG) Nr. 3821/85 oder

nach Artikel 1 Absatz 2 der Durchführungsverordnung (EU) 2016/799 in Verbindung mit dem Anhang 1 C Abschnitt 4 der Durchführungsverordnung (EU) 2016/799 jeweils in Verbindung mit Anlage 3 hergestellt. Fahrer-, Werkstatt- und Unternehmenskarten werden auf Antrag erteilt. Antragsberechtigt sind:

1. für die Fahrerkarte
   a) Inhaber einer gültigen inländischen Fahrerlaubnis nach Muster 1 der Anlage 8 der Fahrerlaubnis-Verordnung in der jeweils geltenden Fassung,
   b) im Übrigen Inhaber einer Fahrerlaubnis eines Mitgliedstaates der Europäischen Union oder eines anderen Vertragsstaats des Abkommens über den Europäischen Wirtschaftsraum, die dazu berechtigt, Fahrzeuge zu führen, für die Lenk- und Ruhezeiten nach der Verordnung (EG) Nr. 561/2006 beziehungsweise § 1 dieser Verordnung zu beachten sind,
2. für die Werkstattkarte die nach § 57b der Straßenverkehrs-Zulassungs-Ordnung anerkannten oder beauftragten Werkstätten, Hersteller von Fahrtenschreibern sowie Fahrzeughersteller,
3. für die Unternehmenskarte Unternehmen, deren Fahrpersonal Beförderungen durchführt, die unter die Verordnung (EG) Nr. 561/2006 fallen, oder das Lenk- und Ruhezeiten nach § 1 dieser Verordnung einzuhalten hat.

Erfolgt der Antrag auf unpersönlichem Weg, ist eine Kopie der nach den §§ 5, 7 oder § 9 jeweils erforderlichen Unterlagen beizufügen. Im Rahmen des Antragsverfahrens hat für Fahrtenschreiberkarten nach Nummer 1 eine Überprüfung der Identität des Antragstellers sowie der Übereinstimmung der vorgelegten Kopien mit den Originalen stattzufinden.

(2) Die Fahrtenschreiberkarten werden von den nach Landesrecht zuständigen Behörden oder Stellen ausgegeben.

(3) Der Antrag auf Erneuerung der Fahrer- und Unternehmenskarte darf frühestens sechs Monate, der auf Erneuerung der Werkstattkarte frühestens einen Monat vor Ablauf der Gültigkeit der Karte gestellt werden. Den Anträgen sind die nach den §§ 5, 7 oder § 9 jeweils erforderlichen Unterlagen beizufügen. Inhaber einer Werkstattkarte haben spätestens nach drei Jahren eine aktuelle Bescheinigung über die Anerkennung oder Beauftragung der Werkstatt nach § 57b der Straßenverkehrs-Zulassungs-Ordnung und einen Nachweis über eine erneute Schulung im Sinne des § 7 Abs. 2 Nr. 5 vorzulegen. Die in Satz 3 genannten Fristen beginnen mit dem Datum des letzten Nachweises. Die in Artikel 25 Absatz 2 Satz 1 und 2 und in Artikel 29 Absatz 4 Satz 2 der Verordnung (EU) Nr. 165/2014 genannten Fristen beginnen erst mit der vollständigen Vorlage aller nach den §§ 5, 7 oder § 9 erforderlichen Antragsunterlagen und Angaben.

(4) Wird eine Fahrtenschreiberkarte wegen Beschädigung, Fehlfunktion, Verlust oder Diebstahl einer vorhandenen Karte beantragt, hat der Antragsteller der ausstellenden Behörde oder Stelle vorzulegen:

1. bei Verlust eine schriftliche Erklärung über den Verlust,
2. bei Diebstahl den Nachweis einer Anzeige,
3. bei Beschädigung oder Fehlfunktion die zu erneuernde Karte.

Dem Antrag sind die nach den §§ 5, 7 oder § 9 jeweils erforderlichen Unterlagen beizufügen. Der Inhaber der Fahrtenschreiberkarte hat auf Verlangen der Behörde oder Stelle, welche die Ersatzkarte ausstellt, eine Versicherung an Eides statt abzugeben, dass und aus welchen Gründen er die Fahrtenschreiberkarte nicht zurückgeben kann. Mit Ausstellung der Ersatzkarte verliert die ersetzte Karte ihre Gültigkeit. Eine wiederaufgefundene Karte ist der ausstellenden Behörde oder Stelle zurückzugeben. Beträgt die Restlaufzeit der zu ersetzenden Karte weniger als sechs Monate, ist die Karte zu erneuern. Absatz 3 Satz 5 gilt mit der Maßgabe, dass die Fristen erst beginnen, wenn alle erforderlichen Antragsunterlagen und Angaben vorliegen und die ausstellende Behörde oder Stelle Kenntnis von der Kartennummer erhält.

(5) Bei Verlust einer Fahrtenschreiberkarte unterrichtet der Karteninhaber unverzüglich die Behörde oder Stelle, welche die Karte erteilt hat. Die Behörde oder Stelle meldet den Verlust dem Fahrtenschreiberkartenregister beim Kraftfahrt-Bundesamt.

§ 5 Fahrerkarte

(1) Der Antragsteller hat Angaben zu seiner Muttersprache zu machen und folgende Unterlagen vorzulegen:

1.
   a) eine gültige inländische Fahrerlaubnis nach Muster 1 der Anlage 8 der Fahrerlaubnis-Verordnung in der jeweils geltenden Fassung
   b) im Übrigen eine Fahrerlaubnis eines Mitgliedstaates der Europäischen Union oder eines anderen Vertragsstaats des Abkommens über den Europäischen Wirtschaftsraum, die dazu berechtigt, Fahrzeuge zu führen, für die Lenk- und Ruhezeiten nach der Verordnung (EG) Nr. 561/2006 beziehungsweise § 1 dieser Verordnung zu beachten sind,
2. einen Nachweis über den Wohnsitz im Inland und Anschrift,
3. Nachweise über Geburts- und Familiennamen, Vornamen, Tag und Ort der Geburt sowie
4. ein Lichtbild vor hellem Hintergrund in der Größe 35 mm × 45 mm, das den Antragsteller ohne Kopfbedeckung in einer Frontalaufnah-

me zeigt; Anlage 8 der Passverordnung findet entsprechende Anwendung.

(2) Die zuständige Behörde oder Stelle prüft die Richtigkeit und Vollständigkeit der vom Bewerber mitgeteilten Daten.

(3) Jeder Fahrer erhält nur eine Fahrerkarte. Vor der Ausstellung einer Fahrerkarte erfolgen durch die zuständige Behörde oder Stelle Anfragen bei dem zentralen Fahrerlaubnisregister, dem zentralen Fahrtenschreiberkartenregister und den Fahrerkartenregistern der anderen Mitgliedstaaten der Europäischen Union und der Vertragsstaaten des Abkommens über den Europäischen Wirtschaftsraum, ob das vorgelegte Führerscheindokument gültig ist und ob dem Antragsteller bereits anderweitig eine Fahrerkarte ausgestellt wurde. Zu diesem Zweck dürfen die nach § 49 Absatz 1 Nummer 1 bis 3, Nummer 7 bis 13 und Nummer 17 der Fahrerlaubnis-Verordnung im Fahrerlaubnisregister gespeicherten Daten im automatisierten Verfahren abgerufen werden.

(4) Die Fahrerkarte darf keinem Dritten zur Nutzung überlassen werden. Der Fahrer hat die Fahrerkarte während der Fahrt mitzuführen und den zuständigen Personen auf Verlangen zur Prüfung auszuhändigen.

(5) Die Gültigkeitsdauer der Fahrerkarte beträgt bei der Erstausstellung und Erneuerung fünf Jahre. Sie beginnt mit dem Datum der Personalisierung. Bei der Erneuerung auf Grund von Beschädigung oder Fehlfunktion beginnt sie mit dem Datum der Personalisierung. Bei der Erneuerung auf Grund des Ablaufs der Gültigkeitsdauer beginnt die Gültigkeitsdauer der neuen Fahrerkarte mit dem Tag, der dem Tag des Ablaufs der Gültigkeit der vorherigen Fahrerkarte folgt. Wird eine Fahrerkarte ersetzt, entspricht die Gültigkeitsdauer der Gültigkeitsdauer der ersetzten Karte.

§ 6 Mitführen der abgelaufenen Fahrerkarte

Der Fahrer hat auch nach Ablauf der Gültigkeit die Fahrerkarte noch mindestens 28 Kalendertage im Fahrzeug mitzuführen. Bei Umtausch der Fahrerkarte entsprechend Artikel 30 Absatz 2 der Verordnung (EU) Nr. 165/2014 hat der Fahrer die Ausdrucke seiner Tätigkeiten für die dem Umtausch vorausgehenden 28 Kalendertage ebenfalls 28 Kalendertage mitzuführen.

§ 7 Werkstattkarte

(1) Die Werkstattkarte wird nur erteilt, wenn der Antragsteller als Unternehmer oder die nach Gesetz, Satzung oder Gesellschaftsvertrag zur Vertretung berufenen Personen sowie die verantwortliche Fachkraft (Installateur) fachlich geeignet sind.

(2) Der Antragsteller hat folgende Angaben zu machen und durch Unterlagen nachzuweisen:

1. Name, Anschrift und Sitz der Werkstatt, des Herstellers von Fahrtenschreibern oder des Fahrzeugherstellers,
2. Geburts- und Familienname, Vornamen, Tag und Ort der Geburt des Unternehmers oder der nach Gesetz, Satzung oder Gesellschaftsvertrag zur Vertretung berufenen Personen,
3. Geburts- und Familienname, Vorname, Tag und Ort der Geburt, aktuelle Wohnanschrift und Muttersprache der verantwortlichen Fachkraft, für die die Werkstattkarte beantragt wird,
4. Anerkennung oder Beauftragung der Werkstatt nach § 57b der Straßenverkehrs-Zulassungs-Ordnung,
5. Schulung der verantwortlichen Fachkraft, für die die Werkstattkarte beantragt wird, entsprechend der Fahrtenschreiber- und Kontrollgeräte-Schulungsrichtlinie, sowie
6. bestehendes Arbeitsverhältnis mit der verantwortlichen Fachkraft, für die die Werkstattkarte beantragt wird.

(3) (entfällt)

(4) Die zuständige Behörde oder Stelle stellt durch Abruf beim zentralen Fahrtenschreiberkartenregister sicher, dass die verantwortliche Fachkraft nur eine Werkstattkarte pro Arbeitsverhältnis erhält.

(5) Die Werkstattkarte wird dem Unternehmen gegen Empfangsbestätigung ausgehändigt. Sie ist Eigentum des Unternehmens. Die zur Benutzung der Werkstattkarte erforderliche persönliche Identifikationsnummer wird der verantwortlichen Fachkraft an ihre Privatanschrift übersandt.

(6) Die Gültigkeitsdauer der Werkstattkarte beträgt ein Jahr. Sie beginnt mit dem Datum der Personalisierung. § 5 Abs. 5 Satz 3 bis 5 gilt entsprechend.

§ 8 Wegfall von Erteilungsvoraussetzungen

(1) Ist eine der Erteilungsvoraussetzungen nachträglich entfallen, so ist dies unverzüglich der zuständigen Behörde oder Stelle zu melden; die Werkstattkarte ist innerhalb einer von dieser festzusetzenden Frist an sie zurückzugeben. Die zuständige Behörde oder Stelle hat im Falle des Wegfalls der Erteilungsvoraussetzungen, insbesondere im Falle der missbräuchlichen Verwendung, die Rückgabe der Werkstattkarte zu verlangen. Rückgabepflichtig sind sowohl der Unternehmer, bei juristischen Personen die nach Gesetz, Satzung oder Gesellschaftsvertrag zur Vertretung berufenen Personen, als auch die verantwortliche Fachkraft. Scheidet die verantwortliche Fachkraft aus der Werkstatt aus, haben der Unternehmer oder die vertretungsberechtigten Personen die Werkstatt-

karte unverzüglich zurückzugeben. Ist dem Unternehmer oder den vertretungsberechtigten Personen eine Rückgabe nicht möglich, ist die zuständige Behörde oder Stelle unverzüglich zu unterrichten.
(2) Wird die Werkstattkarte wegen missbräuchlicher Verwendung zurückgenommen, unterrichtet die zuständige Behörde oder Stelle das Zentrale Fahrtenschreiberkartenregister beim Kraftfahrt-Bundesamt.

§ 9 Unternehmenskarte

(1) Der Antragsteller hat folgende Angaben zu machen und durch Unterlagen nachzuweisen:
1. Name, Anschrift und Sitz des Unternehmens,
2. Geburts- und Familienname, Vornamen, Tag und Ort der Geburt sowie Anschrift des Unternehmers oder der nach Gesetz, Satzung oder Gesellschaftsvertrag zur Vertretung berufenen Personen.

(2) Die Unternehmenskarten werden an den Unternehmer oder die nach Gesetz, Satzung oder Gesellschaftsvertrag zur Vertretung berufenen Personen ausgegeben. Der Unternehmer sorgt für die ordnungsgemäße Verwendung der Karten.
(3) Der Unternehmer hat dafür zu sorgen, dass zu Beginn und am Ende des Fahrzeugeinsatzes für das Unternehmen die Unternehmenskarte in den Fahrtenschreiber eingegeben wird, um den Einsatz des Fahrzeugs dem Unternehmen zuzuordnen.
(4) Die Gültigkeitsdauer der Unternehmenskarte beträgt fünf Jahre. Sie beginnt mit dem Datum der Personalisierung. § 5 Abs. 5 Satz 3 bis 5 gilt entsprechend.

§ 10 Kontrollkarte

Die Kontrollkarten werden an die für die Kontrolle der Sozialvorschriften im Straßenverkehr zuständigen Behörden und Stellen sowie an die für die Prüfungen nach § 2 Absatz 1 des Schwarzarbeitsbekämpfungsgesetzes zuständigen Behörden der Zollverwaltung ausgegeben. Die Kontrollkarte weist die Kontrollbehörde aus und ermöglicht das Lesen, Ausdrucken und Herunterladen der im Massenspeicher des Fahrtenschreibers oder auf Fahrerkarten gespeicherten Daten. Die Gültigkeitsdauer der Kontrollkarte beträgt fünf Jahre.

Erläuterungen zur Fahrerkarte sind in der Kommentierung zu Art. 26 bis 31 Verordnung (EU) Nr. 165/2014 enthalten.

Abschnitt 4
Zentrales Fahrtenschreiberkartenregister

§ 11 Führung und Zweckbestimmung des Registers

(1) Das Kraftfahrt-Bundesamt führt nach § 2 Nr. 4 des Fahrpersonalgesetzes das Zentrale Fahrtenschreiberkartenregister zum Nachweis der von den zuständigen Behörden oder Stellen ausgegebenen Fahrtenschreiberkarten. Darin werden erfasst die Identifizierungsdaten der Fahrer, verantwortlichen Fachkräfte, Unternehmen und Behörden, denen Fahrer-, Werkstatt-, Unternehmens- oder Kontrollkarten ausgestellt worden sind, und die Identifizierungsdaten der ausgestellten, abhanden gekommenen und defekten Fahrer-, Werkstatt-, Unternehmens- und Kontrollkarten.

(2) Das Register wird geführt zur Speicherung von Identifizierungsdaten, die erforderlich sind, um feststellen zu können, welche Karten eine Person, ein Unternehmen oder eine Kontrollbehörde besitzt oder welche Karten abhanden gekommen oder beschädigt sind.

§ 12 Inhalt des Registers

Im Zentralen Fahrtenschreiberkartenregister werden gespeichert über

1. Fahrerkarten folgende Daten:
   a) Geburts- und Familienname, Vornamen, Tag und Ort der Geburt, akademischer Grad und Geschlecht,
   b) Fahrtenschreiberkartennummer und die vom Chiphersteller eingebrachte Chipkennung,
   c) Tag des Beginns und des Ablaufs der Gültigkeit der Fahrerkarte,
   d) Tag der Produktion der Fahrerkarte,
   e) Status der Fahrerkarte,
   f) antragsbearbeitende und mitteilende Behörde oder Stelle einschließlich der für die Antragsbearbeitung verantwortlichen Person,
   g) Fahrerlaubnisnummer einschließlich Ausgabestaat,
   h) bei Verlust oder Diebstahl das Datum des Abhandenkommens der Fahrerkarte;
2. Werkstattkarten folgende Daten:
   a) Name und Anschrift der Werkstatt, des Herstellers von Fahrtenschreibern oder des Fahrzeugherstellers, bei der Anschrift zusätzlich die statistische Kennziffer des Firmensitzes sowie der Standortgemeinde und des Gemeindeteils,

b) Geburts- und Familienname, Vornamen, Tag und Ort der Geburt, akademischer Grad und Geschlecht des Unternehmers, bei juristischen Personen der nach Gesetz, Satzung oder Gesellschaftsvertrag zur Vertretung berufenen Personen,
c) Geburts- und Familienname, Vornamen, Tag und Ort der Geburt, akademischer Grad und Geschlecht der Person, auf die die Karte nach § 7 Abs. 2 Nr. 4 ausgestellt wurde,
d) Fahrtenschreiberkartennummer und die vom Chiphersteller eingebrachte Chipkennung,
e) Tag des Beginns und des Ablaufs der Gültigkeit der Werkstattkarte,
f) Tag der Produktion der Werkstattkarte,
g) Status der Werkstattkarte,
h) antragsbearbeitende und mitteilende Behörde oder Stelle einschließlich der für die Antragsbearbeitung verantwortlichen Person,
i) bei Verlust oder Diebstahl das Datum des Abhandenkommens der Werkstattkarte;

3. Unternehmenskarten folgende Daten:
a) Name und Anschrift des Unternehmens sowie die statistische Kennziffer des Firmensitzes, der Standortgemeinde und des Gemeindeteils,
b) Geburts- und Familienname, Vornamen, Tag und Ort der Geburt, akademischer Grad und Geschlecht des Unternehmers, bei juristischen Personen der nach Gesetz, Satzung oder Gesellschaftsvertrag zur Vertretung berufenen Personen,
c) Kontrollgerätkartennummer und die vom Chiphersteller eingebrachte Chipkennung,
d) Tag des Beginns und des Ablaufs der Gültigkeit der Unternehmenskarte,
e) Tag der Produktion der Unternehmenskarte,
f) antragsbearbeitende und mitteilende Behörde oder Stelle einschließlich der für die Antragsbearbeitung verantwortlichen Person,
g) Status der Unternehmenskarte,
h) bei Verlust oder Diebstahl das Datum des Abhandenkommens der Unternehmenskarte;

4. Kontrollkarten folgende Daten:
a) Name und Anschrift der Behörde,
b) Fahrtenschreiberkartennummer und die vom Chiphersteller eingebrachte Chipkennung,
c) Tag des Beginns und des Ablaufs der Gültigkeit der Kontrollkarte,

d) Tag der Produktion der Kontrollkarte,
e) Status der Kontrollkarte,
f) bei Verlust oder Diebstahl das Datum des Abhandenkommens der Kontrollkarte.

§ 13 Löschung von Eintragungen im Zentralen Fahrtenschreiberkartenregister

Die Daten über Fahrtenschreiberkarten werden fünf Jahre nach Ablauf der Gültigkeitsdauer gelöscht.

§ 14 Mitteilung an das Zentrale Fahrtenschreiberkartenregister im automatisierten Dialogverfahren

(1) Die für die Antragsbearbeitung zuständige Behörde oder Stelle teilt dem Zentralen Fahrtenschreiberkartenregister unverzüglich die zu speichernden oder zu einer Änderung einer Eintragung führenden Daten im automatisierten Dialogverfahren mit; sie teilt dem Personalisierer die zur Personalisierung notwendigen Daten mit.
(2) Zuständige ausländische Stellen sind berechtigt, Statusänderungen zu Fahrtenschreiberkarten im automatisierten Dialogverfahren an das Zentrale Fahrtenschreiberkartenregister zu übermitteln.
(3) Der Personalisierer teilt dem Zentralen Fahrtenschreiberkartenregister unverzüglich jeweils nach Produktion und Versand einer Fahrtenschreiberkarte eine entsprechende Information hierüber mit.

§ 15 Übermittlung von Daten an inländische Behörden und Stellen durch Abruf im automatisierten Verfahren

Die im Zentralen Fahrtenschreiberkartenregister gespeicherten Daten dürfen an die hierfür zuständigen Behörden und Stellen durch Abruf im automatisierten Verfahren übermittelt werden, soweit dies erforderlich ist

1. für Verwaltungsmaßnahmen auf Grund der Verordnung (EU) Nr. 165/2014 oder darauf beruhender Rechtsvorschriften,
2. für Verkehrs- oder Grenzkontrollen,
3. für die Verfolgung von Ordnungswidrigkeiten,
4. für die Verfolgung von Straftaten.

§ 16 Übermittlung von Daten an ausländische Behörden und Stellen durch Abruf im automatisierten Verfahren

Die im Zentralen Fahrtenschreiberkartenregister über Fahrerkarten und Werkstattkarten gespeicherten Daten dürfen an die hierfür zuständigen Behörden und Stellen in den Mitgliedstaaten der Europäischen Union oder den Vertragsstaaten des Abkommens über den Europäischen Wirtschaftsraum durch Abruf im automatisierten Verfahren übermittelt werden, soweit dies erforderlich ist

1. **für Verwaltungsmaßnahmen auf Grund der Verordnung (EU) Nr. 165/2014 oder darauf beruhender Rechtsvorschriften,**
2. **für Verkehrskontrollen,**
3. **zur Verfolgung von Zuwiderhandlungen gegen Rechtsvorschriften auf dem Gebiet des Straßenverkehrs oder**
4. **zur Verfolgung von Straftaten, die im Zusammenhang mit dem Straßenverkehr stehen.**

§ 17 Einrichtung und Betrieb der automatisierten Abrufverfahren

Die Einrichtung und der Betrieb der automatisierten Abrufverfahren richten sich nach den Bestimmungen des Bundesdatenschutzgesetzes.

Kommentierung entfällt.

Abschnitt 5
Ausnahmen

§ 18 Ausnahmen nach den Verordnungen (EG) Nr. 561/2006 und (EU) 165/2014

(1) Nach Artikel 13 Absatz 1 der Verordnung (EG) Nr. 561/2006 und nach Artikel 3 Absatz 2 der Verordnung (EU) Nr. 165/2014 werden im Geltungsbereich des Fahrpersonalgesetzes folgende Fahrzeugkategorien von der Anwendung der Artikel 5 bis 9 der Verordnung (EG) Nr. 561/2006 und der Anwendung der Verordnung (EU) Nr. 165/2014 ausgenommen:

1. **Fahrzeuge, die im Eigentum von Behörden stehen oder von diesen ohne Fahrer angemietet oder geleast sind, um Beförderungen im Straßenverkehr durchzuführen, die nicht im Wettbewerb mit privatwirtschaftlichen Verkehrsunternehmen stehen,**

2. Fahrzeuge, die von Landwirtschafts-, Gartenbau-, Forstwirtschaft- oder Fischereiunternehmen zur Güterbeförderung, insbesondere auch zur Beförderung lebender Tiere, im Rahmen der eigenen unternehmerischen Tätigkeit in einem Umkreis von bis zu 100 Kilometern vom Standort des Unternehmens verwendet oder von diesen ohne Fahrer angemietet werden,
3. Land- und forstwirtschaftliche Zugmaschinen, die für land- oder forstwirtschaftliche Tätigkeiten in einem Umkreis von bis zu 100 Kilometern vom Standort des Unternehmens verwendet werden, das das Fahrzeug besitzt, anmietet oder least,
4. Fahrzeuge oder Fahrzeugkombinationen mit einer zulässigen Höchstmasse von nicht mehr als 7,5 Tonnen, die von Postdienstleistern, die Universaldienstleistungen im Sinne des § 16 Absatz 1 des Postgesetzes in der jeweils geltenden Fassung erbringen, in einem Umkreis von 100 Kilometern vom Standort des Unternehmens zum Zwecke der Zustellung von Sendungen im Rahmen des Universaldienstes verwendet werden, soweit das Lenken des Fahrzeugs nicht die Haupttätigkeit des Fahrers darstellt,
5. Fahrzeuge, die ausschließlich auf Inseln mit einer Fläche von nicht mehr als 2300 Quadratkilometern verkehren, die mit den übrigen Teilen des Hoheitsgebiets weder durch eine befahrbare Brücke, Furt oder einen befahrbaren Tunnel verbunden sind,
6. Fahrzeuge, die im Umkreis von 100 Kilometern vom Standort des Unternehmens zur Güterbeförderung mit Druckerdgas-, Flüssiggas- oder Elektroantrieb verwendet werden und deren zulässige Höchstmasse einschließlich Anhänger oder Sattelanhänger 7,5 Tonnen nicht übersteigt,
7. Fahrzeuge, die zum Fahrschulunterricht und zur Fahrprüfung zwecks Erlangung der Fahrerlaubnis oder eines beruflichen Befähigungsnachweises dienen, sofern diese Fahrzeuge nicht für die gewerbliche Personen- oder Güterbeförderung verwendet werden,
8. Fahrzeuge, die in Verbindung mit der Instandhaltung von Kanalisation, Hochwasserschutz, Wasser-, Gas- und Elektrizitätsversorgung, Straßenunterhaltung und -kontrolle, Hausmüllabfuhr, Telegramm- und Telefondienstleistungen, Rundfunk und Fernsehen sowie zur Erfassung von Radio- beziehungsweise Fernsehsendern oder -geräten eingesetzt werden,
9. Fahrzeuge mit zehn bis 17 Sitzen, die ausschließlich zur nicht gewerblichen Personenbeförderung verwendet werden,
10. Spezialfahrzeuge, die zum Transport von Ausrüstungen des Zirkus- oder Schaustellergewerbes verwendet werden,
11. speziell für mobile Projekte ausgerüstete Fahrzeuge, die hauptsächlich im Stand zu Lehrzwecken verwendet werden,

12. Fahrzeuge, die innerhalb eines Umkreises von bis zu 100 Kilometern vom Standort des Unternehmens zum Abholen von Milch bei landwirtschaftlichen Betrieben, zur Rückgabe von Milchbehältern oder zur Lieferung von Milcherzeugnissen für Futterzwecke an diese Betriebe verwendet werden,

13. Spezialfahrzeuge für Geld- und/oder Werttransporte,

14. Fahrzeuge, die in einem Umkreis von 250 Kilometern vom Standort des Unternehmens zum Transport tierischer Nebenprodukte im Sinne des Artikels 3 Nummer 1 der Verordnung (EG) Nr. 1069/2009 des Europäischen Parlaments und des Rates vom 21. Oktober 2009 mit Hygienevorschriften für nicht für den menschlichen Verzehr bestimmte tierische Nebenprodukte und zur Aufhebung der Verordnung (EG) Nr. 1774/2002 (Verordnung über tierische Nebenprodukte) (ABl. L 300 vom 14. 11. 2009, S. 1) in der jeweils geltenden Fassung verwendet werden,

15. Fahrzeuge, die ausschließlich auf Straßen in Güterverteilzentren wie Häfen, Umschlaganlagen des Kombinierten Verkehrs und Eisenbahnterminals verwendet werden, und

16. Fahrzeuge, die innerhalb eines Umkreises von bis zu 100 Kilometern vom Standort des Unternehmens für die Beförderung lebender Tiere von den landwirtschaftlichen Betrieben zu den lokalen Märkten und umgekehrt oder von den Märkten zu den lokalen Schlachthäusern verwendet werden.

(2) Abweichend von Artikel 5 Abs. 2 Satz 1 der Verordnung (EG) Nr. 561/2006 beträgt bei Beförderungen in einem Umkreis von 50 Kilometern vom Standort des Fahrzeugs das Mindestalter der Beifahrer zum Zwecke der Berufsausbildung 16 Jahre.

1 Die in **Abs. 1** aufgeführten Fahrzeugkategorien sind sowohl von der Pflicht zum Einbau eines Fahrtenschreibers nach der Verordnung (EU) Nr. 165/2014 als auch von der Einhaltung der Sozialvorschriften der Verordnung (EG) Nr. 561/2006 befreit.

2 Nach **Nr. 1** sind Beförderungen im Straßenverkehr mit Fahrzeugen, die im Eigentum von Behörden stehen oder von diesen geleast wurden, ausgenommen, wenn die Beförderungen nicht im Wettbewerb mit privaten Verkehrsunternehmen stehen. Im Interesse der Rechtssicherheit wird man die Wettbewerbssituation einer generellen Betrachtungsweise unterziehen müssen. Es darf beispielsweise im Personenlinienverkehr keinen Unterschied machen, ob Verkehrsdienste ausgeschrieben werden oder eine Direktvergabe erfolgt. Ebenso müssen behördliche Randtätigkeiten erfasst sein.

3 Standort des Unternehmens im Sinne der **Nr. 2 bis 4 und Nr. 6, 14 und 16** ist der Ort der Betriebsstätte, von dem aus der Unternehmer das Fahrzeug

vorwiegend einsetzt. Der Umkreis wird von der jeweiligen Gemeindegrenze aus bestimmt.

Die **Nr. 5** nimmt Fahrzeuge aus dem Anwendungsbereich heraus, die ausschließlich auf einer Insel verkehren, die eine Fläche von nicht mehr als 2300 km² hat und die mit den übrigen Teilen des Hoheitsgebiets weder durch eine befahrbare Brücke, Furt oder einen befahrbaren Tunnel verbunden ist. Da Schienenfahrzeuge schon überhaupt nicht durch die Verordnung erfasst sind, sind Eisenbahntunnel und -brücken nicht ausreichend. 4

Spezialfahrzeuge für den Transport von Ausrüstungen des Zirkus- oder Schaustellergewerbes nach **Nr. 10** sind nur solche, die ausschließlich hierfür eingesetzt werden, nicht jedoch solche die von Fuhrunternehmen für den Transport angemietet werden und ansonsten auch für den gewerblichen Transport anderer Güter eingesetzt werden. 5

Beim Milchtransport nach **Nr. 12** kommt es allein auf die Beförderung der aufgeführten Güter an. Die Befreiung ist auf die Beförderung beschränkt, aber auch unabhängig von der konkreten Fahrzeugkategorie. 6

Abschnitt 6
Europäisches Übereinkommen über die Arbeit des im internationalen Straßenverkehr beschäftigten Fahrpersonals (AETR)

§ 19 Fahrtenschreiber nach dem Europäischen Übereinkommen über die Arbeit des im internationalen Straßenverkehr beschäftigten Fahrpersonals (AETR)

Auf Grund des Artikels 3 Absatz 1, des Artikels 10 Absatz 1 und des Artikels 13 Absatz 1 des AETR in Verbindung mit Artikel 2 Abs. 3 der Verordnung (EG) Nr. 561/2006 hat der Unternehmer in Fahrzeuge, die dem AETR unterliegen und mit denen das Hoheitsgebiet der Bundesrepublik Deutschland befahren wird, vor Antritt derartiger Fahrten Fahrtenschreiber einbauen zu lassen. Die Fahrtenschreiber nach Satz 1 sind von dem Fahrer zu benutzen. Die Fahrtenschreiber sind nach den Artikeln 10 bis 14 des Anhangs zum AETR zu betreiben. Bauart, Einbau, Benutzung und Prüfung der Fahrtenschreiber richten sich nach den Vorschriften des AETR einschließlich seines Anhangs und der Anlagen. Fahrtenschreiber im Sinne der Verordnung (EU) Nr. 165/2014 erfüllen die Anforderungen nach Satz 4.

Abschnitt 7
Sonstige Vorschriften

§ 20 Nachweis über berücksichtigungsfreie Tage

(1) Selbstfahrende Unternehmer und Fahrer, die die in dieser Verordnung, in Artikel 36 Absatz 2 der Verordnung (EU) Nr. 165/2014/ oder in Kapitel III Artikel 12 Absatz 2 Satz 1 des Anhangs zum Europäischen Übereinkommen über die Arbeit des im internationalen Straßenverkehr beschäftigten Fahrpersonals (AETR) vorgeschriebenen Nachweise nicht oder nicht vollständig vorlegen können, weil sie an einem oder mehreren der vorausgegangenen 28 Kalendertage

1. ein Fahrzeug gelenkt haben, für dessen Führen eine Nachweispflicht nicht besteht,
2. erkrankt waren,
3. sich im Urlaub befanden oder
4. aus anderen Gründen kein Fahrzeug gelenkt haben,

haben diese Zeiten durch manuelle Nachträge nach den Absätzen 2 oder 3 zu belegen. Der Unternehmer hat dafür zu sorgen, dass der Fahrer die die manuellen Nachträge nach den Absätzen 2 oder 3 vornimmt.

(2) Manuelle Nachträge im Sinne des Absatzes 1 Satz 1 müssen bei Verwendung eines digitalen Fahrtenschreibers vor Fahrtantritt mittels der manuellen Eingabevorrichtung des Fahrtenschreibers auf der Fahrerkarte erfolgen. Ist ein manueller Nachtrag nach Satz 1 aus technischen Gründen nicht möglich, findet Absatz 3 Anwendung.

(3) Manuelle Nachträge im Sinne des Absatzes 1 Satz 1 müssen bei Verwendung eines analogen Fahrtenschreibers, eines Nachweises nach § 1 Absatz 6 oder im Falle des Absatzes 2 Satz 2 vor Fahrtantritt lesbar unter Verwendung der in Artikel 34 Absatz 5 der Verordnung (EU) Nr. 165/2014 aufgeführten Zeichen erfolgen. Der Nachtrag ist auf der Rückseite des nächsten im Anschluss an den berücksichtigungsfreien Zeitraum verwendeten Schaublattes oder Fahrtenschreiberausdruckes (Ausdruck der Tätigkeiten des Fahrers am Fahrtag) oder auf einem Nachweis nach § 1 Absatz 6 vorzunehmen. Bei Bedarf können auch mehrere Schaublätter, Fahrtenschreiberausdrucke oder Nachweise nach § 1 Absatz 6 benutzt werden.

(4) Ist ein manueller Nachtrag nach Absatz 2 Satz 1 aus technischen Gründen nicht möglich oder besonders aufwendig, darf abweichend von den Absätzen 2 und 3 bei der Kontrolle eine Bescheinigung des Unternehmens über die in Absatz 1 genannten Zeiten vorgelegt werden. Die Bescheinigung darf nicht handschriftlich ausgefüllt werden. Der Unternehmer hat dem betroffenen Fahrer die Bescheinigung mit den Gründen für das Fehlen von Arbeitszeitnachweisen vor Fahrtantritt auszustellen

und auszuhändigen sowie dafür zu sorgen, dass der Fahrer die Bescheinigung während der Fahrt mit sich führt. Der selbstfahrende Unternehmer hat die Bescheinigung vor Fahrtantritt auszustellen und zu unterzeichnen. Der Fahrer darf die Bescheinigung nicht als beauftragte Person unterzeichnen. Im Fall einer Beauftragung hat der Unternehmer dafür zu sorgen, dass die beauftragte Person die Bescheinigung unterzeichnet. Die Bescheinigung darf von dem Fahrer bei der Kontrolle als Telefax oder Ausdruck einer digitalisierten Kopie zur Verfügung gestellt werden.

(5) Nach Ablauf des Nachweiszeitraumes des Absatz 1 hat der Fahrer die Nachweise nach den Absätzen 3 und 4 unverzüglich im Unternehmen abzugeben. Der Unternehmer, der nicht zugleich Fahrer ist, hat die Nachweise ab dem Zeitpunkt der Rückgabe durch den Fahrer ein Jahr außerhalb des Fahrzeugs aufzubewahren und den Fahrern auf Verlangen eine Kopie auszuhändigen. Nach Ablauf der Aufbewahrungspflicht sind die Nachweise bis zum 31. März des folgenden Kalenderjahres zu vernichten.

Für den Nachweis über berücksichtigungsfreie Tage nach FPersV, Verordnung (EG) Nr. 561/2006 und AETR sollte das mit Beschluss der EU-Kommission vom 14.12.2009 (ABl. EU Nr. L 330 S. 80) aktualisierte Formblatt nach Richtlinie 2006/22/EG verwendet werden.

§ 20a Verantwortlichkeiten

(1) Die Verkehrsunternehmen sind verpflichtet, ihren Betrieb nach Maßgabe von Artikel 10 Abs. 1 und 2 der Verordnung (EG) Nr. 561/2006 zu organisieren. Dies gilt auch für Fahrten im Hoheitsgebiet eines anderen Mitgliedstaates der Europäischen Union, eines Vertragsstaates des Abkommens über den Europäischen Wirtschaftsraum oder eines Drittstaates.

(2) Neben den Verkehrsunternehmen sind auch die mit diesen in geschäftlicher Verbindung stehenden Verlader, Spediteure, Reiseveranstalter, Hauptauftragnehmer, Unterauftragnehmer und Fahrervermittlungsagenturen für die Einhaltung der Vorschriften der Verordnung (EG) Nr. 561/2006 und der vorliegenden Verordnung verantwortlich. Die an der Beförderungskette beteiligten Unternehmen haben mit dem Ziel, die Einhaltung der Vorschriften zu gewährleisten, zusammenzuarbeiten und sich abzustimmen. Der jeweilige Auftraggeber hat dafür Sorge zu tragen, dass das beauftragte Verkehrsunternehmen die Vorschriften einhält. Er hat sich vor dem Vertragsabschluss mit einem Verkehrsunternehmen und während der Vertragslaufzeit in angemessenen Zeitabständen darüber zu vergewissern und darauf hinzuwirken, dass das beauftragte Verkehrsunternehmen aufgrund seiner personellen und sachlichen Ausstattung

sowie seiner betrieblichen Organisation in der Lage ist, die vorgesehenen Transportaufträge unter Einhaltung der Vorschriften durchzuführen.

(3) Die Verkehrsunternehmen, Verlader, Spediteure, Reiseveranstalter, Hauptauftragnehmer, Unterauftragnehmer und Fahrervermittlungsagenturen stellen sicher, dass die vertraglich vereinbarten Beförderungszeitpläne nicht gegen die Verordnung (EG) Nr. 561/2006 verstoßen.

1 Durch den Verweis auf Art. 10 Abs. 1 Verordnung (EG) Nr. 561/2006 wird das Verbot fahrleistungsabhängiger Entgelte aus § 3 FPersG (siehe Kommentierung) auf die Art der Organisation des Unternehmens erstreckt.

2 Auch werden die Organisationspflichten des Verkehrsunternehmens auf Fahrten im Hoheitsgebiet eines anderen Mitgliedstaates der Europäischen Union, eines Vertragsstaates des Abkommens über den Europäischen Wirtschaftsraum oder eines Drittstaates ausgedehnt.

3 Von einer Gefährdungshaftung des Verkehrsunternehmens gemäß Art. 10 Abs. 3 Unterabs. 2 Verordnung (EG) Nr. 561/2006 wurde abgesehen; unabhängig davon, ob sein Fahrzeug unmittelbar der Verordnung (EG) Nr. 561/2006 unterliegt oder dem § 1.

4 Des Weiteren wird eine Verantwortlichkeit der mit dem Verkehrsunternehmen in geschäftlicher Verbindung stehenden Verlader, Spediteure, Reiseveranstalter, Hauptauftragnehmer, Unterauftragnehmer und Fahrervermittlungsagenturen für die Einhaltung der Sozialvorschriften der Verordnung (EG) Nr. 561/2006 und der FPersV begründet. Hinsichtlich der vertraglich vereinbarten Beförderungszeitpläne beschränkt sich die Verantwortlichkeit nur auf Verstöße gegen die Verordnung (EG) Nr. 561/2006.

Abschnitt 8
Ordnungswidrigkeiten

§ 21 Ordnungswidrigkeiten

(1) Ordnungswidrig im Sinne des § 8 Abs. 1 Nr. 1 Buchstabe a des Fahrpersonalgesetzes handelt, wer als Unternehmer vorsätzlich oder fahrlässig

1. entgegen § 1 Abs. 5 Satz 1 nicht dafür sorgt, dass die dort genannten Vorschriften eingehalten werden,

1a. entgegen § 1 Absatz 6 Satz 7 Nummer 1 geeignete Vordrucke nicht, nicht rechtzeitig oder nicht in ausreichender Anzahl aushändigt,

2. entgegen § 1 Abs. 6 Satz 7 Nummer 2 oder 3, jeweils auch in Verbindung mit Absatz 7 Satz 3 zweiter Halbsatz eine Aufzeichnung oder ein Schaublatt nicht oder nicht rechtzeitig prüft oder nicht, nicht

in der vorgeschriebenen Weise oder nicht für die vorgeschriebene Dauer aufbewahrt oder nicht oder nicht rechtzeitig vorlegt oder eine Maßnahme nicht oder nicht rechtzeitig ergreift,

3. entgegen § 1 Abs. 7 Satz 3 erster Halbsatz ein Schaublatt nicht oder nicht rechtzeitig aushändigt oder nicht dafür sorgt, dass der der Fahrtschreiber benutzt wird,

3a. entgegen § 1 Absatz 8 Satz 1 einen Fahrplan oder einen Arbeitszeitplan nicht, nicht richtig, nicht vollständig oder nicht rechtzeitig erstellt oder nicht oder nicht mindestens ein Jahr aufbewahrt,

4. entgegen § 2 Abs. 4 Satz 1 nicht sicherstellt, dass die dort genannten Daten übertragen und gespeichert werden,

5. entgegen § 2 Abs. 5 Satz 1 oder 2 nicht sicherstellt, dass die dort genannten Daten kopiert werden,

6. entgegen § 2 Abs. 5 Satz 4 Daten nicht oder nicht rechtzeitig zur Verfügung stellt,

7. entgegen § 2 Abs. 5 Satz 5 eine Sicherheitskopie nicht oder nicht rechtzeitig erstellt,

8. entgegen § 2 Abs. 6 Satz 1 Daten nicht oder nicht rechtzeitig zur Verfügung stellt,

8a. entgegen § 2a Satz 1 oder Satz 2 eine dort genannte Unterlage nicht oder nicht mindestens ein Jahr aufbewahrt oder nicht oder nicht rechtzeitig vorlegt,

9. entgegen § 9 Absatz 3 nicht dafür sorgt, dass die Unternehmenskarte in den Fahrtenschreiber eingegeben wird,

10. entgegen § 19 Satz 1 einen Fahrtenschreiber nicht oder nicht rechtzeitig einbauen lässt,

11. entgegen § 20 Absatz 1 Satz 2, nicht dafür sorgt, dass der Fahrer einen dort genannten Nachtrag vornimmt,

12. entgegen § 20 Absatz 4 Satz 3 oder 4 eine dort genannte Bescheinigung nicht, nicht richtig oder nicht rechtzeitig ausstellt oder nicht dafür sorgt, dass der Fahrer die Bescheinigung mit sich führt,

13. entgegen § 20 Abs. 5 Satz 2 einen dort genannten Nachweis nicht oder nicht mindestens 1 Jahr aufbewahrt oder

14. entgegen § 20a Absatz 2 Satz 3 nicht dafür Sorge trägt, dass das beauftragte Verkehrsunternehmen die Vorschriften einhält.

(2) Ordnungswidrig im Sinne des § 8 Abs. 1 Nr. 2 Buchstabe a des Fahrpersonalgesetzes handelt, wer als Fahrer vorsätzlich oder fahrlässig

1. entgegen § 1 Abs. 1 oder 3 Nr. 1 Satz 1 oder Nr. 2 Satz 2 Lenkzeiten, Fahrtunterbrechungen oder Ruhezeiten nicht einhält,

2. entgegen § 1 Abs. 6 Sätze 1 bis 6, jeweils auch in Verbindung mit Abs. 7 Satz 3, eine Aufzeichnung nicht, nicht richtig oder nicht vollständig führt oder eine Aufzeichnung oder ein Schaublatt nicht mitführt oder nicht oder nicht rechtzeitig aushändigt,

3. entgegen § 1 Abs. 7 Satz 1 einen Fahrtenschreiber oder einen Fahrtschreiber nicht oder nicht richtig betreibt,
4. entgegen § 1 Abs. 7 Satz 2 die Schicht oder die Pausen auf dem Schaublatt nicht, nicht richtig oder nicht rechtzeitig vermerkt,
5. entgegen § 1 Abs. 7 Satz 4 die Schaublätter nicht mitführt oder nicht oder nicht rechtzeitig zur Prüfung aushändigt,

5a. entgegen § 1 Absatz 8 Satz 2 einen Auszug oder eine Ausfertigung nicht mitführt,

6. entgegen § 2 Abs. 1 einen Fahrtenschreiber nicht oder nicht richtig bedient oder die Benutzerführung nicht oder nicht richtig beachtet,
7. entgegen § 2 Abs. 2 einen dort genannten Zeitraum auf der Fahrerkarte nicht, nicht richtig oder nicht rechtzeitig einträgt,
8. (weggefallen)
9. entgegen § 2 Abs. 3 Satz 1 einen Ausdruck nicht oder nicht rechtzeitig vorlegt,
10. entgegen § 2 Abs. 4 Satz 3 den Ausdruck nicht oder nicht rechtzeitig weiterleitet,
11. entgegen § 5 Abs. 4 Satz 1 die Fahrerkarte einem Dritten zur Nutzung überlässt,
12. entgegen § 5 Abs. 4 Satz 2 die Fahrerkarte nicht mitführt oder nicht oder nicht rechtzeitig zur Prüfung aushändigt,
13. entgegen § 6 die abgelaufene Fahrerkarte oder den Ausdruck nicht oder nicht mindestens 28 Kalendertage mitführt,
14. entgegen § 19 Satz 2 ein Kontrollgerät nicht benutzt,
15. entgegen § 20 Absatz 1 Satz 1 dort genannte Zeiten nicht, nicht richtig, nicht vollständig oder nicht rechtzeitig belegt,
16. entgegen § 20 Absatz 4 Satz 6 eine Bescheinigung als beauftragte Person unterzeichnet oder
17. entgegen § 20 Absatz 5 Satz 1 einen dort genannten Nachweis nicht oder nicht rechtzeitig abgibt.

(3) Ordnungswidrig im Sinne des § 8 Abs. 1 Nr. 4 Buchstabe a des Fahrpersonalgesetzes handelt, wer als Werkstattinhaber oder als verantwortliche Fachkraft (Installateur) vorsätzlich oder fahrlässig

1. entgegen § 8 Abs. 1 Satz 1 erster Halbsatz den Wegfall der Erteilungsvoraussetzungen nicht meldet oder
2. entgegen § 4 Abs. 4 Satz 5 oder § 8 Abs. 1 Satz 1 zweiter Halbsatz in Verbindung mit Satz 3 oder 5 eine Werkstattkarte nicht oder nicht rechtzeitig zurückgibt.

§ 22 Zuwiderhandlungen gegen das AETR

(1) Ordnungswidrig im Sinne des § 8 Absatz 1 Nummer 1 Buchstabe b des Fahrpersonalgesetzes handelt, wer als Unternehmer gegen das Europäische Übereinkommen über die Arbeit des im internationalen Straßenverkehr beschäftigten Fahrpersonals (AETR) in der Fassung der Bekanntmachung vom 31. Juli 1985 (BGBl. 1985 II S. 889), das zuletzt durch Artikel 1 des Gesetzes vom 2. November 2011 (BGBl. 2011 II S. 1095) geändert worden ist, verstößt, indem er vorsätzlich oder fahrlässig

1. **entgegen Artikel 5 einen Fahrer einsetzt, der die dort genannten Voraussetzungen nicht erfüllt,**
2. **entgegen Artikel 11 Absatz 1 in Verbindung mit Artikel 6 Absatz 1 Satz 1, Absatz 2 oder Absatz 3, Artikel 7 Absatz 1 oder Artikel 8 Absatz 1, 2 Satz 1, Absatz 3, 5, 6 Buchstabe a oder Buchstabe c Satz 1, 3 oder Satz 4 oder Absatz 7 den Fahrbetrieb nicht oder nicht richtig organisiert,**
3. **entgegen Artikel 11 Absatz 2 Satz 2 einen festgestellten Verstoß gegen das Übereinkommen nicht oder nicht rechtzeitig abstellt oder eine dort genannte Maßnahme nicht oder nicht rechtzeitig trifft,**
4. **entgegen Artikel 10 des Anhangs für das einwandfreie Funktionieren oder die ordnungsgemäße Benutzung des Kontrollgerätes oder der Fahrerkarte nicht sorgt,**
5. **entgegen Artikel 11 Absatz 1 des Anhangs ein dort genanntes Schaublatt nicht oder nicht richtig aushändigt oder nicht dafür Sorge trägt, dass ein dort genannter Ausdruck erfolgen kann,**
6. **entgegen Artikel 11 Absatz 2 Buchstabe a Satz 1 des Anhangs ein Schaublatt oder eine Kopie nicht oder nicht mindestens ein Jahr aufbewahrt,**
7. **entgegen Artikel 11 Absatz 2 Buchstabe a Satz 3 des Anhangs ein Schaublatt nicht oder nicht rechtzeitig aushändigt,**
8. **entgegen Artikel 11 Absatz 2 Buchstabe b Ziffer ii des Anhangs nicht sicherstellt, dass alle Daten aus der Fahrzeugeinheit und der Fahrerkarte heruntergeladen werden oder mindestens zwölf Monate aufbewahrt werden und die Daten auf Verlangen zur Verfügung stehen,**
9. **entgegen Artikel 12 Absatz 8 Satz 1 des Anhangs eine Aufzeichnung auf dem Schaublatt, den Speicherinhalt des Kontrollgeräts oder der Fahrerkarte oder ein ausgedrucktes Dokument verfälscht, unterdrückt oder vernichtet oder**
10. **entgegen Artikel 13 Absatz 1 Unterabsatz 1 des Anhangs eine Reparatur nicht oder nicht rechtzeitig durchführen lässt.**

(2) Ordnungswidrig im Sinne des § 8 Absatz 1 Nummer 2 Buchstabe b des Fahrpersonalgesetzes handelt, wer als Fahrer gegen das Europäische Übereinkommen über die Arbeit des im internationalen Straßenverkehr

beschäftigten Fahrpersonals (AETR) verstößt, indem er vorsätzlich oder fahrlässig

1. entgegen Artikel 5 ein Fahrzeug führt, ohne das dort festgelegte Mindestalter erreicht zu haben oder ohne einer dort festgesetzten Anforderung zu entsprechen,
2. entgegen Artikel 6 Absatz 1 Satz 1, Absatz 2 oder Absatz 3, Artikel 7 Absatz 1 oder Artikel 8 Absatz 1, 2, 5, 6 oder 7 oder Artikel 8bis eine Lenkzeit, eine Unterbrechung oder eine Ruhezeit nicht einhält,
3. entgegen Artikel 6 Absatz 5 Satz 1 eine dort genannte Zeit nicht oder nicht richtig festhält,
4. entgegen Artikel 9 Satz 2 Art oder Grund einer Abweichung nicht, nicht richtig oder nicht rechtzeitig vermerkt,
5. entgegen Artikel 10 des Anhangs für das einwandfreie Funktionieren und die ordnungsgemäße Benutzung des Kontrollgerätes sowie der Fahrerkarte nicht sorgt,
6. entgegen Artikel 11 Absatz 1 Unterabsatz 2 des Anhangs nicht dafür Sorge trägt, dass ein dort genannter Ausdruck erfolgen kann,
7. entgegen Artikel 12 Absatz 1 Unterabsatz 1 Satz 1 oder Unterabsatz 2 des Anhangs ein angeschmutztes oder beschädigtes Schaublatt verwendet oder dem Reserveblatt das beschädigte Schaublatt nicht, nicht richtig oder nicht rechtzeitig beifügt,
8. entgegen Artikel 12 Absatz 2 Buchstabe a Satz 1 des Anhangs ein Schaublatt oder eine Fahrerkarte nicht oder nicht rechtzeitig benutzt,
9. entgegen Artikel 12 Absatz 2 Buchstabe a Satz 2 oder Satz 3 des Anhangs ein Schaublatt oder eine Fahrerkarte entnimmt oder über den dort genannten Zeitraum hinaus verwendet,
10. entgegen Artikel 12 Absatz 2 Buchstabe b oder Buchstabe c oder Absatz 5 Buchstabe e des Anhangs eine Eintragung oder eine Änderung nicht, nicht richtig, nicht vollständig, nicht in der vorgeschriebenen Weise oder nicht vor Fahrtantritt vornimmt,

10a. entgegen Artikel 12 Absatz 3 zweiter Gedankenstrich des Anhangs die Schaltvorrichtung nicht richtig betätigt,

10b. entgegen Artikel 12 Absatz 5 Buchstabe a bis c oder Buchstabe d des Anhangs eine dort genannte Angabe nicht, nicht richtig, nicht vollständig, nicht in der vorgeschriebenen Weise oder nicht rechtzeitig einträgt,

10c. entgegen Artikel 12 Absatz 5bis Satz 1 des Anhangs ein Symbol nicht richtig eingibt,

11. entgegen Artikel 12 Absatz 7 Buchstabe a oder Buchstabe b des Anhangs ein dort genanntes Schaublatt, eine Fahrerkarte oder einen dort genannten Ausdruck nicht oder nicht rechtzeitig vorlegt,

11a. entgegen Artikel 12 Absatz 8 Satz 1 des Anhangs eine Aufzeichnung auf dem Schaublatt, den Speicherinhalt des Kontrollgeräts oder der Fahrerkarte oder ein ausgedrucktes Dokument verfälscht, unterdrückt oder vernichtet,
12. entgegen Artikel 13 Absatz 2 Buchstabe a des Anhangs eine dort genannte Angabe nicht, nicht richtig, nicht vollständig, nicht in der vorgeschriebenen Weise oder nicht rechtzeitig vermerkt oder
13. entgegen Artikel 13 Absatz 2 Buchstabe b Ziffer i des Anhangs eine Angabe nicht, nicht richtig oder nicht rechtzeitig ausdruckt, den Ausdruck nicht oder nicht rechtzeitig mit der Unterschrift versieht oder eine Zeit nicht, nicht richtig oder nicht rechtzeitig einträgt.

(3) Ordnungswidrig im Sinne des § 8 Absatz 1 Nummer 4 Buchstabe b des Fahrpersonalgesetzes handelt, wer als Werkstattinhaber oder Installateur gegen das Europäische Übereinkommen über die Arbeit des im internationalen Straßenverkehr beschäftigten Fahrpersonals (AETR) verstößt, indem er vorsätzlich oder fahrlässig
1. entgegen Artikel 9 Absatz 1 Satz 1 des Anhangs ein Kontrollgerät einbaut oder repariert oder
2. entgegen Artikel 12 Absatz 8 Satz 1 des Anhangs eine Aufzeichnung auf dem Schaublatt, den Speicherinhalt des Kontrollgeräts oder der Fahrerkarte oder ein ausgedrucktes Dokument verfälscht, unterdrückt oder vernichtet.

§ 23 Zuwiderhandlungen gegen die Verordnung (EU) Nr. 165/2014

(1) Ordnungswidrig im Sinne des § 8 Absatz 1 Nummer 1 Buchstabe b des Fahrpersonalgesetzes handelt, wer als Unternehmer gegen die Verordnung (EU) Nr. 165/2014 des Europäischen Parlaments und des Rates vom 4. Februar 2014 über Fahrtenschreiber im Straßenverkehr, zur Aufhebung der Verordnung (EWG) Nr. 3821/85 des Rates über das Kontrollgerät im Straßenverkehr und zur Änderung der Verordnung (EG) Nr. 561/2006 des Europäischen Parlaments und des Rates zur Harmonisierung bestimmter Sozialvorschriften im Straßenverkehr (ABl. L 60 vom 28. 2. 2014, S. 1) verstößt, indem er vorsätzlich oder fahrlässig
1. entgegen Artikel 3 Absatz 1 einen Fahrtenschreiber nicht einbaut oder nicht benutzt,
2. entgegen Artikel 32 Absatz 1 für das einwandfreie Funktionieren des Fahrtenschreibers oder die ordnungsgemäße Benutzung des Fahrtenschreibers oder der Fahrerkarte oder des Schaublattes nicht sorgt,
2a. entgegen Artikel 32 Absatz 4 das Fahrzeug mit mehr als nur einem einzigen Fahrtenschreiber ausrüstet,

3. entgegen Artikel 33 Absatz 1 Unterabsatz 2 Satz 1 eine ausreichende Anzahl Schaublätter nicht aushändigt,
4. entgegen Artikel 33 Absatz 1 Unterabsatz 2 Satz 2 ein Schaublatt aushändigt, das sich für den eingebauten Fahrtenschreiber nicht eignet,
5. entgegen Artikel 33 Absatz 1 Unterabsatz 3 nicht dafür Sorge trägt, dass der dort genannte Ausdruck ordnungsgemäß erfolgen kann,
5a. entgegen Artikel 33 Absatz 2 Satz 1 ein Schaublatt oder einen Ausdruck nicht oder nicht in der vorgeschriebenen Weise aufbewahrt,
6. entgegen Artikel 33 Absatz 2 Satz 3 ein Schaublatt nicht oder nicht rechtzeitig vorlegt oder nicht oder nicht rechtzeitig aushändigt oder
7. entgegen Artikel 37 Absatz 1 Unterabsatz 1, auch in Verbindung mit Unterabsatz 2, eine Reparatur nicht, nicht richtig oder nicht rechtzeitig durchführen lässt.

(2) Ordnungswidrig im Sinne des § 8 Absatz 1 Nummer 2 Buchstabe b des Fahrpersonalgesetzes handelt, wer als Fahrer gegen die Verordnung (EU) Nr. 165/2014 verstößt, indem er vorsätzlich oder fahrlässig

1. entgegen Artikel 3 Absatz 1 einen Fahrtenschreiber nicht benutzt,
1a. entgegen Artikel 27 Absatz 2 eine andere Fahrerkarte, eine defekte Fahrerkarte oder eine Fahrerkarte, deren Gültigkeit abgelaufen ist, benutzt,
1b. entgegen Artikel 29 Absatz 5 die Fahrt ohne Fahrerkarte fortsetzt,
2. entgegen Artikel 32 Absatz 1 für das einwandfreie Funktionieren des Fahrtenschreibers oder die ordnungsgemäße Benutzung des Fahrtenschreibers oder der Fahrerkarte oder des Schaublattes nicht sorgt,
3. entgegen Artikel 33 Absatz 1 Unterabsatz 3 nicht dafür Sorge trägt, dass der dort genannte Ausdruck ordnungsgemäß erfolgen kann,
4. entgegen Artikel 34 Absatz 1 Satz 1 ein Schaublatt oder eine Fahrerkarte nicht oder nicht rechtzeitig benutzt,
5. entgegen Artikel 34 Absatz 1 Satz 2 ein Schaublatt oder eine Fahrerkarte entnimmt,
6. entgegen Artikel 34 Absatz 1 Satz 3 ein Schaublatt oder eine Fahrerkarte verwendet,
7. entgegen Artikel 34 Absatz 3 Unterabsatz 1, Absatz 4 Unterabsatz 2 oder Absatz 6 Buchstabe e eine Eintragung oder eine Änderung nicht, nicht richtig, nicht vollständig, nicht in der vorgeschriebenen Weise oder nicht vor Fahrtantritt vornimmt,
8. entgegen Artikel 34 Absatz 4 Unterabsatz 1 nicht sicherstellt, dass die Fahrerkarte im richtigen Steckplatz eingeschoben ist,
9. entgegen Artikel 34 Absatz 5 Buchstabe a nicht darauf achtet, dass die Zeitmarkierung mit der dort genannten Zeit übereinstimmt,

10. entgegen Artikel 34 Absatz 5 Buchstabe b die Schaltvorrichtung des Kontrollgeräts nicht, nicht richtig oder nicht zu Beginn der dort genannten Zeiten betätigt,
11. entgegen Artikel 34 Absatz 6 Buchstabe a bis c oder Buchstabe d eine dort genannte Angabe nicht, nicht richtig, nicht vollständig oder nicht rechtzeitig einträgt,
12. entgegen Artikel 34 Absatz 7 Unterabsatz 1 Satz 1 ein Symbol nicht, nicht richtig oder nicht rechtzeitig eingibt,
13. entgegen Artikel 35 Absatz 2 einen Ausdruck nicht oder nicht rechtzeitig fertigt oder eine dort genannte Angabe oder eine dort genannte Zeit nicht, nicht richtig, nicht vollständig oder nicht rechtzeitig einträgt oder eine Unterschrift nicht oder nicht rechtzeitig anbringt,
14. entgegen Artikel 36 Absatz 1 oder 2 ein Schaublatt, die Fahrerkarte, einen Ausdruck oder eine handschriftliche Aufzeichnung nicht oder nicht rechtzeitig vorlegt oder
15. entgegen Artikel 37 Absatz 2 eine dort genannte Angabe nicht, nicht richtig, nicht vollständig oder nicht für die vorgeschriebene Dauer vermerkt.

(3) Ordnungswidrig im Sinne des § 8 Absatz 1 Nummer 1 Buchstabe b, Nummer 4 Buchstabe b des Fahrpersonalgesetzes handelt, wer als Einbaubetriebsinhaber, Werkstattinhaber oder Fahrzeughersteller vorsätzlich oder fahrlässig entgegen Artikel 22 Absatz 1 der Verordnung (EU) Nr. 165/2014 einen Fahrtenschreiber einbaut oder repariert.

(4) Ordnungswidrig im Sinne des § 8 Abs. 1 Nr. 1 Buchstabe b, Nr. 2 Buchstabe b oder Nr. 4 Buchstabe b des Fahrpersonalgesetzes handelt, wer als Unternehmer, Fahrer, Werkstattinhaber oder als Installateur vorsätzlich oder fahrlässig entgegen Artikel 32 Absatz 3 der Verordnung (EU) Nr. 165/2014 Aufzeichnungen auf dem Schaublatt verfälscht, verschleiert, unterdrückt oder vernichtet oder Speicherinhalte des Fahrtenschreibers oder der Fahrerkarte oder die ausgedruckten Dokumente von dem Fahrtenschreiber verfälscht, verschleiert, unterdrückt oder vernichtet oder eine Einrichtung hierfür im Fahrzeug bereithält.

(5) Ordnungswidrig im Sinne des § 8 Absatz 1 Nummer 4 Buchstabe b des Fahrpersonalgesetzes handelt, wer als Werkstattinhaber vorsätzlich oder fahrlässig entgegen Artikel 23 Absatz 4 Satz 1 der Verordnung (EU) Nr. 165/2014 die Nachprüfungsberichte ab der Erstellung nicht mindestens zwei Jahre lang aufbewahrt.

§ 24 (weggefallen)

§ 24a (weggefallen)

Abschnitt 9
Übergangsvorschriften

§ 26 (weggefallen)

Anlage 1 und 2 nicht abgedruckt.

D. Verordnung (EG) Nr. 561/2006

Verordnung (EG) Nr. 561/2006 des Europäischen Parlaments und des Rates vom 15. März 2006 zur Harmonisierung bestimmter Sozialvorschriften im Straßenverkehr und zur Änderung der Verordnung (EWG) Nr. 3821/85 und (EG) Nr. 2135/98 des Rates sowie zur Aufhebung der Verordnung (EWG) Nr. 3820/85 des Rates (ABl. L 102 vom 11. April 2006, S. 1), zuletzt geändert durch Verordnung (EU) Nr. 165/2014 des Europäischen Parlaments und des Rates vom 4. Februar 2014 (ABl. L 60 vom 28. 2. 2014, S. 1)

Einführung

Die Verordnung (EG) Nr. 561/2006 des Europäischen Parlaments und des Rates zur Harmonisierung bestimmter Sozialvorschriften im Straßenverkehr ersetzt die entsprechende Verordnung (EWG) Nr. 3820/85 des Rates aus dem Jahr 1985. 1

Die EU-Kommission sah wegen der uneinheitlichen Rechtsanwendung der Verordnung (EWG) Nr. 3820/85 in den Mitgliedstaaten Handlungsbedarf. Auch wurde festgestellt, dass die Abgrenzung zu den AETR-Regeln nicht hinreichend deutlich ist. Schließlich machten auch die Einführung des digitalen Fahrtenschreibers und die wirtschaftlichen Veränderungen in der Kraftverkehrsbranche durch Privatisierung und Deregulierung bestimmter Dienste in den Mitgliedstaaten eine Anpassung der Verordnung (EWG) Nr. 3820/85 notwendig. 2

DAS EUROPÄISCHE PARLAMENT UND DER RAT DER EUROPÄISCHEN UNION –

gestützt auf den Vertrag zur Gründung der Europäischen Gemeinschaft, insbesondere auf Artikel 71,

auf Vorschlag der Kommission,[1]

nach Stellungnahme des Europäischen Wirtschafts- und Sozialausschusses,[2]

nach Anhörung des Ausschusses der Regionen, gemäß dem Verfahren des Artikels 251 des Vertrags,[3]

---

1 ABl. C 51 E v. 26. 2. 2002, S. 234.

2 ABl. C 221 v. 17. 9. 2002, S. 19.

3 Stellungnahme des Europäischen Parlaments vom 14. 1. 2003 (ABl. C 38 E v. 12. 2. 2004, S. 152), Gemeinsamer Standpunkt des Rates vom 9. 12. 2004 (ABl. C 63 E v. 15. 3. 2005, S. 11) und Standpunkt des Europäischen Parlaments vom 13. 4. 2005 (ABl. C 33 E v. 9. 2. 2006, S. 425). Legislative Entschließung des Europäischen Parlaments vom 2. 2. 2006 und Beschluss des Rates vom 2. 2. 2006.

im Hinblick auf den vom Vermittlungsausschuss am 8. Dezember 2005 gebilligten Gemeinsamen Entwurf, in Erwägung nachstehender Gründe:

(1) Durch die Verordnung (EWG) Nr. 3820/85 des Rates vom 20. Dezember 1985 über die Harmonisierung bestimmter Sozialvorschriften im Straßenverkehr[4] sollten die Wettbewerbsbedingungen zwischen Binnenverkehrsträgern, insbesondere im Straßenverkehrsgewerbe, harmonisiert und die Arbeitsbedingungen und die Sicherheit im Straßenverkehr verbessert werden. Die in diesen Bereichen erzielten Fortschritte sollten gewahrt und ausgebaut werden.

(2) Nach der Richtlinie 2002/15/EG des Europäischen Parlaments und des Rates vom 11. März 2002 zur Regelung der Arbeitszeit von Personen, die Fahrtätigkeiten im Bereich des Straßentransports ausüben[5] sind die Mitgliedstaaten verpflichtet, Maßnahmen zur Beschränkung der wöchentlichen Höchstarbeitszeit des Fahrpersonals zu erlassen.

(3) Es hat sich als schwierig erwiesen, gewisse Bestimmungen der Verordnung (EWG) Nr. 3820/85 über Lenkzeiten, Fahrtunterbrechungen und Ruhezeiten von Fahrern im nationalen und grenzüberschreitenden Straßenverkehr innerhalb der Gemeinschaft in allen Mitgliedstaaten einheitlich auszulegen, anzuwenden, durchzusetzen und zu überwachen, weil die Bestimmungen zu allgemein gehalten sind.

(4) Eine wirksame und einheitliche Durchführung dieser Bestimmungen ist wünschenswert, damit ihre Ziele erreicht werden und ihre Anwendung nicht in Misskredit gerät. Daher sind klarere und einfachere Vorschriften nötig, die sowohl vom Straßenverkehrsgewerbe als auch den Vollzugsbehörden leichter zu verstehen, auszulegen und anzuwenden sind.

(5) Durch die in dieser Verordnung vorgesehenen Maßnahmen in Bezug auf die Arbeitsbedingungen sollte das Recht der Sozialpartner, im Zuge von Tarifverhandlungen oder in anderer Weise günstigere Bedingungen für die Arbeitnehmer festzulegen, nicht beeinträchtigt werden.

(6) Es ist wünschenswert, den Geltungsbereich dieser Verordnung klar zu bestimmen, indem die Hauptarten der von ihr erfassten Fahrzeuge aufgeführt werden.

(7) Diese Verordnung sollte für Beförderungen im Straßenverkehr, die entweder ausschließlich innerhalb der Gemeinschaft oder aber zwischen der Gemeinschaft, der Schweiz und den Vertragsstaaten des Abkommens über den Europäischen Wirtschaftsraum getätigt werden, gelten.

(8) Das Europäische Übereinkommen über die Arbeit des im internationalen Straßenverkehr beschäftigten Fahrpersonals (im Folgenden

4 ABl. L 370 v. 31. 12. 1985, S. 1. Geändert durch die Richtlinie 2003/59/EG des Europäischen Parlaments und des Rates (ABl. L 226 v. 10. 9. 2003, S. 4).

5 ABl. L 80 v. 23. 3. 2002, S. 35.

»AETR« genannt) vom 1. Juli 1970 in seiner geänderten Fassung sollte weiterhin Anwendung finden auf die Beförderung von Gütern und Personen im Straßenverkehr mit Fahrzeugen, die in einem Mitgliedstaat oder einem Staat, der Vertragspartei des AETR ist, zugelassen sind, und zwar für die gesamte Strecke von Fahrten zwischen der Gemeinschaft und einem Drittstaat außer der Schweiz und der Vertragsstaaten des Abkommens über den Europäischen Wirtschaftsraum oder durch einen solchen Staat hindurch. Es ist unabdingbar, dass das AETR so schnell wie möglich, im Idealfall innerhalb von zwei Jahren nach Inkrafttreten dieser Verordnung, geändert wird, um dessen Bestimmungen an diese Verordnung anzupassen.

(9) Bei Beförderungen im Straßenverkehr mit Fahrzeugen, die in einem Drittstaat zugelassen sind, der nicht Vertragspartei des AETR ist, sollte das AETR für den Teil der Fahrstrecke gelten, der innerhalb der Gemeinschaft oder innerhalb von Staaten liegt, die Vertragsparteien des AETR sind.

(10) Da der Gegenstand des AETR in den Geltungsbereich dieser Verordnung fällt, ist die Gemeinschaft für die Aushandlung und den Abschluss dieses Übereinkommens zuständig.

(11) Erfordert eine Änderung der innergemeinschaftlichen Regeln auf dem betreffenden Gebiet eine entsprechende Änderung des AETR, so sollten die Mitgliedstaaten gemeinsam handeln, um eine solche Änderung des AETR nach dem darin vorgesehenen Verfahren so schnell wie möglich zu erreichen.

(12) Das Verzeichnis der Ausnahmen sollte aktualisiert werden, um den Entwicklungen im Kraftverkehrssektor im Laufe der letzten neunzehn Jahre Rechnung zu tragen.

(13) Alle wesentlichen Begriffe sollten umfassend definiert werden, um die Auslegung zu erleichtern und eine einheitliche Anwendung dieser Verordnung zu gewährleisten. Daneben muss eine einheitliche Auslegung und Anwendung dieser Verordnung seitens der einzelstaatlichen Kontrollbehörden angestrebt werden. Die Definition des Begriffs »Woche« in dieser Verordnung sollte Fahrer nicht daran hindern, ihre Arbeitswoche an jedem beliebigen Tag der Woche aufzunehmen.

(14) Um eine wirksame Durchsetzung zu gewährleisten, ist es von wesentlicher Bedeutung, dass die zuständigen Behörden bei Straßenkontrollen nach einer Übergangszeit in der Lage sein sollten, die ordnungsgemäße Einhaltung der Lenk- und Ruhezeiten des laufenden Tages und der vorausgehenden 28 Tage zu kontrollieren.

(15) Die grundlegenden Vorschriften über die Lenkzeiten müssen klarer und einfacher werden, um eine wirksame und einheitliche Durchsetzung mit Hilfe des digitalen Fahrtenschreibers nach der Verordnung (EWG) Nr. 3821/85 des Rates vom 20. Dezember 1985 über das Kontrollgerät im

Straßenverkehr[6] und der vorliegenden Verordnung zu ermöglichen. Außerdem sollten sich die Vollzugsbehörden der Mitgliedstaaten in einem Ständigen Ausschuss um Einvernehmen über die Durchführung dieser Verordnung bemühen.

(16) Nach den Vorschriften der Verordnung (EWG) Nr. 3820/85 war es möglich, die täglichen Lenkzeiten und Fahrtunterbrechungen so zu planen, dass Fahrer zu lange ohne eine vollständige Fahrtunterbrechung fahren konnten, was zu Beeinträchtigungen der Straßenverkehrssicherheit und schlechteren Arbeitsbedingungen für die Fahrer geführt hat. Es ist daher angebracht, sicherzustellen, dass aufgeteilte Fahrtunterbrechungen so angeordnet werden, dass Missbrauch verhindert wird.

(17) Mit dieser Verordnung sollen die sozialen Bedingungen für die von ihr erfassten Arbeitnehmer sowie die allgemeine Straßenverkehrssicherheit verbessert werden. Dazu dienen insbesondere die Bestimmungen über die maximale Lenkzeit pro Tag, pro Woche und pro Zeitraum von zwei aufeinander folgenden Wochen, die Bestimmung über die Verpflichtung der Fahrer, mindestens einmal in jedem Zeitraum von zwei aufeinander folgenden Wochen eine regelmäßige wöchentliche Ruhezeit zu nehmen, und die Bestimmungen, wonach eine tägliche Ruhezeit unter keinen Umständen einen ununterbrochenen Zeitraum von neun Stunden unterschreiten sollte. Da diese Bestimmungen angemessene Ruhepausen garantieren, ist unter Berücksichtigung der Erfahrungen mit der praktischen Durchführung in den vergangenen Jahren ein Ausgleichssystem für reduzierte tägliche Ruhezeiten nicht mehr notwendig.

(18) Viele Beförderungen im innergemeinschaftlichen Straßenverkehr enthalten Streckenabschnitte, die mit Fähren oder auf der Schiene zurückgelegt werden. Für solche Beförderungen sollten deshalb klare und sachgemäße Bestimmungen über die täglichen Ruhezeiten und Fahrtunterbrechungen festgelegt werden.

(19) Angesichts der Zunahme des grenzüberschreitenden Güter- und Personenverkehrs ist es im Interesse der Straßenverkehrssicherheit und einer besseren Durchsetzung von Straßenkontrollen und Kontrollen auf dem Betriebsgelände von Unternehmen wünschenswert, dass auch die in anderen Mitgliedstaaten oder Drittstaaten angefallenen Lenkzeiten, Ruhezeiten und Fahrtunterbrechungen kontrolliert werden und festgestellt wird, ob die entsprechenden Vorschriften in vollem Umfang und ordnungsgemäß eingehalten wurden.

(20) Die Haftung von Verkehrsunternehmen sollte zumindest für Verkehrsunternehmen gelten, die juristische oder natürliche Personen sind, ohne jedoch die Verfolgung natürlicher Personen auszuschließen, die

6 ABl. L 370 v. 31.12.1985, S. 8. Zuletzt geändert durch die Verordnung (EG) Nr. 432/2004 der Kommission (ABl. L 71 v. 10.3.2004, S. 3).

Verstöße gegen diese Verordnung begehen, dazu anstiften oder Beihilfe leisten.

(21) Fahrer, die für mehrere Verkehrsunternehmen tätig sind, müssen jedes dieser Unternehmen angemessen informieren, damit diese ihren Pflichten aus dieser Verordnung nachkommen können.

(22) Zur Förderung des sozialen Fortschritts und zur Verbesserung der Straßenverkehrssicherheit sollte jeder Mitgliedstaat das Recht behalten, bestimmte zweckmäßige Maßnahmen zu treffen.

(23) Nationale Abweichungen sollten die Änderungen im Kraftverkehrssektor widerspiegeln und sich auf jene Elemente beschränken, die derzeit keinem Wettbewerbsdruck unterliegen.

(24) Die Mitgliedstaaten sollten Vorschriften für Fahrzeuge erlassen, die zur Personenbeförderung im Linienverkehr dienen, wenn die Strecke nicht mehr als 50 km beträgt. Diese Vorschriften sollten einen angemessenen Schutz in Form von erlaubten Lenkzeiten und vorgeschriebenen Fahrtunterbrechungen und Ruhezeiten bieten.

(25) Im Interesse einer wirksamen Durchsetzung dieser Verordnung ist es wünschenswert, dass alle inländischen und grenzüberschreitenden Personenlinienverkehrsdienste unter Einsatz eines Standardkontrollgeräts kontrolliert werden.

(26) Die Mitgliedstaaten sollten Sanktionen festlegen, die bei Verstößen gegen diese Verordnung zu verhängen sind, und deren Durchsetzung gewährleisten. Diese Sanktionen müssen wirksam, verhältnismäßig, abschreckend und nicht diskriminierend sein. Die Möglichkeit, ein Fahrzeug bei einem schweren Verstoß stillzulegen, sollte in das gemeinsame Spektrum möglicher Maßnahmen der Mitgliedstaaten aufgenommen werden. Die in dieser Verordnung enthaltenen Bestimmungen über Sanktionen oder Verfahren sollten nationale Beweislastregeln unberührt lassen.

(27) Im Interesse einer klaren und wirksamen Durchsetzung dieser Verordnung sind einheitliche Bestimmungen über die Haftung von Verkehrsunternehmen und Fahrern bei Verstößen gegen diese Verordnung wünschenswert. Diese Haftung kann in den Mitgliedstaaten gegebenenfalls strafrechtliche, zivilrechtliche oder verwaltungsrechtliche Sanktionen zur Folge haben.

(28) Da das Ziel dieser Verordnung, nämlich die Festlegung eindeutiger gemeinsamer Vorschriften über Lenk- und Ruhezeiten, auf Ebene der Mitgliedstaaten nicht ausreichend erreicht werden kann und daher wegen der Notwendigkeit koordinierter Maßnahmen besser auf Gemeinschaftsebene zu erreichen ist, kann die Gemeinschaft im Einklang mit dem in Artikel 5 des Vertrags niedergelegten Subsidiaritätsprinzip tätig werden. Entsprechend dem in demselben Artikel genannten Verhältnis-

mäßigkeitsprinzip geht diese Verordnung nicht über das für die Erreichung dieses Ziels erforderliche Maß hinaus.

(29) Die zur Durchführung dieser Verordnung erforderlichen Maßnahmen sollten gemäß dem Beschluss 1999/468/EG des Rates vom 28. Juni 1999 zur Festlegung der Modalitäten für die Ausübung der der Kommission übertragenen Durchführungsbefugnisse[7] erlassen werden.

(30) Da die Bestimmungen zum Mindestalter der Fahrer in der Richtlinie 2003/59/EG[8] geregelt worden sind und bis 2009 umgesetzt werden müssen, braucht diese Verordnung lediglich Übergangsbestimmungen für das Mindestalter des Fahrpersonals zu enthalten.

(31) Die Verordnung (EWG) Nr. 3821/85 sollte geändert werden, um die besonderen Verpflichtungen der Verkehrsunternehmen und der Fahrer klar herauszustellen sowie um die Rechtssicherheit zu fördern und die Durchsetzung der maximalen Lenk- und Ruhezeiten durch Straßenkontrollen zu erleichtern.

(32) Die Verordnung (EWG) Nr. 3821/85 sollte auch geändert werden, um die Rechtssicherheit hinsichtlich der neuen Termine für die Einführung digitaler Fahrtenschreiber und für die Verfügbarkeit von Fahrerkarten zu fördern.

(33) Mit der Einführung des Aufzeichnungsgeräts gemäß Verordnung (EG) Nr. 2135/98 und somit der elektronischen Aufzeichnung der Tätigkeiten des Fahrers auf seiner Fahrerkarte über einen Zeitraum von 28 Tagen und des Fahrzeugs über einen Zeitraum von 365 Tagen wird in Zukunft eine schnellere und umfassendere Kontrolle auf der Straße ermöglicht.

(34) Die Richtlinie 88/599/EWG[9] schreibt für Kontrollen auf der Straße lediglich die Kontrolle der Tageslenkzeiten, der täglichen Ruhezeit sowie der Fahrtunterbrechungen vor. Mit der Einführung eines digitalen Aufzeichnungsgeräts werden die Daten des Fahrers und des Fahrzeuges elektronisch gespeichert und erlauben eine elektronische Auswertung der

---

7 ABl. L 184 v. 17.7.1999, S. 23.

8 Richtlinie 2003/59/EG des Europäischen Parlaments und des Rates vom 15.7.2003 über die Grundqualifikation und Weiterbildung der Fahrer bestimmter Kraftfahrzeuge für den Güter- oder Personenkraftverkehr und zur Änderung der Verordnung (EWG) Nr. 3820/85 und der Richtlinie 91/439/ EWG des Rates sowie zur Aufhebung der Richtlinie 76/914/ EWG des Rates (ABl. L 226 v. 10.9.2003, S. 4). Geändert durch die Richtlinie 2004/66/EG des Rates (ABl. L 168 v. 1.5.2004, S. 35).

9 Richtlinie 88/599/EWG des Rates vom 23.11.1988 über einheitliche Verfahren zur Anwendung der Verordnung (EWG) Nr. 3820/85 über die Harmonisierung bestimmter Sozialvorschriften im Straßenverkehr und der Verordnung (EWG) Nr. 3821/85 über das Kontrollgerät im Straßenverkehr (ABl. L 325 v. 29.11.1988, S. 55).

Daten vor Ort. Dies sollte mit der Zeit eine einfache Kontrolle der regelmäßigen und reduzierten täglichen Ruhezeiten und der regelmäßigen und reduzierten wöchentlichen Ruhezeiten sowie der Ausgleichsruhepausen ermöglichen.

(35) Die Erfahrung zeigt, dass eine Einhaltung der Bestimmungen dieser Verordnung und insbesondere der vorgeschriebenen maximalen Lenkzeit über einen Zeitraum von zwei Wochen nur durchgesetzt werden kann, wenn wirksame und effektive Kontrollen des gesamten Zeitraums durchgeführt werden.

(36) Die Anwendung der gesetzlichen Vorschriften betreffend digitale Tachografen sollte im Einklang mit dieser Verordnung erfolgen, um eine optimale Wirksamkeit bei der Überwachung und Durchsetzung bestimmter Sozialvorschriften im Straßenverkehr zu erreichen.

(37) Aus Gründen der Klarheit und Rationalisierung sollte die Verordnung (EWG) Nr. 3820/85 aufgehoben und durch diese Verordnung ersetzt werden –

HABEN FOLGENDE VERORDNUNG ERLASSEN:

Kapitel I
Einleitende Bestimmungen

Artikel 1 [Ziele]

Durch diese Verordnung werden Vorschriften zu den Lenkzeiten, Fahrtunterbrechungen und Ruhezeiten für Kraftfahrer im Straßengüter- und -personenverkehr festgelegt, um die Bedingungen für den Wettbewerb zwischen Landverkehrsträgern, insbesondere im Straßenverkehrsgewerbe, anzugleichen und die Arbeitsbedingungen sowie die Straßenverkehrssicherheit zu verbessern. Ziel dieser Verordnung ist es ferner, zu einer besseren Kontrolle und Durchsetzung durch die Mitgliedstaaten sowie zu einer besseren Arbeitspraxis innerhalb des Straßenverkehrsgewerbes beizutragen.

Hierdurch wird der erste Erwägungsgrund der Verordnung (EWG) Nr. 3820/85 in den Verordnungstext übernommen und erweitert. Die Verordnung zielt nicht nur auf die Harmonisierung bestimmter Sozialvorschriften im Straßenverkehr zur Angleichung der Wettbewerbsbedingungen und zur Verbesserung der Arbeitsbedingungen und der Verkehrssicherheit, sondern auch auf die Verbesserung der Überwachung und Durchsetzung der Sozialvorschriften sowie der Arbeitsweise in der Kraftverkehrsbranche ab.

Artikel 2 [Geltungsbereich]

(1) Diese Verordnung gilt für folgende Beförderungen im Straßenverkehr:

a) Güterbeförderung mit Fahrzeugen, deren zulässige Höchstmasse einschließlich Anhänger oder Sattelanhänger 3,5 t übersteigt, oder

b) Personenbeförderung mit Fahrzeugen, die für die Beförderung von mehr als neun Personen einschließlich des Fahrers konstruiert oder dauerhaft angepasst und zu diesem Zweck bestimmt sind.

(2) Diese Verordnung gilt unabhängig vom Land der Zulassung des Fahrzeugs für Beförderungen im Straßenverkehr

a) ausschließlich innerhalb der Gemeinschaft oder

b) zwischen der Gemeinschaft, der Schweiz und den Vertragsstaaten des Abkommens über den Europäischen Wirtschaftsraum.

(3) Das AETR gilt anstelle dieser Verordnung für grenzüberschreitende Beförderungen im Straßenverkehr, die teilweise außerhalb der in Absatz 2 genannten Gebiete erfolgen,

a) im Falle von Fahrzeugen, die in der Gemeinschaft oder in Staaten, die Vertragsparteien des AETR zugelassen sind, für die gesamte Fahrstrecke;

b) im Falle von Fahrzeugen, die in einem Drittstaat, der nicht Vertragspartei des AETR ist, zugelassen sind, nur für den Teil der Fahrstrecke, der im Gebiet der Gemeinschaft oder von Staaten liegt, die Vertragsparteien des AETR sind.

Die Bestimmungen des AETR sollten an die Bestimmungen dieser Verordnung angepasst werden, damit die wesentlichen Bestimmungen dieser Verordnung über das AETR auf solche Fahrzeuge für den auf Gemeinschaftsgebiet liegenden Fahrtabschnitt angewendet werden können.

1 Der Geltungsbereich der Verordnung richtet sich sowohl nach Beförderungsart als auch nach dem Beförderungsweg. Der Beförderungsweg kann auch teilweise über nicht öffentliche Straßen verlaufen.

2 Die Güterbeförderung wird erfasst, sobald sie mit Fahrzeugen geschieht, deren zulässige Höchstmasse einschließlich Anhänger oder Sattelanhänger 3,5 t übersteigt. Die zulässige Höchstmasse versteht sich einschließlich Nutzlast und ergibt sich aus der Fahrzeugzulassung (»zulässiges Gesamtgewicht«).

3 Die Personenbeförderung wird erfasst, sobald sie mit Fahrzeugen geschieht, die für die Beförderung von mehr als neun Personen einschließlich des Fahrers konstruiert oder dauerhaft angepasst sind und die zu diesem Zweck bestimmt sind.

4 Die Verordnung gilt unabhängig vom Land der Zulassung des Fahrzeugs für alle Beförderungswege, die ausschließlich innerhalb der Europäischen

Gemeinschaft bzw. nach Auflösung der Europäischen Gemeinschaft durch den Vertrag von Lissabon innerhalb der Europäischen Union liegen.

Für Beförderungen zwischen der Europäischen Gemeinschaft, der Schweiz und den Vertragsstaaten des Abkommens über den Europäischen Wirtschaftsraum (EWR), d. h. Island, Liechtenstein und Norwegen, gilt ebenfalls die Verordnung mit Ausnahme rein innerstaatlicher Beförderungen. 5

Beispiel:

1. Ein Reisebus-Fahrer fährt mit seinem Fahrzeug von Köln nach Berlin. Die gesamte Wegstrecke unterliegt der Verordnung (EG) Nr. 561/2006
2. Fährt derselbe Reisebusfahrer-Fahrer von Bern nach Berlin, so findet auf der gesamten Wegstrecke die Verordnung (EG) Nr. 561/2006 Anwendung.
3. Fährt er jedoch nur von Bern nach Basel, so findet die Verordnung (EG) Nr. 561/2006 keine Anwendung.

Das Europäische Übereinkommen über die Arbeit des im internationalen Straßenverkehr beschäftigten Fahrpersonals (AETR) ist ein völkerrechtlicher Vertrag, dem folgende Staaten beigetreten sind: Andorra, Aserbaidschan, Belarus, Belgien, Bosnien und Herzegowina, Bulgarien, Deutschland, Dänemark, Estland, Finnland, Frankreich, Griechenland, Irland, Italien, Jugoslawien, Kasachstan, Kroatien, Lettland, Litauen, Luxemburg, Malta, Mazedonien, Moldawien, Österreich, Niederlande, Norwegen, Polen, Portugal, Rumänien, Russland, Schweden, Schweiz, Serbien und Montenegro, Slowakei, Slowenien, Spanien, Tschechische Republik, Turkmenistan, Türkei, Ungarn, Usbekistan, Vereinigtes Königreich und Zypern. Hierin werden Lenkzeiten, Fahrtunterbrechungen und Ruhezeiten sowie der Einsatz eines Kontrollgeräts für das Fahrpersonal über den Bereich der EU hinaus geregelt. 6

Es findet Anwendung, sobald ein Beförderungsweg auch nur teilweise durch einen AETR-Staat verläuft, der außerhalb der EG, des EWR oder der Schweiz liegt. 7

Ist das Fahrzeug in einem EG-, EWR- oder AETR-Mitgliedstaat zugelassen, so findet das AETR auf dem gesamten Beförderungsweg Anwendung. Ist das Fahrzeug nicht in einem dieser Staaten zugelassen, so findet das AETR nur auf dem Weg von, durch und nach EG-, EWR- und AETR-Staaten Anwendung. 8

Beispiel:

1. Fährt ein Reisebus-Fahrer von Madrid nach Moskau, so unterliegt seine gesamte Fahrt dem AETR und nicht der Verordnung (EG) Nr. 561/2006, obwohl er einen Großteil der Strecke innerhalb der Europäischen Gemeinschaft zurücklegt.
2. Fährt ein Reisebus-Fahrer mit einem in Israel zugelassenen Fahrzeug von Tel Aviv nach Wien, dann unterliegt die Fahrt bis zur türkischen Grenze nicht

dem AETR. Wäre sein Fahrzeug hingegen in Österreich zugelassen, so fände das AETR auf der gesamten Wegstrecke Anwendung.

3. Fährt ein Reisebus-Fahrer mit einem in Marokko zugelassenen Fahrzeug von Casablanca nach Madrid, dann unterliegt die Fahrt auf spanischem Gebiet dem AETR. Wäre sein Fahrzeug hingegen in Spanien zugelassen, so fände das AETR auf der gesamten Wegstrecke Anwendung.

Artikel 3 [Ausnahmen]

Diese Verordnung gilt nicht für Beförderungen im Straßenverkehr mit folgenden Fahrzeugen:

a) Fahrzeuge, die zur Personenbeförderung im Linienverkehr verwendet werden, wenn die Linienstrecke nicht mehr als 50 km beträgt;

aa) Fahrzeuge oder Fahrzeugkombinationen mit einer zulässigen Höchstmasse von nicht mehr als 7,5 t, die zur Beförderung von Material, Ausrüstungen oder Maschinen benutzt werden, die der Fahrer zur Ausübung seines Berufes benötigt, und die nur in einem Umkreis von 100 km vom Standort des Unternehmens und unter der Bedingung benutzt werden, dass das Lenken des Fahrzeugs für den Fahrer nicht die Haupttätigkeit darstellt;

b) Fahrzeuge mit einer zulässigen Höchstgeschwindigkeit von nicht mehr als 40 km/h;

c) Fahrzeuge, die Eigentum der Streitkräfte, des Katastrophenschutzes, der Feuerwehr oder der für die Aufrechterhaltung der öffentlichen Ordnung zuständigen Kräfte sind oder von ihnen ohne Fahrer angemietet werden, sofern die Beförderung aufgrund der diesen Diensten zugewiesenen Aufgaben stattfindet und ihrer Aufsicht unterliegt;

d) Fahrzeuge – einschließlich Fahrzeuge, die für nichtgewerbliche Transporte für humanitäre Hilfe verwendet werden –, die in Notfällen oder bei Rettungsmaßnahmen verwendet werden;

e) Spezialfahrzeuge für medizinische Zwecke;

f) spezielle Pannenhilfefahrzeuge, die innerhalb eines Umkreises von 100 km um ihren Standort eingesetzt werden;

g) Fahrzeuge, mit denen zum Zweck der technischen Entwicklung oder im Rahmen von Reparatur- oder Wartungsarbeiten Probefahrten auf der Straße durchgeführt werden, sowie neue oder umgebaute Fahrzeuge, die noch nicht in Betrieb genommen worden sind;

h) Fahrzeuge oder Fahrzeugkombinationen mit einer zulässigen Höchstmasse von nicht mehr als 7,5 t, die zur nichtgewerblichen Güterbeförderung verwendet werden;

i) Nutzfahrzeuge, die nach den Rechtsvorschriften des Mitgliedstaats, in dem sie verwendet werden, als historisch eingestuft werden und

die zur nichtgewerblichen Güter- oder Personenbeförderung verwendet werden.

Buchstabe a nimmt den gesamten öffentlichen Personennahverkehr aus dem Anwendungsbereich der Verordnung heraus, einschließlich des grenzüberschreitenden Linienverkehrs. 1

Buchstabe aa wurde 2014 als neue Ausnahme eingeführt und betrifft die Güterbeförderung, die ausschließlich der Ausübung des eigenen Berufs dient. Dieser Beruf darf dabei nicht das Lenken eines Fahrzeugs als Haupttätigkeit beinhalten. 1a

Buchstabe b schließt Beförderungen mit Fahrzeugen mit einer zulässigen Höchstgeschwindigkeit von 40 km/h aus. Die zulässige Höchstgeschwindigkeit richtet sich nach der Eintragung im Fahrzeugschein (BGH v. 25.9.1964 – VI ZR 131/63). 2

Die zulässige Höchstgeschwindigkeit wurde im Vergleich zu Art. 4 Verordnung Nr. 4 (EWG) Nr. 3820/85 um 10 km/h erhöht.

Buchstabe c nimmt Beförderungen mit Fahrzeugen aus, die im Eigentum der Streitkräfte, des Zivilschutzes, der Feuerwehr und der für die Aufrechterhaltung der öffentlichen Ordnung zuständigen Kräfte sind. Sie müssen jedoch auch von den genannten Stellen zur Erfüllung ihrer Aufgaben verwendet werden. 3

Des Weiteren sind von diesen Stellen ohne Fahrer angemietete Fahrzeuge erfasst, wenn sie zur Erfüllung ihrer Aufgaben verwendet werden und ihrer Aufsicht unterstehen. Hierdurch sollen Beförderungen, die im Interesse der öffentlichen Sicherheit sind, nicht durch einschränkende Vorschriften behindert werden.

Erfasst hiervon sind beispielsweise: Fahrzeuge der Bundeswehr, der Stationierungsstreitkräfte, der (Bundes-)Polizei, des Zolls, des Zivilschutzes, einschließlich des Katastrophenschutzes, der Freiwilligen Feuerwehren, der Berufs- und Werksfeuerwehren.

Zu den Spezialfahrzeugen für medizinische Zwecke gemäß **Buchstabe e** zählen beispielsweise mobile Einheiten für die ärztliche Betreuung bzw. Behandlung oder mobile Betriebsarztzentren. 4

Buchstabe f nimmt spezielle Pannenhilfefahrzeuge aus dem Anwendungsbereich der Verordnung heraus, wenn sie innerhalb eines Umkreises von 100 km um ihren Standort eingesetzt werden. Die Fahrzeuge müssen im Fahrzeugschein als Pannenhilfefahrzeuge anerkannt sein. Hierzu zählen beispielsweise Abschleppwagen und Bergungsfahrzeuge. Das Fahrzeug muss aber auch tatsächlich als Bergungsfahrzeug eingesetzt werden und darf nicht der Beförderung von Gütern dienen. 5

Die örtliche Beschränkung des Einsatzes ist gegenüber der Vorgängerregelung des Art. 4 Nr. 10 Verordnung (EG) Nr. 3820/85 verschärft worden.

6 **Buchstabe g** nimmt Probefahrten mit Fahrzeugen zum Zweck der technischen Entwicklung oder im Rahmen von Reparatur- und Wartungsarbeiten sowie Fahrten mit neuen oder umgebauten Fahrzeugen, die noch nicht in Betrieb genommen worden sind, aus.
Bei den Probefahrten werden allenfalls Massen für Belastungstests befördert. Es werden auch Probefahrten durch Fahrer von Reparaturwerkstätten sowie durch das Prüfpersonal von Kraftfahrzeugüberwachungsstellen wie DEKRA oder TÜV während der Überprüfung erfasst. Fahrten zur Prüfstelle oder bloße Überführungen fallen jedoch nicht hierunter, da sie keine Probefahrten sind.

7 **Buchstabe h** nimmt Güterbeförderungen für private Zwecke vom Geltungsbereich der Verordnung heraus, wenn die verwendeten Fahrzeuge und Fahrzeugkombinationen eine Höchstmasse von 7,5 t nicht überschreiten.
Die konkrete Beförderung muss außerhalb der Berufs- und Gewerbeausübung für eigene Zwecke oder im Rahmen der Hilfe für private Dritte ohne die Absicht der Gewinnerzielung erfolgen (OLG Köln v. 17.10.1989 – Ss 315/89 [B] – 238 B). Die Beförderung kann sowohl in einem eigenen als auch in einem gemieteten Fahrzeug erfolgen.
App-basierte Güterbeförderungen erfolgen regelmäßig mit der Absicht der Gewinnerzielung und fallen daher nicht unter diesen Ausnahmetatbestand.
Gegenüber des Art. 4 Nr. 12 Verordnung (EG) Nr. 3820/85 stellt die Beschränkung der Höchstmasse eine weitere Verschärfung dar.

8 **Buchstabe i** nimmt Nutzfahrzeuge, die nach den Rechtsvorschriften des Mitgliedstaats, in dem sie verwendet werden, als historisch eingestuft werden und die zur nichtgewerblichen Güter- oder Personenbeförderung verwendet werden, vom Anwendungsbereich aus.

9 Die Bereichsausnahmen für Beförderungen im Bereich der öffentlichen Daseinsvorsorge gemäß Art. 4 Nr. 6 Verordnung (EG) Nr. 3820/85, des Zirkus- und Schaustellergewerbes gemäß Art. 4 Nr. 9 Verordnung (EG) Nr. 3820/85 und der Abholung von Milch bei landwirtschaftlichen Betrieben wurden nicht übernommen. Gemäß Art. 13 Verordnung (EG) Nr. 561/2006 besteht für sie die Möglichkeit, dass der nationale Gesetzgeber abweichende Regelungen erlässt.

Artikel 4 [Begriffsbestimmungen]

Im Sinne dieser Verordnung bezeichnet der Ausdruck

a) **»Beförderung im Straßenverkehr« jede ganz oder teilweise auf einer öffentlichen Straße durchgeführte Fahrt eines zur Personen- oder Güterbeförderung verwendeten leeren oder beladenen Fahrzeugs;**

b) »Fahrzeug« ein Kraftfahrzeug, eine Zugmaschine, einen Anhänger oder Sattelanhänger oder eine Kombination dieser Fahrzeuge gemäß den nachstehenden Definitionen:
   - »Kraftfahrzeug«: jedes auf der Straße verkehrende Fahrzeug mit Eigenantrieb, das normalerweise zur Personen- oder Güterbeförderung verwendet wird, mit Ausnahme von dauerhaft auf Schienen verkehrenden Fahrzeugen;
   - »Zugmaschine«: jedes auf der Straße verkehrende Fahrzeug mit Eigenantrieb, das speziell dafür ausgelegt ist, Anhänger, Sattelanhänger, Geräte oder Maschinen zu ziehen, zu schieben oder zu bewegen, mit Ausnahme von dauerhaft auf Schienen verkehrenden Fahrzeugen;
   - »Anhänger«: jedes Fahrzeug, das dazu bestimmt ist, an ein Kraftfahrzeug oder eine Zugmaschine angehängt zu werden;
   - »Sattelanhänger«: ein Anhänger ohne Vorderachse, der so angehängt wird, dass ein beträchtlicher Teil seines Eigengewichts und des Gewichts seiner Ladung von der Zugmaschine oder vom Kraftfahrzeug getragen wird;

c) »Fahrer« jede Person, die das Fahrzeug, sei es auch nur kurze Zeit, selbst lenkt oder sich in einem Fahrzeug befindet, um es – als Bestandteil seiner Pflichten – gegebenenfalls lenken zu können;

d) »Fahrtunterbrechung« jeden Zeitraum, in dem der Fahrer keine Fahrtätigkeit ausüben und keine anderen Arbeiten ausführen darf und der ausschließlich zur Erholung genutzt wird;

e) »andere Arbeiten« alle in Artikel 3 Buchstabe a der Richtlinie 2002/15/EG als »Arbeitszeit« definierten Tätigkeiten mit Ausnahme der Fahrtätigkeit sowie jegliche Arbeit für denselben oder einen anderen Arbeitgeber, sei es inner- oder außerhalb des Verkehrssektors;

f) »Ruhepause« jeden ununterbrochenen Zeitraum, in dem ein Fahrer frei über seine Zeit verfügen kann;

g) »tägliche Ruhezeit« den täglichen Zeitraum, in dem ein Fahrer frei über seine Zeit verfügen kann und der eine »regelmäßige tägliche Ruhezeit« und eine »reduzierte tägliche Ruhezeit« umfasst;
   - »regelmäßige tägliche Ruhezeit« eine Ruhepause von mindestens 11 Stunden. Diese regelmäßige tägliche Ruhezeit kann auch in zwei Teilen genommen werden, wobei der erste Teil einen ununterbrochenen Zeitraum von mindestens 3 Stunden und der zweite Teil einen ununterbrochenen Zeitraum von mindestens 9 Stunden umfassen muss;
   - »reduzierte tägliche Ruhezeit« eine Ruhepause von mindestens 9 Stunden, aber weniger als 11 Stunden;

h) »wöchentliche Ruhezeit« den wöchentlichen Zeitraum, in dem ein Fahrer frei über seine Zeit verfügen kann und der eine »regelmäßige wöchentliche Ruhezeit« und eine »reduzierte wöchentliche Ruhezeit« umfasst;
   - »regelmäßige wöchentliche Ruhezeit« eine Ruhepause von mindestens 45 Stunden;
   - »reduzierte wöchentliche Ruhezeit« eine Ruhepause von weniger als 45 Stunden, die vorbehaltlich der Bedingungen des Artikels 8 Absatz 6 auf eine Mindestzeit von 24 aufeinander folgenden Stunden reduziert werden kann;

i) »Woche« den Zeitraum zwischen Montag 00.00 Uhr und Sonntag 24.00 Uhr;

j) »Lenkzeit« die Dauer der Lenktätigkeit, aufgezeichnet entweder:
   - vollautomatisch oder halbautomatisch durch Kontrollgeräte im Sinne der Anhänge I und I B der Verordnung (EWG) Nr. 3821/85, oder
   - von Hand gemäß den Anforderungen des Artikels 16 Absatz 2 der Verordnung (EWG) Nr. 3821/85;

k) »tägliche Lenkzeit« die summierte Gesamtlenkzeit zwischen dem Ende einer täglichen Ruhezeit und dem Beginn der darauf folgenden täglichen Ruhezeit oder zwischen einer täglichen und einer wöchentlichen Ruhezeit;

l) »wöchentliche Lenkzeit« die summierte Gesamtlenkzeit innerhalb einer Woche;

m) »zulässige Höchstmasse« die höchstzulässige Masse eines fahrbereiten Fahrzeugs einschließlich Nutzlast;

n) »Personenlinienverkehr« inländische und grenzüberschreitende Verkehrsdienste im Sinne des Artikels 2 der Verordnung (EWG) Nr. 684/92 des Rates vom 16. März 1992 zur Einführung gemeinsamer Regeln für den grenzüberschreitenden Personenverkehr mit Kraftomnibussen;[10]

o) »Mehrfahrerbetrieb« den Fall, in dem während der Lenkdauer zwischen zwei aufeinander folgenden täglichen Ruhezeiten oder zwischen einer täglichen und einer wöchentlichen Ruhezeit mindestens zwei Fahrer auf dem Fahrzeug zum Lenken eingesetzt sind. Während der ersten Stunde des Mehrfahrerbetriebs ist die Anwesenheit eines anderen Fahrers oder anderer Fahrer fakultativ, während der restlichen Zeit jedoch obligatorisch;

p) »Verkehrsunternehmen« jede natürliche oder juristische Person und jede Vereinigung oder Gruppe von Personen ohne Rechtspersönlichkeit mit oder ohne Erwerbszweck sowie jede eigene Rechtsper-

---

10 10 ABl. L 74 v. 20. 3. 1992, S. 1. Zuletzt geändert durch die Beitrittsakte von 2003.

sönlichkeit besitzende oder einer Behörde mit Rechtspersönlichkeit unterstehende offizielle Stelle, die Beförderungen im Straßenverkehr gewerblich oder im Werkverkehr vornimmt;

q) **»Lenkdauer« die Gesamtlenkzeit zwischen dem Zeitpunkt, zu dem ein Fahrer nach einer Ruhezeit oder einer Fahrtunterbrechung beginnt, ein Fahrzeug zu lenken, und dem Zeitpunkt, zu dem er eine Ruhezeit oder Fahrtunterbrechung einlegt. Die Lenkdauer kann ununterbrochen oder unterbrochen sein.**

Die Verordnung (EG) Nr. 561/2006 enthält einen umfangreichen Katalog 1
von Begriffsbestimmungen, die ihre Handhabung erleichtern und auch von der Verordnung (EU) Nr. 165/2014 in Bezug genommen werden.

Buchstabe a definiert die Beförderung im Straßenverkehr. Hierzu gehört 2
jede ganz oder teilweise auf einer öffentlichen Straße durchgeführte Fahrt eines zur Personen- oder Güterbeförderung verwendete leeren oder beladenen Fahrzeugs.

Um zu bestimmen, welche Verkehrsflächen zu den öffentlichen Straßen gehören, wird man auf das deutsche Straßenverkehrsrecht zurückgreifen können. Danach sind öffentliche Straßen Verkehrsflächen, auf denen ohne Rücksicht auf die Eigentumsverhältnisse oder einer verwaltungsrechtlichen Widmung aufgrund ausdrücklicher oder stillschweigender Duldung des Verfügungsberechtigten Verkehr tatsächlich zugelassen ist (BGH v. 9.3.1961 – 4 StR 6/61).

Nach **Buchstabe b** können Fahrzeuge ein Kraftfahrzeug, eine Zugmaschine, 3
ein Anhänger, ein Sattelanhänger oder eine Kombination dieser Fahrzeuge sein.

Kraftfahrzeug ist jedes auf der Straße verkehrende Fahrzeug mit Eigenantrieb, das normalerweise zur Personen- oder Güterbeförderung verwendet wird, mit Ausnahme von dauerhaft auf Schienen verkehrenden Fahrzeugen. Hierzu zählen sowohl LKW als auch Pkw, nicht jedoch die Eisenbahn, Straßenbahnen, S- und U-Bahnen.

Zugmaschine ist jedes auf der Straße verkehrende Fahrzeug mit Eigenantrieb, das speziell dafür ausgelegt ist, Anhänger, Sattelanhänger, Geräte oder Maschinen zu ziehen, zu schieben oder zu bewegen. Ein Beispiel hierfür ist der Sattelschlepper. Ausgenommen sind sämtliche Schienenfahrzeuge.

Anhänger ist jedes Fahrzeug, das dazu bestimmt ist, an ein Kraftfahrzeug oder eine Zugmaschine angehängt zu werden.

Sattelanhänger ist ein Anhänger ohne Vorderachse, der so angehängt wird, dass ein beträchtlicher Teil seines Eigengewichts und des Gewichts seiner Ladung von der Zugmaschine oder vom Kraftfahrzeug getragen wird.

Buchstabe c definiert den Fahrer. Danach ist Fahrer jeder Selbstständige 4
oder Arbeitnehmer, der das Fahrzeug, sei es auch nur für kurze Zeit, selbst

lenkt oder sich in einem Fahrzeug befindet, um es – als Bestandteil seiner Pflichten – gegebenenfalls selbst lenken zu können.

5 **Buchstabe d** definiert Fahrtunterbrechung als jeden Zeitraum, in dem der Fahrer keine Fahrtätigkeit ausüben und keine anderen Arbeiten ausführen darf und der ausschließlich zur Erholung genutzt wird.

6 **Buchstabe e** verweist hinsichtlich der Definition der anderen Arbeiten auf alle Tätigkeiten, die durch Art. 3 Buchstabe a der Richtlinie 2002/15/EG als Arbeitszeit definiert werden mit Ausnahme der Fahrtätigkeit. Dies gilt unabhängig davon, ob sie beim gleichen Arbeitgeber oder bei einem anderen Arbeitgeber erfolgt.

7 Es wird unterschieden zwischen Fahrern, die als Arbeitnehmer tätig sind (abhängig beschäftigtes Fahrpersonal) und Selbstständigen.

8 Bei abhängig beschäftigten Fahrern zählt die Zeitspanne zwischen Arbeitsbeginn und Arbeitsende zur Arbeitszeit, während der der Beschäftigte an seinem Arbeitsplatz ist, dem Arbeitgeber zur Verfügung steht und während der er seine Funktion oder Tätigkeit ausübt.

9 Bei Selbstständigen gilt als Arbeitszeit die Zeitspanne zwischen Arbeitsbeginn und Arbeitsende, in der sich der selbstständige Kraftfahrer an seinem Arbeitsplatz befindet, dem Kunden zur Verfügung steht, und während der er seine Funktion oder Tätigkeit ausübt.

10 Zum **Arbeitsplatz** zählen:

- der Standort der Hauptniederlassung des Unternehmens, für das die Personen, die Fahrtätigkeiten im Bereich des Straßentransports ausüben, tätig sind, und seine verschiedenen Zweigniederlassungen, ob sie nun mit seinem Geschäftssitz oder seiner Hauptniederlassung zusammenfallen oder nicht,
- das Fahrzeug, das die Personen, die Fahrtätigkeiten im Bereich des Straßentransports ausüben, bei ihrer Tätigkeit benutzen sowie
- jeder andere Ort, an dem die mit der Beförderung verbundenen Tätigkeiten ausgeübt werden.

11 Zur **Arbeitszeit** zählen sämtliche Tätigkeiten im Straßenverkehr. Diese Tätigkeiten umfassen insbesondere Folgendes:

- Fahren,
- Be- und Entladen,
- Hilfe beim Ein- und Aussteigen der Fahrgäste,
- Reinigung und technische Wartung und
- alle anderen Arbeiten, die dazu dienen, die Sicherheit des Fahrzeugs, der Ladung und der Fahrgäste zu gewährleisten bzw. die gesetzlichen oder behördlichen Formalitäten die einen direkten Zusammenhang mit der gerade ausgeübten spezifischen Transporttätigkeit aufweisen, zu erledigen; hierzu gehören auch: Überwachen des Beladens/Entladens, Erledigung von Formalitäten im Zusammenhang mit Polizei, Zoll, Einwanderungsbehörden, usw.

Die Regelung über die Bereitschaftsdienste wird nicht in Bezug genommen, da es sich hierbei nicht um Tätigkeiten handelt. Zur Einordnung der Bereitschaftsdienste wird man daher auf allgemeine Grundsätze zurückgreifen müssen, wonach diese zur Arbeitszeit zählen und somit andere Arbeiten darstellen. 12

Buchstabe f definiert die Ruhepause als jeden ununterbrochenen Zeitraum, in dem der Fahrer über seine Zeit frei verfügen kann. Grundsätzlich müssen tägliche und wöchentliche Ruhezeiten den Anforderungen der Ruhepause genügen. 13

Die **Buchstaben g und h** definieren die tägliche und wöchentliche Ruhezeit. Man unterscheidet zwischen der regelmäßigen täglichen Ruhezeit von mindestens 11 Stunden, der reduzierten täglichen Ruhezeit von mindestens 9 Stunden und weniger als 11 Stunden, der regelmäßigen wöchentlichen Ruhezeit von mindestens 45 Stunden und der reduzierten wöchentlichen Ruhezeit von mindestens 24 Stunden und weniger als 45 Stunden. Näheres wird bei der Kommentierung des Art. 8 und 9 erläutert. 14

Woche ist nach **Buchstabe i** der Zeitraum von Montag 0:00 Uhr bis Sonntag 24:00 Uhr, also die Kalenderwoche und kein flexibler Sieben-Tages-Zeitraum. 15

Buchstabe j definiert die Lenkzeit als die Dauer der Lenktätigkeit, die voll- oder halbautomatisch durch Fahrtenschreiber oder von Hand gemäß Verordnung (EU) Nr. 165/2014 aufgezeichnet werden muss. Die Aufzeichnung von Hand erfolgt bei einer Betriebsstörung oder Fehlfunktion des Kontrollgeräts. 16

Buchstabe k definiert die tägliche Lenkzeit nicht als 24-Stunden-Zeitraum wie bei der Arbeitszeit, sondern als die summierte Gesamtlenkzeit zwischen zwei Ruhezeiten. 17

Die wöchentliche Lenkzeit wird in **Buchstabe l** als Gesamtlenkzeit innerhalb einer (Kalender-)Woche definiert. 18

Zulässige Höchstmasse ist gemäß **Buchstabe m** die höchstzulässige Masse eines fahrbereiten Fahrzeugs, einschließlich Nutzlast. Sie ergibt sich aus der Fahrzeugzulassung (»zulässiges Gesamtgewicht«). 19

Hinsichtlich des Personenlinienverkehrs verweist **Buchstabe n** auf Art. 2 der Verordnung (EWG) Nr. 684/92. Hierzu zählen sowohl der inländische als auch grenzüberschreitende Linienverkehr. 20

Linienverkehr ist danach die regelmäßige Beförderung von Fahrgästen auf einer bestimmten Verkehrsverbindung, wobei Fahrgäste an vorher festgelegten Haltestellen aufgenommen oder abgesetzt werden können. Der Linienverkehr ist ungeachtet einer etwaigen Verpflichtung zur Buchung für jedermann zugänglich. Eine Anpassung der Beförderungsbedingungen eines solchen Verkehrsdienstes beeinträchtigt nicht seinen Charakter als Linienverkehr. 21

Als Linienverkehr gilt eine solche Beförderung auch, wenn er sich auf eine bestimmte Gruppe von Fahrgästen beschränkt. Hierzu gehören insbesondere die Beförderung von Arbeitnehmern zwischen Wohnort und Arbeitsstätte, die Beförderung von Schülern und Studenten zwischen Wohnort und Lehranstalt sowie die Beförderung von Angehörigen der Streitkräfte und ihren Familien zwischen Herkunftsland und Stationierungsort.

22 Der Linienverkehr ist vom Gelegenheitsverkehr, für den insbesondere kennzeichnend ist, dass auf Initiative eines Auftraggebers oder des Verkehrsunternehmers selbst vorab gebildete Fahrgastgruppen befördert werden, und vom Werkverkehr zu unterscheiden. Der Werkverkehr ist ein nichtkommerzieller Verkehrsdienst ohne Erwerbszweck, den eine natürliche oder juristische Person unter den Bedingungen durchführt, dass es sich bei der Beförderungstätigkeit lediglich um eine Nebentätigkeit der natürlichen oder juristischen Person handelt, die eingesetzten Fahrzeuge Eigentum der natürlichen oder juristischen Person sind oder von ihr im Rahmen eines Abzahlungsgeschäfts gekauft wurden oder Gegenstand eines Langzeitleasing-Vertrags sind und dass sie von einem Angehörigen des Personals der natürlichen oder juristischen Person oder von der natürlichen Person selbst geführt werden.

23 Nach **Buchstabe o** liegt ein Mehrfahrerbetrieb vor, wenn während der Lenkdauer zwischen zwei aufeinander folgenden täglichen Ruhezeiten oder zwischen einer täglichen und einer wöchentlichen Ruhezeit mindestens zwei Fahrer auf dem Fahrzeug abwechselnd zum Lenken eingesetzt sind. Während der ersten Stunde des Mehrfahrerbetriebs muss kein anderer Fahrer anwesend sein, danach ist dies für die gesamte restliche Zeit erforderlich.

24 Verkehrsunternehmen ist gemäß **Buchstabe p** jede natürliche oder juristische Person und jede Vereinigung oder Gruppe von Personen ohne Rechtspersönlichkeit mit oder ohne Erwerbszweck sowie jede eigene Rechtspersönlichkeit besitzende oder einer Behörde mit Rechtspersönlichkeit unterstehende offizielle Stelle, die Beförderungen im Straßenverkehr gewerblich oder im Werkverkehr vornimmt. Diese Regelung stellt klar, dass es für die Verpflichtung zur Einhaltung der Verordnung nicht auf die organisatorische Ausgestaltung des Unternehmens ankommt.

Bei privatrechtlichen Vereinigungen wird damit klargestellt, dass eine Rechtsunfähigkeit nach nationalem Recht eine Haftung nicht verhindern soll.

Von den öffentlich-rechtlichen Stellen werden der Bund, die Länder, die kommunalen Gebietskörperschaften sowie sonstige Körperschaften, Stiftungen und Anstalten des öffentlichen Rechts (z. B. Hochschulen, Rundfunkanstalten) erfasst.

25 **Buchstabe q** definiert die Lenkdauer als die Gesamtlenkzeit zwischen dem Zeitpunkt, zu dem ein Fahrer nach einer Ruhezeit oder einer Fahrtunterbrechung beginnt, ein Fahrzeug zu lenken, und dem Zeitpunkt, zu dem er eine Ruhezeit oder Fahrtunterbrechung einlegt. Die Lenkdauer kann durch andere Tätigkeit unterbrochen aber auch ununterbrochen sein.

Kapitel II
Fahrpersonal, Lenkzeiten, Fahrtunterbrechungen und Ruhezeiten

Artikel 5 [Mindestalter]

(1) Das Mindestalter für Schaffner beträgt 18 Jahre.

(2) Das Mindestalter für Beifahrer beträgt 18 Jahre. Die Mitgliedstaaten können jedoch das Mindestalter für Beifahrer unter folgenden Bedingungen auf 16 Jahre herabsetzen:

a) Die Beförderung im Straßenverkehr erfolgt innerhalb eines Mitgliedstaats in einem Umkreis von 50 km vom Standort des Fahrzeugs, einschließlich des Verwaltungsgebiets von Gemeinden, deren Zentrum innerhalb dieses Umkreises liegt,

b) die Herabsetzung erfolgt zum Zwecke der Berufsausbildung und

c) die von den arbeitsrechtlichen Bestimmungen des jeweiligen Mitgliedstaates vorgegebenen Grenzen werden eingehalten.

In der Verordnung (EG) Nr. 561/2006 sind nur das Mindestalter für Schaff- 1
ner und Beifahrer unmittelbar geregelt. Danach beträgt ihr Mindestalter grundsätzlich 18 Jahre.

Das Mindestalter für Beifahrer wird durch § 18 Abs. 2 FPersV bei Beför- 2
derungen in einem Umkreis von 50 km vom Standort des Fahrzeugs zum Zwecke der Berufsausbildung auf 16 Jahre herabgesetzt.

Die Mindestaltersgrenzen für Berufskraftfahrer werden durch das Berufs- 3
kraftfahrerqualifikationsgesetz (BkrFQG) definiert.

Artikel 6 [Lenkzeit]

(1) Die tägliche Lenkzeit darf 9 Stunden nicht überschreiten. Die tägliche Lenkzeit darf jedoch höchstens zweimal in der Woche auf höchstens 10 Stunden verlängert werden.

(2) Die wöchentliche Lenkzeit darf 56 Stunden nicht überschreiten und nicht dazu führen, dass die in der Richtlinie 2002/15/EG festgelegte wöchentliche Höchstarbeitszeit überschritten wird.

(3) Die summierte Gesamtlenkzeit während zweier aufeinander folgender Wochen darf 90 Stunden nicht überschreiten.

(4) Die tägliche und die wöchentliche Lenkzeit umfassen alle Lenkzeiten im Gebiet der Gemeinschaft oder im Hoheitsgebiet von Drittstaaten.

(5) Der Fahrer muss die Zeiten im Sinne des Artikels 4 Buchstabe e sowie alle Lenkzeiten in einem Fahrzeug, das für gewerbliche Zwecke außerhalb des Anwendungsbereichs der vorliegenden Verordnung verwendet wird, als andere Arbeiten festhalten; ferner muss er die seit seiner letzten täglichen oder wöchentlichen Ruhezeit verbrachten Bereitschaftszeiten im Sinne des Artikels 15 Absatz 3 Buchstabe c der Verordnung (EWG) Nr. 3821/85 festhalten. Diese Zeiten sind entweder handschriftlich auf einem Schaublatt oder einem Ausdruck einzutragen oder manuell in das Kontrollgerät einzugeben.

1 Die tägliche Lenkzeit (Tageslenkzeit) ist grundsätzlich auf 9 Stunden beschränkt. Zweimal in der (Kalender-)Woche darf sie auf 10 Stunden verlängert werden.

2 Maßstab für die Einhaltung der Höchstdauer der Tageslenkzeit ist die davor und dahinter liegende Ruhezeit. Hieraus kann sich selbst bei Einhaltung der Mindestruhezeit von 11 Stunden eine längere Lenkzeit als 10 Stunden pro 24-Stunden-Zeitraum ergeben. Dies ist jedoch gemäß § 3 ArbZG nicht zulässig, da hiernach pro 24-Stunden-Zeitraum nur 10 Stunden Arbeit geleistet werden darf (siehe Kommentierung § 3 ArbZG).

> **Beispiel:**
> Ein abhängig beschäftigter Reisebusfahrer nimmt seine Arbeit am Montag um 1:00 Uhr auf und beendet sie um 11:45 Uhr. Legt er nun eine regelmäßige tägliche Ruhezeit von 11 Stunden ein, darf er trotzdem nicht um 22:45 Uhr seine Arbeit wiederaufnehmen, sondern erst am Dienstag um 1:00 Uhr.

3 Ein gleitender 24-Stunden-Zeitraum ab dem jeweiligen Beginn der Lenkzeit wurde hingegen bisher von der **Verwaltungspraxis** abgelehnt. Dies überzeugt jedoch nicht, da kein Grund ersichtlich ist, den Begriff des Tages im Rahmen der Verordnung (EG) Nr. 561/2006 anders auszulegen als im Rahmen der Verordnung (EWG) Nr. 3821/85 (EuGH v. 9.6.1994 – C-394/92). Dasselbe muss dann auch für die diese Verordnung ablösende Verordnung (EU) Nr. 165/2014 gelten.

4 Eine neue Tageslenkzeit kann unverändert erst dann beginnen, wenn ihr eine neue Ruhezeit vorangegangen ist, die den Anforderungen des Art. 8 Verordnung (EG) Nr. 561/2006 entspricht (OLG Köln v. 19.9.1989 – Ss 403/89). Dies gilt insbesondere hinsichtlich der Dauer. So führt das OLG Köln aus: »Die Hälfte der gesetzlichen Ruhezeit reicht nicht aus, da eine solche Beschränkung willkürlich und nicht sachgerecht ist, da die zulässige Höchstdauer der Tageslenkzeit nur bei einem Fahrer verantwortbar ist, der die vorgeschriebenen Ruhezeiten eingehalten hat.«

Demnach sind zur Berechnung der Tageslenkzeit alle Lenkzeiten zu addieren, die nicht durch eine hinreichende Ruhezeit unterbrochen werden.

Die Lenkzeit darf zweimal in der Woche auf höchstens 10 Stunden verlängert werden. Die Summe der einzelnen Lenkzeiten darf in einer (Kalender-) Woche 56 Stunden nicht überschreiten (Wochenlenkzeit). In der Doppelwoche darf die Lenkzeit 90 Stunden nicht überschreiten. 5

Zu beachten ist bei Mischtätigkeiten auch die wöchentliche Höchstarbeitszeit gemäß Art. 4 Richtlinie 2002/15/EG. Sie darf in einer Woche bis zu 60 Stunden betragen. In Durchschnitt von vier Monaten darf sie aber 48 Stunden wöchentlich nicht überschreiten.

Die Lenkzeit ist die Dauer der Lenktätigkeit. Die Aufzeichnung durch das EG-Kontrollgerät oder per Hand kann nur ein erster Anhaltspunkt sein. 6

Die automatische Aufzeichnung durch das Kontrollgerät enthält nämlich keinerlei Erkenntnisse über die psychische Belastung des Fahrers. Das Kontrollgerät stellt seinen Dienst ein, sobald der Motor abgestellt wird. Damit könnten auch längere Haltezeiten an Ampeln oder Bahnübergängen aus der Lenkzeit herausfallen. Daher ist auch weiterhin ergänzend eine Auslegung nach dem Schutzzweck der Lenkzeitvorschriften erforderlich.

In der **Verwaltungspraxis** waren bisher als Lenkzeiten alle Tätigkeiten, die mit der Fahrtätigkeit im Zusammenhang stehen, anerkannt. Hierzu wurden Aufenthalte vor Ampeln, Bahnübergängen und bei Staus gezählt. Man ging von der Faustregel aus, dass solange der Motor läuft, es sich um Lenkzeit handeln soll. Reine Wartezeiten (z. B. bei der Grenzabfertigung oder beim Be- und Entladen) sollten hingegen nicht als Lenkzeit zählen. 7

Auch die **Rechtsprechung** dehnt, zum Schutz des Straßenverkehrs vor übermüdeten Fahrern, den Lenkzeitbegriff über die reine Fahrzeit hinaus aus. So soll das vorübergehende Stehen des Fahrzeugs noch zur Lenkzeit gehören, wenn es nach natürlicher Betrachtungsweise noch zum Beförderungsvorgang gehört. Das verkehrsbedingte Anhalten an Kreuzungen, Ampeln, in Staus und an der Grenze wird zur Lenkzeit gezählt, wenn ein Zeitraum von wenigen Minuten nicht überschritten wird. 8

Hinweise für die Praxis: 9

Lenkzeit liegt demnach auch dann vor, wenn folgende zwei Kriterien erfüllt sind:

1. Der Fahrer kann den Platz hinter dem Lenkrad nicht verlassen.
2. Der Fahrer muss sich in gespannter Aufmerksamkeit bereithalten, um sofort wieder unter Berücksichtigung des übrigen Verkehrs anfahren zu können.

Wartezeiten sind Lenkzeiten, wenn es sich um so genannte **Fahrbereitschaft** handelt. Bei der Fahrbereitschaft muss der Fahrer zwangsläufig an seinem Arbeitsplatz, d. h. einsatzbereit in oder an seinem Fahrzeug, verbleiben, um betriebsbedingte Anforderungen an ein Rangieren im Zusammenhang mit dem Be- und Entladevorgang oder zum Betätigen des Be- und 10

Entlademechanismus des Fahrzeugs nachzukommen (OLG Düsseldorf v. 2.2.1973 – 1 Ss OWi 202/72; OLG Koblenz v. 8.12.1976 – 1 Ss 636/76). Hierunter fallen relativ kurze Zeiten (5 Minuten) des Be- und Entladens (OLG Koblenz, a.a.O.). Kann der Fahrer hingegen voraussehen, wie lange der Entladevorgang dauern wird, und muss er während des Abladens keine weitere Tätigkeit ausüben, so liegt keine Fahrbereitschaft vor (OLG Zweibrücken v. 30.5.1983 – 1 Ss 331/82).

11 Entgegen der Verwaltungspraxis wird man auch **andere Arbeiten**, die nach der letzten Ruhezeit und **vor Aufnahme der Lenktätigkeit** liegen, auf die Lenkzeit anrechnen müssen. Dies ergibt sich aus dem Schutzzweck der Verordnung (EG) Nr. 561/2006 und lässt sich auch aus der Rechtsprechung des EuGH ableiten.

Besonders deutlich wird die Schutzzweckverletzung, wenn man einen Verkehrsbetrieb betrachtet, der sowohl im Nahverkehr als auch im Reisbusverkehr tätig ist. Wenn ein Fahrer Nahverkehrslinien fährt, unterfällt er der Fahrpersonalverordnung. Ist er mit demselben Fahrzeug im Gelegenheitsverkehr tätig, ist die Verordnung (EG) Nr. 561/2006 anwendbar. Wenn die Zeit im Nahverkehr nicht auf die Lenkzeit im Gelegenheitsverkehr angerechnet wird, sind Tageslenkzeiten von mehr als 9 Stunden möglich. Ein Fahrer könnte beispielsweise zunächst 5 Stunden sein Fahrzeug im Nahverkehr steuern und anschließend weitere 5 Stunden eine Reisegruppe befördern. Entsprechende Ermüdungserscheinungen treten auch bei vorherigen Übernahmefahrten mit Privatfahrzeugen oder bei Bereitschaftsdiensten auf. Dies hat auch der EuGH erkannt, wenn er ausführt: »Die Zeit, die ein Fahrer damit verbringt, sich zum Ort der Übernahme eines mit einem Fahrtenschreiber ausgerüsteten Fahrzeugs zu begeben, kann sich insoweit auf die Lenkzeit auswirken, als sie zur Ermüdung des Fahrers beiträgt« (EuGH v. 18.1.2001 – C-297/99, EuGHE I, 2001, 573, Rn. 25). Folgerichtig sind solche Zeiten auf die Lenkzeit anzurechnen. Dem steht nicht entgegen, dass der EuGH in der gleichen Entscheidung ausführt: »Aus dieser Vorschrift geht außerdem hervor, dass solche Zeiten nicht als Teil der Lenkzeit angesehen werden können, selbst wenn sie mit dem Führen eines Fahrzeugs verbracht werden, bei dem selbst keine Pflicht zur Beachtung der in der Verordnung Nr. 3820/85 vorgesehenen Lenk- und Ruhezeiten besteht« (Rn. 32). Andere Arbeiten und Lenkzeiten sollen nämlich nicht gleichgesetzt, sondern es sollen nur andere Arbeiten vor Beginn der Lenktätigkeit angerechnet werden, da nur sie sich auf die Lenkzeit auswirken können. Andere Arbeiten nach Ende der Lenktätigkeit werden hingegen nicht angerechnet.

12 **Praxistipp für den Betriebsrat:**

Obwohl sich das Mitbestimmungsrecht gemäß § 87 Abs. 1 Nr. 2 BetrVG ausdrücklich nur auf die Lage der Arbeitszeit beschränkt, bietet sich eine gemeinsame Regelung an, da Lenkzeit stets auch immer Arbeitszeit ist.

Dass Arbeitszeit nicht immer auch Lenkzeit ist und es sich dabei um unterschiedliche Regelungssysteme handelt, sollte eigentlich selbstverständlich sein. Dennoch versuchen Arbeitgeber immer wieder die Arbeitszeitvorschriften für abhängig beschäftigte Fahrer durch die Lenkzeitvorschriften zu ersetzen. Hier gilt es in der Sache hart zu bleiben und auf die eindeutige Rechtslage zu bestehen, um die ansonsten drohenden massiven Verschlechterungen für die Arbeitsbedingungen der Fahrer abzuwehren.
Das Nichteinhalten der Lenkzeit, wie auch der Fahrtunterbrechungszeiten und Ruhezeiten, ist nicht nur für den Arbeitgeber, sondern im Unterschied zum Arbeitszeitgesetz auch für den abhängig beschäftigten Fahrer bußgeldbewehrt. Denn die Sozialvorschriften im Straßenverkehr dienen nicht ausschließlich dem Arbeitnehmerschutz, sondern auch der Verkehrssicherheit.

Artikel 7 [Fahrtunterbrechung]

Nach einer Lenkdauer von viereinhalb Stunden hat ein Fahrer eine ununterbrochene Fahrtunterbrechung von wenigstens 45 Minuten einzulegen, sofern er keine Ruhezeit einlegt.
Diese Unterbrechung kann durch eine Unterbrechung von mindestens 15 Minuten, gefolgt von einer Unterbrechung von mindestens 30 Minuten, ersetzt werden, die in die Lenkzeit so einzufügen sind, dass die Bestimmungen des Absatzes 1 eingehalten werden.

Die Lenktätigkeit ist spätestens nach 4 Stunden und 30 Minuten für wenigs- 1
tens 45 Minuten zu unterbrechen, sofern keine Ruhezeit genommen wird. Die 45-minütige Fahrtunterbrechung kann durch eine Kurzunterbrechung von 15 Minuten, gefolgt von einer weiteren von 30 Minuten ersetzt werden

Diese Kurzunterbrechungen müssen während der 4,5 Stunden-Lenkzeitpe- 2
riode oder unmittelbar danach genommen werden. Damit dürfen niemals mehr als 4,5 Stunden zusammenhängend gefahren werden.

Die Fahrtunterbrechung ist jeder Zeitraum, in dem der Fahrer keine Fahr- 3
tätigkeit ausüben und keine anderen Arbeiten ausführen darf und der ausschließlich zur Erholung genutzt wird. Ihre Lage muss hingegen nicht im Voraus feststehen.

Dies entspricht der bisherigen Rechtsprechung zur Lenkzeitunterbrechung 4
gemäß Art. 6 Verordnung (EG) Nr. 3820/85. Es wird nun ausdrücklich klargestellt, dass die Fahrtunterbrechung der Erholung dienen muss.

Was andere Arbeiten sind, ergibt sich aus dem Verweis auf Artikel 3 Buch- 5
stabe a der Richtlinie 2002/15/EG (siehe Kommentierung zu Art. 4 Verordnung (EG) Nr. 561/2006 Rn. 6–16).

6 **Praxistipp für den Betriebsrat:**
Die abhängig beschäftigten Fahrer müssen sowohl Ruhepausen als auch Fahrtunterbrechungen einlegen. Das Mitbestimmungsrecht gemäß § 87 Abs. 1 Nr. 2 BetrVG erstreckt sich auf jegliche Ruhepause. Damit kann der Betriebsrat die Lage der Arbeitsunterbrechungen beeinflussen, egal ob diese zugleich Fahrtunterbrechungen sind oder nicht.

Das Nichteinhalten der Fahrtunterbrechungszeiten durch den abhängig beschäftigen Fahrer ist auch für diesen bußgeldbewehrt. Dies gilt auch dann, wenn der Arbeitgeber selbst durch seine Anweisungen die Ursache für die Rechtsverstöße gesetzt hat (LAG Rheinland-Pfalz v. 26.10.2010 – 3 SA 497/09).
In Dienstplänen tauchen in der Regel Begriffe wie Wendezeit, Standzeit oder Kehrzeit auf. Diese beschreiben rein technische Vorgänge, die juristisch unterschiedlich bewertet werden können. Je nachdem, in welchem Umfang darin (nicht) gearbeitet werden muss, können sie als Fahrtunterbrechungen bzw. Ruhepausen gelten. Die Arbeitsanforderungen können von Betrieb zu Betrieb unterschiedlich sein. Ein Betriebsrat wird sich daher jedes Mal genau ansehen müssen, was sich tatsächlich hinter diesen Begriffen verbirgt.

Artikel 8 [Ruhezeit]

(1) Der Fahrer muss tägliche und wöchentliche Ruhezeiten einhalten.
(2) Innerhalb von 24 Stunden nach dem Ende der vorangegangenen täglichen oder wöchentlichen Ruhezeit muss der Fahrer eine neue tägliche Ruhezeit genommen haben. Beträgt der Teil der täglichen Ruhezeit, die in den 24-Stunden-Zeitraum fällt, mindestens 9 Stunden, jedoch weniger als 11 Stunden, so ist die fragliche tägliche Ruhezeit als reduzierte tägliche Ruhezeit anzusehen.
(3) Eine tägliche Ruhezeit kann verlängert werden, so dass sich eine regelmäßige wöchentliche Ruhezeit oder eine reduzierte wöchentliche Ruhezeit ergibt.
(4) Der Fahrer darf zwischen zwei wöchentlichen Ruhezeiten höchstens drei reduzierte tägliche Ruhezeiten einlegen.
(5) Abweichend von Absatz 2 muss ein im Mehrfahrerbetrieb eingesetzter Fahrer innerhalb von 30 Stunden nach dem Ende einer täglichen oder wöchentlichen Ruhezeit eine neue tägliche Ruhezeit von mindestens 9 Stunden genommen haben.
(6) In zwei jeweils aufeinander folgenden Wochen hat der Fahrer mindestens folgende Ruhezeiten einzuhalten:
- **zwei regelmäßige wöchentliche Ruhezeiten oder**
- **eine regelmäßige wöchentliche Ruhezeit und eine reduzierte wöchentliche Ruhezeit von mindestens 24 Stunden. Dabei wird jedoch**

die Reduzierung durcheine gleichwertige Ruhepause ausgeglichen, die ohne Unterbrechung vor dem Ende der dritten Woche nach der betreffenden Woche genommen werden muss. Eine wöchentliche Ruhezeit beginnt spätestens am Ende von sechs 24-Stunden-Zeiträumen nach dem Ende der vorangegangenen wöchentlichen Ruhezeit.

(6a) Abweichend von Absatz 6 darf ein Fahrer, der für einen einzelnen Gelegenheitsdienst im grenzüberschreitenden Personenverkehr im Sinne der Verordnung (EG) Nr. 1073/2009 des Europäischen Parlaments und des Rates vom 21. Oktober 2009 über gemeinsame Regeln für den Zugang zum Markt des grenzüberschreitenden Personenkraftverkehrs eingesetzt wird, die wöchentliche Ruhezeit auf bis zu 12 aufeinander folgende 24-Stunden-Zeiträume nach einer vorhergehenden regelmäßigen wöchentlichen Ruhezeit unter folgenden Voraussetzungen verschieben:

a) der Dienst dauert mindestens 24 aufeinander folgende Stunden in einem anderen Mitgliedstaat oder unter diese Verordnung fallenden Drittstaat als demjenigen, in dem jeweils der Dienst begonnen wurde;
b) nach der Inanspruchnahme der Ausnahmeregelung nimmt der Fahrer
   i. entweder zwei regelmäßige wöchentliche Ruhezeiten oder
   ii. eine regelmäßige wöchentliche Ruhezeit und eine reduzierte wöchentliche Ruhezeit von mindestens 24 Stunden. Dabei wird jedoch die Reduzierung durch eine gleichwertige Ruhepause ausgeglichen, die ohne Unterbrechung vor dem Ende der dritten Woche nach dem Ende des Ausnahmezeitraums genommen werden muss;
c) ab dem 1. Januar 2014 ist das Fahrzeug mit einem Kontrollgerät entsprechend den Anforderungen des Anhangs IB der Verordnung (EWG) Nr. 3821/85 ausgestattet und
d) ab dem 1. Januar 2014, sofern das Fahrzeug bei Fahrten während des Zeitraums von 22.00 Uhr bis 6.00 Uhr mit mehreren Fahrern besetzt ist oder die Lenkdauer nach Artikel 7 auf drei Stunden vermindert wird.

Die Kommission überwacht die Inanspruchnahme dieser Ausnahmeregelung genau, um die Aufrechterhaltung der Sicherheit im Straßenverkehr unter sehr strengen Voraussetzungen sicherzustellen, insbesondere indem sie darauf achtet, dass die summierte Gesamtlenkzeit während des unter die Ausnahmeregelung fallenden Zeitraums nicht zu lang ist. Bis zum 4. Dezember 2012 erstellt die Kommission einen Bericht, in dem sie die Folgen der Ausnahmeregelung in Bezug auf die Sicherheit im Straßenverkehr sowie soziale Aspekte bewertet. Wenn sie es für sinnvoll erachtet, schlägt die Kommission diesbezügliche Änderungen der vorliegenden Verordnung vor.

(7) Jede Ruhepause, die als Ausgleich für eine reduzierte wöchentliche Ruhezeit eingelegt wird, ist an eine andere Ruhezeit von mindestens 9 Stunden anzuhängen.

(8) Sofern sich ein Fahrer hierfür entscheidet, können nicht am Standort eingelegte tägliche Ruhezeiten und reduzierte wöchentliche Ruhezeiten im Fahrzeug verbracht werden, sofern das Fahrzeug über geeignete Schlafmöglichkeiten für jeden Fahrer verfügt und nicht fährt.

(9) Eine wöchentliche Ruhezeit, die in zwei Wochen fällt, kann für eine der beiden Wochen gezählt werden, nicht aber für beide.

1 Die Fahrer haben tägliche und wöchentliche Ruhezeiten einzuhalten.

2 Nach der Mindestdauer der **täglichen Ruhezeit** unterscheidet man zwischen der elfstündigen regelmäßigen täglichen Ruhezeit und der neunstündigen reduzierten täglichen Ruhezeit.

3 Die tägliche Ruhezeit muss innerhalb von 24-Stunden nach dem Ende einer vorangegangenen täglichen oder wöchentlichen Ruhezeit vollständig genommen werden (gleitender 24-Stunden-Zeitraum). Fallen von einer regelmäßigen täglichen Ruhezeit weniger als 11 Stunden in diesen 24-Stunden-Zeitraum, so ist sie als reduzierte tägliche Ruhezeit anzusehen.

4 **Beispiel:**
Ein Reisebusfahrer beendet seine Ruhezeit am Montag um 8:00 Uhr. Am Montag um 22:00 Uhr legt er eine tägliche Ruhezeit ein. Auch wenn er erst am Dienstag um 9:00 Uhr seine Arbeit wieder aufnimmt, wird die elfstündige Ruhezeit nur als reduzierte tägliche Ruhezeit gerechnet.
Die regelmäßige tägliche Ruhezeit kann in zwei Teilen genommen werden. Der erste Teil muss einen ununterbrochenen Zeitraum von mindestens 3 Stunden und der zweite Teil von mindestens 9 Stunden umfassen.

5 Zwischen zwei wöchentlichen Ruhezeiten dürfen maximal drei reduzierte tägliche Ruhezeiten genommen werden.

6 Im **Mehrfahrerbetrieb** müssen die täglichen Ruhezeiten nur innerhalb von 30 Stunden eingelegt werden. Die täglichen Ruhezeiten betragen jeweils nur 9 Stunden.

Ein Mehrfahrerbetrieb liegt vor, wenn während der Lenkdauer zwischen zwei aufeinander folgenden täglichen Ruhezeiten oder zwischen einer täglichen und einer wöchentlichen Ruhezeit mindestens zwei Fahrer auf dem Fahrzeug abwechselnd zum Lenken eingesetzt sind. Während der ersten Stunde des Mehrfahrerbetriebs muss kein anderer Fahrer anwesend sein, danach ist dies für die gesamte restliche Zeit erforderlich.

7 Nach der Mindestdauer der **wöchentlichen Ruhezeit** unterscheidet man zwischen der regelmäßigen wöchentlichen Ruhezeit von mindestens 45 Stunden und der reduzierten wöchentlichen Ruhezeit von mindestens 24 Stunden und weniger als 45 Stunden.

Die wöchentlichen Ruhezeiten müssen zwei Bezugsräume einhalten: 8

- Innerhalb von zwei (Kalender-)Wochen müssen mindestens zwei regelmäßige wöchentliche Ruhezeiten oder eine regelmäßige und eine reduzierte wöchentliche Ruhezeit liegen und
- zwischen dem Ende einer wöchentlichen Ruhezeit und dem Beginn der nächsten wöchentlichen Ruhezeit dürfen höchstens sechs 24-Stunden-Zeiträume liegen.

Liegt eine wöchentliche Ruhezeit in zwei Wochen, so kann sie im Rahmen 9 dieser Beschränkungen frei der einen oder der anderen Woche zugerechnet werden. Sie darf aber nicht für beide Wochen gezählt werden.

Beispiel: 10

Ein Reisebusfahrer beginnt die erste wöchentliche Ruhezeit am Samstag der zweiten Kalenderwoche um 5:00 Uhr und beendet sie am Montag der dritten Kalenderwoche um 2:00 Uhr. Da sie in die dritte Kalenderwoche hineinragt, kann sie ihr zugerechnet werden. Legt man den ersten Bezugszeitraum zugrunde so könnte er seine zweite wöchentliche Ruhezeit beispielsweise erst am Sonntag der vierten Kalenderwoche um 23:00 Uhr beginnen. Aufgrund des zweiten Bezugszeitraums muss er seine zweite wöchentliche Ruhezeit jedoch spätestens am Sonntag der dritten Kalenderwoche um 2:00 Uhr einlegen.

Die Verkürzung durch die reduzierte wöchentliche Ruhezeit ist spätestens 11 vor dem Ende der dritten Woche nach der Woche, in die die reduzierte wöchentliche Ruhezeit gefallen ist, durch eine entsprechende Ruhepause auszugleichen. Diese Ruhepause ist an eine andere Ruhezeit von mindestens 9 Stunden anzuhängen.

Beispiel: 12

Ein Reisebusfahrer hat in der vierten Kalenderwoche eine reduzierte wöchentliche Ruhezeit von 26 Stunden genommen. Zum Ausgleich muss er in der siebten Kalenderwoche mindestens eine reduzierte tägliche Ruhezeit auf 28 Stunden (9 + 19 Stunden) verlängern.

Die Ruhezeit ist gemäß Art. 4 Buchstabe f und g ein ununterbrochener Zeit- 13 raum, in der der Fahrer frei über seine Zeit verfügen kann. Wie im ArbZG (siehe Kommentierung zu § 5 ArbZG) zählen zur Ruhezeit alle Zeiten, die außerhalb der täglichen Arbeitszeit liegen.

Wird eine Ruhezeit dennoch durch Arbeit unterbrochen, so muss sie mit Beendigung dieser Arbeit erneut vollständig genommen werden.

Abweichend hiervon sehen die Guidance Notes der Europäischen Gemein- 14 schaft als eine Empfehlung an die Mitgliedstaaten vor, dass eine Unterbrechung der Ruhezeit zum Bewegen eines Fahrzeugs in Notfällen (z. B. an Terminals, Parkplätzen und Grenzübergängen) ausnahmsweise zulässig ist.

An einem Terminal ist dies zulässig, wenn kein Angestellter des Terminals vorhanden ist, der das Fahrzeug wegbewegen kann, das Bewegen des Fahr-

zeugs unerlässlich ist und der Fahrer durch die zuständige Behörde oder durch einen Bediensteten des Terminals, der ermächtigt ist, die Bewegung eines Fahrzeugs anzuordnen, hierzu aufgefordert wurde.
An allen anderen Orten kann der Fahrer bei Vorliegen objektiver, notfallbedingter Gründe, aus denen das Fahrzeug bewegt werden muss, oder auf entsprechende polizeiliche oder sonstige behördliche Anordnung (z. B. durch Feuerwehr, Straßenverwaltungsbehörden, Zollbeamte) seine Pause oder Ruhezeit für einige Minuten unterbrechen.
Bei den Guidance Notes handelt es sich jedoch um unverbindliche Interpretationshilfen. Sie können die Verordnung nicht außer Kraft setzen. Eine solche Unterbrechung der Ruhezeiten sieht die Verordnung jedoch nicht vor.
Der Art. 12 Verordnung (EG) Nr. 561/2006 kann hierfür nicht herangezogen werden, da er als Ausnahmevorschrift eng auszulegen ist. Die Abweichung muss durch den Notfall erzwungen werden. Die in den Guidance Notes beschriebenen Notfälle erzwingen zwar eine Unterbrechung der Ruhezeit, sie hindern den Fahrer aber nicht nach Bewegen des Fahrzeugs seine ununterbrochene Ruhezeit von Neuem zu Beginnen.

14a Der mit der Verordnung (EG) Nr. 1073/2006 neu eingeführte Abs. 6a führt für den Gelegenheitsverkehr eine mit der bisherigen nationalen Regelung des § 1 Abs. 4 FPersV vergleichbaren Lockerung der Regelungen über die Wochenruhezeit. Auch hier gilt, dass der Fahrer in dem fraglichen Zeitraum ausschließlich im Gelegenheitsverkehr tätig gewesen sein muss. Wird er auch nur einen Tag im Linienverkehr tätig, dann gilt diese Ausnahme nicht.

Artikel 9 [Ruhezeitunterbrechungen]

(1) Legt ein Fahrer, der ein Fahrzeug begleitet, das auf einem Fährschiff oder mit der Eisenbahn befördert wird, eine regelmäßige tägliche Ruhezeit ein, so kann diese Ruhezeit abweichend von Artikel 8 höchstens zwei Mal durch andere Tätigkeiten unterbrochen werden, deren Dauer insgesamt eine Stunde nicht überschreiten darf. Während dieser regelmäßigen täglichen Ruhezeit muss dem Fahrer eine Schlafkabine oder ein Liegeplatz zur Verfügung stehen.
(2) Die von einem Fahrer verbrachte Zeit, um zu einem in den Geltungsbereich dieser Verordnung fallenden Fahrzeug, das sich nicht am Wohnsitz des Fahrers oder der Betriebstätte des Arbeitgebers, dem der Fahrer normalerweise zugeordnet ist, befindet, anzureisen oder von diesem zurückzureisen, ist nur dann als Ruhepause oder Fahrtunterbrechung anzusehen, wenn sich der Fahrer in einem Zug oder auf einem Fährschiff befindet und Zugang zu einer Koje oder einem Liegewagen hat.
(3) Die von einem Fahrer verbrachte Zeit, um mit einem nicht in den Geltungsbereich dieser Richtlinie fallenden Fahrzeug zu einem in den

Geltungsbereich dieser Verordnung fallenden Fahrzeug, das sich nicht am Wohnsitz des Fahrers oder der Betriebsstätte des Arbeitgebers, dem der Fahrer normalerweise zugeordnet ist, befindet, anzureisen oder von diesem zurückzureisen, ist als andere Arbeiten anzusehen.

Wird das Fahrzeug mit der **Eisenbahn** oder dem **Fährschiff** befördert, so darf die regelmäßige tägliche Ruhezeit ausnahmsweise zweimal durch andere Tätigkeiten unterbrochen werden, deren Gesamtdauer eine Stunde nicht überschreiten darf. Während dieser täglichen Ruhezeit muss dem Fahrer eine Schlafkabine oder ein Liegeplatz zur Verfügung stehen. 1

Reisezeiten eines abhängig beschäftigten Fahrers in einem Zug oder auf einem Fährschiff zur Übernahme eines Fahrzeugs können nur Ruhezeiten und Fahrtunterbrechungen sein, wenn der Fahrer Zugang zu einer Koje oder einem Liegewagen hat. Diese Anforderungen sind strenger als im allgemeinen Arbeitszeitrecht, da hier auch Fahrten ohne Schlafkabine als Ruhezeit angesehen werden. 2

Fährt der abhängig beschäftigte Fahrer mit einem Fahrzeug, das der Verordnung nicht unterliegt, zur **Übernahme** eines anderen der Verordnung unterliegenden Fahrzeugs, das sich nicht am Wohnsitz des Fahrers oder der Betriebsstätte des Arbeitgebers befinden, zählt die Fahrzeit nicht als Ruhezeit. Dies gilt auch dann, wenn der Fahrer hierfür sein Privatfahrzeug benutzt (EuGH v. 21.9.2001 – C-297/99). Gegenüber der nationalen Ruhezeitregelung ist dies insoweit eine Verbesserung, als Übernahmefahrten nach deutschem Recht nur dann zur Arbeitszeit gerechnet werden, wenn sie von der Betriebsstätte des Arbeitgebers aus erfolgten. Fahrtzeiten von der Wohnung wurden nur angerechnet, wenn sie über die Wegezeit zwischen Wohnung und Betriebsstätte hinausgehen. 3

Entsprechend den Ausführungen der Guidance Notes der Europäischen Gemeinschaft ist die Betriebsstätte des Arbeitgebers bei Leiharbeitnehmern der Betrieb des Entleihunternehmens und nicht der Hauptsitz des Zeitarbeitsunternehmens. 4

Kapitel III
Haftung von Verkehrsunternehmen

Artikel 10 [Verbot fahrleistungsabhängiger Entgelte, Haftung der Unternehmen]

(1) Verkehrsunternehmen dürfen angestellten oder ihnen zur Verfügung gestellten Fahrern keine Zahlungen in Abhängigkeit von der zurückgelegten Strecke und/oder der Menge der beförderten Güter leisten, auch

nicht in Form von Prämien oder Lohnzuschlägen, falls diese Zahlungen geeignet sind, die Sicherheit im Straßenverkehr zu gefährden und/oder zu Verstößen gegen diese Verordnung ermutigen.

(2) Das Verkehrsunternehmen organisiert die Arbeit der in Absatz 1 genannten Fahrer so, dass diese die Bestimmungen der Verordnung (EWG) Nr. 3821/85 sowie des Kapitels II der vorliegenden Verordnung einhalten können. Das Verkehrsunternehmen hat den Fahrer ordnungsgemäß anzuweisen und regelmäßig zu überprüfen, dass die Verordnung (EWG) Nr. 3821/85 und Kapitel II der vorliegenden Verordnung eingehalten werden.

(3) Das Verkehrsunternehmen haftet für Verstöße von Fahrern des Unternehmens, selbst wenn der Verstoß im Hoheitsgebiet eines anderen Mitgliedstaates oder eines Drittstaates begangen wurde. Unbeschadet des Rechts der Mitgliedstaaten, Verkehrsunternehmen uneingeschränkt haftbar zu machen, können die Mitgliedstaaten diese Haftung von einem Verstoß des Unternehmens gegen die Absätze 1 und 2 abhängig machen. Die Mitgliedstaaten können alle Beweise prüfen, die belegen, dass das Verkehrsunternehmen billigerweise nicht für den begangenen Verstoß haftbar gemacht werden kann.

(4) Unternehmen, Verlader, Spediteure, Reiseveranstalter, Hauptauftragnehmer, Unterauftragnehmer und Fahrervermittlungsagenturen stellen sicher, dass die vertraglich vereinbarten Beförderungszeitpläne nicht gegen diese Verordnung verstoßen.

(5)

a) Ein Verkehrsunternehmen, das Fahrzeuge einsetzt, die unter die vorliegende Verordnung fallen und die mit einem Kontrollgerät ausgestattet sind, das dem Anhang I B der Verordnung (EWG) Nr. 3821/85 entspricht, stellt Folgendes sicher:
   i) Alle Daten werden von dem Bordgerät und der Fahrerkarte so regelmäßig heruntergeladen, wie es der Mitgliedstaat vorschreibt; diese relevanten Daten werden in kürzeren Abständen heruntergeladen, damit sichergestellt ist, dass alle von dem Unternehmen oder für das Unternehmen durchgeführten Tätigkeiten heruntergeladen werden;
   ii) alle sowohl vom Bordgerät als auch von der Fahrerkarte heruntergeladenen Daten werden nach ihrer Aufzeichnung mindestens zwölf Monate lang aufbewahrt und müssen für einen Kontrollbeamten auf Verlangen entweder direkt oder zur Fernabfrage von den Geschäftsräumen des Unternehmens zugänglich sein.

b) Im Sinne dieses Absatzes wird der Ausdruck »heruntergeladen« entsprechend der Begriffsbestimmung in Anhang I B Kapitel I Buchstabe s der Verordnung (EWG) Nr. 3821/85 ausgelegt.

c) **Die Kommission entscheidet nach dem in Artikel 24 Absatz 2 genannten Verfahren über den Höchstzeitraum für das Herunterladen der relevanten Daten gemäß Buchstabe a Ziffer i.**

Der **Abs. 1** verbietet die Zahlung fahrleistungsabhängiger Entgelte an abhängig beschäftigte Fahrer; unabhängig davon, ob sie zur Stammbelegschaft gehören oder Leiharbeitnehmer sind. Dies soll Anreize zu Verstößen gegen fahrpersonalrechtliche Bestimmungen verhindern. Die Vorschrift entspricht dem § 3 FPersG, auf dessen Kommentierung hier verwiesen werden kann. **1**

In **Abs. 2** werden die Pflichten des Verkehrsunternehmens beim Einsatz der Fahrer geregelt. Das Verkehrsunternehmen wird in Art. 4 Buchstabe p näher definiert. **2**

Diese Pflichten treffen die Personen, die für die ordnungsgemäße Führung des Unternehmens verantwortlich sind. Bei Personengesellschaften ist dies der Inhaber und bei juristischen Personen das vertretungsberechtigte Organ (Geschäftsführer, Vorstand). Die Verantwortung für die Planung und Überwachung der Fahrten kann aber einer anderen Person übertragen werden. **3**

Die Pflichten des Unternehmers beziehen sich sowohl auf die Einhaltung der Lenkzeit-, Fahrtunterbrechungs- und Ruhezeitenvorschriften als auch auf deren Aufzeichnung gemäß Verordnung (EU) Nr. 165/2014. **4**

Der Unternehmer muss sowohl die Arbeit der Fahrer so planen, dass sie ohne Verstöße erledigt werden kann, als auch die Fahrer entsprechend anweisen und überwachen. **5**

Hierzu gehört die Gewährung einer ausreichenden Transportzeit, eine wöchentliche Überprüfung der Schaublätter der Fahrer und gegebenenfalls die Beanstandung von Zuwiderhandlungen und sofortiges Abstellen von Verstößen gegen Sozialvorschriften. **6**

Der Unternehmer ist verpflichtet, seine kaufmännische Disposition so zu treffen, dass unter Berücksichtigung des Bestimmungsorts, der Streckenführung, der Zeiten der An- und Abfahrt sowie der Be- und Entladung dem Fahrer die Einhaltung der Lenk- und Ruhezeiten möglich ist. Er hat seine Fahrer eindringlich und wiederholt darüber zu belehren, dass sie die Sozialvorschriften für das Fahrpersonal im Straßenverkehr einzuhalten haben und auf die Folgen von Verstößen hinzuweisen. Er hat ferner seine Fahrer regelmäßig zu überwachen. Eine lediglich stichprobenweise Kontrolle der Schaublätter reicht insoweit nicht aus (BayObLG v. 27.1.1982 – 3 Ob Owi 208/81). **7**

Die Disposition muss bei der Planung der Fahrten im gewerblichen Güterverkehr und bei der Personenbeförderung im Gelegenheitsverkehr nicht unbedingt schriftlich erfolgen. Es empfiehlt sich aber Anweisungen über den Fahrtablauf, wie z.B. Bestimmungsort, Strecke, Zeiten der An- und Ab- **8** fahrt sowie der Be- und Entladung, Lenkzeiten, Fahrunterbrechungen und Ruhezeiten nicht nur mündlich vorzunehmen. Denn im Zweifel muss der Unternehmer darlegen, korrekt disponiert zu haben.

9 Detaillierte Strecken und Zeitpläne sind hingegen bei routinierten Fahrern, die die Details der Strecke kennen, nicht erforderlich. Etwas anderes gilt, wenn der Unternehmer einen neu eingestellten Fahrer mit der Durchführung eines Transports beauftragt (BayObLG v. 2.7.1982 – 3 Ob Owi 380/82).

10 Der Unternehmer muss im Rahmen seiner Disposition von Transportfahrten Maßnahmen treffen, welche die Einhaltung der Lenk- und Ruhezeiten durch die Fahrer sicherstellen. Bei der Disposition der Fahrt muss das Unternehmen prüfen, ob die Fahrt – auch unter Berücksichtigung unvorhergesehener Verzögerungen – unter Beachtung der Vorschriften über Lenk- und Ruhezeiten durchgeführt werden kann (OLG Köln v. 17.11.1981 – 1 Ss 583/81; v. 24.8.1982 – 1 Ss 530/82; BayObLG v. 27.1.1982 – 3 Ob Owi 208/81).

11 Inhalt und Umfang der Disposition sind abhängig von der Gesamtzeit, die für die Fahrt zur Verfügung steht. Steht nur eine knapp bemessene Zeit für die Fahrt zur Verfügung, müssen dem Fahrer zumindest konkrete Anweisungen für die Fahrt und ihre Unterbrechungen gegeben werden, weil damit gerechnet werden muss, dass der Fahrer die Vorschriften über Lenk- und Ruhezeiten wegen des Zeitdrucks nicht einhalten wird (OLG Köln v. 8.7.1980 – 1 Ss 540/80).

12 Bei der Einstellung eines Kraftfahrers muss der Unternehmer nicht nur auf das Vorhandensein der Vorschriften über Lenk- und Ruhezeiten aufmerksam machen, sondern auch Kenntnis vom Inhalt der Bestimmungen vermitteln sowie ernsthaft und nachdrücklich auf deren Einhaltung bestehen. Verweist der Fahrer auf seine bereits vorhandenen Kenntnisse, muss der Unternehmer sich vergewissern, dass der Fahrer den Kernbereich der Vorschriften kennt (BayObLG v. 22.4.1992 – 3 Ob Owi 34/92).
Durch Beratungs- und Diskussionsveranstaltungen der Aufsichtsbehörden kann dies nicht ersetzt werden (KG v. 26.3.1992 – 3 Ws [B] 65/92).

13 Der Unternehmer hat den Kraftfahrer auch nach der Einstellung später in regelmäßigen Abständen auf die Lenk- und Ruhezeiten hinzuweisen und ausdrücklich zu ihrer Beachtung anzuhalten. Ob eine nochmalige Belehrung (z.B. vor Antritt einer Fahrt) erforderlich ist, hängt von den Umständen des Einzelfalls ab. Maßgeblich dafür ist, wie lange der Fahrer bereits im Betrieb tätig ist, wie oft und in welcher Weise er bisher belehrt und überwacht worden ist, ob er sich bereits als zuverlässig erwiesen oder ob er schon einmal gegen die Vorschriften über die Lenk- und Ruhezeiten verstoßen hat (KG v. 18.10.1984 – 3 Ws [B] 311/84).

14 Der Unternehmer kann sich seiner persönlichen Verantwortung für die Einhaltung der fahrpersonalrechtlichen Vorschriften nicht dadurch entziehen, dass er Verstöße eines Fahrers mit Worten beanstandet, aber den Fahrer immer wieder neu zu Fahrten veranlasst, bei denen er in Kauf nimmt, dass der Fahrer die Vorschriften nicht einhält. Ist bekannt, dass ein Fahrer hinsichtlich der Einhaltung von Lenk- und Ruhezeiten unzuverlässig ist, liegt ein Verstoß gegen die Dispositionspflichten bereits dann vor, wenn der Unternehmer nicht Maßnahmen trifft, die den vorhersehbaren Verstoß praktisch ausschließen (OLG Köln v. 19.6.1984 – 3 Ss 328/84).

Der Unternehmer muss durch Ankündigung und Durchführung regel- **15**
mäßiger und nicht umgehbarer Kontrollen Druck auf die Fahrer zur Einhaltung der Vorschriften ausüben (KG v. 25.10.1982 - AR [B] 28/82 - 2 Ws [B] 63/82). Die Kontrolle der Schaublätter muss nicht lückenlos erfolgen, sondern es genügen vielmehr stichprobenartige Kontrollen der Fahrer unmittelbar bei der Heimkehr (KG v. 25.11.1982 - AR [B] 28/82 - 2 Ws [B] 63/82). Zur Überprüfung des korrekten Verhaltens der Fahrer muss das Unternehmen die Schaublätter des Kontrollgeräts alsbald nach Beendigung einer Fahrt auswerten (KG v. 15.1.1982 – AR [B] 295/80 – 2 Ws [B] 330/80). Es muss daher sichergestellt sein, dass die Fahrer die Schaublätter regelmäßig unverzüglich nach Ablauf des für die Mitführung vorgeschriebenen Zeitraumes im Unternehmen vorlegen.

Bereits beim ersten Verstoß ist der Fahrer erneut ernsthaft auf die Ein- **16**
haltung der Lenk- und Ruhezeiten hinzuweisen (OLG Köln v. 12.11.1982 – 1 Ss 489/82). Dem Fahrer sind ernsthafte Konsequenzen anzudrohen, unter Umständen kann es erforderlich sein, einen Fahrer nicht weiter im internationalen Verkehr einzusetzen (OLG Köln v. 19.6.1984 - 3 Ss 328/84). Der Arbeitgeber muss erforderlichenfalls seinem Fahrpersonal fühlbare und entschiedene Unannehmlichkeiten bis hin zum Verlust des Arbeitsplatzes androhen und die angedrohten Konsequenzen in jedem Fall auch in die Tat umsetzen. Andernfalls ist damit zu rechnen, dass andere Fahrer sich über die gesetzlichen Bestimmungen hinwegsetzen, wenn sie erfahren, dass Unregelmäßigkeiten ihrer Kollegen nicht zu entsprechenden Konsequenzen führen (OLG Schleswig-Holstein v. 4.8.1980 – 1 Ss OWi 369/80).

Der **Abs. 3** begründet im Unterschied zur Verordnung (EWG) Nr. 3820/85 **17**
auch eine Haftung für Verstöße, die in einem anderen Mitgliedstaat begangen wurden.

Auch besteht die Möglichkeit einer Gefährdungshaftung des Unternehmers für alle Verstöße seiner Fahrer einzuführen. Hiervon wurde in Deutschland keinen Gebrauch gemacht. Vielmehr wurde die Verschuldenshaftung beibehalten. Dem Unternehmer muss also auch weiterhin ein eigener Verstoß nachgewiesen werden.

Der **Abs. 4** dehnt die Pflicht des Unternehmens, keine vertraglichen Beför- **18**
derungszeitpläne zu vereinbaren, die gegen die Verordnung verstoßen, auch auf Verlader, Spediteure, Reiseveranstalter, Hauptauftragnehmer, Unterauftragnehmer und Fahrervermittlungsagenturen aus.

19 Der **Abs. 5** regelt die Aufbewahrungspflichten für die vom EG-Kontrollgerät heruntergeladenen Fahrerdaten.

20 **Praxistipp für den Betriebsrat:**
Das Verbot fahrleistungsabhängiger Entgelte ist bei der Aushandlung der leistungsbezogenen Entgelte mit dem Arbeitgeber gemäß § 87 Abs. 1 Nr. 11 BetrVG zu beachten. Bei einem Verstoß gegen dieses Mitbestimmungsrecht kann der Betriebsrat hiergegen Unterlassungsansprüche geltend machen.

Kapitel IV
Ausnahmen

Artikel 11 [Strengere nationale Regeln]

Ein Mitgliedstaat kann für Beförderungen im Straßenverkehr, die vollständig in seinem Hoheitsgebiet durchgeführt werden, längere Mindestfahrtunterbrechungen und Ruhezeiten oder kürzere Höchstlenkzeiten als nach den Artikeln 6 bis 9 festlegen. In einem solchen Fall muss der Mitgliedstaat die relevanten kollektiven oder anderen Vereinbarungen zwischen den Sozialpartnern berücksichtigen. Für Fahrer im grenzüberschreitenden Verkehr gilt jedoch weiterhin diese Verordnung.

Bei ausschließlich innerhalb der Mitgliedstaaten stattfindenden Beförderungen können strengere nationale Regelungen greifen. Von dieser Ermächtigung wurde in Deutschland keinen Gebrauch gemacht.

Artikel 12 [Abweichung aus Gründen der Sicherheit]

Sofern die Sicherheit im Straßenverkehr nicht gefährdet wird, kann der Fahrer von den Artikeln 6 bis 9 abweichen, um einen geeigneten Halteplatz zu erreichen, soweit dies erforderlich ist, um die Sicherheit von Personen, des Fahrzeugs oder seiner Ladung zu gewährleisten. Der Fahrer hat Art und Grund dieser Abweichung spätestens bei Erreichen des geeigneten Halteplatzes handschriftlich auf dem Schaublatt des Kontrollgeräts oder einem Ausdruck aus dem Kontrollgerät oder im Arbeitszeitplan zu vermerken.

1 Im Einzelfall ist eine Abweichung von den Lenkzeit-, Fahrtunterbrechungs- und Ruhezeitenvorschriften zulässig, um einen geeigneten Halteplatz zu erreichen. Sie muss einerseits für die Sicherheit von Personen, des Fahrzeugs oder seiner Ladung erforderlich sein und darf andererseits nicht die Sicherheit im Straßenverkehr gefährden.

Art und Grund der Abweichung müssen spätestens bei Erreichen des Halteplatzes handschriftlich auf dem Schaublatt des EG-Kontrollgeräts oder einem Ausdruck aus dem Kontrollgerät oder im Arbeitszeitplan vom Fahrer vermerkt werden. 2

Nur der Fahrer ist aufgrund von unvorhersehbaren Ereignissen während der 3
Fahrt abweichungsbefugt. Eine Abweichung aus schon vor dem Antritt der Fahrt bekannten Gründen ist unzulässig (EuGH v. 9. 11. 1995 – 96/C 16/07). Der Arbeitgeber oder sein Disponent haben vielmehr bei der Disposition notwendige Halte an geeigneten Haltestellen einzuplanen.

Artikel 13 [Abweichungen von den Bestimmungen der Verordnung]

(1) Sofern die Verwirklichung der in Artikel 1 genannten Ziele nicht beeinträchtigt wird, kann jeder Mitgliedstaat für sein Hoheitsgebiet oder mit Zustimmung der betreffenden Mitgliedstaaten für das Hoheitsgebiet eines anderen Mitgliedstaats Abweichungen von den Artikeln 5 bis 9 zulassen und solche Abweichungen für die Beförderung mit folgenden Fahrzeugen an individuelle Bedingungen knüpfen:

a) Fahrzeuge, die Eigentum von Behörden sind oder von diesen ohne Fahrer angemietet sind, um Beförderungen im Straßenverkehr durchzuführen, die nicht im Wettbewerb mit privatwirtschaftlichen Verkehrsunternehmen stehen;

b) Fahrzeuge, die von Landwirtschafts-, Gartenbau-, Forstwirtschafts- oder Fischereiunternehmen zur Güterbeförderung im Rahmen ihrer eigenen unternehmerischen Tätigkeit in einem Umkreis von bis zu 100 km vom Standort des Unternehmens benutzt oder ohne Fahrer angemietet werden;

c) land- und forstwirtschaftliche Zugmaschinen, die für land- oder forstwirtschaftliche Tätigkeiten eingesetzt werden, und zwar in einem Umkreis von bis zu 100 km vom Standort des Unternehmens, das das Fahrzeug besitzt, anmietet oder least;

d) Fahrzeuge oder Fahrzeugkombinationen mit einer zulässigen Höchstmasse von nicht mehr als 7,5 t,

– die von Universaldienstanbietern im Sinne des Artikels 2 Absatz 13 der Richtlinie 97/67/EG des Europäischen Parlaments und des Rates vom 15. Dezember 1997 über gemeinsame Vorschriften für die Entwicklung des Binnenmarktes der Postdienste der Gemeinschaft und die Verbesserung der Dienstequalität[11] zum Zweck der Zustellung von Sendungen im Rahmen des Universaldienstes benutzt werden.

---

11 ABl. L 15 v. 21. 11. 1998, S. 14. Zuletzt geändert durch die Verordnung (EG) Nr. 1882/2003 (ABl. L 284 v. 31. 10. 2003, S. 1).

Diese Fahrzeuge dürfen nur in einem Umkreis von 100 km vom Standort des Unternehmens und unter der Bedingung benutzt werden, dass das Lenken des Fahrzeugs für den Fahrer nicht die Haupttätigkeit darstellt;

e) Fahrzeuge, die ausschließlich auf Inseln mit einer Fläche von nicht mehr als 2300 qkm verkehren, die mit den übrigen Teilen des Hoheitsgebiets weder durch eine Brücke, eine Furt oder einen Tunnel, die von Kraftfahrzeugen benutzt werden können, verbunden sind;

f) Fahrzeuge, die im Umkreis von 100 km vom Standort des Unternehmens zur Güterbeförderung mit Druckerdgas-, Flüssiggas- oder Elektroantrieb benutzt werden und deren zulässige Höchstmasse einschließlich Anhänger oder Sattelanhänger 7,5 t nicht übersteigt;

g) Fahrzeuge, die zum Fahrschulunterricht und zur Fahrprüfung zwecks Erlangung des Führerscheins oder eines beruflichen Befähigungsnachweises dienen, sofern diese Fahrzeuge nicht für die gewerbliche Personen- oder Güterbeförderung benutzt werden;

h) Fahrzeuge, die in Verbindung mit Kanalisation, Hochwasserschutz, Wasser-, Gas- und Elektrizitätsversorgung, Straßenunterhaltung und -kontrolle, Hausmüllabfuhr, Telegramm- und Telefondienstleistungen, Rundfunk und Fernsehen sowie zur Erfassung von Radio- bzw. Fernsehsendern oder -geräten eingesetzt werden;

i) Fahrzeuge mit 10 bis 17 Sitzen, die ausschließlich zur nichtgewerblichen Personenbeförderung verwendet werden;

j) Spezialfahrzeuge, die Ausrüstungen des Zirkus- oder Schaustellergewerbes transportieren;

k) speziell ausgerüstete Projektfahrzeuge für mobile Projekte, die hauptsächlich im Stand zu Lehrzwecken dienen;

l) Fahrzeuge, die zum Abholen von Milch bei landwirtschaftlichen Betrieben und zur Rückgabe von Milchbehältern oder von Milcherzeugnissen für Futterzwecke an diese Betriebe verwendet werden;

m) Spezialfahrzeuge für Geld- und/oder Werttransporte;

n) Fahrzeuge, die zur Beförderung von tierischen Abfällen oder von nicht für den menschlichen Verzehr bestimmten Tierkörpern verwendet werden;

o) Fahrzeuge, die ausschließlich auf Straßen in Güterverteilzentren wie Häfen, Umschlaganlagen des Kombinierten Verkehrs und Eisenbahnterminals benutzt werden;

p) Fahrzeuge, die innerhalb eines Umkreises von bis zu 100 Kilometern für die Beförderung lebender Tiere von den landwirtschaftlichen Betrieben zu den lokalen Märkten und umgekehrt oder von den Märkten zu den lokalen Schlachthäusern verwendet werden.

(2) Die Mitgliedstaaten teilen der Kommission die Ausnahmen mit, die sie nach Absatz 1 gewähren, und die Kommission unterrichtet die übrigen Mitgliedstaaten hiervon.

(3) Sofern die Verwirklichung der in Artikel 1 genannten Ziele nicht beeinträchtigt wird und ein angemessener Schutz der Fahrer sichergestellt ist, kann ein Mitgliedstaat mit Genehmigung der Kommission in seinem Hoheitsgebiet in geringem Umfang Ausnahmen von dieser Verordnung für Fahrzeuge, die in zuvor festgelegten Gebieten mit einer Bevölkerungsdichte von weniger als 5 Personen pro Quadratkilometer eingesetzt werden, in folgenden Fällen zulassen:

- **Bei inländischen Personenlinienverkehrsdiensten, sofern ihr Fahrplan von den Behörden bestätigt wurde (in diesem Fall dürfen nur Ausnahmen in Bezug auf Fahrtunterbrechungen zugelassen werden) und**
- **im inländischen Werkverkehr oder gewerblich durchgeführten Güterkraftverkehr, soweit sich diese Tätigkeiten nicht auf den Binnenmarkt auswirken und für den Erhalt bestimmter Wirtschaftszweige in dem betroffenen Gebiet notwendig sind und die Ausnahmebestimmungen dieser Verordnung einen Umkreis von höchstens 100 km vorschreiben.**

Eine Beförderung im Straßenverkehr nach dieser Ausnahme kann eine Fahrt zu einem Gebiet mit einer Bevölkerungsdichte von 5 Personen pro Quadratmeter oder mehr nur einschließen, wenn damit eine Fahrt beendet oder begonnen wird. Solche Maßnahmen müssen ihrer Art und ihrem Umfang nach verhältnismäßig sein.

Für die in diesem Artikel genannten Beförderungen können die Mitgliedstaaten für ihr Hoheitsgebiet oder mit Zustimmung des betroffenen Mitgliedstaates auch für dessen Hoheitsgebiet Abweichungen von den Lenk-, Fahrtunterbrechungs- und Ruhezeitenvorschriften zulassen, wenn hierdurch die Straßenverkehrssicherheit nicht gefährdet wird. 1

Durch § 18 Abs. 1 FPersV wurden sämtliche Ausnahmen des Abs. 1 für das Hoheitsgebiet der Bundesrepublik Deutschland übernommen (siehe Kommentierung zu § 18 FPersV). 2

Die Mitgliedstaaten haben die gewährten Ausnahmen der EG-Kommission mitzuteilen. 3

Von der Ausnahmevorschrift des Abs. 3 wurde hingegen kein Gebrauch gemacht, da es keine so dünn besiedelten Gebiete in der Bundesrepublik Deutschland gibt. 4

Artikel 14 [Abweichungen bei außergewöhnlichen Umständen oder für kurze Zeit]

(1) Sofern die Verwirklichung der in Artikel 1 genannten Ziele nicht beeinträchtigt wird, können die Mitgliedstaaten nach Genehmigung durch die Kommission Ausnahmen von den Artikeln 6 bis 9 für unter außergewöhnlichen Umständen durchgeführte Beförderungen zulassen.
(2) Die Mitgliedstaaten können in dringenden Fällen eine vorübergehende Ausnahme für einen Zeitraum von höchstens 30 Tagen zulassen, über die die Kommission sofort zu unterrichten ist.
(3) Die Kommission teilt den übrigen Mitgliedstaaten alle nach diesem Artikel gewährten Ausnahmen mit.

1 Die Mitgliedstaaten können nach Genehmigung durch die Kommission Ausnahmen von den Lenk-, Fahrtunterbrechungs- und Ruhezeitenvorschriften für Beförderungen unter außergewöhnlichen Umständen zulassen, wenn hierdurch die Straßenverkehrssicherheit nicht gefährdet ist.
2 In dringenden Fällen können die Mitgliedstaaten auch ohne Genehmigung der Kommission vorübergehend für einen Zeitraum von 30 Tagen Ausnahmen zulassen, über die die Kommission sofort zu unterrichten ist.
3 Die Kommission unterrichtet ihrerseits die übrigen Mitgliedstaaten über die gewährten Ausnahmen.

Artikel 15 [Nationale Regeln für den ÖPNV]

Die Mitgliedstaaten stellen sicher, dass Fahrer der in Artikel 3 Buchstabe a genannten Fahrzeuge unter nationale Vorschriften fallen, die in Bezug auf die erlaubten Lenkzeiten sowie die vorgeschriebenen Fahrtunterbrechungen und Ruhezeiten einen angemessenen Schutz bieten.

Nachdem die Sozialvorschriften für den öffentlichen Personennahverkehr trotz anfänglicher Bestrebungen durch die Verordnung (EG) Nr. 561/2006 nicht vereinheitlicht wurden, wird den Mitgliedstaaten ein angemessener Schutz durch nationale Lenkzeit-, Fahrtunterbrechungs- und Ruhezeitenvorschriften abverlangt.
In Deutschland wird dieser Schutz durch die Regelungen des § 1 FPersV sichergestellt.

Kapitel V
Überwachung und Sanktionen

Artikel 16 [Fahrplan und Arbeitszeitplan für den Personenlinienverkehr]

(1) Verfügt ein Fahrzeug nicht über ein mit der Verordnung (EWG) Nr. 3821/85 übereinstimmendes Kontrollgerät, so gelten die Absätze 2 und 3 des vorliegenden Artikels für:

a) nationale Personenlinienverkehrsdienste und

b) grenzüberschreitende Personenlinienverkehrsdienste, deren Endpunkte in der Luftlinie höchstens 50 km von einer Grenze zwischen zwei Mitgliedstaaten entfernt sind und deren Fahrstrecke höchstens 100 km beträgt.

(2) Das Verkehrsunternehmen erstellt einen Fahrplan und einen Arbeitszeitplan, in dem für jeden Fahrer der Name, der Standort und der im Voraus festgelegte Zeitplan für die verschiedenen Zeiträume der Lenktätigkeit, der anderen Arbeiten und der Fahrtunterbrechungen sowie die Bereitschaftszeiten angegeben werden. Jeder Fahrer, der in einem Dienst im Sinne des Absatzes 1 eingesetzt ist, muss einen Auszug aus dem Arbeitszeitplan und eine Ausfertigung des Linienfahrplans mit sich führen.

(3) Der Arbeitszeitplan muss

a) alle in Absatz 2 aufgeführten Angaben mindestens für den Zeitraum der vorangegangenen 28 Tage enthalten; diese Angaben sind in regelmäßigen Abständen von höchstens einem Monat zu aktualisieren;

b) die Unterschrift des Leiters des Verkehrsunternehmens oder seines Beauftragten tragen;

c) vom Verkehrsunternehmen nach Ablauf des Geltungszeitraums ein Jahr lang aufbewahrt werden. Das Verkehrsunternehmen händigt den betreffenden Fahrern auf Verlangen einen Auszug aus dem Arbeitszeitplan aus; und

d) auf Verlangen einem dazu befugten Kontrollbeamten vorgelegt und ausgehändigt werden.

Für Fahrzeuge im Personenlinienverkehr, die nicht mit einem EG-Kontrollgerät ausgestattet sind, muss das Verkehrsunternehmen Fahrpläne und Arbeitszeitpläne aufstellen, die von den Fahrern während der Fahrt mitzuführen sind. Hierdurch soll die Einhaltung der Sozialvorschriften sichergestellt werden. 1

Von großer praktischer Bedeutung ist diese Regelungen in Deutschland nicht, da Fahrzeuge, die nicht mit einem EG-Kontrollgerät ausgestattet sind, mit einem Fahrtenschreiber nach § 57a StVZO ausgestattet werden müssen (siehe Kommentierung zu § 57a StVZO).

2 Erfasst wird nur der nationale Linienverkehr mit einer Linienlänge von über 50 km und der grenzüberschreitende Linienverkehr mit einer Linienlänge von über 50 km und höchstens 100 km, dessen Endpunkte in der Luftlinie höchstens 50 km von der Grenze der beiden Mitgliedstaaten entfernt sind.

3 Der Wortlaut der Vorschrift legt zwar zunächst einen weiteren Anwendungsbereich nahe. Es ist aber zu beachten, dass der Personenlinienverkehr bis zu 50 km Länge schon gar nicht der Verordnung (EG) Nr. 561/2006 unterliegt.

4 Im Fahrplan müssen Beginn und Ende sowie der gesamte zeitliche und (örtliche) Ablauf der Fahrt einschließlich Pausen und sonstige Fahrtunterbrechungen eindeutig dargestellt sein.

5 Der Arbeitszeitplan muss für jeden Fahrer den Namen, den Standort und den im Voraus gelegten Zeitplan für die verschiedenen Zeiträume der Lenktätigkeit, der anderen Arbeiten, der Bereitschaftszeiten und der Fahrtunterbrechungen enthalten.

6 Dabei ist nur die vorhersehbare Arbeitsbelastung zu berücksichtigen. Unvorhersehbare Änderungen infolge von Verkehrsstörungen sowie Störungen am Fahrzeug können und müssen nicht berücksichtigt werden. Die Planung muss entsprechend der erfahrungsgemäß möglichen Durchschnittsgeschwindigkeiten erfolgen. Hierbei sind wiederum vorhersehbare Verzögerungen wie beispielsweise ein nahezu regelmäßig an bestimmten Stellen auftretender Verkehrsstau zu berücksichtigen.

7 Der Arbeitszeitplan muss 28 Tage zurückreichen und in regelmäßigen Abständen von höchstens einem Monat aktualisiert werden. Er muss vom Leiter des Verkehrsunternehmens oder seines Beauftragten unterschrieben sein. Das Verkehrsunternehmen muss die Arbeitszeitpläne mindestens ein Jahr aufbewahren und auf Verlangen dem betreffenden Fahrer einen Auszug aushändigen.

8 Der Arbeitszeitplan ist auf Verlangen den zuständigen Kontrollbehörden vorzulegen und auszuhändigen. Die mitgeführten Arbeitszeitpläne müssen analog zur Vorlagepflicht in Art. 36 Verordnung (EU) Nr. 165/2014 mindestens den Kontrolltag und die 28 vorausgegangenen Tage umfassen, um auch effektive Straßenkontrollen zu ermöglichen.

Artikel 17 [Berichtspflichten]

(1) Die Mitgliedstaaten übermitteln der Kommission unter Verwendung des in der Entscheidung 93/173/EWG[12] vorgesehenen Berichtsmusters

12 ABl. L 72 v. 25.3.1993, S. 33.

die notwendigen Informationen, damit diese alle zwei Jahre einen Bericht über die Durchführung der vorliegenden Verordnung und der Verordnung (EWG) Nr. 3821/85 und über die Entwicklungen auf dem betreffenden Gebiet erstellen kann.
(2) Diese Angaben müssen bei der Kommission spätestens am 30. September des Jahres nach Ende des betreffenden Zweijahreszeitraums mitgeteilt werden.
(3) In dem Bericht wird zugleich angegeben, inwieweit von den Ausnahmeregelungen gemäß Artikel 13 Gebrauch gemacht wird.
(4) Die Kommission leitet den Bericht innerhalb von 13 Monaten nach Ende des betreffenden Zweijahreszeitraums dem Europäischen Parlament und dem Rat zu.

Artikel 18 [Durchführungspflicht der Mitgliedstaaten]

Die Mitgliedstaaten ergreifen die zur Durchführung dieser Verordnung erforderlichen Maßnahmen.

Artikel 19 [Nationale Sanktionsvorschriften]

(1) Die Mitgliedstaaten legen für Verstöße gegen die vorliegende Verordnung und die Verordnung (EWG) Nr. 3821/85 Sanktionen fest und treffen alle erforderlichen Maßnahmen, um deren Durchführung zu gewährleisten. Diese Sanktionen müssen wirksam, verhältnismäßig, abschreckend und nicht diskriminierend sein. Ein Verstoß gegen die vorliegende Verordnung und gegen die Verordnung (EWG) Nr. 3821/85 kann nicht mehrmals Gegenstand von Sanktionen oder Verfahren sein. Die Mitgliedstaaten teilen der Kommission diese Maßnahmen und die Regeln bezüglich Sanktionen bis zu dem in Artikel 29 Absatz 2 genannten Datum mit. Die Kommission informiert die Mitgliedstaaten entsprechend.
(2) Ein Mitgliedstaat ermächtigt die zuständigen Behörden, gegen ein Unternehmen und/oder einen Fahrer bei einem in seinem Hoheitsgebiet festgestellten Verstoß gegen diese Verordnung eine Sanktion zu verhängen, sofern hierfür noch keine Sanktion verhängt wurde, und zwar selbst dann, wenn der Verstoß im Hoheitsgebiet eines anderen Mitgliedstaats oder eines Drittstaats begangen wurde. Dabei gilt folgende Ausnahmeregelung: Wird ein Verstoß festgestellt,

- der nicht im Hoheitsgebiet des betreffenden Mitgliedstaats begangen wurde und
- der von einem Unternehmen, das seinen Sitz in einem anderen Mitgliedstaat oder einem Drittstaat hat, oder von einem Fahrer, der seinen Arbeitsplatz in einem anderen Mitgliedstaat oder einem

Drittstaat hat, begangen wurde, so kann ein Mitgliedstaat bis zum 1. Januar 2009, anstatt eine Sanktion zu verhängen, der zuständigen Behörde des Mitgliedstaats oder des Drittstaats, in dem das Unternehmen seinen Sitz oder der Fahrer seinen Arbeitsplatz hat, den Verstoß melden.

(3) Leitet ein Mitgliedstaat in Bezug auf einen bestimmten Verstoß ein Verfahren ein oder verhängt er eine Sanktion, so muss er dem Fahrer gegenüber angemessene schriftliche Belege beibringen.

(4) Die Mitgliedstaaten stellen sicher, dass ein System verhältnismäßiger Sanktionen, die finanzielle Sanktionen umfassen können, für den Fall besteht, dass Unternehmen oder mit ihnen verbundene Verlader, Spediteure, Reiseveranstalter, Hauptauftragnehmer, Unterauftragnehmer und Fahrervermittlungsagenturen gegen die vorliegende Verordnung oder die Verordnung (EWG) Nr. 3821/85 verstoßen.

Artikel 20 [Aufbewahrungspflicht von Sanktionsbelegen]

(1) Der Fahrer muss alle von einem Mitgliedstaat zu Sanktionen oder zur Einleitung von Verfahren beigebrachten Belege so lange aufbewahren, bis derselbe Verstoß gegen diese Verordnung nicht mehr in ein zweites Verfahren oder eine zweite Sanktion gemäß dieser Verordnung münden kann.

(2) Der Fahrer hat die in Absatz 1 genannten Belege auf Verlangen vorzuweisen.

(3) Ein Fahrer, der bei mehreren Verkehrsunternehmen beschäftigt ist oder mehreren Verkehrsunternehmen zur Verfügung steht, verschafft jedem Unternehmen ausreichende Informationen, um diesem die Einhaltung der Bestimmungen des Kapitels II zu ermöglichen.

Artikel 21 [Fahrzeugstilllegung, Entziehung der Unternehmenszulassung, Fahrerlaubnis]

In Fällen, in denen ein Mitgliedstaat der Auffassung ist, dass ein Verstoß gegen diese Verordnung vorliegt, der die Straßenverkehrssicherheit eindeutig gefährden könnte, ermächtigt er die betreffende zuständige Behörde, das betreffende Fahrzeug so lange stillzulegen, bis die Ursache des Verstoßes behoben ist. Die Mitgliedstaaten können dem Fahrer auferlegen, eine tägliche Ruhezeit einzulegen. Die Mitgliedstaaten können ferner gegebenenfalls die Zulassung eines Unternehmens entziehen, aussetzen oder einschränken, falls es seinen Sitz in diesem Mitgliedstaat hat, oder sie können die Fahrerlaubnis eines Fahrers entziehen, aussetzen oder einschränken. Die Kommission entwickelt nach dem in Artikel 24

Absatz 2 genannten Verfahren Leitlinien, um eine harmonisierte Anwendung dieses Artikels zu erreichen.

Artikel 22 [Beistands- und Informationspflichten der Mitgliedsstaaten]

(1) Die Mitgliedstaaten leisten einander Beistand bei der Anwendung dieser Verordnung und bei der Überwachung ihrer Einhaltung.
(2) Die zuständigen Behörden der Mitgliedstaaten tauschen regelmäßig alle verfügbaren Informationen aus über
a) die von Gebietsfremden begangenen Verstöße gegen die Bestimmungen des Kapitels II und die gegen diese Verstöße verhängten Sanktionen;
b) die von einem Mitgliedstaat verhängten Sanktionen für Verstöße, die seine Gebietsansässigen in anderen Mitgliedstaaten begangen haben.
(3) Die Mitgliedstaaten übermitteln der Kommission regelmäßig relevante Informationen über die nationale Auslegung und Anwendung dieser Verordnung; die Kommission stellt diese Informationen den anderen Mitgliedstaaten in elektronischer Form zur Verfügung.
(4) Die Kommission unterstützt durch den in Artikel 24 Absatz 1 genannten Ausschuss den Dialog zwischen den Mitgliedstaaten über die einzelstaatliche Auslegung und Anwendung dieser Verordnung.

Artikel 23 [Verhandlungen mit Drittländern]

Die Gemeinschaft wird mit Drittländern die Verhandlungen aufnehmen, die zur Durchführung dieser Verordnung gegebenenfalls erforderlich sind.

Artikel 24 [Gemeinsamer Ausschuss]

(1) Die Kommission wird von dem durch Artikel 18 Absatz 1 der Verordnung (EWG) Nr. 3821/85 eingesetzten Ausschuss unterstützt.
(2) Wird auf diesen Absatz Bezug genommen, so gelten die Artikel 3 und 7 des Beschlusses 1999/468/EG unter Beachtung von dessen Artikel 8.(3) Der Ausschuss gibt sich eine Geschäftsordnung.

Artikel 25 [Aufsicht der Kommission]

(1) Auf Antrag eines Mitgliedstaates oder von sich aus
a) prüft die Kommission die Fälle, in denen die Bestimmungen dieser Verordnung, insbesondere bezüglich der Lenkzeiten, Fahrtunter-

brechungen und Ruhezeiten, unterschiedlich angewandt und durchgesetzt werden;

b) klärt die Kommission die Bestimmungen dieser Verordnung, um einen gemeinsamen Ansatz sicherzustellen.

(2) In den in Absatz 1 genannten Fällen trifft die Kommission eine Entscheidung über einen empfohlenen Ansatz nach dem in Artikel 24 Absatz 2 genannten Verfahren. Die Kommission übermittelt ihre Entscheidung dem Europäischen Parlament, dem Rat und den Mitgliedstaaten.

Kapitel VI
Schlussbestimmungen

Artikel 26 [Änderung der Verordnung (EG) Nr. 3821/85]

(Von einem Abdruck wird abgesehen.)

Artikel 27 [Änderung der Verordnung (EG) Nr. 2135/98]

(Von einem Abdruck wird abgesehen.)

Artikel 28 [Aufhebung der Verordnung (EG) Nr. 3820/85]

Die Verordnung (EWG) Nr. 3820/85 wird aufgehoben und durch die vorliegende Verordnung ersetzt.

Artikel 5 Absätze 1, 2 und 4 der Verordnung (EWG) Nr. 3820/ 85 gelten jedoch bis zu den in Artikel 15 Absatz 1 der Richtlinie 2003/59/EG genannten Terminen.

Artikel 5 Abs. 1, 2 und 4 Verordnung (EWG) Nr. 3820/85 lauten:

(1) Das Mindestalter der im Güterverkehr eingesetzten Fahrer wird festgesetzt:

a) bei Fahrzeugen mit einem höchstzulässigen Gesamtgewicht bis zu 7,5 Tonnen einschließlich – Anhänger oder Sattelanhänger gegebenenfalls inbegriffen – auf das vollendete 18. Lebensjahr;

b) bei den übrigen Fahrzeugen auf das vollendete 21. Lebensjahr oder das vollendete 18. Lebensjahr, falls der Fahrer Inhaber eines Befähigungsnachweises über den erfolgreichen Abschluss einer von einem der Mitgliedsstaaten anerkannten Ausbildung für Fahrer im Güterkraftverkehr gemäß den gemeinschaftlichen Rechtsvorschriften über das Mindestniveau der Ausbildung für Fahrer von Transportfahrzeugen im Straßenverkehr ist.

(2) Die im Personenverkehr eingesetzten Fahrer müssen mindestens 21 Jahre alt sein. Die im Personenverkehr im Umkreis von mehr als 50 km um den Standort des Fahrzeugs eingesetzten Fahrer müssen außerdem

a) mindestens ein Jahr lang die Tätigkeit eines im Güterverkehr eingesetzten Fahrers von Fahrzeugen mit einem zulässigen Gesamtgewicht von mehr als 3,5 Tonnen ausgeübt haben oder
b) mindestens ein Jahr lang die Tätigkeit eines Fahrers ausgeübt haben, der im Personenverkehr im Umkreis von bis zu 50 km um den Standort des Fahrzeugs oder in anderen Arten der Personenbeförderung eingesetzt war, die nicht unter diese Verordnung fallen, aber nach Auffassung der zuständigen Behörde die erforderliche Erfahrung verliehen haben, oder
c) Inhaber eines Befähigungsnachweises über den erfolgreichen Abschluß einer von einem der Mitgliedsstaaten anerkannten Ausbildung für Fahrer im Personenkraftverkehr gemäß den gemeinschaftlichen Rechtsvorschriften über das Mindestniveau der Ausbildung für Fahrer von Transportfahrzeugen im Straßenverkehr sein.

Artikel 29 [Inkrafttreten]

Diese Verordnung tritt am 11. April 2007 in Kraft, ausgenommen Artikel 10 Absatz 5, Artikel 26 Absätze 3 und 4 und Artikel 27, die am 1. Mai 2006 in Kraft treten. Diese Verordnung ist in allen ihren Teilen verbindlich und gilt unmittelbar in jedem Mitgliedstaat.

Geschehen zu Straßburg am 15. März 2006.

Im Namen des Europäischen Parlaments
Der Präsident
J. BORRELL FONTELLES

Im Namen des Rates
Der Präsident
H. WINKLER

E. Verordnung (EU) Nr. 165/2014

Verordnung (EU) Nr. 165/2014 des Europäischen Parlaments und des Rates über den Fahrtenschreiber im Straßenverkehr, zur Aufhebung der Verordnung (EWG) Nr. 3821/85 über das Kontrollgerät im Straßenverkehr und zur Änderung der Verordnung (EG) Nr. 561/2006 des Europäischen Parlaments und des Rates zur Harmonisierung bestimmter Sozialvorschriften im Straßenverkehr

Vorbemerkung

Am 28. Februar 2014 wurde im Amtsblatt der Europäischen Union die Verordnung (EU) Nr. 165/2014 des Europäischen Parlaments und des Rates über den Fahrtenschreiber im Straßenverkehr veröffentlicht. Sie löst vor allem die Verordnung (EWG) Nr. 3821/85 über das Kontrollgerät im Straßenverkehr ab. Mit der Verordnung werden die derzeit im Einsatz befindlichen digitalen Kontrollgeräte zu intelligenten Fahrtenschreibern (vgl. Kapitel II dieser Verordnung) weiterentwickelt.

Die künftigen Fahrtenschreiber sollen mit einer neu definierten Schnittstelle in sogenannte Intelligente Verkehrssysteme (IVS) ausgestattet werden können. Außerdem sollen sie an bestimmten Punkten bzw. zu bestimmten Zeiten Angaben über den Fahrzeugstandort aufzeichnen. Dazu wird eine Anbindung der Geräte an globale Satellitensysteme (GNSS) erforderlich. Um den Kontrollbehörden gezielte Straßenverkehrskontrollen zu erleichtern, müssen diese Fahrtenschreiber zu einem späteren Zeitpunkt fähig sein, mit diesen Behörden zu kommunizieren, während sich das Fahrzeug in Bewegung befindet (Art. 9 der Verordnung). Damit sollen u. a. die Möglichkeiten der Früherkennung von Manipulationen und des Missbrauchs verbessert werden.

Die Verordnung (EU) Nr. 165/2014 regelt im Wesentlichen technische Anforderungen und Verwaltungsverfahren in Bezug auf Einbau und Betrieb der Fahrtenschreiber. Auf eine Kommentierung solcher Themen wird hier weitgehend verzichtet, da die Vorschriften einerseits aus sich heraus verständlich sind, andererseits aber auch Beschäftigte im Fahrdienst, deren rechtliche Situation Gegenstand dieses Kommentars ist, nicht betreffen.

VERORDNUNG (EU) Nr. 165/2014 DES EUROPÄISCHEN PARLAMENTS UND DES RATES

vom 4. Februar 2014

über Fahrtenschreiber im Straßenverkehr, zur Aufhebung der Verordnung (EWG) Nr. 3821/85 des Rates über das Kontrollgerät im Straßenverkehr und zur Änderung der Verordnung (EG) Nr. 561/2006 des Europäischen Parlaments und des Rates zur Harmonisierung bestimmter Sozialvorschriften im Straßenverkehr

DAS EUROPÄISCHE PARLAMENT UND DER RAT DER EUROPÄISCHEN UNION –

gestützt auf den Vertrag über die Arbeitsweise der Europäischen Union, insbesondere auf Artikel 91,

auf Vorschlag der Europäischen Kommission,

nach Zuleitung des Entwurfs des Gesetzgebungsakts an die nationalen Parlamente,

nach Stellungnahme des Europäischen Wirtschafts- und Sozialausschusses,

nach Anhörung des Ausschusses der Regionen,

gemäß dem ordentlichen Gesetzgebungsverfahren,

in Erwägung nachstehender Gründe:

(1) Die Verordnung (EWG) Nr. 3821/85 des Rates enthält Vorschriften über Bauart, Einbau, Benutzung und Prüfung von Fahrtenschreibern. Sie wurde mehrfach wesentlich geändert. Im Interesse einer größeren Klarheit ist es daher geboten, ihre hauptsächlichen Vorschriften zu vereinfachen und neu zu ordnen.

(2) Aufgrund der Erfahrungen sollten bestimmte technische Aspekte und Kontrollverfahren verbessert werden, um die Wirksamkeit und Effizienz des Fahrtenschreibersystems zu gewährleisten.

(3) Für bestimmte Kraftfahrzeuge gelten Ausnahmen von den Bestimmungen der Verordnung (EG) Nr. 561/2006 des Europäischen Parlaments und des Rates. Zur Wahrung der Kohärenz sollte es möglich sein, solche Kraftfahrzeuge auch vom Anwendungsbereich der vorliegenden Verordnung auszunehmen.

(4) Fahrtenschreiber sollten in Fahrzeuge eingebaut werden, die von der Verordnung (EG) Nr. 561/2006 erfasst werden. Einige Fahrzeuge sollten im Interesse einer gewissen Flexibilität vom Anwendungsbereich der Verordnung (EG) Nr. 561/2006 ausgenommen werden, nämlich Fahrzeuge mit einer zulässigen Höchstmasse von nicht mehr als 7,5 t, die zur Beförderung von Material, Ausrüstungen oder Maschinen benutzt werden, die der Fahrer zur Ausübung seines Berufes benötigt, und die nur in einem Umkreis von 100 km vom Standort des Unternehmens und unter der Bedingung benutzt werden, dass das Lenken dieser Fahrzeuge für den Fahrer nicht die Haupttätigkeit darstellt. Zur Wahrung der Kohärenz

zwischen den einschlägigen Ausnahmen gemäß der Verordnung (EG) Nr. 561/2006 und zur Verringerung der Verwaltungslasten der Verkehrsunternehmen sollten unter Beachtung der Ziele der genannten Verordnung einige der in diesen Ausnahmen festgelegten zulässigen Höchstentfernungen geändert werden.

(5) Die Kommission wird die Verlängerung der Dauer der Zulässigkeit von Adaptern für Fahrzeuge der Klassen M1 und N1 bis 2015 prüfen und vor dem Jahr 2015 weitere Überlegungen über eine langfristige Lösung für Fahrzeuge der Klassen M1 und N1 anstellen.

(6) Die Kommission sollte den Einbau von Gewichtssensoren in schweren Nutzfahrzeugen in Erwägung ziehen und sollte der Frage nachgehen, inwieweit Gewichtssensoren zu einer besseren Einhaltung der Straßenverkehrsvorschriften beitragen können.

(7) Die Verwendung von Fahrtenschreibern, die an ein globales Satellitennavigationssystem angebunden sind, ist ein geeignetes und kostengünstiges Mittel für die automatische Aufzeichnung des Standorts des Fahrzeugs an bestimmten Punkten während der täglichen Arbeitszeit zur Unterstützung der Kontrolleure bei ihren Kontrollen und sollte daher eingeführt werden.

(8) Der Gerichtshof hat in seinem Urteil in der Rechtssache C-394/92 Michielsen und Geybels Transport Service den Begriff »tägliche Arbeitszeit« definiert und die Kontrollbehörden sollten die Bestimmungen dieser Verordnung im Lichte dieser Definition auslegen. Die »tägliche Arbeitszeit« beginnt in dem Moment, in dem der Fahrer nach einer wöchentlichen oder täglichen Ruhezeit den Fahrtenschreiber in Gang setzt, oder, wenn eine tägliche Ruhezeit in Abschnitten genommen wird, am Ende der Ruhezeit, deren Dauer neun Stunden nicht unterschreitet. Sie endet zu Beginn einer täglichen Ruhezeit oder, wenn die tägliche Ruhezeit in Abschnitten genommen wird, zu Beginn einer Ruhezeit von mindestens neun zusammenhängenden Stunden.

(9) Die Richtlinie 2006/22/EG des Europäischen Parlaments und des Rates verpflichtet die Mitgliedstaaten zur Durchführung einer bestimmten Mindestzahl von Straßenkontrollen. Die Fernkommunikation zwischen dem Fahrtenschreiber und Kontrollbehörden zu Straßenkontrollzwecken erleichtert die Durchführung gezielter Straßenkontrollen; sie ermöglicht eine Verringerung der Verwaltungslasten, die durch stichprobenartige Überprüfungen der Verkehrsunternehmen entstehen, und sollte daher eingeführt werden.

(10) Intelligente Verkehrssysteme (im Folgenden »IVS«) können dabei helfen, die Herausforderungen der europäischen Verkehrspolitik zu bewältigen, beispielsweise die Zunahme des Straßenverkehrsaufkommens und der Verkehrsstaus und den steigenden Energieverbrauch. Deshalb sollten in Fahrtenschreibern genormte Schnittstellen bereitgestellt

werden, um die Interoperabilität mit IVS-Anwendungen zu gewährleisten.

(11) Priorität sollte die Entwicklung von Anwendungen erhalten, die den Fahrern helfen, die im Fahrtenschreiber aufgezeichneten Daten zu interpretieren, damit sie die Sozialvorschriften einhalten können.

(12) Die Sicherheit des Fahrtenschreibers und seines Systems ist eine wesentliche Voraussetzung dafür, dass vertrauenswürdige Daten generiert werden. Deshalb sollten die Hersteller den Fahrtenschreiber so konstruieren, erproben und über seinen gesamten Lebenszyklus ständig überprüfen, dass Sicherheitsschwachstellen vermieden, erkannt, und verringert werden.

(13) Die Praxiserprobung von Fahrtenschreibern, für die noch keine Typgenehmigung erteilt wurde, ermöglicht vor der breiten Einführung einen Test unter realen Anwendungsbedingungen, was auch schnellere Verbesserungen ermöglicht. Praxiserprobungen sollten daher unter der Voraussetzung erlaubt werden, dass die Teilnahme daran und die Einhaltung der Verordnung (EG) Nr. 561/2006 wirksam überwacht und kontrolliert wird.

(14) Da es sehr wichtig ist, ein Höchstmaß an Sicherheit aufrechtzuerhalten, sollten Sicherheitszertifikate von einer Zertifizierungsstelle ausgestellt werden, die vom Verwaltungsausschuss im Rahmen des »Mutual Recognition Agreement of Information Technology Security Evaluation Certificates« (Abkommen zur gegenseitigen Anerkennung von IT-Sicherheitszertifikaten) der Gruppe Hoher Beamter für Informationssicherheit (SOG-IS) anerkannt ist.

Im Rahmen der internationalen Beziehungen zu Drittländern sollte die Kommission eine Zertifizierungsstelle für die Zwecke dieser Verordnung nicht anerkennen, wenn die Stelle Bedingungen für die Sicherheitsevaluierung nicht erfüllt, die denen nach dem Abkommen zur gegenseitigen Anerkennung gleichwertig sind. Dabei sollte die Stellungnahme des Verwaltungsausschusses zugrunde gelegt werden.

(15) Den Einbaubetrieben und Werkstätten kommt bei der Gewährleistung der Sicherheit von Fahrtenschreibern eine wichtige Rolle zu. Daher sollten bestimmte Mindestanforderungen für ihre Zuverlässigkeit und für ihre Zulassung, und Überprüfung festgelegt werden. Darüber hinaus sollten die Mitgliedstaaten geeignete Maßnahmen ergreifen, damit Interessenkonflikte zwischen Einbaubetrieben oder Werkstätten und Verkehrsunternehmen vermieden werden. Durch diese Verordnung werden die Mitgliedstaaten in keiner Weise daran gehindert, für deren Zulassung, Kontrolle und Zertifizierung nach den Verfahren der Verordnung (EG) Nr. 765/2008 des Europäischen Parlaments und des Rates zu sorgen, sofern die Mindestkriterien der vorliegenden Verordnung erfüllt sind.

(16) Um eine wirksamere Prüfung und Kontrolle der Fahrerkarten zu ermöglichen und den Kontrolleuren die Wahrnehmung ihrer Aufgaben zu erleichtern, sollten nationale elektronische Register eingerichtet und Vorgaben für deren Vernetzung gemacht werden.

(17) Bei der Prüfung der Einzigkeit von Fahrerkarten sollten die Mitgliedstaaten die Verfahren anwenden, die in der Empfehlung 2010/19/EU der Kommission genannt werden.

(18) Es sollte der Sonderfall berücksichtigt werden, dass ein Mitgliedstaat die Möglichkeit haben sollte, einem Fahrer, der seinen gewöhnlichen Wohnsitz nicht in einem Mitgliedstaat oder einem Staat hat, der Vertragspartei des Europäischen Übereinkommens über die Arbeit des im internationalen Straßenverkehr beschäftigten Fahrpersonals vom 1. Juli 1970 (im Folgenden »AETR-Übereinkommen«) ist, eine befristete und nicht erneuerbare Fahrerkarte auszustellen. In diesen Fällen müssen die betreffenden Mitgliedstaaten die einschlägigen Bestimmungen dieser Verordnung uneingeschränkt anwenden.

(19) Die Mitgliedstaaten sollten auch dann Fahrerkarten für in ihrem Hoheitsgebiet ansässige Fahrer ausstellen können, wenn die Verträge für bestimmte Teile ihres Hoheitsgebiets nicht gelten. In diesen Fällen müssen die betreffenden Mitgliedstaaten die einschlägigen Bestimmungen dieser Verordnung uneingeschränkt anwenden.

(20) Veränderungen des Fahrtenschreibers und neue Manipulationstechniken stellen für die Kontrolleure eine ständige Herausforderung dar. Im Interesse einer wirksameren Kontrolle und einer stärkeren Harmonisierung der Kontrollansätze in der Europäischen Union sollte eine gemeinsame Methodik für die Grundausbildung und die Fortbildung der Kontrolleure festgelegt werden.

(21) Die Aufzeichnung von Daten durch den Fahrtenschreiber wie auch die Entwicklung von Technologien für die Aufzeichnung von Standortdaten, die Fernkommunikation und die Schnittstelle zu IVS führen zur Verarbeitung personenbezogener Daten. Daher sollten die einschlägigen Rechtsvorschriften der Union Anwendung finden, insbesondere die in der Richtlinie 95/46/EG des Europäischen Parlaments und des Rates und der Richtlinie 2002/58/EG des Europäischen Parlaments und des Rates festgelegten.

(22) Im Interesse eines unverfälschten Wettbewerbs bei der Entwicklung von Anwendungen für Fahrtenschreiber sollten Rechte des geistigen Eigentums und Patente bezüglich der Übertragung von Daten von und zu Fahrtenschreibern für jedermann unentgeltlich zur Verfügung stehen.

(23) Die im Rahmen der Kommunikation mit den Kontrollbehörden in den Mitgliedstaaten ausgetauschten Daten sollten gegebenenfalls den einschlägigen internationalen Normen entsprechen, wie der vom Euro-

päischen Komitee für Normung verabschiedeten Normenserie für die dedizierte Kurzstreckenkommunikation.

(24) Um gleiche Wettbewerbsbedingungen im Verkehrsbinnenmarkt zu gewährleisten und um ein eindeutiges Signal an Fahrer und Verkehrsunternehmen zu richten, sollten die Mitgliedstaaten – unbeschadet des Subsidiaritätsprinzips – entsprechend den in der Richtlinie 2006/22/EG festgelegten Kategorien von Verstößen wirksame, verhältnismäßige, abschreckende und nicht diskriminierende Sanktionen vorsehen.

(25) Die Mitgliedstaaten sollten sicherstellen, dass die Auswahl der zu kontrollierenden Fahrzeuge ohne Diskriminierung aufgrund der Staatsangehörigkeit des Fahrers oder des Landes erfolgt, in dem das Nutzfahrzeug zugelassen ist oder in Betrieb genommen wurde.

(26) Im Interesse der klaren, wirksamen, verhältnismäßigen und einheitlichen Durchsetzung der Sozialvorschriften im Straßenverkehr sollten die Behörden der Mitgliedstaaten die Regeln einheitlich anwenden.

(27) Jeder Mitgliedstaat sollte der Kommission seine Erkenntnisse über das Angebot an betrügerischen Geräten oder Einrichtungen zur Manipulation von Fahrtenschreibern, darunter auch die Angebote im Internet, mitteilen und die Kommission sollte alle anderen Mitgliedstaaten entsprechend von diesen Erkenntnissen informieren.

(28) Die Kommission sollte auch weiterhin ihre Internet-Hotline betreiben, bei der Fahrer, Verkehrsunternehmen, Kontrollbehörden und zugelassene Einbaubetriebe, Werkstätten und Fahrzeughersteller ihre Fragen und Bedenken zum digitalen Fahrtenschreiber vorbringen können, etwa auch zu neuen Formen von Manipulation und Betrug.

(29) Durch die Anpassungen des AETR-Übereinkommens ist die Verwendung eines digitalen Fahrtenschreibers für Fahrzeuge obligatorisch geworden, die in Drittländern zugelassen sind, welche das AETR-Übereinkommen unterzeichnet haben. Da diese Länder direkt von den durch diese Verordnung eingeführten Änderungen am Fahrtenschreiber betroffen sind, sollten sie die Möglichkeit haben, sich an einem Dialog über technische Angelegenheiten, einschließlich des Systems für den Austausch von Informationen über Fahrerkarten und Werkstattkarten, zu beteiligen. Daher sollte ein Fahrtenschreiberforum eingerichtet werden.

(30) Um einheitliche Voraussetzungen für die Durchführung der vorliegenden Verordnung zu gewährleisten, sollten der Kommission Durchführungsbefugnisse für folgende Aspekte übertragen werden: Anforderungen, Anzeige- und Warnfunktionen und Typgenehmigung des Fahrtenschreibers sowie Einzelvorschriften für intelligente Fahrtenschreiber; Verfahren für Praxiserprobungen und dabei verwendete Kontrollformulare; Musterformular für die schriftliche Begründung für die Entfernung der Verplombung; erforderliche gemeinsame Verfahren und

Spezifikationen für die Vernetzung der elektronischen Register; methodische Angaben zum Inhalt der Erstausbildung und der Weiterbildung von Kontrollbeamten. Diese Befugnisse sollten gemäß der Verordnung (EU) Nr. 182/2011 des Europäischen Parlaments und des Rates ausgeübt werden.

(31) Die für die Zwecke der vorliegenden Verordnung erlassenen Durchführungsrechtsakte, die die Vorschriften des Anhangs IB der Verordnung (EWG) Nr. 3821/85 ersetzen werden, sowie andere Durchführungsmaßnahmen sollten ab dem 2. März 2016 gelten. Wurden die Durchführungsrechtsakte aus irgendeinem Grund nicht rechtzeitig erlassen, so sollte die erforderliche Kontinuität durch Übergangsmaßnahmen sichergestellt werden.

(32) Die Durchführungsrechtsakte nach dieser Verordnung sollten von der Kommission nicht erlassen werden, wenn der in dieser Verordnung vorgesehene Ausschuss keine Stellungnahme zu dem von der Kommission vorgelegten Entwurf eines Durchführungsrechtsakts abgibt.

(33) Im Rahmen der Anwendung des AETR-Übereinkommens sollten Verweise auf die Verordnung (EWG) Nr. 3821/85 als Verweise auf die vorliegende Verordnung gelten. Die Union wird geeignete Maßnahmen in der Wirtschaftskommission der Vereinten Nationen für Europa (UNECE) in Betracht ziehen, um die erforderliche Kohärenz zwischen dieser Verordnung und dem AETR-Übereinkommen sicherzustellen.

(34) Der Europäische Datenschutzbeauftragte wurde gemäß Artikel 28 Absatz 2 der Verordnung (EG) Nr. 45/2001 des Europäischen Parlaments und des Rates angehört und hat am 5. Oktober 2011 eine Stellungnahme abgegeben.

(35) Die Verordnung (EWG) Nr. 3821/85 sollte daher aufgehoben werden –

HABEN FOLGENDE VERORDNUNG ERLASSEN:

Kapitel I
Grundsätze, Geltungsbereich und Anforderungen

Artikel 1 Gegenstand und Grundsätze

(1) Diese Verordnung enthält die Pflichten und Vorschriften betreffend die Bauart, den Einbau, die Benutzung, die Prüfung und die Kontrolle von Fahrtenschreibern im Straßenverkehr, um die Einhaltung der Verordnung (EG) Nr. 561/2006, der Richtlinie 2002/15/EG des Europäischen Parlaments und des Rates und der Richtlinie 92/6/EWG des Rates zu überprüfen.

Fahrtenschreiber müssen hinsichtlich Bauart, Einbau, Benutzung und Prüfung den Vorschriften dieser Verordnung entsprechen.
(2) Diese Verordnung enthält die Bedingungen und Vorschriften, nach denen die Informationen und nicht personenbezogenen Daten, die von den Fahrtenschreibern aufgezeichnet, verarbeitet oder gespeichert wurden, für andere Zwecke verwendet werden können als die Überprüfung der Einhaltung der in Absatz 1 genannten Rechtsakte.

Die Vorschrift gibt die Leitlinie zum Thema »Datenschutz beim Einsatz des Fahrtenschreibers« vor. Dies ist angesichts der Möglichkeiten, die sich mit dem »intelligenten Fahrtenschreiber« ergeben (vgl. hierzu Art. 8 bis 11) und die auch extensiv genutzt werden sollen, zwingend geboten. Sie beschränkt die Nutzung der anfallenden Daten auf den Zweck, die Einhaltung der Vorschriften zu den Lenk- und Ruhezeiten (Verordnung (EG) Nr. 561/2006), zu der Arbeitszeit von Fahrpersonal (Richtlinie 2002/15/EG) und zum Einbau und zur Nutzung von Geschwindigkeitsbegrenzern (Richtlinie 92/6/EWG) zu überprüfen. Umgesetzt in der Verordnung wird dieses Anliegen durch Art. 7, der allerdings den Mitgliedstaaten zur Aufgabe macht, hierzu die entsprechenden Vorschriften erst noch zu erlassen. 1

Durch die Begrenzung der Datennutzung auf den Zweck »Überwachung der europarechtlichen Vorschriften« ist ausgeschlossen, dass die anfallenden Daten für das betriebliche Flottenmanagement oder für die Verfolgung arbeitsrechtlicher Ziele genutzt werden. 2

Artikel 2 Begriffsbestimmungen

(1) Im Sinne dieser Verordnung gelten die Begriffsbestimmungen des Artikels 4 der Verordnung (EG) Nr. 561/2006.
(2) Zusätzlich zu den in Absatz 1 genannten Begriffsbestimmungen gelten im Sinne dieser Verordnung folgende Begriffsbestimmungen:

a) »Fahrtenschreiber« oder »Kontrollgerät« ist das für den Einbau in Kraftfahrzeuge bestimmte Gerät zum vollautomatischen oder halbautomatischen Anzeigen, Aufzeichnen, Ausdrucken, Speichern und Ausgeben von Angaben über die Fahrten des Fahrzeugs, einschließlich seiner Fahrgeschwindigkeit, gemäß Artikel 4 Absatz 3 sowie von Angaben über bestimmte Tätigkeitszeiten der Fahrer;

b) »Fahrzeugeinheit« ist der Fahrtenschreiber ohne den Bewegungssensor und ohne die Verbindungskabel zum Bewegungssensor. Die Fahrzeugeinheit kann aus einem Einzelgerät oder aus mehreren im Fahrzeug verteilten Geräten bestehen, sofern sie den Sicherheitsanforderungen dieser Verordnung entspricht; die Fahrzeugeinheit umfasst unter anderem eine Verarbeitungseinheit, einen Massenspeicher, eine Zeitmessfunktion, zwei Chipkarten-Schnittstellen-

geräte für Fahrer und Beifahrer, einen Drucker, eine Datenanzeige, Steckverbinder und Bedienelemente für Nutzereingaben;

c) »Bewegungssensor« ist der Bestandteil des Fahrtenschreibers, der ein Signal bereitstellt, das die Fahrzeuggeschwindigkeit und/oder die zurückgelegte Wegstrecke darstellt;

d) »Fahrtenschreiberkarte« ist eine zur Verwendung mit dem Fahrtenschreiber bestimmte Chipkarte, die die Feststellung der Rolle des Karteninhabers durch den Fahrtenschreiber und die Übertragung und Speicherung von Daten ermöglicht;

e) »Schaublatt« ist ein für die dauerhafte Aufzeichnung von Daten bestimmtes Blatt, das in den analogen Fahrtenschreiber eingelegt wird und auf dem die Schreibeinrichtung des analogen Fahrtenschreibers die zu registrierenden Angaben fortlaufend aufzeichnet;

f) »Fahrerkarte« ist eine Fahrtenschreiberkarte, die einem bestimmten Fahrer von den Behörden eines Mitgliedstaats ausgestellt wird, den Fahrer ausweist und die Speicherung von Tätigkeitsdaten des Fahrers ermöglicht;

g) »analoger Fahrtenschreiber« ist ein Fahrtenschreiber, bei dem ein Schaublatt in Einklang mit dieser Verordnung verwendet wird;

h) »digitaler Fahrtenschreiber« ist ein Fahrtenschreiber, bei dem eine Fahrtenschreiberkarte in Einklang mit dieser Verordnung verwendet wird;

i) »Kontrollkarte« ist eine Fahrtenschreiberkarte, die die Behörden eines Mitgliedstaats einer zuständigen nationalen Kontrollbehörde ausstellen, die die Kontrollbehörde, und fakultativ den Kontrolleur, ausweist und das Lesen, Ausdrucken und/oder Herunterladen der im Massenspeicher, auf Fahrerkarten, und fakultativ auf Werkstattkarten gespeicherten Daten, ermöglicht;

j) »Unternehmenskarte« ist eine Fahrtenschreiberkarte, die die Behörden eines Mitgliedstaats einem Verkehrsunternehmen ausstellen, das mit einem Fahrtenschreiber ausgerüstete Fahrzeuge betreiben muss, und die das Verkehrsunternehmen ausweist und das Anzeigen, Herunterladen und Ausdrucken der Daten ermöglicht, die in dem von diesem Verkehrsunternehmen gesperrten Fahrtenschreiber gespeichert sind;

k) »Werkstattkarte« ist eine Fahrtenschreiberkarte, die die Behörden eines Mitgliedstaats benannten Mitarbeitern eines von diesem Mitgliedstaat zugelassenen Fahrtenschreiberherstellers, Einbaubetriebs, Fahrzeugherstellers oder einer von ihm zugelassenen Werkstatt ausstellen, den Karteninhaber ausweist und das Prüfen, Kalibrieren und Aktivieren von Fahrtenschreibern und/oder das Herunterladen der Daten von diesen ermöglicht;

l) »Aktivierung« ist die Phase, in der der Fahrtenschreiber mit Hilfe einer Werkstattkarte seine volle Einsatzbereitschaft erlangt und alle Funktionen, einschließlich Sicherheitsfunktionen, erfüllt;

m) »Kalibrierung« des digitalen Fahrtenschreibers ist die mit Hilfe der Werkstattkarte vorgenommene Aktualisierung oder Bestätigung von Fahrzeugparametern einschließlich der Fahrzeugkennung und der Fahrzeugmerkmale, die im Massenspeicher zu speichern sind;

n) »Herunterladen« von einem digitalen Fahrtenschreiber ist das Kopieren eines Teils oder aller im Massenspeicher der Fahrzeugeinheit oder im Speicher der Fahrtenschreiberkarte gespeicherten Datendateien zusammen mit der digitalen Signatur, sofern hierdurch die gespeicherten Daten weder verändert noch gelöscht werden;

o) »Ereignis« ist eine vom Fahrtenschreiber festgestellte Betriebsabweichung, die möglicherweise auf einen Betrugsversuch zurückgeht;

p) »Störung« ist eine vom Fahrtenschreiber festgestellte Betriebsabweichung, die möglicherweise auf eine technische Fehlfunktion oder ein technisches Versagen zurückgeht;

q) »Einbau« ist die Montage eines Fahrtenschreibers in einem Fahrzeug;

r) »ungültige Karte« ist eine Karte, die als fehlerhaft festgestellt wurde oder deren Erstauthentisierung fehlgeschlagen oder deren Gültigkeitsbeginn noch nicht erreicht oder deren Ablaufdatum überschritten ist;

s) »regelmäßige Nachprüfung« ist ein Komplex von Arbeitsgängen zur Überprüfung der ordnungsgemäßen Funktion des Fahrtenschreibers und der Übereinstimmung seiner Einstellungen mit den Fahrzeugparametern sowie zur Kontrolle, dass keine Manipulationsvorrichtungen an den Fahrtenschreiber angeschlossen sind;

t) »Reparatur« ist die Reparatur eines Bewegungssensors oder einer Fahrzeugeinheit, wozu die Trennung von der Stromversorgung oder die Trennung von anderen Komponenten des Fahrtenschreibers oder die Öffnung des Bewegungssensors oder der Fahrzeugeinheit erforderlich ist;

u) »Typgenehmigung« ist das Verfahren, mit dem durch einen Mitgliedstaat gemäß Artikel 13 bescheinigt wird, dass der Fahrtenschreiber, seine jeweiligen Komponenten oder die Fahrtenschreiberkarte, die in Verkehr gebracht werden sollen, die Anforderungen dieser Verordnung erfüllen;

v) »Interoperabilität« ist die Fähigkeit von Systemen, Daten auszutauschen und Informationen weiterzugeben, sowie die ihnen zugrundeliegenden Geschäftsabläufe;

w) »Schnittstelle« ist eine Einrichtung zwischen Systemen, die der Verbindung und der Kommunikation zwischen den Systemen dient;

x) »Zeitmessung« ist die ununterbrochene digitale Aufzeichnung der koordinierten Weltzeit aus Kalenderdatum und Uhrzeit (UTC);

y) »Zeiteinstellung« ist die in regelmäßigen Abständen vorgenommene automatische Einstellung der aktuellen Zeit mit einer Höchsttoleranz von einer Minute oder die während der Kalibrierung vorgenommene Einstellung;

z) »offene Norm« ist eine Norm, die in einem Normenspezifikationsdokument aufgeführt ist, das kostenlos oder gegen eine Schutzgebühr zur Verfügung steht und gebührenfrei oder gegen eine Schutzgebühr kopiert, verteilt oder benutzt werden darf.

Artikel 3 Anwendungsbereich

(1) Der Fahrtenschreiber ist in Fahrzeugen einzubauen und zu benutzen, die in einem Mitgliedstaat zugelassen sind, der Personen- oder Güterbeförderung im Straßenverkehr dienen und für die die Verordnung (EG) Nr. 561/2006 gilt.

(2) Die Mitgliedstaaten können die in Artikel 13 Absätze 1 und 3 der Verordnung (EG) Nr. 561/2006 genannten Fahrzeuge von der Anwendung der vorliegenden Verordnung ausnehmen.

(3) Die Mitgliedstaaten können Fahrzeuge, die für Beförderungen eingesetzt werden, für die eine Ausnahme nach Artikel 14 Absatz 1 der Verordnung (EG) Nr. 561/2006 gewährt wurde, von der Anwendung der vorliegenden Verordnung ausnehmen.

Die Mitgliedstaaten können Fahrzeuge, die für Beförderungen eingesetzt werden, für die gemäß Artikel 14 Absatz 2 der Verordnung (EG) Nr. 561/2006 eine Ausnahme gewährt wurde, von der Anwendung der vorliegenden Verordnung ausnehmen; sie setzen die Kommission unverzüglich davon in Kenntnis.

(4) 15 Jahre nachdem neu zugelassene Fahrzeuge mit einem Fahrtenschreiber gemäß den Artikeln 8, 9 und 10 ausgerüstet sein müssen, müssen Fahrzeuge, die in einem anderen Mitgliedstaat als dem Zulassungsmitgliedstaat betrieben werden, mit einem solchen Fahrtenschreiber ausgestattet sein.

(5) Die Mitgliedstaaten können für Beförderungen im Binnenverkehr vorschreiben, dass in allen Fahrzeugen, in denen gemäß Absatz 1 nicht anderweitig ein Fahrtenschreiber eingebaut und benutzt zu werden braucht, ein Fahrtenschreiber gemäß dieser Verordnung eingebaut und benutzt werden muss.

1 Artikel 3 schreibt den Einbau und die Benutzung von analogen oder digitalen Fahrtenschreibern in Fahrzeugen, die in einem Mitgliedstaat zugelassen sind und der Personenbeförderung in Fahrzeugen mit einer Kapazität von

mehr als acht Fahrgästen dienen, vor, soweit sie von der Verordnung (EG) Nr. 561/2006 erfasst sind. Das betrifft im Bereich der Personenbeförderung unmittelbar nur den Reise- und den Linienverkehr mit einer Linienläge oberhalb von 50 Kilometer.
Für relevante Fahrzeuge, die nach dem 1.5.2006 erstmals zum Verkehr zugelassen werden, besteht die Pflicht zur Ausrüstung mit einem digitalen Fahrtenschreiber.

Für den ÖPNV war bis 2024 in § 57a STVZO die Verpflichtung enthalten, ei- 2
nen analogen Fahrtenschreiber zu benutzen, wobei diese Verpflichtung nur für Fahrzeuge gilt, die vor dem 1.1.2013 erstmals in den Verkehr gekommen sind (vgl. Zweiter Teil Abschnitt F in diesem Kommentar). Im Übrigen richtet sich die Kontrolle der Einhaltung der Fahrpersonalvorschriften im ÖPNV nach § 1 Abs. 6–10 FPersV (vgl. Zweiter Teil Abschnitt C dieses Kommentars).

Gemäß Absatz 2 der Vorschrift können die Mitgliedstaaten, die in Art. 13 3
Abs. 1 und Abs. 3 der Verordnung (EG) Nr. 561/2006 aufgeführten Fahrzeuge bzw. Fahrzeugeinsätze von der Einbau-/Benutzungspflicht für Kontrollgeräte freistellen. Von der Möglichkeit der Freistellung wurde in der Bundesrepublik Deutschland in der FPersV Gebrauch gemacht.

Vor Art. 4–7

Die Vorschriften regeln die technischen Anforderungen an den Fahrtenschreiber. Ergänzt und präzisiert werden sie durch die Anhänge zu dieser Verordnung. Sie sind für Hersteller und Zulassungsbehörden von Bedeutung. Da die Verantwortung für die Einhaltung dieser Vorgaben den Unternehmer trifft, kann der Fahrer des Fahrzeugs sich darauf verlassen, dass der im Fahrzeug eingebaute Fahrtenschreiber die technischen Anforderungen im Einzelfall erfüllt.

Artikel 4 Anforderungen und zu speichernde Daten

(1) Fahrtenschreiber, einschließlich externer Komponenten, Fahrtenschreiberkarten und Schaublätter müssen strenge technische und andere Anforderungen erfüllen, so dass diese Verordnung ordnungsgemäß angewendet werden kann.

(2) Der Fahrtenschreiber und die Fahrtenschreiberkarten müssen die folgenden
Anforderungen erfüllen:

- **Aufzeichnung genauer und zuverlässiger Daten betreffend den Fahrer, die Tätigkeit des Fahrers und das Fahrzeug;**
- **Sicherheit, damit insbesondere Integrität und Ursprung der Herkunft der von Fahrzeugeinheiten und Bewegungssensoren aufgezeichneten und von ihnen abgerufenen Daten gewährleistet sind;**

- Interoperabilität zwischen den verschiedenen Generationen von Fahrzeugeinheiten und Fahrtenschreiberkarten;
- Ermöglichung einer wirksamen Überprüfung der Einhaltung dieser Verordnung und anderer Rechtsakte;
- Benutzerfreundlichkeit.

(3) Der digitale Fahrtenschreiber muss folgende Daten aufzeichnen:

a) zurückgelegte Wegstrecke und Geschwindigkeit des Fahrzeugs;
b) Zeitmessung;
c) Standorte gemäß Artikel 8 Absatz 1;
d) Identität des Fahrers;
e) Tätigkeit des Fahrers;
f) Kontroll-, Kalibrierungs- und Fahrtenschreiber-Reparaturdaten, einschließlich Angaben zur Werkstatt;
g) Ereignisse und Fehler.

(4) Der analoge Fahrtenschreiber muss mindestens die in Absatz 3 Buchstaben a, b und e genannten Daten aufzeichnen.

(5) Folgenden Stellen kann jederzeit Zugang zu den im Fahrtenschreiber und auf der Fahrtenschreiberkarte gespeicherten Daten gewährt werden:

a) den zuständigen Kontrollbehörden, und
b) dem jeweiligen Verkehrsunternehmen, damit es seinen rechtlichen Verpflichtungen nachkommen kann, insbesondere jenen gemäß Artikel 32 und 33.

(6) Das Herunterladen von Daten erfolgt mit geringstmöglicher zeitlicher Beeinträchtigung für Verkehrsunternehmen bzw. Fahrer.

(7) Die vom Fahrtenschreiber gespeicherten Daten, die drahtlos oder elektronisch vom oder zum Fahrtenschreiber übertragen werden können, müssen öffentlich verfügbare Protokolle sein, die in offenen Normen definiert sind.

(8) Um sicherzustellen, dass der Fahrtenschreiber und die Fahrtenschreiberkarten den Grundsätzen und Anforderungen dieser Verordnung und insbesondere dieses Artikels genügen, erlässt die Kommission im Wege von Durchführungsrechtsakten Einzelvorschriften für die einheitliche Anwendung dieses Artikels, und zwar insbesondere Bestimmungen zu den technischen Vorkehrungen zwecks Einhaltung dieser Anforderungen. Diese Durchführungsrechtsakte werden nach dem in Artikel 42 Absatz 3 genannten Prüfverfahren erlassen.

(9) Diese Einzelvorschriften gemäß Absatz 8, die gegebenenfalls auf Normen gestützt sind, gewährleisten die Interoperabilität und Kompatibilität zwischen den verschiedenen Generationen von Fahrzeugeinheiten und allen Fahrtenschreiberkarten.

Artikel 5 Funktionen des digitalen Fahrtenschreibers

Der digitale Fahrtenschreiber muss folgende Funktionen gewährleisten:
- Geschwindigkeits- und Wegstreckenmessung;
- Überwachung der Fahrertätigkeiten und des Status der Fahrzeugführung;
- Überwachung des Einsteckens und Entnehmens von Fahrtenschreiberkarten;
- Aufzeichnung manueller Eingaben der Fahrer;
- Kalibrierung;
- automatische Aufzeichnung der Standorte gemäß Artikel 8 Absatz 1;
- Überwachung von Kontrollen;
- Feststellung und Aufzeichnung von Ereignissen und Störungen;
- Auslesen von Daten aus dem Massenspeicher und Aufzeichnung und Speicherung von Daten im Massenspeicher;
- Auslesen von Daten aus Fahrtenschreiberkarten und Aufzeichnung und Speicherung von Daten auf Fahrtenschreiberkarten;
- Datenanzeige, Warnsignale, Ausdrucken und Herunterladen von Daten auf externe Geräte;
- Zeiteinstellung und Zeitmessung;
- Fernkommunikation;
- Unternehmenssperren;
- integrierte Tests und Selbsttests.

Artikel 6 Datenanzeige und Warnsignale

(1) Die im digitalen Fahrtenschreiber und auf der Fahrtenschreiberkarte gespeicherten Informationen über Fahrzeugbewegungen und über Fahrer und Beifahrer müssen klar, unzweideutig und ergonomisch angezeigt werden.

(2) Folgende Informationen müssen angezeigt werden:

a) Uhrzeit;

b) Betriebsart;

c) Fahrertätigkeit:
   - bei derzeitiger Tätigkeit »Lenken«: die aktuelle ununterbrochene Lenkzeit und die aktuelle kumulierte Arbeitsunterbrechung des Fahrers,
   - bei derzeitiger Tätigkeit »Bereitschaft/andere Arbeiten/Ruhezeit oder Pause«: die aktuelle Dauer dieser Tätigkeit (seit der Auswahl) und die aktuelle kumulierte Arbeitsunterbrechung;

d) Warndaten;

e) Menüzugangsdaten.

Vom Fahrtenschreiber können zusätzliche Informationen angezeigt werden, sofern sie von den gemäß dem vorliegenden Absatz vorgeschriebenen Informationen deutlich unterscheidbar sind.

(3) Bei Feststellung eines Ereignisses und/oder einer Störung sowie vor und zum Zeitpunkt der Überschreitung der höchstzulässigen ununterbrochenen Lenkzeit erhält der Fahrer vom digitalen Fahrtenschreiber ein Warnsignal, damit er die einschlägigen Rechtsvorschriften leichter einhalten kann.

(4) Warnsignale werden als optisches Signal ausgegeben; zusätzlich kann ein akustisches Signal ausgegeben werden. Die Warnsignale haben eine Dauer von mindestens 30 Sekunden, sofern sie nicht vom Nutzer durch Drücken einer Taste am Fahrtenschreiber bestätigt werden. Der Grund für die Warnung wird am Fahrtenschreiber angezeigt und bleibt so lange sichtbar, bis der Benutzer ihn mit einer bestimmten Taste oder mit einem bestimmten Befehl über den Fahrtenschreiber bestätigt.

(5) Um sicherzustellen, dass der Fahrtenschreiber die Anzeige- und Warnsignal-Anforderungen nach diesem Artikel erfüllt, erlässt die Kommission die für die einheitliche Anwendung dieses Artikels erforderlichen Einzelvorschriften. Diese Durchführungsrechtsakte werden nach dem in Artikel 42 Absatz 3 genannten Prüfverfahren erlassen.

Artikel 7 Datenschutz

(1) Die Mitgliedstaaten stellen sicher, dass die Verarbeitung personenbezogener Daten im Zusammenhang mit dieser Verordnung nur zum Zwecke der Überprüfung der Einhaltung dieser Verordnung und der Verordnung (EG) Nr. 561/2006 sowie im Einklang mit den Richtlinien 95/46/EG und 2002/58/EG und unter der Aufsicht der in Artikel 28 der Richtlinie 95/46/EG genannten unabhängigen Kontrollstelle des Mitgliedstaats erfolgt.

(2) Die Mitgliedstaaten stellen insbesondere sicher, dass personenbezogene Daten gegen andere Verwendungen als die strikt mit dieser Verordnung und der Verordnung (EG) Nr. 561/2006 zusammenhängende Verwendung gemäß Absatz 1 in Bezug auf Folgendes geschützt werden:

- Nutzung eines globalen Satellitennavigationssystems (GNSS) für die Aufzeichnung von Standortdaten gemäß Artikel 8,
- Nutzung der Fernkommunikation zu Kontrollzwecken gemäß Artikel 9,
- Nutzung eines Fahrtenschreibers mit einer harmonisierten Schnittstelle gemäß Artikel 10,
- elektronischer Austausch von Informationen über Fahrerkarten gemäß Artikel 31 und insbesondere grenzüberschreitender Austausch dieser Daten mit Drittländern,

– Aufbewahrung von Aufzeichnungen durch Verkehrsunternehmen gemäß Artikel 33.

(3) Der digitale Fahrtenschreiber muss so konstruiert sein, dass er den Datenschutz gewährleistet. Er dürfen nur Daten verarbeitet werden, die für den Zweck des digitalen Fahrtenschreibers nach dieser Verordnung notwendig sind.

(4) Die Fahrzeugeigentümer, das Verkehrsunternehmen und sonstige betroffene Stellen halten, soweit anwendbar, die einschlägigen Bestimmungen zum Schutz personenbezogener Daten ein.

In Art. 7 wird der Weg beschrieben, wie die in Art. 1 Abs. 2 enthaltene Vorgabe umgesetzt werden soll, dass der Fahrtenschreiber nur zur Kontrolle der Einhaltung der in Art. 1 Abs. 1 genannten Vorschriften eingesetzt wird. Der Weg führt über die Mitgliedstaaten, die hierfür die entsprechenden Vorschriften schaffen müssen. Die wesentliche Vorgabe, die diese Vorschrift umsetzen muss, ist in Art. 7 Abs. 2 festgelegt: Personenbezogene Daten, die beim Betrieb vor allem des intelligenten Fahrtenschreibers anfallen, müssen gegen Zweckentfremdung geschützt werden. 1

Weitere Vorgaben zum Datenschutz beim intelligenten Fahrtenschreiber sind in Art. 8 Abs. 2 und in Art. 9 Abs. 3–6 enthalten.

Kapitel II
Intelligenter Fahrtenschreiber

Artikel 8 Aufzeichnung des Fahrzeugstandorts an bestimmten Punkten bzw. Zeitpunkt der täglichen Arbeitszeit

(1) Um die Überprüfung der Einhaltung der einschlägigen Rechtsvorschriften zu erleichtern, wird der Standort des Fahrzeugs an folgenden Punkten bzw. Zeitpunkten oder am nächstgelegenen Ort, an dem das Satellitensignal verfügbar ist, automatisch aufgezeichnet:

- **Standort zu Beginn der täglichen Arbeitszeit;**
- **nach jeweils drei Stunden kumulierter Lenkzeit;**
- **Standort am Ende der täglichen Arbeitszeit.**

Dazu müssen Fahrzeuge, die 36 Monate nach Inkrafttreten der Einzelvorschriften gemäß Artikel 11 erstmals zugelassen werden, mit einem Fahrtenschreiber ausgerüstet sein, der an einen Positionsbestimmungsdienst auf der Basis eines Satellitennavigationssystems angebunden ist.

(2) Was die Anbindung des Fahrtenschreibers an einen auf ein Satellitennavigationssystem gestützten Positionsbestimmungsdienst gemäß Absatz 1 anbelangt, so dürfen nur solche Dienste genutzt werden, die

kostenfrei sind. Andere Standortdaten als die – soweit möglich – in geografischen Koordinaten ausgedrückten Daten zur Bestimmung der Standorte gemäß Absatz 1 dürfen im Fahrtenschreiber nicht dauerhaft gespeichert werden. Standortdaten, die vorübergehend gespeichert werden müssen, um die automatische Aufzeichnung der Punkte gemäß Absatz 1 zu ermöglichen oder um den Bewegungssensor abzugleichen, dürfen für keinen Nutzer zugänglich sein und müssen automatisch gelöscht werden, sobald sie für diese Zwecke nicht mehr benötigt werden.

Der intelligente Fahrtenschreiber wird durch Anbindung an satellitengestützte Systeme eine jederzeitige Positionsbestimmung ermöglichen. Gemäß Abs. 2 dürfen die hierbei anfallenden Daten nicht dauerhaft im Fahrtenschreiber gespeichert werden. Solche Daten dürfen für andere Nutzer nicht sichtbar sein und müssen ohne Zugriff von außen automatisch gelöscht werden, wenn sie nicht mehr für die in der Verordnung selber festgelegten Überwachungszwecke benötigt werden.

Artikel 9 Früherkennung von möglicher Manipulation oder möglichem Missbrauch per Fernkommunikation

(1) Um den zuständigen Kontrollbehörden gezielte Straßenkontrollen zu erleichtern, muss der Fahrtenschreiber, der in Fahrzeugen eingebaut ist, die 36 Monate nach Inkrafttreten der Einzelvorschriften gemäß Artikel 11 erstmals zugelassen worden sind, fähig sein, mit diesen Behörden zu kommunizieren, während sich das Fahrzeug in Bewegung befindet.
(2) 15 Jahre nachdem neu zugelassene Fahrzeuge mit einem Fahrtenschreiber ausgestattet sein müssen, der dem vorliegenden Artikel und den Artikeln 8 und 10 entspricht, statten die Mitgliedstaaten ihre Kontrollbehörden in angemessenem Umfang mit den Geräten zur Früherkennung per Fernkommunikation aus, die für die Datenkommunikation gemäß dem vorliegenden Artikel benötigt werden; dabei sind ihre besonderen Durchsetzungsanforderungen und -strategien zu berücksichtigen. Bis zu diesem Zeitpunkt steht es den Mitgliedstaaten frei, ihre Kontrollbehörden mit den Fernkommunikationsgeräten für die Früherkennung auszustatten.
(3) Die Kommunikation mit dem Fahrtenschreiber gemäß Absatz 1 darf nur auf Veranlassung des Prüfgeräts der Kontrollbehörden aufgenommen werden. Sie muss gesichert erfolgen, um die Datenintegrität und die Authentifizierung des Kontrollgeräts und des Prüfgeräts sicherzustellen. Der Zugang zu den übertragenen Daten ist auf die Überwachungsbehörden beschränkt, die ermächtigt sind, Verstöße gegen die Verordnung (EG) Nr. 561/2006 und der vorliegenden Verordnung zu überprüfen, und auf Werkstätten, soweit ein Zugang für die Überprüfung des ordnungsgemäßen Funktionierens des Fahrtenschreibers erforderlich ist.

(4) Bei der Kommunikation dürfen nur Daten übertragen werden, die für die Zwecke der gezielten Straßenkontrolle von Fahrzeugen notwendig sind, deren Fahrtenschreiber mutmaßlich manipuliert oder missbraucht wurde. Diese Daten müssen sich auf folgende vom Fahrtenschreiber aufgezeichnete Ereignisse oder Daten beziehen:

- letzter Versuch einer Sicherheitsverletzung,
- längste Unterbrechung der Stromversorgung,
- Sensorstörung,
- Datenfehler Weg und Geschwindigkeit,
- Datenkonflikt Fahrzeugbewegung,
- Fahren ohne gültige Karte,
- Einstecken der Karte während des Lenkens,
- Zeiteinstellungsdaten,
- Kalibrierungsdaten einschließlich des Datums der zwei letzten Kalibrierungen,
- amtliches Kennzeichen des Fahrzeugs,
- vom Fahrtenschreiber aufgezeichnete Geschwindigkeit.

(5) Die übertragenen Daten dürfen nur dazu verwendet werden, die Einhaltung dieser Verordnung zu überprüfen. Sie dürfen nur an Behörden, die die Einhaltung der Lenk- und Ruhezeiten kontrollieren, und an Justizbehörden im Rahmen eines laufenden Gerichtsverfahrens übermittelt werden.

(6) Die Daten werden von den Kontrollbehörden nur für die Dauer einer Straßenkontrolle gespeichert und spätestens drei Stunden nach ihrer Übermittlung gelöscht, es sei denn, die Daten lassen eine Manipulation oder einen Missbrauch des Fahrtenschreibers vermuten. Bestätigt sich der Verdacht einer Manipulation oder eines Missbrauchs im Laufe der anschließenden Straßenkontrolle nicht, so werden die übertragenen Daten gelöscht.

(7) Das Verkehrsunternehmen, das das Fahrzeug betreibt, ist dafür verantwortlich, dass der Fahrer über die Möglichkeit der Früherkennung von möglicher Manipulation oder möglichem Missbrauch des Fahrtenschreibers per Fernkommunikation informiert wird.

(8) Eine Fernkommunikation zur Früherkennung der Art, wie sie in dem vorliegenden Artikel beschrieben wird, führt in keinem Fall zu automatischen Geldbußen oder Zwangsgeldern für den Fahrer oder das Unternehmen. Die zuständige Kontrollbehörde kann aufgrund der ausgetauschten Daten entscheiden, eine Überprüfung des Fahrzeugs und des Fahrtenschreibers durchzuführen. Das Ergebnis der Fernkommunikation hindert die Kontrollbehörden nicht daran, auf der Grundlage des durch Artikel 9 der Richtlinie 2006/22/EG eingeführten Risikoeinstufungssystems stichprobenartige Unterwegskontrollen durchzuführen.

Die Vorschrift enthält die Bestimmung zur technischen Ausstattung des intelligenten Fahrtenschreibers mit einer Software, die die unmittelbare Kommunikation mit den Kontrollbehörden ermöglicht, um Manipulationen oder Missbrauch des Fahrtenschreibers zu erkennen. Der Fahrtenschreiber muss gemäß Abs. 3 so konfiguriert sein, dass die Initiative zur Datenübertragung nur von den Prüfgeräten der Kontrollbehörde ausgehen kann.
Die Absätze 4 bis 6 enthalten weitere Festlegungen zum Datenschutz. Sie begrenzen den Datenbestand, der übertragen werden darf auf diejenigen Daten, die Auskunft über Missbrauch oder Manipulation geben können.

Artikel 10 Schnittstelle zu intelligenten Verkehrssystemen

Fahrtenschreiber von Fahrzeugen, die 36 Monate nach Inkrafttreten der Einzelvorschriften gemäß Artikel 11 erstmals zugelassen werden, können mit genormten Schnittstellen ausgerüstet werden, die im Betriebsmodus die Nutzung der vom Fahrtenschreiber aufgezeichneten oder erzeugten Daten durch externe Geräte ermöglichen, sofern die folgenden Voraussetzungen erfüllt sind:

a) Die Schnittstelle beeinträchtigt die Authentizität und Integrität der Daten des Fahrtenschreibers nicht.

b) Die Schnittstelle entspricht den Einzelvorschriften nach Artikel 11.

c) Das an die Schnittstelle angeschlossene externe Gerät kann auf personenbezogene Daten, einschließlich Ortsbestimmungsdaten, nur zugreifen, wenn der Fahrer, auf den sich die Daten beziehen, nachweisbar seine Zustimmung erteilt hat.

Artikel 11 Einzelvorschriften für intelligente Fahrtenschreiber

Um sicherzustellen, dass der intelligente Fahrtenschreiber den Grundsätzen und Anforderungen dieser Verordnung entspricht, erlässt die Kommission die für die einheitliche Anwendung der Artikel 8, 9 und 10 erforderlichen Einzelvorschriften unter Ausschluss von Bestimmungen, in denen die Aufzeichnung zusätzlicher Daten durch den Fahrtenschreiber vorgesehen würde. Diese Durchführungsrechtsakte werden nach dem in Artikel 42 Absatz 3 genannten Prüfverfahren erlassen.
Die Einzelvorschriften nach Absatz 1 müssen:

a) bezüglich der Ausführung der Funktionen des intelligenten Fahrtenschreibers gemäß dem vorliegenden Kapitel die notwendigen Anforderungen enthalten, um die Sicherheit, Genauigkeit und Zuverlässigkeit der Daten zu gewährleisten, die von dem satellitengestützten Positionsbestimmungsdienst und der Fernkommunikationsein-

richtung gemäß den Artikeln 8 und 9 an den Fahrtenschreiber übertragen werden;

b) die verschiedenen Bedingungen und Anforderungen für den satellitengestützten Positionsbestimmungsdienst und die Fernkommunikationseinrichtung gemäß den Artikeln 8 und 9 enthalten, und zwar sowohl für externe Lösungen als auch für den Fall einer Einbettung im Fahrtenschreiber; bei externen Lösungen müssen sie auch die Bedingungen für die Nutzung des satellitengestützten Positionsbestimmungssignals als zweiter Bewegungssensor abdecken;

c) die notwendigen Normen für die Schnittstelle gemäß Artikel 10 enthalten. Hierzu kann eine Bestimmung über die Vergabe von Zugriffsrechten für Fahrer, Werkstatt und Verkehrsunternehmen und über Kontrollfunktionen für die vom Fahrtenschreiber aufgezeichneten Daten enthalten sein; den Kontrollfunktionen muss ein Authentifizierungs-/Autorisierungsmechanismus für die Schnittstelle zugrunde liegen, wie beispielsweise ein Zertifikat für jede Zugriffsebene, allerdings unter dem Vorbehalt der technischen Machbarkeit.

Vor Kapitel III

In Kapitel III (Art. 12 bis 21) ist das Verwaltungsverfahren beschrieben, mit dem sichergestellt werden soll, dass die genutzten Fahrtenschreiber den Anforderungen dieser Verordnung entsprechen und in allen Mitgliedstaaten der Europäischen Union eingesetzt werden können.

Da dabei keine Rechte oder Pflichten des Fahrpersonals festgelegt werden, wird auf eine Kommentierung verzichtet.

Kapitel III
Typgenehmigung

Artikel 12 Beantragung

(1) Die Hersteller oder deren Beauftragte beantragen die Typgenehmigung für die Fahrzeugeinheit, den Bewegungssensor, das Schaublatt-Muster oder die Fahrtenschreiberkarte bei den Typgenehmigungsbehörden, die hierfür von den Mitgliedstaaten benannt worden sind.

(2) Die Mitgliedstaaten teilen der Kommission bis 2. März 2015 die Namen und Kontaktangaben der benannten Behörden gemäß Absatz 1 sowie erforderlichenfalls spätere Aktualisierungen dieser Angaben mit.

Die Kommission veröffentlicht die Liste der benannten Typgenehmigungsbehörden auf ihrer Website und hält diese Liste auf dem neuesten Stand.

(3) Einem Typgenehmigungsantrag müssen die entsprechenden Spezifikationen, einschließlich der erforderlichen Informationen über die Plombierung, und die Sicherheits-, Funktions- und Interoperabilitätszertifikate beigefügt sein. Das Sicherheitszertifikat muss von einer anerkannten Zertifizierungsstelle ausgestellt sein, die von der Kommission benannt ist.

Das Funktionszertifikat wird dem Hersteller von der Typgenehmigungsbehörde ausgestellt.

Ein Interoperabilitätszertifikat wird von einer einzigen Prüfstelle erteilt, die der Kommission untersteht und sich in ihrer Verantwortung befindet.

(4) In Bezug auf den Fahrtenschreiber, seine relevanten Komponenten und die Fahrtenschreiberkarte gilt Folgendes:

a) Das Sicherheitszertifikat muss für die Fahrzeugeinheit, die Fahrtenschreiberkarten, den Bewegungssensor und die Verbindung zum GNSS-Empfänger – falls das GNSS nicht in die Fahrzeugeinheiten integriert ist – Folgendes bescheinigen:
   i. Einhaltung der Sicherheitsziele;
   ii. Identifizierung und Authentifizierung, Autorisierung, Vertraulichkeit, Nachvollziehbarkeit, Integrität, Audit, Genauigkeit und Zuverlässigkeit des Dienstes.

b) Das Funktionszertifikat muss bescheinigen, dass das geprüfte Gerät die jeweiligen Anforderungen hinsichtlich folgender Punkte einhält: ausgeführte Funktionen, Umwelteigenschaften, elektromagnetische Verträglichkeit, Einhaltung physikalischer Anforderungen und Einhaltung anwendbarer Normen.

c) Das Interoperabilitätszertifikat muss bescheinigen, dass bei dem geprüften Gerät uneingeschränkte Interoperabilität mit den notwendigen Fahrtenschreibern oder Fahrtenschreiberkarten-Modellen gegeben ist.

(5) Änderungen an der Software oder Hardware des Fahrtenschreibers oder an den für seine Herstellung verwendeten Werkstoffen werden vor ihrer Umsetzung der Behörde gemeldet, die die Typgenehmigung für das Gerät erteilt hat. Diese Behörde bestätigt dem Hersteller die Erweiterung der Typgenehmigung oder verlangt eine Aktualisierung oder Bestätigung des entsprechenden Funktions-, Sicherheits- und/oder Interoperabilitätszertifikats.

(6) Der Typgenehmigungsantrag für ein und dieselbe Bauart von Fahrzeugeinheit, Bewegungssensor, Schaublatt-Muster oder Fahrtenschreiberkarte darf nicht bei mehreren Mitgliedstaaten gestellt werden.

(7) Die Kommission erlässt im Wege von Durchführungsrechtsakten Einzelvorschriften für die einheitliche Anwendung dieses Artikels. Diese Durchführungsrechtsakte werden nach dem in Artikel 42 Absatz 3 genannten Prüfverfahren erlassen.

Artikel 13 Erteilung der Typgenehmigung

Ein Mitgliedstaat erteilt die Typgenehmigung für eine Bauart von Fahrzeugeinheit, Bewegungssensor, Schaublatt-Muster oder Fahrtenschreiberkarte, wenn diese den Vorschriften der Artikel 4 und 11 entsprechen und der Mitgliedstaat die Möglichkeit hat, die Übereinstimmung der Produktion mit dem zugelassenen Muster zu überprüfen.
Änderungen oder Ergänzungen eines Musters, für das die Typgenehmigung bereits erteilt worden ist, bedürfen einer Nachtrags-Typgenehmigung des Mitgliedstaats, der die ursprüngliche Typgenehmigung erteilt hat.

Artikel 14 Typgenehmigungszeichen

Die Mitgliedstaaten erteilen dem Antragsteller für jede gemäß Artikel 13 und Anhang II zugelassene Bauart von Fahrzeugeinheit, Bewegungssensor, Schaublatt-Muster oder Fahrtenschreiberkarte ein Typgenehmigungszeichen entsprechend einem vorher festgelegten Muster. Diese Muster werden von der Kommission im Wege von Durchführungsrechtsakten nach dem in Artikel 42 Absatz 3 genannten Prüfverfahren genehmigt.

Artikel 15 Genehmigung oder Ablehnung

Die zuständigen Behörden des Mitgliedstaats, bei dem die Typgenehmigung beantragt wurde, übermitteln den Behörden der anderen Mitgliedstaaten für jede zugelassene Bauart von Fahrzeugeinheit, Bewegungssensor, Schaublatt-Muster oder Fahrtenschreiberkarte innerhalb eines Monats eine Kopie des Typgenehmigungsbogens sowie Kopien der erforderlichen Spezifikationen, auch in Bezug auf die Plombierung. Lehnen die zuständigen Behörden eine beantragte Typgenehmigung ab, so unterrichten sie hiervon die Behörden der anderen Mitgliedstaaten und teilen die Gründe dafür mit.

Artikel 16 Übereinstimmung des Geräts mit der Typgenehmigung

(1) Stellt ein Mitgliedstaat, der eine Typgenehmigung gemäß Artikel 13 erteilt hat, fest, dass Fahrzeugeinheiten, Bewegungssensoren, Schaublätter oder Fahrtenschreiberkarten, die das von ihm erteilte Typgenehmigungszeichen tragen, nicht dem von ihm zugelassenen Muster entsprechen, so trifft er die erforderlichen Maßnahmen, um die Übereinstimmung der Produktion mit dem zugelassenen Muster sicherzustellen. Diese Maßnahmen können nötigenfalls bis zum Entzug der Typgenehmigung reichen.

(2) Der Mitgliedstaat, der eine Typgenehmigung erteilt hat, muss diese entziehen, wenn die Fahrzeugeinheit, der Bewegungssensor, das Schaublatt oder die Fahrtenschreiberkarte, für die die Typgenehmigung erteilt wurde, dieser Verordnung nicht entspricht oder bei der Verwendung einen Fehler allgemeiner Art erkennen lässt, der es/ihn/sie für seinen/ihren bestimmungsgemäßen Zweck ungeeignet macht.

(3) Wird der Mitgliedstaat, der eine Typgenehmigung erteilt hat, von einem anderen Mitgliedstaat darüber unterrichtet, dass einer der in den Absätzen 1 oder 2 genannten Fälle vorliegt, so trifft er nach Anhörung des mitteilenden Mitgliedstaats die in diesen Absätzen vorgesehenen Maßnahmen vorbehaltlich des Absatzes 5.

(4) Der Mitgliedstaat, der einen der in Absatz 2 genannten Fälle festgestellt hat, kann das Inverkehrbringen und die Inbetriebnahme der betreffenden Fahrzeugeinheiten, Bewegungssensoren, Schaublätter oder Fahrtenschreiberkarten bis auf Weiteres untersagen. Dasselbe gilt in den in Absatz 1 genannten Fällen in Bezug auf Fahrzeugeinheiten, Bewegungssensoren, Schaublätter oder Fahrtenschreiberkarten, die von der EU-Ersteichung befreit worden sind, wenn der Hersteller nach ordnungsgemäßer Anmahnung die Übereinstimmung des Geräts mit dem zugelassenen Muster bzw. mit den Anforderungen dieser Verordnung nicht herbeigeführt hat.

Auf jeden Fall teilen die zuständigen Behörden der Mitgliedstaaten einander und der Kommission innerhalb eines Monats den Entzug einer Typgenehmigung und jedwede andere gemäß den Absätzen 1, 2 oder 3 getroffene Maßnahmen mit und legen die Gründe dafür dar.

(5) Bestreitet der Mitgliedstaat, der eine Typgenehmigung erteilt hat, dass die in den Absätzen 1 und 2 genannten Fälle, auf die er hingewiesen worden ist, gegeben sind, so bemühen sich die betreffenden Mitgliedstaaten um die Beilegung des Streitfalls und unterrichten die Kommission laufend darüber.

Haben die Gespräche zwischen den Mitgliedstaaten nicht binnen vier Monaten nach der Unterrichtung gemäß Absatz 3 zu einem Einvernehmen geführt, so erlässt die Kommission nach Anhörung von Sachverständigen sämtlicher Mitgliedstaaten und nach Prüfung aller einschlägigen Faktoren, z. B. wirtschaftlicher und technischer Faktoren, binnen sechs Monaten nach Ablauf der genannten Viermonatsfrist einen Beschluss, der den beteiligten Mitgliedstaaten bekanntgegeben und gleichzeitig den übrigen Mitgliedstaaten mitgeteilt wird. Die Kommission setzt in jedem Fall die Frist für den Beginn der Durchführung ihres Beschlusses fest.

Artikel 17 Genehmigung der Schaublätter

(1) Im Antrag auf eine Typgenehmigung für ein Schaublatt-Muster ist im Antragsformular anzugeben, für welche Typen von analogen Fahrtenschreibern dieses Schaublatt bestimmt ist; für Prüfungen des Schaublatts ist außerdem ein geeigneter Fahrtenschreiber des entsprechenden Typs zur Verfügung zu stellen.
(2) Die zuständigen Behörden eines jeden Mitgliedstaats geben auf dem Typgenehmigungsbogen des Schaublatt-Musters an, in welchen Typen von analogen Fahrtenschreibern dieses Schaublatt-Muster verwendet werden kann.

Artikel 18 Begründung der Ablehnung

Jede Entscheidung aufgrund dieser Verordnung, durch die eine Typgenehmigung für eine Bauart von Fahrzeugeinheit, Bewegungssensor, Schaublatt-Muster oder Fahrtenschreiberkarte abgelehnt oder entzogen wird, ist eingehend zu begründen. Sie wird dem Betreffenden unter Angabe der nach dem Recht des jeweiligen Mitgliedstaats vorgesehen Rechtsmittel und der Rechtsmittelfristen mitgeteilt.

Artikel 19 Anerkennung typgenehmigter Fahrtenschreiber

Die Mitgliedstaaten dürfen die Zulassung oder Inbetriebnahme oder Benutzung von mit einem Fahrtenschreiber ausgerüsteten Fahrzeugen nicht aus Gründen ablehnen bzw. verbieten, die mit diesem Gerät zusammenhängen, wenn der Fahrtenschreiber das in Artikel 14 genannte Typgenehmigungszeichen und die in Artikel 22 Absatz 4 genannte Einbauplakette aufweist.

Artikel 20 Sicherheit

(1) Die Hersteller müssen ihre produzierten Fahrzeugeinheiten, Bewegungssensoren und Fahrtenschreiberkarten so konstruieren, erproben und ständig überprüfen, um Sicherheitsschwachstellen in allen Phasen des Produktlebenszyklus festzustellen, und müssen deren mögliche Aus-

nutzung verhindern oder eindämmen. Der Mitgliedstaat, der die Typgenehmigung erteilt hat, legt fest, wie häufig Prüfungen durchgeführt werden, wobei der Zeitraum zwischen zwei Prüfungen zwei Jahre nicht überschreiten darf.

(2) Zu diesem Zweck übermitteln die Hersteller der in Artikel 12 Absatz 3 genannten Zertifizierungsstelle die erforderlichen Unterlagen für die Schwachstellenanalyse.

(3) Für die Zwecke des Absatzes 1 führt die in Artikel 12 Absatz 3 genannte Zertifizierungsstelle Prüfungen an Fahrzeugeinheiten, Bewegungssensoren und Fahrtenschreiberkarten durch, um zu bestätigen, dass bekannte Sicherheitsschwachstellen nicht von Personen, die über öffentlich zugängliche Kenntnisse verfügen, ausgenutzt werden können.

(4) Werden bei den in Absatz 1 genannten Prüfungen Sicherheitsschwachstellen in Systemkomponenten (Fahrzeugeinheiten, Bewegungssensoren und Fahrtenschreiberkarten) festgestellt, so werden diese Komponenten nicht in Verkehr gebracht. Werden bei den in Absatz 3 genannten Prüfungen Sicherheitsschwachstellen in Komponenten festgestellt, die bereits in Verkehr gebracht wurden, unterrichtet der Hersteller oder die Zertifizierungsstelle die zuständigen Behörden des Mitgliedstaats, der die Typgenehmigung erteilt hat. Diese zuständigen Behörden ergreifen alle erforderlichen Maßnahmen, um sicherzustellen, dass das Problem - insbesondere vom Hersteller - beseitigt wird; außerdem unterrichten sie die Kommission unverzüglich über die festgestellten Sicherheitsschwachstellen und die geplanten oder ergriffenen Maßnahmen, wozu erforderlichenfalls auch der Entzug der Typgenehmigung gemäß Artikel 16 Absatz 2 zählt.

Artikel 21 Praxiserprobungen

(1) Die Mitgliedstaaten können Praxiserprobungen mit Fahrtenschreibern, für die noch keine Typgenehmigung erteilt wurde, genehmigen. Die von den Mitgliedstaaten erteilten Genehmigungen für Praxiserprobungen werden von ihnen gegenseitig anerkannt.

(2) Fahrer und Verkehrsunternehmen, die an einer Praxiserprobung teilnehmen, müssen die Anforderungen der Verordnung (EG) Nr. 561/2006 erfüllen. Die Fahrer erbringen diesen Nachweis nach dem Verfahren gemäß Artikel 35 Absatz 2 der vorliegenden Verordnung.

(3) Die Kommission kann Durchführungsrechtsakte zur Festlegung der Verfahren für die Durchführung von Praxiserprobungen und der Formulare für deren Überwachung erlassen. Diese Durchführungsrechtsakte werden nach dem in Artikel 42 Absatz 3 genannten Prüfverfahren erlassen.

Vor Kapitel IV

In Kapitel IV werden Anforderungen an den Einbau und die Prüfung des Fahrtenschreibers im laufenden Betrieb beschrieben. Dies betrifft vor allem die behördliche Zulassung von Betrieben, die mit diesen Aufgaben befasst sind. An sie werden in diesem Kapitel Anforderungen gestellt und ihnen werden Rechte zugeteilt – z. B. das Recht, die regelmäßigen Überprüfungen der Fahrtenschreiber vorzunehmen.
Da diese Vorschriften nicht das Fahrpersonal betreffen, wird auf eine Kommentierung verzichtet.

Kapitel IV
Einbau und Prüfung

Artikel 22 Einbau und Reparatur

(1) Einbau und Reparaturen von Fahrtenschreibern dürfen nur von Einbaubetrieben, Werkstätten oder Fahrzeugherstellern vorgenommen werden, die von den zuständigen Behörden der Mitgliedstaaten gemäß Artikel 24 dafür zugelassen worden sind.
(2) Zugelassene Einbaubetriebe, Werkstätten oder Fahrzeughersteller plombieren den Fahrtenschreiber gemäß den Spezifikationen in dem Typgenehmigungsbogen nach Artikel 15, nachdem sie überprüft haben, dass er ordnungsgemäß funktioniert und insbesondere auf eine Art und Weise, durch die sichergestellt wird, dass die aufgezeichneten Daten durch Manipulationsvorrichtungen weder verfälscht noch geändert werden können.
(3) Der zugelassene Einbaubetrieb, die zugelassene Werkstatt oder der zugelassene Fahrzeughersteller versieht die durchgeführten Plombierungen mit einem besonderen Zeichen und gibt außerdem bei digitalen Fahrtenschreibern die elektronischen Sicherheitsdaten ein, mit denen sich die Authentifizierungskontrollen durchführen lassen. Die zuständigen Behörden eines jeden Mitgliedstaats übermitteln der Kommission das Verzeichnis der verwendeten Zeichen und elektronischen Sicherheitsdaten und die erforderlichen Informationen über die verwendeten elektronischen Sicherheitsdaten. Die Kommission macht den Mitgliedstaaten diese Informationen auf Anfrage zugänglich.
(4) Durch die Anbringung einer deutlich sichtbaren und leicht zugänglichen Einbauplakette wird bescheinigt, dass der Einbau des Fahrtenschreibers den Vorschriften dieser Verordnung entsprechend erfolgt ist.

(5) Fahrtenschreiberbauteile werden gemäß den Vorgaben des Typgenehmigungsbogens plombiert. Anschlüsse an den Fahrtenschreiber, die potenziell manipulationsanfällig sind, einschließlich der Verbindung zwischen dem Bewegungssensor und dem Getriebe, sowie gegebenenfalls die Einbauplakette werden plombiert.
Eine Plombierung darf nur entfernt oder aufgebrochen werden

- durch Einbaubetriebe oder Werkstätten, die gemäß Artikel 24 von den zuständigen Behörden zugelassen sind, zwecks Reparatur, Instandhaltung oder Neukalibrierung des Fahrtenschreibers oder durch angemessen geschulte und erforderlichenfalls ermächtigte Kontrolleure für Kontrollzwecke;
- zwecks Reparaturen oder Umbauten des Fahrzeugs, die sich auf die Plombierung auswirken. In diesen Fällen ist im Fahrzeug eine schriftliche Erklärung mitzuführen, in der das Datum, die Uhrzeit und die Begründung der Entfernung der Plombierung angeführt sind. Die Kommission legt mittels Durchführungsrechtsakten ein Musterformular für die schriftliche Erklärung fest.

Die Plombierung ist auf jeden Fall ohne ungebührliche Verzögerung und spätestens innerhalb von sieben Tagen nach ihrer Entfernung von einem zugelassenen Einbaubetrieb oder einer zugelassenen Werkstatt zu ersetzen.
Vor der Ersetzung der Plombierung wird der Fahrtenschreiber von einer zugelassenen Werkstatt einer Prüfung und Kalibrierung unterzogen.

Artikel 23 Nachprüfung der Fahrtenschreiber

(1) Fahrtenschreiber werden regelmäßigen Nachprüfungen durch zugelassene Werkstätten unterzogen. Die regelmäßigen Nachprüfungen finden mindestens alle zwei Jahre statt.
(2) Bei den Nachprüfungen gemäß Absatz 1 wird insbesondere Folgendes überprüft:

- dass der Fahrtenschreiber ordnungsgemäß eingebaut ist und für das Fahrzeug geeignet ist,
- dass der Fahrtenschreiber ordnungsgemäß funktioniert,
- dass auf dem Fahrtenschreiber das Typgenehmigungszeichen angebracht ist,
- dass die Einbauplakette angebracht ist,
- dass alle Plombierungen unversehrt sind und ihre Funktion erfüllen,
- dass keine Manipulationsvorrichtungen an den Fahrtenschreiber angeschlossen sind und dass keine Spuren der Verwendung solcher Vorrichtungen vorhanden sind,
- die Reifengröße und der tatsächliche Umfang der Radreifen.

(3) Falls Unregelmäßigkeiten in der Funktionsweise der Fahrtenschreiber behoben werden mussten, erstellen die zugelassenen Werkstätten, die Nachprüfungen durchführen, einen Nachprüfungsbericht, und zwar unabhängig davon, ob die Nachprüfung im Rahmen einer wiederkehrenden Nachprüfung oder im besonderen Auftrag der zuständigen nationalen Behörde erfolgt ist. Sie führen eine Liste aller erstellten Nachprüfungsberichte.

(4) Die Nachprüfungsberichte werden ab der Erstellung mindestens zwei Jahre lang aufbewahrt. Die Mitgliedstaaten entscheiden, ob die Nachprüfungsberichte in dieser Zeit einbehalten oder aber der zuständigen Behörde übermittelt werden. Bewahrt eine Werkstatt die Nachprüfungsberichte auf, so macht sie auf Anfrage der zuständigen Behörde die Berichte über die in diesem Zeitraum durchgeführten Nachprüfungen und Kalibrierungen zugänglich.

Artikel 24 Zulassung der Einbaubetriebe Werkstätten und Fahrzeughersteller

(1) Die Mitgliedstaaten sorgen für die Zulassung, regelmäßige Kontrolle und Zertifizierung der Einbaubetriebe, Werkstätten und Fahrzeughersteller, die zu Einbau, Einbauprüfung, Nachprüfung und Reparatur von Fahrtenschreibern befugt sind.

(2) Die Mitgliedstaaten gewährleisten die Fachkompetenz und Zuverlässigkeit der Einbaubetriebe, Werkstätten und Fahrzeughersteller. Zu diesem Zweck erstellen und veröffentlichen sie eindeutige nationale Verfahren und sorgen dafür, dass folgende Mindestanforderungen erfüllt werden:

a) das Personal ist ordnungsgemäß geschult,
b) die Ausrüstungen, die zur Durchführung der einschlägigen Prüfungen und Aufgaben erforderlich sind, stehen zur Verfügung,
c) die Einbaubetriebe, Werkstätten und Fahrzeughersteller gelten als zuverlässig.

(3) Zugelassene Einbaubetriebe und Werkstätten werden folgendermaßen überprüft:

a) Zugelassene Einbaubetriebe und Werkstätten werden mindestens alle zwei Jahre einem Audit unterzogen, bei dem die von ihnen angewandten Verfahren für den Umgang mit Fahrtenschreibern geprüft werden. Im Mittelpunkt des Audits stehen insbesondere die getroffenen Sicherheitsmaßnahmen und der Umgang mit Werkstattkarten. Die Mitgliedstaaten können diese Audits auch ohne eine Ortsbesichtigung durchführen.
b) Ferner finden unangekündigte technische Audits der zugelassenen Einbaubetriebe und Werkstätten statt, um die durchgeführten Ka-

librierungen, Nachprüfungen und Einbauten zu überwachen. Diese Audits müssen jährlich mindestens 10 % der zugelassenen Einbaubetriebe und Werkstätten unterzogen werden.

(4) Die Mitgliedstaaten und ihre zuständigen Behörden ergreifen geeignete Maßnahmen, um Interessenkonflikte zwischen Einbaubetrieben oder Werkstätten mit den Verkehrsunternehmen zu vermeiden. Insbesondere bei Bestehen einer ernsthaften Gefahr eines Interessenkonflikts werden zusätzliche fallbezogene Maßnahmen ergriffen, um sicherzustellen, dass der Einbaubetrieb oder die Werkstatt diese Verordnung einhält.

(5) Die zuständigen Behörden der Mitgliedstaaten übermitteln der Kommission jährlich - möglichst elektronisch - die Verzeichnisse der zugelassenen Einbaubetriebe und Werkstätten sowie der ihnen ausgestellten Karten. Die Kommission veröffentlicht diese Verzeichnisse auf ihrer Website.

(6) Die zuständigen Behörden in den Mitgliedstaaten entziehen Einbaubetrieben, Werkstätten und Fahrzeugherstellern, die ihren Pflichten aus dieser Verordnung nicht nachkommen, vorübergehend oder dauerhaft die Zulassung.

Artikel 25 Werkstattkarten

(1) Die Gültigkeitsdauer der Werkstattkarten darf ein Jahr nicht überschreiten. Bei der Erneuerung der Werkstattkarte stellt die zuständige Behörde sicher, dass der Einbaubetrieb, die Werkstatt oder der Fahrzeughersteller die Kriterien gemäß Artikel 24 Absatz 2 erfüllt.

(2) Die zuständige Behörde erneuert eine Werkstattkarte binnen 15 Arbeitstagen nach Eingang eines gültigen Antrags auf Erneuerung und aller erforderlichen Unterlagen. Bei Beschädigung, Fehlfunktion oder Verlust oder Diebstahl der Werkstattkarte stellt die zuständige Behörde binnen fünf Arbeitstagen nach Eingang eines entsprechenden begründeten Antrags eine Ersatzkarte aus. Die zuständigen Behörden führen ein Verzeichnis der verlorenen, gestohlenen und defekten Karten.

(3) Entzieht ein Mitgliedstaat einem Einbaubetrieb, einer Werkstatt oder einem Fahrzeughersteller nach Maßgabe des Artikels 24 die Zulassung, so zieht er auch die diesem/dieser ausgestellten Werkstattkarten ein.

(4) Die Mitgliedstaaten ergreifen alle erforderlichen Maßnahmen, um das Fälschen der den zugelassenen Einbaubetrieben, Werkstätten und Fahrzeugherstellern ausgestellten Werkstattkarten zu verhindern.

Kapitel V
Fahrerkarten

Vor Art. 26–31

Jeder Fahrer eines LKW oder eines Reise- bzw. eines Fernlinienbusses muss nach der Verordnung (EU) 165/2014 eine Fahrerkarte für die Benutzung eines digitalen Kontrollgeräts haben, wenn er auf einem Fahrzeug eingesetzt ist, in das ein solches Gerät eingebaut ist. Im ÖPNV besteht dieselbe Verpflichtung gem. § 2 Abs. 1 FPersV. Die Fahrerkarte ist ein persönliches Dokument, das der Fahrer selber beantragen muss. Die hierfür zuständige Behörde ergibt sich aus dem jeweiligen Landesrecht und kann sich je nach Behördenzuschnitt ändern. Teilweise ist auch der TÜV zuständig. In der Regel erhält man die jeweils aktuelle Information über die Behördenzuständigkeit auf den Internetseiten der Technischen Überwachungsvereine bzw. der »TÜV« genannten Überwachungsunternehmen. 1

Fahrer im Sinne der Begriffsbestimmungen nach Art. 4 Buchstabe c) der Verordnung (EG) Nr. 561/2006 ist jede Person, die das Fahrzeug, sei es auch nur kurze Zeit, selbst lenkt oder sich in einem Fahrzeug befindet, um es – als Bestandteil seiner Pflichten – gegebenenfalls lenken zu können. Der Beifahrer muss, solange er nicht selber lenkt, seine Karte in den Steckplatz 2 des digitalen Kontrollgerätes stecken (siehe auch Art. 34 Abs. 4). 2

Gemäß § 5 Abs. 5 FPersV ist die Fahrerkarte fünf Jahre gültig. Frühestens sechs Monate vor dem Ende der Gültigkeit kann gem. § 4 Abs. 3 FPersV ein Antrag auf Erneuerung der Fahrerkarte gestellt werden. Die Mindestfrist beträgt 15 Tage vor dem Ende der Gültigkeit. 3

Die Karte muss der Fahrer jederzeit mit sich führen, wenn er seine Fahrtätigkeit ausübt.

Ein Entzug der Fahrerkarte ist nur zulässig, wenn festgestellt wird, dass die Karte gefälscht worden ist, der Fahrer eine Karte verwendet, deren Inhaber er nicht ist oder die Ausstellung der Fahrerkarte auf Grundlage falscher Erklärungen und/oder gefälschter Dokumente erwirkt wurde. Fremdgenutzte Fahrerkarten werden grundsätzlich beschlagnahmt. 4

Fahrerkarten werden von den Mitgliedstaaten gegenseitig anerkannt. Im Falle des Wechsels des ständigen Wohnsitzes von einem in einen anderen Mitgliedstaat besteht die Möglichkeit, die Fahrerkarte umzutauschen. Eine Verpflichtung hierzu besteht jedoch nicht.

Ist die Karte verloren gegangen oder gestohlen worden, muss der Inhaber dies der Behörde melden, die die Karte ausgestellt hat. Im Falle des Diebstahls muss eine Anzeige erstattet und dies der Behörde nachgewiesen werden. Karten mit einem Defekt oder einer Fehlfunktion müssen der ausstellenden Behörde zurückgegeben werden. 5

Die neue Karte muss innerhalb von maximal sieben Tagen beantragt werden, die Ausstellung muss dann gemäß Art. 29 Abs. 4 Verordnung (EU) Nr. 165/2014 innerhalb von maximal acht Tagen erfolgen. Während dieser höchstens 15 Tage kann der Fahrer seine Fahrt fortsetzen, muss aber gemäß Art. 35 der Verordnung (EU) Nr. 165/2014 Aufzeichnungen von Hand vornehmen (vgl. Kommentierung vor Art. 32 bis 37).

Die nationalen Vorschriften zur Fahrerkarte sind in § 4 FPersV enthalten.

6 Die Fahrerkarte ist das Speichermedium, auf dem das digitale Kontrollgerät Daten über die Einhaltung von Lenk-, Ruhe- und Arbeitszeiten ablegt. Weil diese Daten nur individuell von Bedeutung sind, darf die Karte gem. § 5 Abs. 4 FPersV nicht von anderen benutzt werden. Ebenfalls ist es gemäß Art. 27 unzulässig, mehr als eine Fahrerkarte zu besitzen, weil auch damit Kontrollen unmöglich würden. Die Vorschrift enthält daher auch Regeln zur Absicherung dieser Verpflichtung durch Datenaustauch zwischen den Behörden auf europäischer Ebene.

Was auf der Karte gespeichert ist, kann der Inhaber selber kontrollieren, entweder durch Anzeige am digitalen Kontrollgerät, durch Herunterladen der Daten auf den eigenen Rechner oder anhand eines Ausdrucks. Teilweise ist auch eine Kommunikation mit dem Smartphone vorgesehen.

7 Die Fahrerkarte wird bei Übernahme des Fahrzeugs in das Kontrollgerät gesteckt und darf erst am Ende der Arbeitszeit der jeweiligen Schicht wieder entfernt werden. Wird das Fahrzeug gewechselt, wird auch die Fahrerkarte in das neue Kontrollgerät gesteckt – wenn das andere Fahrzeug damit ausgerüstet ist. Die in der Zwischenzeit nicht aufgezeichneten Ruhe-, Bereitschafts- und sonstigen Arbeitszeiten müssen dann gem. Art. 34 von Hand an dem Kontrollgerät eingegeben werden.

8 Manipulationen am Fahrtenschreiber erfüllen grundsätzlich den Tatbestand einer Straftat. Die aufgezeichneten Daten sind technische Aufzeichnungen. Nach § 268 Abs. 1 StGB wird mit Freiheitsstrafe bis zu fünf Jahren oder mit Geldbuße bestraft, wer zur Täuschung im Rechtsverkehr:

- eine unechte technische Aufzeichnung herstellt oder eine technische Aufzeichnung verfälscht oder
- eine unechte oder verfälschte technische Aufzeichnung gebraucht

Daneben gibt es einen umfangreichen Katalog von Ordnungswidrigkeiten, die der Fahrer im Zusammenhang mit der Verwendung des Fahrtenschreibers begehen kann. Diese finden sich in § 24a der FPersV und beziehen sich vor allem auf die unterlassene oder fehlerhafte Verwendung des Fahrtenschreibers.

Artikel 26 Ausstellung von Fahrerkarten

(1) Die Fahrerkarte wird dem Fahrer auf seinen Antrag von der zuständigen Behörde des Mitgliedstaats, in dem er seinen gewöhnlichen Wohnsitz hat, ausgestellt. Die Ausstellung erfolgt binnen eines Monats nach Eingang des Antrags und aller erforderlichen Unterlagen bei der zuständigen Behörde.

(2) Im Sinne dieses Artikels gilt als »gewöhnlicher Wohnsitz« der Ort, an dem eine Person wegen persönlicher und beruflicher Bindungen oder – im Falle einer Person ohne berufliche Bindungen – wegen persönlicher Bindungen, die enge Beziehungen zwischen der Person und dem Wohnort erkennen lassen, gewöhnlich, d. h. während mindestens 185 Tagen im Kalenderjahr, wohnt.

Jedoch gilt als gewöhnlicher Wohnsitz einer Person, deren berufliche Bindungen an einem anderen Ort als dem seiner persönlichen Bindungen liegen und die daher veranlasst ist, sich abwechselnd an verschiedenen Orten in zwei oder mehr Mitgliedstaaten aufzuhalten, der Ort ihrer persönlichen Bindungen, sofern sie regelmäßig dorthin zurückkehrt. Letzteres ist nicht erforderlich, wenn sich die Person in einem Mitgliedstaat zur Ausführung eines Auftrags von bestimmter Dauer aufhält.

(3) Die Fahrer erbringen den Nachweis über ihren gewöhnlichen Wohnsitz anhand aller geeigneten Mittel, insbesondere des Personalausweises oder jedes anderen beweiskräftigen Dokuments. Bestehen bei den zuständigen Behörden des Mitgliedstaats, der die Fahrerkarte ausstellt, Zweifel über die Richtigkeit der Angabe des gewöhnlichen Wohnsitzes oder sollen bestimmte spezifische Kontrollen vorgenommen werden, so können diese Behörden zusätzliche Auskünfte oder zusätzliche Belege verlangen.

(4) In hinreichend begründeten Ausnahmefällen können die Mitgliedstaaten einem Fahrer ohne gewöhnlichen Wohnsitz in einem Mitgliedstaat oder in einem Staat, der Vertragspartei des AETR-Übereinkommens ist, eine befristete und nicht erneuerbare Fahrerkarte ausstellen, die für einen Zeitraum von höchstens 185 Tagen gültig ist, sofern dieser Fahrer sich in einem arbeitsrechtlichen Verhältnis mit einem im ausstellenden Mitgliedstaat niedergelassenen Unternehmen befindet und – soweit die Verordnung (EG) Nr. 1072/2009 des Europäischen Parlaments und des Rates gilt – eine Fahrerbescheinigung entsprechend der genannten Verordnung vorlegt.

Die Kommission verfolgt die Anwendung dieses Absatzes fortlaufend anhand der von den Mitgliedstaaten zur Verfügung gestellten Daten. Sie berichtet dem Europäischen Parlament und dem Rat alle zwei Jahre über ihre Erkenntnisse und geht dabei insbesondere der Frage nach, ob sich die befristeten Fahrerkarten negativ auf den Arbeitsmarkt auswirken und ob befristete Karten einem bestimmten Fahrer gewöhnlich mehrmals ausgestellt werden. Die Kommission kann einen sachdienlichen Gesetzgebungsvorschlag zur Änderung dieses Absatzes unterbreiten.

(5) Die zuständigen Behörden des ausstellenden Mitgliedstaats treffen geeignete Maßnahmen, um sicherzustellen, dass der Antragsteller nicht bereits Inhaber einer gültigen Fahrerkarte ist, und versehen die Fahrerkarte auf sichtbare und sichere Weise mit den persönlichen Daten des Fahrers.

(6) Die Gültigkeitsdauer der Fahrerkarte darf fünf Jahre nicht überschreiten.

(7) Eine gültige Fahrerkarte darf nur entzogen oder ausgesetzt werden, wenn die zuständigen Behörden eines Mitgliedstaats feststellen, dass die Karte gefälscht worden ist, der Fahrer eine Karte verwendet, deren Inhaber er nicht ist, oder die Ausstellung der Karte auf der Grundlage falscher Erklärungen und/oder gefälschter Dokumente erwirkt wurde. Werden solche Maßnahmen zum Entzug oder zur Aussetzung der Gültigkeit der Karte von einem anderen als dem ausstellenden Mitgliedstaat getroffen, so sendet dieser Mitgliedstaat die Karte so bald wie möglich an die Behörden des ausstellenden Mitgliedstaats zurück und teilt die Gründe für den Entzug oder die Aussetzung mit. Dauert die Rücksendung der Karte voraussichtlich mehr als zwei Wochen, so teilt der Mitgliedstaat, der die Aussetzung der Gültigkeit oder den Entzug der Karte vorgenommen hat, dem ausstellenden Mitgliedstaat innerhalb dieser zwei Wochen die Gründe für die Aussetzung oder den Entzug mit.

(8) Die Mitgliedstaaten ergreifen alle erforderlichen Maßnahmen, um das Fälschen von Fahrerkarten zu verhindern.

(9) Dieser Artikel hindert die Mitgliedstaaten nicht daran, eine Fahrerkarte einem Fahrer auszustellen, der seinen gewöhnlichen Wohnsitz in einem Teil des Hoheitsgebiets dieses Mitgliedstaats hat, für den der Vertrag über die Europäische Union und der Vertrag über die Arbeitsweise der Europäischen Union nicht gelten, sofern in diesen Fällen die einschlägigen Bestimmungen dieser Verordnung zur Anwendung kommen.

Artikel 27 Benutzung von Fahrerkarten

(1) Die Fahrerkarte ist persönlich und nicht übertragbar.

(2) Ein Fahrer darf nur Inhaber einer einzigen gültigen Fahrerkarte sein und nur seine eigene persönliche Fahrerkarte benutzen. Er darf weder eine defekte noch eine abgelaufene Fahrerkarte benutzen.

Artikel 28 Erneuerung von Fahrerkarten

(1) Ein Fahrer, der die Erneuerung seiner Fahrerkarte wünscht, muss bei den zuständigen Behörden des Mitgliedstaats, in dem er seinen gewöhnlichen Wohnsitz hat, spätestens fünfzehn Arbeitstage vor Ablauf der Gültigkeit der Karte einen entsprechenden Antrag stellen.

(2) Ist bei einer Erneuerung der Mitgliedstaat, in dem der Fahrer seinen gewöhnlichen Wohnsitz hat, ein anderer als der, der die bestehende Fahrerkarte ausgestellt hat, und wurde bei den Behörden des früheren Mitgliedstaats ein Antrag gestellt, die Fahrerkarte zu erneuern, so teilt dieser den Ausstellungsbehörden der bisherigen Karte die genauen Gründe für die Erneuerung mit.

(3) Bei Beantragung der Erneuerung einer Karte, deren Gültigkeitsdauer in Kürze abläuft, stellt die zuständige Behörde vor Ablauf der Gültigkeit eine neue Karte aus, sofern sie den Antrag bis zu der in Absatz 1 genannten Frist erhalten hat.

Artikel 29 Verlorene, gestohlene und defekte Fahrerkarten

(1) Die ausstellende Behörde führt ein Verzeichnis der ausgestellten, gestohlenen, verlorenen und defekten Fahrerkarten, in dem die Fahrerkarten mindestens bis zum Ablauf ihrer Gültigkeitsdauer aufgeführt werden.

(2) Bei Beschädigung oder Fehlfunktion der Fahrerkarte gibt der Fahrer diese Karte der zuständigen Behörde des Mitgliedstaats, in dem er seinen gewöhnlichen Wohnsitz hat, zurück. Der Diebstahl einer Fahrerkarte muss den zuständigen Behörden des Staates, in dem sich der Diebstahl ereignet hat, ordnungsgemäß gemeldet werden.

(3) Der Verlust einer Fahrerkarte muss den zuständigen Behörden des ausstellenden Mitgliedstaats sowie, falls es sich nicht um denselben Staat handelt, den zuständigen Behörden des Mitgliedstaats, in dem der Fahrer seinen gewöhnlichen Wohnsitz hat, ordnungsgemäß gemeldet werden.

(4) Bei Beschädigung, Fehlfunktion, Verlust oder Diebstahl der Fahrerkarte muss der Fahrer bei den zuständigen Behörden des Mitgliedstaats, in dem er seinen gewöhnlichen Wohnsitz hat, binnen sieben Kalendertagen die Ersetzung der Karte beantragen. Diese Behörden stellen binnen acht Arbeitstagen nach Eingang eines entsprechenden begründeten Antrags bei ihnen eine Ersatzkarte aus.

(5) Unter den in Absatz 4 genannten Umständen darf der Fahrer seine Fahrt ohne Fahrerkarte während eines Zeitraums von höchstens 15 Kalendertagen fortsetzen, bzw. während eines längeren Zeitraums, wenn dies für die Rückkehr des Fahrzeugs zu seinem Standort erforderlich ist,

sofern der Fahrer nachweisen kann, dass es unmöglich war, die Fahrerkarte während dieses Zeitraums vorzulegen oder zu benutzen.

Artikel 30 Gegenseitige Anerkennung und Umtausch von Fahrerkarten

(1) Von den Mitgliedstaaten ausgestellte Fahrerkarten werden von den Mitgliedstaaten gegenseitig anerkannt.
(2) Hat der Inhaber einer von einem Mitgliedstaat ausgestellten gültigen Fahrerkarte seinen gewöhnlichen Wohnsitz in einem anderen Mitgliedstaat begründet, so kann er den Umtausch seiner Karte gegen eine gleichwertige Fahrerkarte beantragen. Es ist Sache des umtauschenden Mitgliedstaats zu prüfen, ob die vorgelegte Karte noch gültig ist.
(3) Die Mitgliedstaaten, die einen Umtausch vornehmen, senden die einbehaltene Karte den Behörden des ausstellenden Mitgliedstaats zurück und begründen ihr Vorgehen.
(4) Wird eine Fahrerkarte von einem Mitgliedstaat ersetzt oder umgetauscht, so wird dieser Vorgang ebenso wie jeder weitere Ersatz oder Umtausch in dem betreffenden Mitgliedstaat erfasst.

Artikel 31 Elektronischer Austausch von Informationen über Fahrerkarten

(1) Um sicherzustellen, dass der Antragsteller nicht bereits Inhaber einer gültigen Fahrerkarte ist, wie in Artikel 26 ausgeführt, führen die Mitgliedstaaten nationale elektronische Register, in denen sie folgende Informationen über Fahrerkarten – auch über die in Artikel 26 Absatz 4 genannten Fahrerkarten – mindestens bis zum Ablauf der Gültigkeitsdauer der Fahrerkarten speichern:

- Name und Vorname des Fahrers,
- Geburtsdatum und, sofern verfügbar, Geburtsort des Fahrers,
- gültige Führerscheinnummer und Ausstellungsland des Führerscheins (falls zutreffend),
- Status der Fahrerkarte,
- Nummer der Fahrerkarte.

(2) Die Mitgliedstaaten treffen alle erforderlichen Maßnahmen, damit die nationalen elektronischen Register vernetzt werden und unionsweit zugänglich sind, und verwenden dazu das in der Empfehlung 2010/19/EU genannte Benachrichtigungssystem TACHOnet oder ein kompatibles System. Im Falle eines kompatiblen Systems muss der Austausch elektronischer Daten mit allen anderen Mitgliedstaaten über das Benachrichtigungssystem TACHOnet möglich sein.

(3) Bei jeder Ausstellung, Ersetzung und erforderlichenfalls Erneuerung einer Fahrerkarte überprüfen die Mitgliedstaaten mittels des elektronischen Datenaustauschs, ob der Fahrer nicht bereits Inhaber einer anderen gültigen Fahrerkarte ist. Dabei dürfen nur die für die Zwecke dieser Überprüfung notwendigen Daten übertragen werden.
(4) Kontrolleuren kann Zugang zu dem elektronischen Register gewährt werden, damit sie den Status der Fahrerkarte überprüfen können.
(5) Die Kommission erlässt Durchführungsrechtsakte zur Festlegung der gemeinsamen Verfahren und Spezifikationen, die für die in Absatz 2 genannte Vernetzung notwendig sind, einschließlich des Datenaustauschformats, der technischen Verfahren für die elektronische Abfrage der nationalen elektronischen Register, der Zugangsverfahren und Sicherheitsvorkehrungen. Diese Durchführungsrechtsakte werden nach dem in Artikel 42 Absatz 3 genannten Prüfverfahren erlassen.

Kapitel VI
Benutzungsvorschriften

Vor Art. 32–37

1 Die Verantwortung für die Funktionsfähigkeit des Fahrtenschreibers tragen sowohl der Unternehmer als auch der Fahrer. Wer dabei wofür verantwortlich ist, regeln Art. 34 der VO (EU) Nr. 165/2014 und die Straßenverkehrs-Zulassungs-Ordnung (STVZO).

2 So ist der Unternehmer – besser: das Unternehmen – grundsätzlich verantwortlich für den Einbau des Fahrtenschreibers, für die Veranlassung von Reparaturen und für regelmäßige Wiederholungsprüfungen. Damit das Unternehmen weiß, ob das Gerät im Betrieb funktioniert, trifft auch den Fahrer eine Überwachungspflicht: Er muss sich regelmäßig davon überzeugen, dass der Fahrtenschreiber richtig aufzeichnet (OLG Karlsruhe v. 10.10.1996 – 2 Ss 189/96). Diese Pflicht besteht regelmäßig bei Übernahme eines Fahrzeugs von einem anderen Fahrer, weil er sich nicht darauf verlassen darf, dass dieser die erforderliche Überprüfung schon vorgenommen hat (OLG Zweibrücken v. 28.9.1981 – 1 Ss 210/80). Hat der Fahrer am Tag zuvor das gleiche Fahrzeug gelenkt, erfolgt die Überprüfung beim analogen Fahrtenschreiber zwangsläufig schon dadurch, dass er vor dem Einlegen des neuen Schaublattes vor Antritt der ersten Fahrt am Abend zuvor das alte Schaublatt zu entnehmen hatte, wobei festgestellt werden kann, ob dieses ordnungsgemäß beschrieben war.

3 Der Unternehmer ist verpflichtet, den Fahrern eine ausreichende Anzahl von Schaublättern auszuhändigen (Art. 33 Abs. 1). Ausreichend bedeutet,

dass bezogen auf die konkreten Fahraufträge und unter Berücksichtigung etwaiger Verzögerungen, z.B. durch Stau oder bei Entladungen, eine ausreichende Anzahl von Schaublättern zur Verfügung stehen, um den sich aus der Verordnung ergebenden Aufzeichnungspflichten nachzukommen.

Bei der Aushändigung der Schaublätter hat der Unternehmer darauf zu achten, dass diese einem amtlich genehmigten Muster entsprechen und für das in dem Fahrzeug eingebaute Kontrollgerät geeignet sind.

4 Bei Fahrzeugen, die mit einem digitalen Kontrollgerät ausgerüstet sind, haben Unternehmer und Fahrer dafür Sorge zu tragen, dass bei Kontrollen die Ausdrucke gemäß Anhang I B unter Berücksichtigung der Dauer des Dienstes gefertigt werden können. Dazu gehört vor allem, dass ausreichend Druckerpapier zur Verfügung steht. Tritt während des Druckens das Ereignis »kein Papier« auf, startet das Kontrollgerät nach dem Nachladen des Papiers den Druckvorgang vom Anfang des Ausdrucks neu oder setzt den Druck fort, wobei dann ein eindeutiger Hinweis auf den zuvor gedruckten Teil erfolgt.

Das Unternehmen muss die Schaublätter aus dem digitalen Fahrtenschreiber ein Jahr lang aufheben und dem Fahrer auf Verlangen Kopien davon und der von der Fahrerkarte heruntergeladenen Daten überlassen (Art. 33 Abs. 2). Die Schaublätter, die der Fahrer nicht mehr mit sich führen muss, weil sie älter als 28 Tage sind, muss er dem Unternehmen überlassen, damit das seiner Pflicht zur Aufbewahrung nachkommen kann.

5 Die Verantwortung des Fahrers bezieht sich auf die ordnungsgemäße Nutzung des Fahrtenschreibers und die Kontrolle der Funktionsfähigkeit seiner Fahrerkarte.

Das beinhaltet beim analogen Fahrtenschreiber vor allem

- die Eintragung der maßgeblichen Daten auf dem Schaublatt (Name, Zeitpunkt und Ort bei Beginn und Ende der Arbeit, amtl. Kennzeichen des Fahrzeugs, Stand des Kilometerzählers und ggf. die Uhrzeit des Fahrzeugwechsels – Art. 43 Abs. 6),
- die richtige Verwendung der Schaublätter und deren Schutz vor Beschädigung und Verschmutzung (Art. 43 Abs. 1, 2),
- die handschriftliche Eintragung von Zeiten, die nicht durch den Fahrtenschreiber aufgezeichnet werden können (Art. 34 Abs. 3),
- die jederzeitige Mitführung der Schaublätter der der Fahrt vorangegangenen 28 Tage. Mitgeführt werden müssen auch die handschriftlichen Ersatzaufzeichnungen aus diesen Zeiträumen, in denen der Fahrtenschreiber nicht ordnungsgemäß funktioniert hat.

6 Die Aufzeichnung der Lenk- und Ruhezeiten, der Fahrtunterbrechungen, die Zeiten anderer Arbeiten und der Bereitschaftszeiten auf verschmutzten oder beschädigten Schaublättern kann eine Überprüfung durch den Arbeitgeber und eine Kontrolle durch die zuständigen Aufsichtsbehörden beeinträchtigen. Deshalb fordert Art. 34 Abs. 2 VO (EU) Nr. 165/2014 einen Schutz der Schaublätter in angemessener Weise. Wird ein Schaublatt, das bereits Aufzeichnungen enthält, beschädigt, hat der Fahrer dieses aus dem Kontrollgerät zu entnehmen und durch ein neues Schaublatt zu ersetzen. Auch ein beschädigtes Schaublatt ist für den vorgegebenen Zeitraum mitzuführen und nach Ablauf dieser Frist zusammen mit dem nach der Beschädigung eingelegten Blatt dem Unternehmer zur Aufbewahrung zu übergeben.

- Bei Verwendung eines digitalen Fahrtenschreibers muss der Fahrer die Karte bis zum Ende der täglichen Arbeitszeit im Gerät belassen (Art. 34 Abs. 1),
- Zeiten, die nicht automatisch auf der Karte erfasst wurden, etwa weil der Fahrer andere Arbeiten erledigt hat, durch Betätigung der manuellen Eingabevorrichtung am Fahrtenschreiber auf der Karte erfassen (Art. 34 Abs. 3),
- die Fahrerkarten vor Verschmutzung und Beschädigung schützen (Art. 34 Abs. 2),
- jederzeit die Fahrerkarte mit sich führen und Schaublätter der vergangenen 28 Tage, falls er in dieser Zeit auf einem Fahrzeug mit analogem Fahrtenschreiber eingesetzt war (Art. 36 Abs. 2). Mitgeführt werden müssen auch die handschriftlichen Ersatzaufzeichnungen aus diesen Zeitraum, in denen der Fahrtenschreiber nicht ordnungsgemäß funktioniert hat.

Die Verwendung verschmutzter oder beschädigter Schaublätter und Fahrerkarten ist unzulässig (Art. 34 Abs. 2), ggf. müssen handschriftliche Eintragungen auf Schaublättern, Reserveblättern oder Ausdrucken des digitalen Kontrollgeräts vorgenommen werden (Art. 35 Abs. 1 und 2). 7

Ist die Fahrerkarte verloren gegangen, beschädigt, funktioniert sie nicht richtig oder ist sie gestohlen worden, muss der Fahrer vor Beginn seiner Fahrt am digitalen Fahrtenschreiber die relevanten Fahrzeugdaten ausdrucken, auf dem Ausdruck seinen Namen eintragen und dort handschriftlich die Ruhezeiten, Arbeitsunterbrechungen, Bereitschaftszeiten und Zeiten, die mit anderen Arbeit gefüllt waren, eintragen. Am Ende seiner Fahrt ist erneut ein Ausdruck zu fertigen. Ferner sind auf dem bei Fahrtende zu fertigenden Ausdruck der Name des Fahrers und die Nummer der Fahrerkarte oder des Führerscheins zu vermerken. Der Ausdruck ist durch den Fahrer zu unterschreiben. 8

Ein Fahrer darf in diesen Fällen seine Fahrt ohne Fahrerkarte während eines Zeitraums von höchstens 15 Kalendertagen fortsetzen. Eine über diesen Zeitraum hinausgehende Fortsetzung kann in den Fällen zulässig sein, wenn dies zur Rückkehr zum Standort des Unternehmens erforderlich ist, sofern der Nachweis erbracht werden kann, dass es unmöglich war, die Fahrerkarte während dieses Zeitraums vorzulegen oder zu benutzen.

Bei Beschädigung, Fehlfunktion, Verlust oder Diebstahl der Fahrerkarte hat der Fahrer bei der für seinen gewöhnlichen Wohnsitz zuständigen Stelle 9 binnen sieben Kalendertagen einen Antrag auf Ausstellung einer Ersatzkarte zu stellen. Das Verfahren zur Ausstellung einer Ersatzfahrerkarte regelt sich nach den Vorschriften des § 4 Abs. 4 und 5 FPersV. Die den Antrag bearbeitende Stelle muss gemäß Art. 29 Abs. 4 Verordnung (EU) Nr. 165/2014 innerhalb von maximal acht Tagen eine neue Fahrerkarte ausstellen. Bei Antrag auf Erneuerung der Fahrerkarte wegen Beschädigung oder Fehlfunktion ist die nicht mehr nutzbare Karte der Antrag bearbeitenden Stelle zurückzugeben. Ist die Rückgabe nicht möglich, läuft das Verfahren wie bei der Erneuerung der Fahrerkarte wegen Fristablauf ab. Im Falle des Diebstahls ist bei der Antrag bearbeitenden Stelle eine Diebstahlanzeige der Polizei vorzulegen. Erst danach kann eine neue Fahrerkarte beantragt werden. Bestehen im Falle des Verlusts Zweifel an den Angaben des Antragstellers, kann die Antrag bearbeitende Stelle eine eidesstattliche Versicherung verlangen. Im Regelfall wird diese eidesstattliche Versicherung ab dem zweiten Verlust während der regulären Gültigkeitsdauer der Fahrerkarte abverlangt werden.

Damit der Fahrer seine Aufgaben gesetzeskonform erfüllen kann, muss ihn das Unternehmen in der richtigen Handhabung des Fahrtenschreibers einweisen bzw. schulen. Hierbei besteht ein Mitbestimmungsrecht gem. §§ 96 bis 98 BetrVG.

Artikel 32 Ordnungsgemäße Benutzung der Fahrtenschreiber

(1) Das Verkehrsunternehmen und die Fahrer sorgen für das einwandfreie Funktionieren und die ordnungsgemäße Benutzung des digitalen Fahrtenschreibers sowie der Fahrerkarte. Die Verkehrsunternehmen und die Fahrer, die einen analogen Fahrtenschreiber verwenden, stellen das einwandfreie Funktionieren des Fahrtenschreibers und die ordnungsgemäße Benutzung des Schaublatts sicher.

(2) Der digitale Fahrtenschreiber darf nicht so eingestellt werden, dass er automatisch auf eine bestimmte Tätigkeitskategorie umschaltet, wenn der Fahrzeugmotor abgestellt oder die Zündung ausgeschaltet wird, es sei denn, der Fahrer kann die jeweilige Tätigkeitskategorie weiterhin manuell eingeben.

(3) Es ist verboten, die auf dem Schaublatt aufgezeichneten, im Fahrtenschreiber oder auf der Fahrerkarte gespeicherten oder vom Fahrtenschreiber ausgedruckten Daten zu verfälschen, zu verschleiern, zu unterdrücken oder zu vernichten. Verboten ist ebenfalls jede Manipulation am Fahrtenschreiber, am Schaublatt oder an der Fahrerkarte, durch die die Daten und/oder Ausdrucke verfälscht, unterdrückt oder vernichtet werden könnten. Im Fahrzeug darf keine Vorrichtung vorhanden sein, die zu diesem Zweck verwendet werden kann.

(4) Fahrzeuge dürfen nur mit einem einzigen Fahrtenschreiber ausgerüstet sein, außer für die Zwecke der Praxiserprobungen gemäß Artikel 21.
(5) Die Mitgliedstaaten verbieten die Herstellung, den Vertrieb, die Bewerbung und den Verkauf von Geräten, die dafür konstruiert oder bestimmt sind, Fahrtenschreiber zu manipulieren.

Artikel 33 Verantwortlichkeit des Verkehrsunternehmens

(1) Das Verkehrsunternehmen hat verantwortlich dafür zu sorgen, dass seine Fahrer hinsichtlich des ordnungsgemäßen Funktionierens des Fahrtenschreibers angemessen geschult und unterwiesen werden, unabhängig davon, ob dieser digital oder analog ist; es führt regelmäßige Überprüfungen durch, um sicherzustellen, dass seine Fahrer den Fahrtenschreiber ordnungsgemäß verwenden, und gibt seinen Fahrern keinerlei direkte oder indirekte Anreize, die zu einem Missbrauch des Fahrtenschreibers anregen könnten.
Das Verkehrsunternehmen händigt den Fahrern von Fahrzeugen mit einem analogen Fahrtenschreiber eine ausreichende Anzahl Schaublätter aus, wobei es dem persönlichen Charakter dieser Schaublätter, der Dauer des Einsatzes und der Verpflichtung Rechnung trägt, beschädigte oder von einem ermächtigten Kontrolleur eingezogene Schaublätter zu ersetzen. Das Verkehrsunternehmen händigt den Fahrern nur solche Schaublätter aus, die einem genehmigten Muster entsprechen und die sich für das in das Fahrzeug eingebaute Gerät eignen.
Ist ein Fahrzeug mit einem digitalen Fahrtenschreiber ausgerüstet, so sorgen das Verkehrsunternehmen und der Fahrer dafür, dass im Falle einer Nachprüfung der Ausdruck von Daten aus dem Fahrtenschreiber unter Berücksichtigung der Dauer des Einsatzes auf Verlangen eines Kontrolleurs ordnungsgemäß erfolgen kann.
(2) Das Verkehrsunternehmen bewahrt die Schaublätter und – sofern Ausdrucke gemäß Artikel 35 erstellt wurden – die Ausdrucke in chronologischer Reihenfolge und in lesbarer Form nach der Benutzung mindestens ein Jahr lang auf und händigt den betreffenden Fahrern auf Verlangen eine Kopie aus. Das Verkehrsunternehmen händigt den betreffenden Fahrern ferner auf Verlangen eine Kopie der von den Fahrerkarten heruntergeladenen Daten sowie Ausdrucke davon aus. Die Schaublätter, die Ausdrucke und die heruntergeladenen Daten sind jedem ermächtigten Kontrolleur auf Verlangen vorzulegen oder auszuhändigen.
(3) Ein Verkehrsunternehmen haftet für Verstöße gegen diese Verordnung, die von Fahrern des Unternehmens bzw. von den Fahrern begangen werden, die ihm zur Verfügung stehen. Die Mitgliedstaaten können diese Haftung jedoch von einem Verstoß des Verkehrsunternehmens gegen Ab-

satz 1 Unterabsatz 1 des vorliegenden Artikels und Artikel 10 Absätze 1 und 2 der Verordnung (EG) Nr. 561/2006 abhängig machen.

Artikel 34 Benutzung von Fahrerkarten und Schaublättern

(1) Die Fahrer benutzen für jeden Tag, an dem sie lenken, ab dem Zeitpunkt, an dem sie das Fahrzeug übernehmen, Schaublätter oder Fahrerkarten. Das Schaublatt oder die Fahrerkarte wird nicht vor dem Ende der täglichen Arbeitszeit entnommen, es sei denn, eine Entnahme ist anderweitig zulässig. Schaublätter oder Fahrerkarten dürfen nicht über den Zeitraum, für den sie bestimmt sind, hinaus verwendet werden.
(2) Die Fahrer müssen die Schaublätter oder Fahrerkarten angemessen schützen und dürfen keine angeschmutzten oder beschädigten Schaublätter oder Fahrerkarten verwenden.
(3) Wenn der Fahrer sich nicht im Fahrzeug aufhält und daher nicht in der Lage ist, den in das Fahrzeug eingebauten Fahrtenschreiber zu betätigen, werden die in Absatz 5 Buchstabe b Ziffern ii, iii und iv genannten Zeiträume,

a) wenn das Fahrzeug mit einem analogen Fahrtenschreiber ausgerüstet ist, von Hand, durch automatische Aufzeichnung oder auf andere Weise lesbar und ohne Verschmutzung des Schaublatts auf dem Schaublatt eingetragen,
b) wenn das Fahrzeug mit einem digitalen Fahrtenschreiber ausgerüstet ist, mittels der manuellen Eingabevorrichtung des Fahrtenschreibers auf der Fahrerkarte eingetragen.

Die Mitgliedstaaten dürfen von den Fahrern nicht die Vorlage von Formularen verlangen, mit denen die Tätigkeit der Fahrer, während sie sich nicht im Fahrzeug aufhalten, bescheinigt wird.
(4) Befindet sich an Bord eines mit einem digitalen Fahrtenschreiber ausgerüsteten Fahrzeugs mehr als ein Fahrer, so stellt jeder Fahrer sicher, dass seine Fahrerkarte in den richtigen Steckplatz im Fahrtenschreiber eingeschoben ist.
Befindet sich an Bord eines mit einem analogen Fahrtenschreiber ausrüsteten Fahrzeugs mehr als ein Fahrer, nehmen die Fahrer auf den Schaublättern erforderliche Änderungen so vor, dass die relevanten Angaben auf dem Schaublatt des Fahrers, der tatsächlich lenkt, aufgezeichnet werden.
(5) Die Fahrer

a) achten darauf, dass die Zeitmarkierung auf dem Schaublatt mit der gesetzlichen Zeit des Landes übereinstimmt, in dem das Fahrzeug zugelassen ist,
b) betätigen die Schaltvorrichtung des Kontrollgeräts so, dass folgende Zeiten getrennt und unterscheidbar aufgezeichnet werden:

i) unter dem Zeichen: die Lenkzeiten,

ii) unter dem Zeichen: »andere Arbeiten«, das sind alle anderen Tätigkeiten als die Lenktätigkeit im Sinne von Artikel 3 Buchstabe a der Richtlinie 2002/15/EG sowie jegliche Arbeit für denselben oder einen anderen Arbeitgeber, sei es innerhalb oder außerhalb des Verkehrssektors,

iii) unter dem Zeichen: »Bereitschaftszeit« im Sinne von Artikel 3 Buchstabe b der Richtlinie 2002/15/EG,

iv) unter dem Zeichen: Arbeitsunterbrechungen oder Ruhezeiten.

(6) Jeder Fahrer eines mit einem analogen Fahrtenschreiber ausgestatteten Fahrzeugs trägt auf dem Schaublatt folgende Angaben ein:

a) bei Beginn der Benutzung des Schaublatts: seinen Namen und Vornamen,

b) bei Beginn und am Ende der Benutzung des Schaublatts: den Zeitpunkt und den Ort,

c) das amtliche Kennzeichen des Fahrzeugs, das dem Fahrer zugewiesen ist, und zwar vor der ersten auf dem Schaublatt verzeichneten Fahrt und in der Folge im Falle des Fahrzeugwechsels während der Benutzung des Schaublatts,

d) den Stand des Kilometerzählers:

i) vor der ersten auf dem Schaublatt verzeichneten Fahrt,

ii) am Ende der letzten auf dem Schaublatt verzeichneten Fahrt,

iii) im Falle des Fahrzeugwechsels während des Arbeitstags den Zählerstand des ersten Fahrzeugs, das dem Fahrer zugewiesen war, und den Zählerstand des nächsten Fahrzeugs,

e) gegebenenfalls die Uhrzeit des Fahrzeugwechsels.

(7) Der Fahrer gibt in den digitalen Fahrtenschreiber das Symbol des Landes ein, in dem er seine tägliche Arbeitszeit beginnt, und das Symbol des Landes, in dem er seine tägliche Arbeitszeit beendet. Ein Mitgliedstaat kann jedoch den Fahrern von Fahrzeugen, die einen innerstaatlichen Transport in seinem Hoheitsgebiet durchführen, vorschreiben, dem Symbol des Landes genauere geografische Angaben hinzuzufügen, sofern der Mitgliedstaat diese genaueren geografischen Angaben der Kommission vor dem 1. April 1998 mitgeteilt hat.

Die Fahrer brauchen die Angaben nach Artikel 1 Unterabsatz 1 nicht zu machen, wenn der Fahrtenschreiber Standortdaten gemäß Artikel 8 automatisch aufzeichnet.

Artikel 35 Beschädigte Fahrerkarten und Schaublätter

(1) Wird ein Schaublatt, das Aufzeichnungen enthält, oder eine Fahrerkarte beschädigt, so müssen die Fahrer das beschädigte Schaublatt oder die beschädigte Fahrerkarte dem ersatzweise verwendeten Reserveblatt beifügen.

(2) Bei Beschädigung, Fehlfunktion, Verlust oder Diebstahl der Fahrerkarte muss der Fahrer

a) zu Beginn seiner Fahrt die Angaben über das von ihm gelenkte Fahrzeug ausdrucken und in den Ausdruck
   i) die Angaben eintragen, mit denen der Fahrer identifiziert werden kann (Name, Nummer der Fahrerkarte oder des Führerscheins), und seine Unterschrift anbringen,
   ii) die in Artikel 34 Nummer 5 Buchstabe b Ziffern ii, iii und iv genannten Zeiten eintragen,

b) am Ende seiner Fahrt die Angaben über die vom Fahrtenschreiber aufgezeichneten Zeiten ausdrucken, die vom Fahrtenschreiber nicht erfassten Zeiten vermerken, in denen er seit dem Erstellen des Ausdrucks bei Fahrtantritt andere Arbeiten ausgeübt hat, Bereitschaft hatte oder eine Ruhepause eingelegt hat, und auf diesem Dokument die Angaben eintragen, mit denen der Fahrer identifiziert werden kann (Name, Nummer der Fahrerkarte oder des Führerscheins), und seine Unterschrift anbringen.

Artikel 36 Vom Fahrer durchzuführende Aufzeichnungen

(1) Lenkt der Fahrer ein Fahrzeug, das mit einem analogen Fahrtenschreiber ausgerüstet ist, so muss er einem ermächtigten Kontrolleur auf Verlangen jederzeit Folgendes vorlegen können:

i) die Schaublätter für den laufenden Tag und die vom Fahrer an den vorherigen 28 Tagen verwendeten Schaublätter,
ii) die Fahrerkarte, falls er Inhaber einer solchen Karte ist, und
iii) alle am laufenden Tag und an den vorherigen 28 Tagen erstellten handschriftlichen Aufzeichnungen und Ausdrucke, die gemäß der vorliegenden Verordnung und der Verordnung (EG) Nr. 561/2006 vorgeschrieben sind.

(2) Lenkt der Fahrer ein Fahrzeug, das mit einem digitalen Fahrtenschreiber ausgerüstet ist, so muss er einem ermächtigten Kontrolleur auf Verlangen jederzeit Folgendes vorlegen können:

i) seine Fahrerkarte,
ii) alle am laufenden Tag und an den vorherigen 28 Tagen erstellten handschriftlichen Aufzeichnungen und Ausdrucke, die gemäß der

vorliegenden Verordnung und der Verordnung (EG) Nr. 561/2006 vorgeschrieben sind,

iii) die Schaublätter für den Zeitraum gemäß Ziffer ii, falls er in dieser Zeit ein Fahrzeug gelenkt hat, das mit einem analogen Fahrtenschreiber ausgerüstet ist.

(3) Ein ermächtigter Kontrolleur kann die Einhaltung der Verordnung (EG) Nr. 561/2006 überprüfen, indem er die Schaublätter, die vom Fahrtenschreiber oder auf der Fahrerkarte gespeicherten Daten (mittels Anzeige, Ausdruck oder Herunterladen) oder anderenfalls jedes andere beweiskräftige Dokument, das die Nichteinhaltung einer Bestimmung wie etwa des Artikels 29 Absatz 2 und des Artikels 37 Absatz 2 dieser Verordnung belegt, analysiert.

Artikel 37 Verfahren bei einer Fehlfunktion des Gerätes

(1) Bei Betriebsstörung oder Fehlfunktion des Fahrtenschreibers muss das Verkehrsunternehmen die Reparatur, sobald die Umstände dies gestatten, von einem zugelassenen Einbaubetrieb oder einer zugelassenen Werkstatt durchführen lassen.

Kann die Rückkehr zum Standort des Verkehrsunternehmens erst nach mehr als einer Woche nach dem Tag des Eintritts der Betriebsstörung oder der Feststellung der Fehlfunktion erfolgen, so ist die Reparatur unterwegs vorzunehmen.

In den gemäß Artikel 41 getroffenen Maßnahmen ermächtigen die Mitgliedstaaten die zuständigen Behörden dazu, die Benutzung des Fahrzeugs zu untersagen, wenn eine Betriebsstörung oder Fehlfunktion nicht gemäß Unterabsatz 1 oder 2 des vorliegenden Absatzes behoben wird, sofern dies mit den nationalen Rechtsvorschriften des betreffenden Mitgliedstaats im Einklang steht.

(2) Während einer Betriebsstörung oder bei Fehlfunktion des Fahrtenschreibers vermerkt der Fahrer die Angaben, mit denen er identifiziert werden kann (Name, Nummer seiner Fahrerkarte oder seines Führerscheins), zusammen mit seiner Unterschrift sowie die vom Fahrtenschreiber nicht mehr ordnungsgemäß aufgezeichneten oder ausgedruckten Angaben über die verschiedenen Zeiten

a) auf dem Schaublatt bzw. den Schaublättern oder
b) auf einem besonderen Blatt, das dem Schaublatt oder der Fahrerkarte beigefügt wird.

Kapitel VII
Durchsetzung und Sanktionen

Artikel 38 Kontrolleure

(1) Um die Einhaltung dieser Verordnung wirksam zu überwachen, werden die ermächtigten Kontrolleure mit ausreichender Ausrüstung und angemessenen gesetzlichen Befugnisse ausgestattet, damit sie ihren Aufgaben gemäß dieser Verordnung nachkommen können. Zu dieser Ausrüstung gehören insbesondere:

a) Kontrollkarten, die den Zugang zu Daten ermöglichen, die auf dem Fahrtenschreiber und auf den Fahrtenschreiberkarten sowie optional auf der Werkstattkarte aufgezeichnet sind,
b) die Instrumente, die erforderlich sind, um Datendateien der Fahrzeugeinheit und der Fahrtenschreiberkarten herunterzuladen und um derartige Datendateien und vom digitalen Fahrtenschreiber ausgedruckte Daten zusammen mit Schaublättern oder Tabellen vom analogen Fahrtenschreiber analysieren zu können.

(2) Wenn Kontrolleure bei einer Überprüfung genügend Hinweise feststellen, die einen begründeten Betrugsverdacht nahelegen, sind sie befugt, das Fahrzeug zu einer zugelassenen Werkstatt zu schicken, wo weitere Kontrollen vorgenommen werden, um insbesondere zu überprüfen, dass

a) der Fahrtenschreiber ordnungsgemäß funktioniert,
b) der Fahrtenschreiber die Daten korrekt aufzeichnet und speichert und die Kalibrierungsparameter korrekt sind.

(3) Die Kontrolleure sind befugt, zugelassene Werkstätten aufzufordern, die in Absatz 2 genannte Kontrolle sowie spezielle Kontrollen vorzunehmen, die darauf ausgerichtet sind, das Vorhandensein von Manipulationsgeräten festzustellen. Werden Manipulationsgeräte festgestellt, so können der Fahrtenschreiber einschließlich des Gerätes selbst, die Fahrzeugeinheit oder ihre Bestandteile sowie die Fahrerkarte aus dem Fahrzeug entfernt und entsprechend den nationalen Verfahrensregeln für die Behandlung von Beweismaterial als Beweisstücke verwendet werden.

(4) Die Kontrolleure machen gegebenenfalls von der Möglichkeit Gebrauch, während einer Kontrolle des Sitzes des Unternehmens Fahrtenschreiber und Fahrerkarten zu überprüfen, die sich vor Ort befinden.

Artikel 39 Aus- und Fortbildung der Kontrolleure

(1) Die Mitgliedstaaten stellen sicher, dass die Kontrolleure für die Analyse der aufgezeichneten Daten und die Überprüfung des Fahrtenschrei-

bers ordnungsgemäß geschult sind, um eine effiziente und harmonisierte Kontrolle und Rechtsdurchsetzung zu erreichen.
(2) Die Mitgliedstaaten teilen der Kommission bis 2. September 2016 die für ihre Kontrolleure geltenden Aus- und Fortbildungsanforderungen mit.
(3) Die Kommission erlässt im Wege von Durchführungsrechtsakten Vorschriften, in denen der Inhalt der Grundausbildung und Fortbildung der Kontrolleure einschließlich der Ausbildung in Techniken für die gezielte Kontrolle und die Feststellung von Manipulationsgeräten und Betrug präzisiert wird. Diese Maßnahmen beinhalten Leitlinien zur Erleichterung der Durchführung der einschlägigen Bestimmungen dieser Verordnung und der Verordnung (EG) Nr. 561/2006. Diese Durchführungsrechtsakte werden nach dem in Artikel 42 Absatz 3 genannten Prüfverfahren erlassen.
(4) Die Mitgliedstaaten nehmen den von der Kommission präzisierten Inhalt in die Aus- und Fortbildung der Kontrolleure auf.

Artikel 40 Gegenseitige Amtshilfe

Die Mitgliedstaaten gewähren einander Beistand im Hinblick auf die Anwendung dieser Verordnung und die Überwachung der Anwendung.
Im Rahmen dieser Amtshilfe sind die zuständigen Behörden der Mitgliedstaaten insbesondere gehalten, sich einander regelmäßig alle verfügbaren Informationen über Verstöße gegen diese Verordnung in Bezug auf Einbaubetriebe und Werkstätten, Arten von Manipulationsverfahren und die wegen solcher Verstöße verhängten Strafen zu übermitteln.

Artikel 41 Sanktionen

(1) Die Mitgliedstaaten erlassen in Einklang mit den nationalen Verfassungsbestimmungen Vorschriften über die bei einem Verstoß gegen diese Verordnung zu verhängenden Sanktionen und treffen alle erforderlichen Maßnahmen, damit diese Sanktionen angewandt werden. Diese Sanktionen müssen wirksam, verhältnismäßig und abschreckend sein und dürfen nicht diskriminierend sein, sie müssen ferner den in der Richtlinie 2006/22/EG festgelegten Kategorien von Verstößen entsprechen.
(2) Die Mitgliedstaaten teilen der Kommission diese Maßnahmen und die Vorschriften für Sanktionen bis 2. März 2016 mit. Sie teilen der Kommission jede spätere Änderung dieser Maßnahmen mit.

Kapitel VIII
Schlussbestimmungen

Artikel 42 Ausschuss

(1) Die Kommission wird von einem Ausschuss unterstützt. Dabei handelt es sich um einen Ausschuss im Sinne der Verordnung (EU) Nr. 182/2011.

(2) Wird auf diesen Absatz Bezug genommen, so gilt Artikel 4 der Verordnung (EU) Nr. 182/2011.

(3) Wird auf diesen Absatz Bezug genommen, so gilt Artikel 5 der Verordnung (EU) Nr. 182/2011.

Gibt der Ausschuss keine Stellungnahme ab, so erlässt die Kommission den Durchführungsrechtsakt nicht und Artikel 5 Absatz 4 Unterabsatz 3 der Verordnung (EU) Nr. 182/2011 findet Anwendung.

Wird die Stellungnahme des Ausschusses in einem schriftlichen Verfahren eingeholt, so wird das Verfahren ohne Ergebnis abgeschlossen, wenn der Vorsitz dies innerhalb der Frist für die Abgabe der Stellungnahme beschließt oder eine einfache Mehrheit der Ausschussmitglieder es verlangt.

Artikel 43 Fahrtenschreiberforum

(1) Ein Fahrtenschreiberforum wird eingerichtet, um den Dialog über technische Angelegenheiten in Bezug auf Fahrtenschreiber zwischen Fachleuten aus den Mitgliedstaaten, Mitgliedern des Ausschusses nach Artikel 42 und Fachleuten aus den Drittländern zu fördern, die Fahrtenschreiber entsprechend dem AETR-Übereinkommen verwenden.

(2) Die Mitgliedstaaten sollten die an dem Ausschuss nach Artikel 42 beteiligten Fachleute als Fachleute in das Fahrtenschreiberforum entsenden.

(3) Das Fahrtenschreiberforum steht für die Beteiligung von Fachleuten aus interessierten Drittstaaten, die Vertragsparteien des AETR-Übereinkommens sind, offen.

(4) Zum Fahrtenschreiberforum werden Beteiligte, Vertreter der Fahrzeughersteller, Fahrtenschreiberhersteller, Sozialpartner und der Europäische Datenschutzbeauftragte eingeladen.

(5) Das Fahrtenschreiberforum gibt sich eine Geschäftsordnung.

(6) Das Fahrtenschreiberforum tritt mindestens einmal jährlich zusammen.

Artikel 44 Mitteilung der innerstaatlichen Vorschriften

Die Mitgliedstaaten teilen der Kommission den Wortlaut der Rechts- und Verwaltungsvorschriften mit, die sie auf dem unter diese Verordnung fallenden Gebiet erlassen, und zwar spätestens 30 Tage nach ihrer Annahme und erstmals bis 2. März 2015.

In der Bundesrepublik Deutschland wurden folgende Vorschriften erlassen:

- Gesetz über das Fahrpersonal von Kraftfahrzeugen und Straßenbahnen (Fahrpersonalgesetz – FPersG) i. d. F. der Bekanntmachung vom 19. 2. 1987 (BGBl. I S. 640), das zuletzt durch Artikel 1 des Gesetzes vom 2. März 2015 (BGBl. I S. 186) geändert wurde.
- Verordnung zur Durchführung der Fahrpersonalverordnung des Fahrpersonalgesetzes (Fahrpersonalverordnung – FPersV) v. 27. 6. 2005 (BGBl. I S. 1882), die zuletzt durch Artikel 475 der Verordnung vom 31. August 2015 (BGBl. I S. 1474) geändert worden ist Verordnung über EWG-Bauartgenehmigungen für Kontrollgeräte und Schaublätter v. 15. 12. 1971 (BGBl. I S. 2023).
- Umsetzung der Richtlinie 2006/22/EG des Europäischen Parlaments und des Rates v. 15. 3. 2006 über die Mindestbedingungen für die Durchführung der Verordnungen (EWG) Nr. 3820/85 und (EWG) Nr. 3821/85 des Rates über Sozialvorschriften für die Tätigkeiten im Kraftverkehr sowie zur Aufhebung der Richtlinie 88/599/EWG des Rates v. 2. 2. 2007 (VkBl. Heft 4, 2007, S. 73), geändert im Rahmen der Umsetzung der Richtlinien 2009/4/EG v. 23. 1. 2009 und der Richtlinie 2009/5/EG vom 30. 1. 2009 (VkBl. Heft 22, 2009, S. 720).

Artikel 45 Inkrafttreten

(Nicht abgedruckt: Änderungen anderer Vorschriften)

Artikel 46 Übergangsmaßnahmen

Sofern die Durchführungsrechtsakte, auf die in dieser Verordnung Bezug genommen wird, nicht rechtzeitig erlassen wurden, dass sie zum Zeitpunkt der Anwendung dieser Verordnung angewendet werden können, gelten weiter vorübergehend die Vorschriften der Verordnung (EWG) Nr. 3821/85 einschließlich des Anhangs IB bis zum Zeitpunkt der Anwendung der Durchführungsrechtsakte, auf die in dieser Verordnung Bezug genommen wird.

Artikel 47 Aufhebung

Die Verordnung (EWG) Nr. 3821/85 wird aufgehoben. Verweise auf die aufgehobene Verordnung gelten als Verweise auf die vorliegende Verordnung.

Artikel 48 Inkrafttreten

Diese Verordnung tritt am Tag nach ihrer Veröffentlichung im Amtsblatt der Europäischen Union in Kraft.
Sie gilt vorbehaltlich der Übergangsmaßnahmen gemäß Artikel 46 ab 2. März 2016. Die Artikel 24, 34 und 45 gelten jedoch ab dem 2. März 2015.
Diese Verordnung ist in allen ihren Teilen verbindlich und gilt unmittelbar in jedem Mitgliedstaat.

Geschehen zu Straßburg am 4. Februar 2014.

Im Namen des Europäischen Parlaments
Der Präsident
M. Schulz

Im Namen des Rates
Der Präsident
E. Venizelos
Nicht abgedruckt wurden die Anhänge
I – Vorschriften über Bau, Prüfung, Einbau und Nachprüfung analoger Fahrtenschreiber und
II – Prüfzeichen und Bauartgenehmigungsbogen

F. Straßenverkehrs-Zulassungs-Ordnung (StVZO)

in der Fassung vom 28. September 1988 (BGBl. I S. 1793), zuletzt geändert durch Artikel 1 der Verordnung vom 10. Juni 2024 (BGBl I Nr. 191) geändert wurde.

§ 57a Fahrtschreiber und Kontrollgerät

(1) weggefallen

(1a) Der Fahrtschreiber sowie alle lösbaren Verbindungen der Übertragungseinrichtungen müssen plombiert sein.

(2) Der Fahrtschreiber muss vom Beginn bis zum Ende jeder Fahrt ununterbrochen in Betrieb sein und auch die Haltezeiten aufzeichnen. Die Schaublätter – bei mehreren miteinander verbundenen Schaublättern (Schaublattbündel) das erste Blatt – sind vor Antritt der Fahrt mit dem Namen der Führer sowie dem Ausgangspunkt und Datum der ersten Fahrt zu bezeichnen; ferner ist der Stand des Wegstreckenzählers am Beginn und am Ende der Fahrt oder beim Einlegen und bei der Entnahme des Schaublatts vom Kraftfahrzeughalter oder dessen Beauftragten einzutragen; andere, durch Rechtsvorschriften weder geforderte noch erlaubte Vermerke auf der Vorderseite des Schaublattes sind unzulässig. Es dürfen nur Schaublätter mit Prüfzeichen verwendet werden, die für den verwendeten Fahrtschreibertyp zugeteilt sind. Die Schaublätter sind zuständigen Personen auf Verlangen jederzeit vorzulegen; der Kraftfahrzeughalter hat sie ein Jahr lang aufzubewahren. Auf jeder Fahrt muß mindestens ein Ersatzschaublatt mitgeführt werden.

(3) Die Absätze 1 bis 2 gelten nicht, wenn das Fahrzeug an Stelle eines vorgeschriebenen Fahrtschreibers mit einem Kontrollgerät im Sinne des Anhangs I oder des Anhangs I B der Verordnung (EWG) Nr. 3821/85, ausgerüstet ist. In diesem Fall ist das Kontrollgerät nach Maßgabe des Absatzes 2 zu betreiben; bei Verwendung eines Kontrollgerätes nach Anhang I B der Verordnung (EWG) Nr. 3821/85 muss die Fahrerkarte nicht gesteckt werden. Im Falle des Einsatzes von Kraftomnibussen im Linienverkehr bis 50 km kann an Stelle des Namens der Führer das amtliche Kennzeichen oder die Betriebsnummer des jeweiligen Fahrzeugs auf den Ausdrucken und Schaublättern eingetragen werden. Die Daten des Massespeichers sind vom Kraftfahrzeughalter alle drei Monate herunterzuladen; § 2 Abs. 5 der Fahrpersonalverordnung gilt entsprechend. Wird

bei Fahrzeugen zur Güterbeförderung mit einer zulässigen Gesamtmasse von mindestens 12 t oder bei Fahrzeugen zur Personenbeförderung mit mehr als acht Sitzplätzen außer dem Fahrersitz und einer zulässigen Gesamtmasse von mehr als 10 t, die ab dem 1. Januar 1996 erstmals zum Verkehr zugelassen wurden und bei denen die Übermittlung der Signale an das Kontrollgerät ausschließlich elektrisch erfolgt, das Kontrollgerät ausgetauscht, so muss dieses durch ein Gerät nach Anhang I B der Verordnung (EWG) Nr. 3821/85 ersetzt werden. Ein Austausch des Kontrollgerätes im Sinne des Satzes 5 liegt nur dann vor, wenn das gesamte System bestehend aus Registriereinheit und Geschwindigkeitsgeber getauscht wird.

(4) Weitergehende Anforderungen in Sondervorschriften bleiben unberührt.

Bis zu einer Änderung der STVZO im Jahr 2021 war in § 57a Abs. 1 STVZO die Verpflichtung enthalten, auch Busse im Linienverkehr mit einer Linienlänge unter 50 KM mit einem Fahrtenschreiber auszustatten. Die galt allerdings nur für Fahrzeuge, die bis zum 1.1.2013 in den Verkehr gekommen sind. So legt es die Übergangsvorschrift in § 72 Abs. 1 STVZO fest, allerdings mit einem inzwischen anderen – späteren – Stichtag. Der ändert aber nichts daran, dasss der 1.1.2013 weiterhin der relevante Stichtag für das Ende der Verpflichtung zum Einbau des Fahrtenschreibes ist. Das ergibt sich aus dem Ausschluss der Rückwirkung der Neuregelungen aus dem Jahr 2021. Deshalb ändert sich nichts am in einer älteren Fassung der STVZO festgelegten Ende der Einbaupflicht am 31.12.2012.

Bei den älteren Fahrzeugen bleibt es bei der Verpflichtung, wie sie in § 57a Abs. 1 STVZO stand.

Nach dieser alten Vorschrift sind Kraftfahrzeuge, die zur Beförderung von Personen bestimmt und mit mehr als acht Fahrgastplätzen ausgestattet sind, mit einem eichfähigen Fahrtenschreiber auszurüsten. Im Übrigen richtet sich die Kontrolle der Einhaltung der Fahrpersonalvorschriften im ÖPNV nach § 1 Abs. 6–10 FPersV (vgl. Zweiter Teil Abschnitt C dieses Kommentars).

Diese Fahrtenschreiber müssen von Beginn bis zum Ende jeder Fahrt ununterbrochen in Betrieb sein und auch die Haltezeiten aufzeichnen. Es dürfen nur Schaublätter mit Prüfzeichen verwendet werden, die für den verwendeten Fahrtenschreibertyp zugeteilt worden sind. Vor dem Antritt der Fahrt oder beim Einlegen des Schaublattes sind auf dem Schaublatt die Namen der Fahrzeugführer, Ausgangspunkt und Datum der ersten Fahrt sowie der Stand des Wegstreckenzählers einzutragen. Anstelle der Namen ist es bei diesem Einsatz von Kraftomnibussen im Umkreis von 50 km auch zulässig, das amtliche Kennzeichen oder die Betriebsnummer des jeweiligen Fahrzeugs auf dem Schaublatt zu vermerken. Am Ende der Fahrt oder bei der

Entnahme des Schaublattes ist der aktuelle Stand des Wegstreckenzählers auf dem Schaublatt einzutragen. Auf die Ausrüstung dieser Kraftomnibusse mit einem Fahrtenschreiber nach § 57a StVZO kann jedoch wiederum verzichtet werden, wenn das Fahrzeug mit einem elektronischen Kontrollgerät gemäß der Verordnung (EWG) Nr. 3821/85 bzw. einem intelligenten Fahrtenschreiber gemäß der der Verordnung (EU) Nr. 165/2014 ausgerüstet ist. Auf EU-Ebene ist die VO 3821/85 nicht mehr in Kraft; da die STVZO aber noch nicht geändert wurde, können die nach dieser Vorschrift zulässigen Geräte weiterhin statt der alten Fahrtenschreiber genutzt werden. Wie der Fahrtenschreiber ist auch das Kontrollgerät nach den Maßgaben des § 57a Abs. 2 StVZO zu betreiben. Ist ein solches Fahrzeug mit einem intelligenten Fahrtenschreiber gemäß der Verordnung (EU) Nr. 165/2014 ausgerüstet, muss die Fahrerkarte nicht gesteckt werden. Der Unternehmer hat die Pflicht, die Daten vom Massenspeicher des digitalen Kontrollgerätes spätestens alle drei Monate zu kopieren. § 2 Abs. 5 der Fahrpersonalverordnung gilt gemäß § 57a Abs. 3 StVZO entsprechend, d. h., der Unternehmer hat die vom Massenspeicher des digitalen Kontrollgeräts zu kopierenden und auf Verlangen einer zur Kontrolle befugten Behörde/Stelle entweder unmittelbar, durch Datenfernübertragung oder auf einem durch diese Behörde/Stelle zu bestimmenden Datenträger zur Verfügung zu stellen.

Der Unternehmer hat darüber hinaus von allen kopierten Daten unverzüglich Sicherheitskopien zu erstellen, die auf einem gesonderten Datenträger zu speichern sind (vgl. § 2 Nr. 5 FPersV). Die zum Betreiben digitaler Kontrollgeräte erforderlichen Unternehmenskarten sind durch das Unternehmen bei den nach Landesrecht zuständigen Behörden oder Stellen zu beantragen (vgl. § 4a FPersG, § 4 Abs. 2 FPersV).

Dritter Teil: Glossar

Arbeitsbereitschaft 1

Die Arbeitsbereitschaft wird als wache Achtsamkeit im Zustand der Entspannung definiert (BAG v. 28.1.1981 – 4 AZR 892/78). Die früher schwierige Abgrenzung zum Bereitschaftsdienst ist überholt, da mittlerweile beide zur → Arbeitszeit[1] zählen. Bedeutsam ist nur noch die Abgrenzung zur → Vollarbeit, da das Vorliegen von Arbeitsbereitschaft Voraussetzung für abweichende Regelungen durch Tarifvertrag oder durch Betriebs- oder Dienstvereinbarungen gemäß → § 7 ArbZG Abs. 1 Nr. 1 a) Nr. 4 a), Abs. 2a ArbZG ist.

Arbeitsunterbrechung 2

Die Arbeitsunterbrechung ist eine durch → § 1 Abs. 3 FPersV abweichende Regelung der Mindestdauer der Fahrtunterbrechung für Kraftomnibusfahrer im Nahverkehr. Allein die Dauer der Fahrtunterbrechung wird abweichend geregelt. Andere Arbeiten bleiben während der ganzen Zeit unzulässig.

Arbeitszeit 3

Arbeitszeit ist die Zeit während der Arbeitnehmer arbeitet, dem Arbeitgeber zur Verfügung steht und seine Tätigkeit ausübt oder Aufgaben wahrnimmt (EuGH v. 9.9.2003 – Rs. C-151/02). Maßgebliches Kriterium ist die Pflicht des Arbeitnehmers, dem Arbeitgeber bei örtlicher Anwesenheit zur Verfügung zu stehen. Daher zählen → Vollarbeit, → Arbeitsbereitschaft und → Bereitschaftsdienst zur Arbeitszeit. Die Vergütung der Arbeitszeit richtet sich allein nach Tarifvertrag, sodass → Vollarbeit, → Arbeitsbereitschaft und → Bereitschaftsdienst durchaus unterschiedlich bezahlt werden können. Bei der → Rufbereitschaft zählt allein die Zeit der tatsächlichen Inanspruchnahme zur Arbeitszeit.

---

1 »→« verweist auf den Artikel zum Begriff im Glossar oder die Kommentierung des Artikels bzw. Paragraphen.

4 **Bereitschaftsdienst**
Bereitschaftsdienst liegt vor, wenn sich der Arbeitnehmer, ohne dass von ihm wache Achtsamkeit gefordert wird, für Zwecke des Betriebs an einer vom Arbeitgeber bestimmten Stelle innerhalb oder außerhalb des Betriebs aufzuhalten hat, damit er erforderlichenfalls seine volle Arbeitstätigkeit unverzüglich aufnehmen kann (BAG v. 10. 6. 1956 – 4 AZR 567/56). Der Bereitschaftsdienst wird auch als körperliche → Arbeitsbereitschaft bezeichnet, da im Gegensatz zur eigentlichen geistigen → Arbeitsbereitschaft die bloße körperliche Anwesenheit ausreicht. Für die Fahrer, für die die → Arbeitszeit durch → § 21a ArbZG geregelt wird, zählen bestimmte Bereitschaftsdienste nicht zur Arbeitszeit, wenn deren Dauer im Voraus feststeht. In diesem Fall wird wie bei der → Rufbereitschaft nur die tatsächlich geleistete Tätigkeit als Arbeitszeit gezählt. Für die übrigen Arbeitnehmer zählt der gesamte → Bereitschaftsdienst zur Arbeitszeit.

5 **Fahrtunterbrechung**
Die Fahrtunterbrechung ist die Unterbrechung der Lenktätigkeit. Gemäß → Art. 7 Verordnung (EG) Nr. 561/2006 hat der Fahrer nach einer → Lenkzeit von 4,5 Stunden eine Fahrtunterbrechung von 45 Minuten einzulegen. Sie kann durch Kurzunterbrechungen von 15 Minuten und 30 Minuten Dauer ersetzt werden. Eine Fahrtunterbrechung muss grundsätzlich dieselben Kriterien erfüllen wie eine → Ruhepause. Sie muss frei von jeder Tätigkeit sein und der Erholung dienen. Sie muss hingegen nicht im Voraus feststehen. Für den Personenlinienverkehr bis zu einer Linienlänge von 50 Kilometern sieht → § 1 Abs. 3 FPersV eine Sonderregelung vor. Beträgt der durchschnittliche Haltestellenabstand mehr als drei Kilometer, so ist nach einer → Lenkzeit von 4,5 Stunden eine Fahrtunterbrechung von mindestens 30 zusammenhängenden Minuten einzulegen. Diese Unterbrechung kann durch zwei Teilunterbrechungen von jeweils mindestens 20 zusammenhängenden Minuten oder drei Teilunterbrechungen von jeweils 15 Minuten ersetzt werden. Beträgt der durchschnittliche Haltestellenabstand nicht mehr als drei Kilometer, so können anstatt Fahrtunterbrechungen → Arbeitsunterbrechungen eingelegt werden, soweit diese nach den Dienst- und Fahrplänen in der Arbeitsschicht enthalten sind. Dabei muss die Gesamtdauer der → Arbeitsunterbrechungen mindestens ein Sechstel der vorgesehenen Lenkzeit betragen (Sechstelregelung). Die einzelnen → Arbeitsunterbrechungen dürfen grundsätzlich 10 Minuten nicht unterschreiten. Für die abhängig beschäftigten Fahrer kann durch Tarifvertrag vereinbart werden, dass die Arbeitsunterbrechungen auch 8 Minuten betragen dürfen, wenn ein Ausgleich vorgesehen ist, der die ausreichende Erholung des Fahrers erwarten lässt. Für selbstständige Fahrer kann die nach Landesrecht zuständige Behörde entsprechende Ausnahmen bewilligen.

Auch wenn in der Sechstelregelung gefahren wird, muss nach einer ununterbrochenen Fahrzeit von 4,5 Stunden eine Fahrtunterbrechung von mindestens 45 Minuten eingelegt werden.

Geteilter Dienst 6

Der geteilte Dienst ist häufig in Betrieben des öffentlichen Personennahverkehrs anzutreffen. Danach wird die Arbeitszeit mindestens einmal durch eine besonders lange → Ruhepause unterbrochen, um das wechselnde Fahrplanangebot abdecken zu können. Lage und Dauer des geteilten Dienstes hängen von der Wahrnehmung der Mitbestimmungsrechte durch den Betriebsrat gem. § 87 Abs. 1 Nr. 2 BetrVG ab. Tarifliche Regelungen zur Dauer der Schichtzeit begrenzen den geteilten Dienst.

Kurzpause 7

Die Kurzpause ist eine → Ruhepause, deren Dauer kürzer ist als die gesetzlich vorgeschriebene Mindestzeit von 15 Minuten. In Schicht- oder Verkehrsbetrieben kann sie gemäß → § 7 Abs. 1 Nr. 2 ArbZG durch Tarifvertrag oder aufgrund eines Tarifvertrages in einer Betriebs- oder Dienstvereinbarung zugelassen werden und sie muss eine angemessene Dauer haben. Die angemessene Dauer ist noch nicht abschließend geklärt. Die Meinungen reichen von 3 bis zu 5 Minuten Mindestdauer. Wie die → Ruhepause zählt auch eine Kurzpause von angemessener Dauer nicht zur → Arbeitszeit (BAG v. 13.10.2009 – 9 AZR 139/08).

Kurzunterbrechung 8

→ Fahrtunterbrechung

Lenkzeit 9

Die Lenkzeit beschreibt die Dauer der Lenktätigkeit. Gemäß → Art. 6 Verordnung (EG) Nr. 561/2006 haben die Fahrer Tages- und Wochenlenkzeiten einzuhalten. Die Tageslenkzeit beträgt grundsätzlich 9 Stunden und kann zweimal in der Kalenderwoche auf 10 Stunden verlängert werden. Die Tageslenkzeit muss zwischen → zwei Ruhezeiten liegen, die ihrerseits innerhalb eines 24-Stunden-Zeitraums liegen müssen (EuGH v. 2.6.1994 – C-313/92). Die Wochenlenkzeit darf 56 Stunden nicht überschreiten. In der Doppelwoche darf die Lenkzeit 90 Stunden nicht überschreiten. Zur Lenkzeit wird nicht nur das Fahren selbst gezählt, sondern auch andere damit zusammenhängende Tätigkeiten, wenn sie drei Kriterien erfüllen:

1. Der Fahrer kann den Platz hinter dem Lenkrad nicht verlassen.
2. Der Fahrer muss sich in gespannter Aufmerksamkeit bereithalten, um sofort wieder unter Berücksichtigung des übrigen Verkehrs anfahren zu können.

3. Der Fahrer muss ähnlich hohen psychischen und physischen Belastungen ausgesetzt sein wie bei ununterbrochener Fahrt.

10 Rufbereitschaft

Rufbereitschaft ist → Bereitschaftsdienst, bei dem der Arbeitnehmer sich an einem selbstbestimmten, dem Arbeitgeber nur anzugebenden Ort auf Abruf zur Arbeit bereithalten muss (BAG v. 3.12.1986 – 4 AZR 7/86). Maßgebliches Unterscheidungskriterium zum Bereitschaftsdienst ist das Recht, den Aufenthaltsort frei wählen zu können. Danach liegt keine Rufbereitschaft vor, wenn sich der Arbeitnehmer in seiner Wohnung oder in deren unmittelbarer Umgebung aufhalten muss. Die Rufbereitschaft zählt nur während der Zeit des Abrufs der Arbeitsleistung als → Arbeitszeit. Beim Vorliegen von Rufbereitschaft kann die → Ruhezeit gemäß → § 7 Abs. 2 Nr. 1 ArbZG durch Tarifvertrag oder durch Betriebs- oder Dienstvereinbarung verkürzt und unterbrochen werden.

11 Ruhepause

Bei einer → Arbeitszeit von mehr als 6 Stunden und bis zu 9 Stunden muss ein Arbeitnehmer gemäß → § 4 ArbZG nach mindestens 6 Stunden eine Ruhepause von 30 Minuten einlegen. Bei einer Arbeitszeit von mehr als 9 Stunden verlängert sie sich auf 45 Minuten. Die Ruhepause kann in mehreren Zeitabschnitten von jeweils mindestens 15 Minuten genommen werden. Hat sie eine kürzere Dauer zählt sie zur → Arbeitszeit.

Eine Ruhepause muss vier Kriterien erfüllen:

1. Sie muss im Voraus feststehen,
2. sie muss frei von jeder Tätigkeit sein,
3. sie muss der Erholung dienen und
4. sie muss tatsächlich genommen werden können.

12 Ruhezeit

Bei der Ruhezeit ist zwischen der Ruhezeit der Fahrer gemäß → Art. 8 und → Art. 9 Verordnung (EG) Nr. 561/2006 und der der übrigen in einem Verkehrsbetrieb beschäftigten Arbeitnehmer gemäß → § 5 Abs. 2 ArbZG zu unterscheiden. Innerhalb der Fahrer ist wiederum zwischen den Fahrern, die gemäß → Art. 3 und → Art. 4 Verordnung (EG) Nr. 561/2006 den EG-rechtlichen Sozialvorschriften unmittelbar unterfallen, und den übrigen Fahrern, für die die EG-Sozialvorschriften durch den Verweis in → § 1 Abs. 1 FPersV für anwendbar erklärt werden, zu unterscheiden. Gemäß → Art. 8 Verordnung (EG) Nr. 561/2006 haben die Fahrer Tages- und Wochenruhezeiten einzuhalten. Die Tagesruhezeit beträgt grundsätzlich 11 Stunden und kann dreimal zwischen zwei Wochenruhezeiten ohne Ausgleich auf 9 Stunden reduziert werden. Sie muss spätestens 24 Stunden nach dem Ende einer vorangegangenen Tages- oder Wochenruhezeit genommen werden. Die Wochenruhezeit beträgt grundsätzlich 45 Stunden und darf einmal in der Doppelwoche gegen einen späteren Ausgleich auf 24 Stunden reduziert werden. Eine Wochenruhezeit muss spätestens nach sechs 24-Stunden-Zeiträumen nach der vorangegangenen genommen werden. Die Ruhezeit muss frei von jeder Tätigkeit sein, sodass sich → Arbeitszeit und Ruhezeit gegenseitig ausschließen.

Sechstelregelung 13
→ Fahrtunterbrechung

Schichtdauer/Dienstschicht 14
Die Dienstschicht bzw. Schichtdauer ist ein Begriff aus den Tarifverträgen. Sie setzt sich zusammen aus der → Arbeitszeit und allen Unterbrechungen einschließlich der → Ruhepausen. Gesetzlich ist sie nicht geregelt. Ihre Höchstdauer ist gesetzlich nur durch die Ruhezeit beschränkt. Da es für die → Ruhepausen keine Höchstgrenzen gibt, können die Schichtzeiten recht unterschiedlich ausfallen. Dauer und Lage sind daher Ergebnis der Verhandlungen zwischen den Tarifvertragsparteien und der Wahrnehmung der Gestaltungsrechte durch den Betriebsrat gem. § 87 Abs. 1 Nr. 2 BetrVG. Die einschlägigen Tarifverträge sehen eine regelmäßige maximale Schichtdauer von 12 Stunden vor.

Sonn- und Feiertagsarbeit 15
Gemäß → § 10 Abs. 1 Nr. 10 ArbZG besteht für Fahrer in Verkehrsbetriebe eine Ausnahme vom Verbot der Sonn- und Feiertagsarbeit. Gemäß → § 11 ArbZG müssen jedoch mindestens 15 Sonntage im Jahr beschäftigungsfrei bleiben und den Arbeitnehmern muss innerhalb eines Zeitraums von zwei Wochen für jeden gearbeiteten Sonntag ein Ersatzruhetag gewährt werden.

Tageslenkzeit/tägliche Lenkzeit 16
→ Lenkzeit

Tagesruhezeit/tägliche Ruhezeit 17
→ Ruhezeit

Vollarbeit 18
Vollarbeit ist die Zeit, in der der Arbeitnehmer die volle Arbeitsleistung erbringt. Dies gilt auch bei schwankender Intensität der Arbeitsleistung. Im Nahverkehr zählen hierzu neben der Lenktätigkeit auch Vor- und Anschlussarbeiten.

19 **Wegezeit**

Wegezeiten von der Wohnung zum Betrieb zählen nicht zur → Arbeitszeit. Wegezeiten innerhalb der Betriebsstätte und von der Betriebsstätte zu einem außerhalb der Betriebsstätte gelegenen zählen hingegen zur → Arbeitszeit. Allerdings ist in einigen Tarifverträgen hierfür eine verringerte oder gar keine Vergütung vorgesehen.

20 **Wendezeit**

Die Wendezeit dient im öffentlichen Personennahverkehr dazu, das Fahrzeug am Endpunkt einer Linie für die Weiterfahrt vorzubereiten und etwaige Verspätungen aufzufangen. Sie beginnt mit der Ankunft an der Endhaltestelle bis zur Zeit der Abfahrt. Wenn in dieser Zeit Arbeit geleistet wird, dann handelt es sich hierbei weder um eine → Ruhepause noch um eine → Fahrtunterbrechung, sondern um → Arbeitszeit.

21 **Wochenlenkzeit/wöchentliche Lenkzeit**

→ Lenkzeit

22 **Wochenruhezeit/wöchentliche Ruhezeit**

→ Ruhezeit

Stichwortverzeichnis